唐高祖

李渊传

宋璐璐◎编著

团结出版社
UNITY PRESS

图书在版编目（CIP）数据

李渊传 / 宋璐璐编著. -- 北京：团结出版社，
2015.8（2023.1重印）
ISBN 978-7-5126-3734-4

Ⅰ.①李… Ⅱ.①宋… Ⅲ.①唐高祖（566～635）—
传记 Ⅳ.①K827=421

中国版本图书馆CIP数据核字(2015)第176306号

出　　版：团结出版社
　　　　　（北京市东城区东皇城根南街84号　邮编：100006）
电　　话：（010）65228880　65244790（出版社）
　　　　　（010）65238766　85113874　65133603（发行部）
　　　　　（010）65133603（邮购）
网　　址：http://www.tjpress.com
E-mail：zb65244790@163.com（出版社）
　　　　　fx65133603@163.com（发行部邮购）
经　　销：全国新华书店
印　　刷：唐山楠萍印务有限公司

开　　本：650毫米×920毫米　16开
印　　张：24
字　　数：330千字
版　　次：2016年1月　第1版
印　　次：2023年1月　第3次印刷

书　　号：978-7-5126-3734-4
定　　价：68.00元

前　言

悠悠几千年，纵横五万里，站在中国文明辽阔而又源远流长的历史天幕下，仰望着令无数人叹为观止的帝王将相的流光溢彩的天空，尽阅朝代更迭的波澜起伏，无处不闪耀着先人用心、用生命谱写的辉煌。

封建帝王将相是历史的缩影，自嬴政以来，秦皇汉武，唐宗宋祖……他们或以盖世雄才称霸天下，或以绝妙文采震烁古今，或以宏韬伟略彪炳史册，或以残暴不仁毁灭帝业，铸就了一部洋洋洒洒长达两千余年的封建帝王史……

恍然间，我们看到了"千古一帝"秦始皇"横扫六合"的雄伟身姿；大汉朝开国皇帝刘邦从"市井无赖"到"真龙天子"的大变身；汉武帝刘彻雄赳赳地将中华带上顶峰的威风场景；光武帝刘秀吞血碎齿战八方，于乱世中成就霸业的冲天豪情；乱世枭雄曹操耍尽"奸计"，玩转三国的高超智慧；亡国之君隋炀帝的骄纵狂妄；唐高祖李渊率众起义、揭竿而起，建立唐王朝的惊天伟业；唐太宗李世民玄武门兵变的狠辣果断；一代女皇武则天勇于创造命运的步步惊心；宋太祖赵匡胤"杯酒释兵权"的聪明睿智；元世祖忽必烈以蒙古铁骑横扫欧亚大陆的英雄豪迈；一代天骄成吉思汗开创铁血王朝的钢铁毅力；"草根帝"朱元璋从"乞丐"到"皇帝"的辛酸血泪；清太祖努尔哈赤以十三副铠甲起兵，开辟锦绣前程的创业史；大清王朝第一帝皇太极夺取江山的谋略手段；少年天子顺治为爱妃做到极致的痴心情意；清军入关的第二位皇帝康熙除权臣，平叛逆，锐意改革的天才谋略；最富争议的皇帝雍正的精彩人生；乾隆皇帝钟情于香妃的风流韵事；慈禧太后将皇帝与权臣操纵于股掌之间的惊天手段；历代名相为当朝政务呕心沥血，助帝王打造繁荣盛世……

在浩瀚无边的中国历史长河之中，帝王将相始终是核心人物，或直接或间接地掌控着历史的舰舵，影响着历史的进程。虽然他们已是昨日黄花、过眼云烟，但查看他们的传奇人生，研究他们的功过是非，仍然可以让读者借鉴与警醒！

即便如此，很多人依然会"坚定"地摇着头回答："NO！"因为在他们看来，"历史、帝王将相"等于"正统、严肃"，这些东西早被当年的历史考试浇到了冰点！尽管明知"读史可以使人明智"，也再没有耐心去研读、探索那些"枯燥"的历史了。其实，历史并不是课本上那些无聊的年份表，帝王将相也不是人物事件的简单罗列。真实的帝王将相的生活要丰富得多，有趣得多。

为了解决这个问题，让读者心甘情愿地"抢读"历史，本套图书精心挑选了在历史上影响力颇大的帝王或名相，突破了枯燥无味、干巴巴的"讲授"形式，以一种幽默诙谐的语言，用一种立体的方式将一个帝王或名相的多样性与丰富性展现在广大的读者面前。

全书妙语如珠，犀利峥嵘，细述每个帝王或名相的政治生活、历史功绩、家庭生活、情感轶事等，充满了故事性、知识性与趣味性，让读者在轻松愉悦的享受中体味人生的变化莫测；在"观看历史大片"的过程中收取成功的法门秘诀。

为了保证书稿的质量，编辑工作者查阅了大量的相关资料与文献，并且专门请教了很多长期从事历史教学与研究的专家学者。不过，由于时间与精力有限，如果本套图书存在些许错误，敬请广大的读者朋友们批评指正。

"古人不见今时月，今月曾经照古人"，与浩瀚的宇宙相比，人类的生命短暂得微不足道。因此，在这有限的时光中，我们要尽一切可能多学知识，少走弯路，让我们的人生变得更加绚丽多彩！

目　录

第一章

李家子孙皆名门　战败义军壮神威

狂魂荡魄出昏乱，英主乃起唐李渊。

话说在隋末大乱时期，北朝关陇贵族的李氏家族悄然崛起。在李氏家族中，一个名叫李渊的人，其人生充满了传奇色彩。李渊其人，字叔德，祖籍陇西成纪（今甘肃天水）人。据史书记载，李渊是汉武帝时期曾参与抗击匈奴而威名远播的飞将军李广的后代。再说李渊的祖父，其名为李虎，乃北周的开国功臣，去世后被朝廷追封为唐国公。其父名为李昺，与杨坚（即后来的隋文帝）同娶北周大司马独孤信的女儿为妻。因此，李、杨两家便在无形中带上了"连襟"关系，这为后来李家在隋朝权位上打下了坚实的基础。在杨坚担任北周相国时期，李昺就曾担任北周安州总管、柱国大将军，袭封官职唐国公。

北周天和元年（566），李渊在长安出生。

李渊出生于将门之家，自幼便习文练武，得到了良好的家庭教育。在他五岁的时候，就能使枪弄棒，非常喜爱与家里的门丁比试武艺。喜欢飞拳踢脚、骑马射箭，每天学习，从不因为任何事情而停止。

官居大将军的李昺，经常带着儿子李渊去山林打猎，以这样的方式来提高李渊的骑射能力和胆量。

后来，隋炀帝任命李渊为太原的留守。

李渊刚刚上任，晋阳的宫监裴寂和晋阳令刘文静就前来祝贺，李渊在家里大摆酒宴，款待这两位客人。席间，李建成和李世民也落座相陪。

酒宴开始之后，刘文静就介绍了太原的重要性，这里可是大隋的军事重镇，兵源充足，粮草更是丰沛，各个大户府邸的储粮堆积如山，一旦打起仗来，一定能够耐得住久战。

刚说完，李渊就用眼光扫视了一下，刘文静停止了说话，哈哈一笑，最后把目光停在了李渊的脸上，接着继续说当今的形式。他认为如今朝中内乱不断，能守住这样一块兵家宝地，这就是上天赐予的一种运气。

李渊听了，还没来得及说话，裴寂也在一边帮腔，笑着说了起来。他

告诉李渊，如今他能占据这样一块风水宝地，真是上天的恩赐，因此才来相贺。

说完之后，二人相视大笑，李渊听完他们的话，自然懂得话中的意思，但又猜不准他们的心思，赶紧解释，李渊笑二人说了醉话。

刘文静也借话显出醉意，接着他们继续往下说，直接给众人讲了个故事。裴寂自然知道刘文静的意思，端起自己的酒杯，一饮而尽。

刘文静干咳了一声，说："西周时期，周成王还是个少年，他与自己的兄弟叔虞一起做游戏，顺手把一枚桐叶交给了叔虞，说道：'这块地方封给你了！'这话让当时担任辅政的大政治家周公旦听到了，他马上说：'天子无戏言。既然说了，要给兄弟封地，就必须实施才行。'从此，叔虞就被封到了以山西太原为中心的古代唐国。"

听到这里，裴寂放下酒杯，接着说道："据我所知，这个地方因为有晋水，后来才改称晋国，但是在太原的晋祠中，一直供奉着唐国的开创人叔虞的神像，称为唐叔虞祠。如今大将军担任太原留守，来到了唐国故地，又是世袭的唐国公，到这里来，恰好是继绝兴废，正可以恢复当年的唐国曾经有过的风采啊！"

二人一唱一和，说了这么多，李渊早已听出了弦外之音，心中暗自窃喜，只是口中不说，脸上不显露出来。过了一会儿，他提起酒壶，借着向他们敬酒说："正如二位所说，太原地处要冲，位置相当重要，今后请多关照，共同努力，让昔日唐国风采重新焕发出来。"

当时的李世民已经十七岁了，凭着他那天生的聪明与睿智，早已听出刘文静、裴寂的心意，他们的话也使他想起一件事来：

不久前，父亲被任命为太原留守时，当晚回到家里就掩饰不住兴奋的心情，告诉他说："世民快来！有一件喜事，父亲要告诉你！"

接着，父亲把炀帝任命他为太原留守的事情说了一遍，以手加额，庆幸般地像是自言自语，又像是提醒他说："我本是世袭的唐国公，而太原正是这古老的唐国封地。眼前，我去到太原，岂不是天意么？既然上天把太原给了我，若是不愿接受，将会遭祸的呀！可是……"

听到父亲这么说，李世民急忙追问道："请问父亲还有什么顾虑吗？"

李渊看着儿子，意味深长地对他说："这太原虽是个经邦济世之地，可是，南有历山飞，北有突厥，太原能够安处么？"

世民忙向父亲建议道："历山飞不过一勇之夫，哪里是父亲的对手？只是突厥人野心勃勃，又有强悍的骑兵，孩儿以为，应该与之讲和，然后徐图再取，也还不迟。"

想到这里，世民转眼见父亲一味地向刘文静、裴寂劝酒，装着对二人的话不领会的样子，不由得心中想道：父亲如此不显山露水，真能沉得住气啊！

世民又看一眼大哥李建成，见他只顾大吃大喝、大嚼大咽了，丝毫没有领会的样子，真是一个典型的酒囊饭袋！

世民提起酒壶，为刘、裴二人斟酒后，说道：

"正如二位大人所说，太原固然是一块宝地，可是当前的形势也不容乐观，强大的历山飞手中拥有十万之众，对太原虎视眈眈，还有外族突厥人早对太原怀有野心，不剪除这两股势力，即使想固守太原也是不易！请两位大人指教。"

刘文静听了，笑眯眯地看着李世民说道："别看小将军年轻，却聪慧爽快，胆量过人，真是老子英雄儿好汉，大将军后继有人啊！"

裴寂说道："历山飞不过是一名草寇，有何惧哉！我向大将军荐举一人，乃三国时期曹操部下夏侯渊的后代，名叫夏侯端，此人自小学得文武全才，让他来协助你剿灭历山飞，定能马到成功！"

李渊忙笑道："多谢监军支持。"说着，又给裴寂和刘文静夹菜、斟酒，忽听刘文静又说道：

"当今皇上又下江都了，大将军正该利用这大好时机，借剿灭义军之名，扩充自己的实力，当此乱世，有兵就是草头王！"

裴寂笑道："文静之言真是一语千金。太平年代靠文治，如今烽烟四起，武力方能定乾坤！"

刘文静离席小解，李世民也跟了出去。二人边走边谈对形势的看法，谁知越谈越投机，对时局的见解完全一致，李世民拉着刘文静的手说道：

"听了刘大人的一番高论，茅塞顿开，改日当登门请教。"说完，两人携手入席，异常亲热。

酒宴直到日影西斜方散，李渊让世民去送客人，刘文静上马前，又拉着他的手，叮咛道："我有一言请转告令尊：韩信当年不听蒯通之言，身首异处，望他切勿重蹈韩信覆辙……"

李世民回府后，将此言转告给父亲时，李建成也在座。因为他平日不爱读书，对这件史实不甚了解，李渊看着世民说："你记得这故事吗？说出来听一听……"

世民便娓娓道来："在楚汉相争的关键阶段，韩信率领大军已牢牢控制各地，他的举手投足可使风云变色，韩信拥汉则楚灭，背汉则楚存，自立则天下鼎足三分。

当时，谋士蒯通为让韩信看清形势，借口为他相面时说：'相君之面，不过封侯；相君之背，贵不可言。'这意思是劝韩信背汉自立，三分天下，与刘、项二人平起平坐。"

李世民说到这里，李渊也接着他的话继续说了下去，他认为韩信之所以会死，就是因为没有听从蒯通的劝说，因此当他帮助刘邦消灭了项羽之后，刘邦当了皇帝，担心韩信功高盖主，不得不把韩信给杀了。

李建成听完了父亲的话，大概也明白了一点，于是便问父亲："那刘文静的意思是想劝说父亲举兵造反，推翻隋炀帝，然后自己当皇帝？"

李渊赶紧制止李建成继续说下去，同时警告他们今天的这些话万一被有心人听到，可都是杀头灭九族的大罪，因此在外人面前千万不能胡说。

李世民却平静地对父亲说："父亲！儿以为眼前倒应该积蓄力量，收罗人才，至于刘文静、裴寂二人，也是不可多得的人才呢！"

李渊听后，连连点头，然后对两个孩子嘱咐道："要记着今日之事，可不能乱说啊！"

次日，李渊将四个儿子，还有李涛，一起叫到客厅里，关起门窗，神色严肃地对大家说："王威、高君雅是皇上的亲信，他二人是来探听咱们情况的，从今往后，你们要特别谨慎，别乱说乱道，切勿被他们抓住什么把柄，给我招来麻烦。"

此时，门房吕亮来报告："有一位自称姓夏侯的人请求拜见大将军！"

李渊忙对世民说："快去欢迎夏侯壮士到来！"

世民急忙离座走出客厅，李渊趁这工夫说道："从今往后，对来投拜的客人，一定要热情欢迎，盛情接待，无论贵贱、贫富，都要一视同仁，绝不能冷淡，若有谁不礼貌待客，我一定重重责罚。"

李世民领着夏侯端来到客厅，李渊热情地拉着他，引入一间侧室坐下，屋中只有世民随之。寒暄之后，谈话便转入了正题，夏侯端说：

"今天下纷攘，义兵四起，罪在一人，这已是洞若观火了。不知大将军作何打算？"

李渊只得说道："朝廷待我恩重如山，我只有提兵灭贼，别无选择。阁下有何高见，请赐教。"

夏侯端说："自古就有时势造英雄之说，我以为当今是时势召唤英雄问世！由于全国变乱，群龙无首，朝廷的根基已经摇动，只有大将军出来方能安定天下。但是皇上不仁，又瞎猜忌，不久前被那条谶语杀死的李浑一族，就是一个明证。"

李世民插话道："李浑等三十二人，全部被杀，实在是太残忍了。"

李渊忙说道："皇上毕竟信赖于我，才让李某安坐太原。"

夏侯端却接着说："大将军切勿大意！恕我直言，皇上喜怒无常，多疑而残忍，早备比晚备好，有备比无备好……"

李渊忙笑道："多谢指教，请留下来，帮我训练一支骑兵，如何？"

夏侯端答应道："大将军所命，敢不竭忠尽智吗？"

次日，李渊对夏侯端说："我有一位堂兄弟，曾在西域住过一段时间，对驯马之术很有研究，让他协助你吧！"

说完，李渊便让李涛过去与夏侯端相见，自此，夏侯端、李涛两人领着一支五百人的骑兵，整日操练。

一天，李渊的妻兄窦抗，领着隋汉三公之一的窦炽之孙窦琮，一起来投他。二人因为躲避去辽东攻打高丽，而亡命在外，便来太原依附，李渊知道他们二人均是难得的人才，便热情留下。

平日，在诸子中唯有李世民最热心待人，处事谦和，每有来客，他都主动上前，李渊自然欢喜，便单独辟出一大院子，内有数十间屋舍，让世民当作招待客人之所。

住下之后，窦抗脱帽来见李渊，轻声对这位妹夫说："杨广忌讳那谶语，才杀了李浑一族人；我们可反其道而行之，利用那谶语中说的'李姓人当坐天下'，为我所用，以乘其便，号召天下人一起举大事，这是上天启示的呀！"

李渊听了，尽管心中窃喜，却不露声色，并大声斥责这位大舅子道："你是无事找事，想为我招来大祸吗？告诉你，今后可别提这些无稽之事了！安安稳稳地住下吧！"

几天后，右骁卫将军长孙成之族弟长孙顺德，及右勋侍刘弘基也来投奔李渊，二人是在辽东战役中私自逃出来的，都不愿为杨广卖命，来到了晋阳。

李渊指示世民，一律热情接纳。这样一来，四方有志之士，一传十，十传百，纷纷来投，有如水之归海，源源不断。

公元六一六年，李渊决定消灭历山飞的起义军。

为了解除后顾之忧，李渊派副留守高君雅和马邑刺史王仁恭前往马邑城内驻扎，防止突厥人来犯太原，干扰攻打历山飞的战略部署。

"历山飞"是太原郡附近的一支农民起义军王须拔部的手下大将魏刀儿的别号。当时，王须拔自称漫天王，定国号为"燕"，一时声势浩大。

这支起义军的营地在太原郡南部，人数有十余万，当时他们截断了上党郡与西河郡的内外联系，声势浩大，连隋炀帝也知道了，后下诏让李渊尽快剿灭。

据说，"历山飞"魏刀儿作战勇猛，并且巧于攻城，早在公元六一五年，曾打败了隋朝的将领宗罗睺的军队。

这次，李渊与副留守王威只带领六千人马，在河西郡雀鼠谷口，与历山飞的两万人相遇。

一听说敌军有两万多人马，王威吓得变了脸色，便想退兵回去，忙向李渊问道："敌我力量悬殊，硬拼下去，对我军不利，不如……"

李渊见他害怕的样子，实在有些看不起他，便转脸对夏侯端说："请副将夏侯端说一说自己的看法。"

夏侯端说："自古论战，两军相遇勇者胜。军队的数量不是决定胜负的主要因素。"

李渊转向将士们，对他们安慰道："各位将领都不用太担心。据我了解，敌军的人数虽然比我们多，但敌军之中大部分都是乌合之众，没有经过正规的训练。因此他们大多数人想的只是钱财而已。前一段时间，他们攻破了几个城池，就变得骄傲自负，有恃无恐了，以为自己就是常胜军，所以才敢来这里侵犯我们，根本不把我们这支军队放在眼里，那我们是不是就应该让他们知道我们的厉害，今天注定了历山飞必败，我军必胜！"

说罢，李渊对夏侯端、窦抗等悄悄说了几句之后，大声向将士们命令道：

"只要全体将士听从指挥，服从命令，我们一定会打败历山飞，活捉历山飞！"

这时候，历山飞的军队已列阵向李渊的队伍逼来，只见十数里之内，首尾相连，确实声势浩大。

李渊却不慌不忙地对将士们说："请各路队伍按我的部署狠狠地打击敌人，出击！"

随着他的一声号令，窦抗一马当先，指挥一队老弱残兵的队伍，挑着鲜明闪亮的军旗，拖载着各种辎重物资，耀武扬威地吹响进军号角，大踏步地前进！

历山飞的队伍一看，以为这是隋军的主力队伍，又见那么多的作战物资在前面，便蜂拥而上，只顾抢粮抢物，大都丢下手中的兵器，各顾各的去抢物资去了。

尽管历山飞大声叫喊，制止他的部下，可是饥饿的义军们谁又听从他的命令？不但没有停下，反而更加激发起抢物的欲望，拼命地扑过去……

就在这时，李渊与夏侯端各领着五百骑兵，从两侧风驰电掣般地冲向历山飞的抢劫队伍，见人举刀就砍，杀得义军人仰马翻，叫苦连天。

原来这两支骑兵队伍，都是经过夏侯端和李涛认真训练过的，他们精于骑技，刀马纯熟，那些散乱的义军，他们怎禁得住这两支铁骑的"左右夹击"？

不到一个时辰，历山飞的这支常胜军被杀得溃乱不堪，大败而逃，丢下的尸体不计其数。

李渊一见，立刻命令队伍："要乘胜追击，不给历山飞一点喘息的时间。"

此时，李渊亲自追赶敌人，只见他取弓在手，搭上羽箭，一箭一个敌人，连发连中，吓得历山飞魏刀儿掉头而逃。

王威先是见历山飞的队伍人多势众，吓得就想撤兵，这工夫看到历山飞的军队不堪一击，大败而逃，真是又羞又悔，心里难过极了。

李渊见王威在马上耷拉着头想心事，便对他喊道：

"兵贵神速！快去追赶历山飞呀！"

王威这才惊醒过来，急急忙忙地举起大刀，拍马如飞地追上去，口中高声叫道："追呀！活捉历山飞——"

这一仗，李渊不光是打败了历山飞，而且招降了历山飞的部属男女老少数千人，从根本上铲除了这支起义军的基础，使它再也成不了气候了。

打垮了历山飞的起义队伍，在回太原的途中，得到妻子窦氏惠娥病危的消息，李渊快马加鞭，失魂落魄地赶回太原府中。

李渊看着奄奄一息的妻子窦氏，泪水止不住扑簌簌地往下流着，哽咽着说："我整日在外面忙，让你一人受累，未想你积劳成疾，以至于此！我实在对不住你——"便"呜"地一声哭了起来！

没想到一个顶天立地的男子汉大丈夫，在恩爱妻子的面前，也儿女情长起来。

这是因为李渊与窦氏结婚以来，二人一直心心相印，恩爱情浓，相互体贴，连续生下四子一女。

更让李渊觉得难以割舍的，是窦氏在他生活中不只是充当一个柔美妻子的角色，她那超人的智慧、料事如神的运筹能力、聪敏颖悟的判断本领、循循善诱的劝诫方法，都使李渊觉得，她是自己事业上的参谋、生活中的良友、思想上难得的知音！

窦氏从昏迷中醒来，紧紧握住李渊的手，断断续续说："本想同你……白头到老，共享富贵，未想到我……没有这个……这个福分！"

她说到这里，一时气喘，停了好一会儿工夫，才又说道：

"要记……记住我的话：继续韬晦，再忍一……一段时间，等……乱到极……极处时，你……你就可以……振臂一……一呼了……终会成……成就……大业！"

李渊听着，流着泪，紧紧握住妻子的手，说道：

"我，我记住了，都记住了！"

此时，窦氏生的几个儿子及女儿、女婿一齐在床前跪着，低声地啜泣。

窦氏艰难地抬起眼睛，看着自己的儿女，脸上很努力地挤出一丝笑容，对孩子们说道："你们要……同心协力，支持……支持父亲……成就大业，建立李家……万代不……不朽基业，才不负母……母亲平日对你们……苦心教诲！"

建成、世民等哭得泣不成声，齐声说道："儿等牢记母亲教诲，请母亲放心，养息身体……"

女儿凤娇哭成一个泪人儿，跪立床前，扑在母亲怀里，窦氏爱抚地看着她，摸着她那散乱的黑发说："你虽是一个女身，却生就一副男儿的品性，这……也是李家的将门福运！"

她说到这里，又抬眼看了一眼丈夫，说道："说不定这女儿有……有朝一日……也能助你……助你一臂之力！"

窦氏又看着自己的女婿柴绍，接着说下去："这女婿也是……武将出身，……这是李家的福气。"

这时候，她见门口还跪着春华、秋实，李涛也在她们后面跪着，便抬手示意，要她们近前来，窦氏又说道：

"你们俩伴我来到李家，我……我一直把你们……当作自己的妹妹对待，……我死之后，你们还要和睦友爱，各自侍奉好自己的丈夫，我就放心了！"

窦氏又看一眼李涛说："好兄弟！你已成为……李家的成员，望你有始有终，照看好几个侄儿……"

春华、秋实、李涛听着窦氏夫人的一句句叮嘱，想着她往日的善良、贤惠，特别是对自己的一些好处，不由伤心地抽泣起来。

李渊见妻子连续说了那么多话，怕她累了，便劝道：

"别再说了，歇一歇吧！我替你倒一杯水，好不？"

窦氏点了点头，张开嘴，就着丈夫递过来的杯子，喝了一口，感激地笑了一笑，又说道："你们李家该兴旺发达了！"

这一句说完之后，只见窦氏两腿一伸，头一歪，口眼一闭，再也不说话了。

李渊知道，妻子真的死了，顿时哭得死去活来，儿女们也同时号啕大哭，全府上下，一片哭声。

李渊的留守府里，立刻挂孝祭奠，七日之内不准任何人动一下乐器，唱一句歌。过了十几天，才将丧事办完。

窦氏生前，在四子中最喜欢世民和玄霸，因为世民自小聪明颖悟，又能干又听话，人也长得英俊漂亮，讨人欢喜。三子玄霸，生得虎头虎脑，憨厚朴实，诚实豪爽，极有男子汉气概。

长子建成出生时面相丑陋，所以窦氏十分不喜欢他，未过满月，她便找到了一个奶妈，让奶妈给带。四子元吉生下之后，窦氏又不满意，先是小头小脑、小鼻子小眼；渐渐大一些了，长成尖嘴猴腮、獐眉鼠目般的小人胚子。

四个儿子，一母所生，长大之后，却丑的丑，俊的俊，鱼龙混杂，站在一块儿，谁也不以为他们是同胞兄弟！

再说建成的奶妈顾氏，膝下有两个女儿，后来丈夫因病去世，窦氏让她母女三人搬来府中居住，和建成住在一起。

小时候，顾氏的大女儿环子比建成大三岁，建成喊她"环子姐姐"。小女儿叶子比建成小两岁，叫他"建成哥"。三个孩子在一起玩得非常开心。

随着时间推移，三人逐渐长大，后来，建成与环子和叶子悄悄地偷吃了禁果，使得环子怀上了他的孩子。李渊与窦氏得知后，只能让建成娶了环子与叶子。于是，这喜事就草草办了，建成一下子娶进姐妹俩，未到半年，环子生下一个男孩，李渊、窦氏都很欢喜，给孙子命名为"双儿"，以后又按李氏辈系，按"录"字排辈，起名为"录宗"。

李渊和窦氏为了避免这样的事情再次发生，于是两个人经过商议，就早早地替次子李世民定下了一门亲事。女方就是当朝的右骁卫将军长孙晟的女儿长孙玉洁，她聪慧贤淑，而且知书达理，在文才方面也很精通。李世民和长孙氏结婚之后夫妻二人和顺度日，相敬如宾，两个人也非常孝顺又恭谨，李渊和窦氏都对这个儿媳妇满意，因此对这夫妻俩也另眼相待。

后来隋炀帝任命李渊做了岐州（今陕西凤翔）刺史，李渊一家人都跟随着李渊前往赴任，没想到在途中却遇到了一伙强盗，多亏遇到了临汾的柴绍，这才在他的帮助下逃离了虎口。

柴绍也出生于官宦世家，但因对现实不满，因此辞官隐居于民间。柴绍在家人的教育下，自小习文练武，为人十分慷慨，最喜欢结交各方的有

志之士，在地方上也颇负盛名，而且柴绍人长得英俊潇洒，能言善辩，因此也是一个难得的人才。

李渊和窦氏都非常喜爱柴绍，正好他们的女儿凤娇当时十七岁，比柴绍小三岁，于是李渊就把自己的女儿许配给了柴绍，约定了婚姻，直到李渊再次前往弘化继任留守，柴绍和凤娇才得以完婚。

第二章

招揽人才为己用　疑似被迫学周公

一日，晋阳令刘文静、宫监裴寂派人来请，李渊开始不愿去赴宴，经次子世民再三相劝，才起身前往。

出发时，世民让李涛领一支二百人的骑兵护送，李渊命世民相陪。来到晋阳宫，刘文静首先劝慰道：

"始闻大将军丧偶，我与裴公不胜同情，特备薄酒为大将军解忧。"

酒过数巡之后，裴寂突然叫出一人，名叫刘龙，介绍给李渊说："刘龙担任晋阳乡长，虽然职微官小，但是他的本领可不小，也是一个智能之士。"

李渊一向广交人才，尤其对贤能的人更加渴慕，听说刘龙本领很大，忙上前热忱相见，并邀他常到太原留守府中晤谈。

刘文静笑道："刘龙乡长是你的两个副手王威、高君雅的好友，也是他们府上的座上客，请问大将军，你该不该结识这位新朋友呀？"

李渊笑道："该结交，该结交，真是相见恨晚呢！"说完，又走过去与刘龙重新施礼相见，感动得刘龙连声赞道：

"难怪人们都说李大将军待人热忱，无论贵贱，一视同仁，今日相会，果然名不虚传。"

裴寂对他说："我的李大将军，你还蒙在鼓里哩！那两位助手可是那个昏君派到你身边专门监视你行动的两个探子，你的一举一动他们都要写成密报，送到昏君手里去领奖呢！"

李渊也实话实说道："此二人我也早已怀疑，只是没有拿到确实的证据。"

刘文静笑道："这下好了，刘乡长倒是你放在王威、高君雅两人身边的最好的内线人物，他会随时把那两个人的一切动向及时告诉你的。"

李渊一听，忙又站起来道谢，并且当场承诺道："若能如此，不胜感激，有朝一日，必当厚报！"

刘龙忙说："大将军太客气了，当今混乱之世，群雄割据，时代召唤

大将军挺身而出，以济天下苍生。"

裴寂顺口说："过去常说时势造就英雄，其实没有英雄人物问世，新的太平盛世又有谁开创呢！"

刘文静笑道："独夫把他的年号起名为'大业'，也许他起初确实想做出一番超过他父亲的功业，但是这个浪荡公子一朝权在手，便穷奢极欲，兴师动众，搅得天下不安，民怨沸腾，非但没有创下大业，反要把他父亲遗留下来的基业也要葬送掉，真是一个败家子！"

声音刚落，突然从门外走进一人，进门就说道："青天白日，朗朗乾坤，各位竟敢在此借酒抨击当今皇上，难道不怕被戴上反叛的罪名吗？"

众位听了不由一惊，李渊更是吓得变了脸色，不知怎么办才好，忽听刘文静哈哈哈大笑起来，指着来人向各位介绍道："请各位不必紧张，这位兄弟也是自己人，他原在西京长安宫里任职，后遭奸人所害，正'避祸太原'，早想与各位结交，今日不期而至，真乃天意！"

那人听后也不客气，端起酒杯一饮而尽，自我介绍道："在下李思行，原与李大将军为五百年前的一家人，今日特来拜会，望勿推辞！"

李渊连忙离座笑道："既是李姓一家人，何必客套，我那留守府的大门随时向兄弟敞开着。"

众人一听，拍手齐笑，裴寂又说："杨广是个心胸狭窄的暴君，他弑父杀兄，连进谏忠言的大臣也随意滥杀，甚至那些在背后议论了他几句的元老重臣他也不放过，真是残暴至极！可是，我们晋阳宫里却是一块自由天地，确实难得呀！"

李思行本是文人出身，不由也张口议论道："杨广嫉贤妒能，常以能诗善吟自恃非凡，不愿有人超过他，就因为薛道衡写出了'空梁落燕泥'的名句，这昏君竟把薛道衡给杀了；他还以同样原因，杀了吟出名句'庭草无人随意缘'的王胄，你们说可恨不可恨？"

晋阳乡长刘龙接着说："在他这样的残忍昏聩的暴君手下当臣子，朝野内外怎能不人人自危？"

刘文静笑道："让他们人人自危去吧！而我们这里却人人自由！不知各位可知这是什么原因？"

众位冷场了一会儿，忽听裴寂大声说道："因为这里有个太原留守李大将军，有他这棵大树像华盖一样替咱们罩着，杨广再残暴也奈何不了咱们！"

李渊不禁红了脸道："多谢各位高抬，我这个留守官也像是拴在老虎尾巴上一样，未必能……"

未等他的话说完，李世民腾地从座位上站了起来说：

"感谢各位对父帅的信赖与厚爱！不过，这棵大树也请各位给予扶持，绝不能让它倒下来！"

刘文静忙接过来说："小将军少年有志，英姿勃勃，不愧是将门之后！俗话说：红花还靠绿叶扶持，何况大将军这棵参天大树呢！"

李思行忙说："明人不说暗话，东都城里对我来说，是熟门熟路的常去之地，有朝一日，李大将军想攻取东都时，敝人可以先去侦察情况。"

刘文静、裴寂等连连拍手，刘龙也忙着对李渊说：

"请大将军放心，一旦王、高二位有不轨行动，刘某当及时通报，绝不让他们得逞！"

众人又是一阵鼓掌，李渊急忙道谢，又对大家说道："感谢各位信赖，不过有关国家大事，尚需慎重斟酌。容某再多想想……"

酒散后，李思行走到李渊面前问道："大将军用得着敝人时，请直言相告，一笔写不出两个'李'字！"

李世民抢先过来拉着他的手问道："阁下在东都住过吗？"

李思行笑道："难道少将军不信？想要侦察东都情况，敝人是最好的人选，因为敝人对军旅之事并非外行！"

李渊急忙上前抚肩笑道："兄弟真是一见如故，这一腔豪情尤令人钦佩，不胜感激。"

李世民也上前说道："有关去东都之事，尚请回太原磋商，阁下不妨到府中小住一段，再去也不迟。"

李思行遂到太原留守府里住下，与窦抗、长孙顺德、刘弘基等整日纵谈天下大事，静等李渊举事。

次日，裴寂亲自送晋阳宫中三十名宫女给李渊，其中多是吹弹歌舞之人，他说道："偌大留守府，没有丝竹之声，显得过于寂寞了，这些人闲着也无事，不如让她们来此为大将军的生活增添一点乐趣吧！"

李渊在妻子窦氏殁后，亦需调节一下精神，自然乐于接受了，但心中总担心被炀帝侦知，又常惴惴不安。

裴寂从多次接触中，知道李世民年轻英武，遇事果敢，是大力主张举事之人，告辞时，又对世民说道："当大将军振臂首义之日，我还要奉送一批钱粮物资以供军用……"

李世民再三致谢道："有宫监大人大力资助，何愁大事不成！我将奉劝父帅早日行动，勿失众望。"

一日，鹰扬府司马许世绪前来拜访，对李渊开门见山地说道："如今

隋政不纲，天下鼎沸，四方烽起，那谶语又应了公姓，大将军居留守之位，掌握五郡之兵，当四冲之地，若不早图大计，危亡之局将在眼前。"李渊听了，笑而不言，之后乃说："不在其位，不知其难，何况国家大事！有关家族性命，不能信口乱说。"许世绪又劝道："古人云：天道辅德，人事与能，蹈机不发，必贻后悔。卑职为大将军计，不如首举义旗，号令天下，这将是创立帝王的大业啊！"

李渊听后，心中暗喜，认为许世绪的话太恳切了。他想了一会儿，拉着他的手说："让我再想想看。"

在送许世绪走时，李渊又安慰他道："来日方长，刚才所提之事，来日再定。"

接着，并州文水（今山西文水）的武士彟、戎州（今四川宜宾）刺史唐鉴的儿子唐俭又专程来太原劝李渊起兵，他一时犹豫不决，正想再去晋阳宫与刘文静、裴寂商议，二子世民突来报告了一个坏消息："炀帝将刘文静抓起来了，这真是意想不到的事情！"

李渊大吃一惊道："为什么？刘文静犯了什么事？皇上远在江都，怎么到晋阳来抓人？"

李世民忙对父亲说："孩儿只听说刘文静是受李密的牵连，才被抓捕的……"

原来占据瓦岗的起义军首领李密，不久前攻打东都洛阳，隋炀帝一怒之下，听说晋阳令刘文静与李密有姻亲关系，便被株连上了。

李渊又问儿子："刘文静被关押在哪里？"

世民忙答："暂时就被关押在太原监狱里，不知以后会不会往江都解送。"

李渊手捋胡须，沉吟了一会儿，对世民吩咐道："快去让夏侯端、李涛来我这里！"

不一会儿，两人走进了客厅，李渊劈头就问："当前，我们能上阵的精锐兵士有多少？"

李涛急忙答道："四千人马不到吧！'

"太少了！"李渊自语道，又接着问："能否在短时间内，再增加一些骑兵？"

夏侯端告诉他说："那些老弱残兵虽然充了数，但是没有作战能力，要他们何用？"

李渊听了直点头："是的，是的，那不是滥竽充数吗……再多也无用！"

李世民插话道："前次鹰扬府司马许世绪不是向父亲表示过他的三千骑兵愿以我们的马首是瞻，何不把他的三千骑兵充实进来？"

李渊忙把大腿一拍，笑道："世民说得对，许世绪是说过这话，但……但不知他会不会……"

"父亲，让孩儿去许世绪那儿一趟吧！"世民请求说。

李渊看着儿子道："可以，你现在就去。"

世民正要走，李渊又对李涛吩咐道："现在是乱世，让你叔父领二百骑兵，护送你去吧，为父才放心。"

李涛答应一声，随世民一起走了出去。

夏侯端低声问道："怎么，要起兵了？"

李渊诡秘地摇了摇头，笑道："还不到时候，你再耐心等一段时间吧！"

夏侯端却说道："还要再等一段时间，一旦李密拿下了东都，岂不威胁太原？"

李渊心说："这话说得对，一旦李密拿下了东都，他将要窥伺我的太原了，这倒真是值得考虑的事情。"

过了一会，李渊又忽然想起骑兵的事情，忙说道："我的夏侯老弟！你得替我训练出一支精锐的骑兵啊！"

夏侯端赶忙说："好吧！只要鹰扬府的骑兵调来，我就抓紧训练，保证在三个月内，训练出一支能征惯战的精锐骑兵队伍。"

李渊却对他说："据我了解，突厥所长，全在骑射。突厥人以弓箭作手臂，以甲胄为服装，有利就打，遇难就溜，行动迅速，不重形式，真是灵活机动。我们也要学他们呀！"

夏侯端也说道："大将军说得对，了解他们，学习他们，最终才能打败他们！"

李渊笑道："不仅是能打败突厥人，也能对付其他人的队伍，你说是不是这样的？"

后来，鹰扬府许世绪果真领着自己的三千骑兵，加入了李渊的骑兵队伍，经过一段时间的训练之后，这六千多人的精锐骑兵确实是李渊手中的主力。

刘文静被关押后，李世民总想救他出来，又怕父亲不答应，便对李渊旁敲侧击说："刘文静为人豪爽，胸怀韬略，是个难得的人才，孩儿想去狱里探望他一下。"

李渊对刘文静亦有好感，只是没有明说，他提醒世民道："你去看望他也不失朋友之道。不过,你要小心谨慎,别让王威、高君雅的耳目抓住了把柄!"

李世民答应一声,揣了些散碎银子,叫上叔父李涛,带了十几个护卫骑兵,便去太原狱中,先见到监管大牢的刘元义,二人本是相识,焉有不准探望之理?

世民来到狱中,二人一见,刘文静忙说:"我知道少将军会来看我的。在文静眼中,少将军豁达大度,胜似汉高祖刘邦;神武谋略,又要超过光武帝刘秀,真乃命世之才!"

李世民听了,自然高兴,口中忙谦虚道:"过奖了!世民年轻,怎敢与他们相比?"刘文静立刻说道:"如今天下大乱,朝廷名存实亡,急需有商汤、周武、汉高、光武一类的英雄人物出来,才能稳定局势呢!"

李世民忙说:"这样的人物在哪里呢?"

刘文静笑道:"远在天边,近在眼前!刚才文静已说了,少将军英才崭露,将来定是主掌神器之人!"

李世民摇了摇头,说道:"我们先不谈这个,我来探望阁下,是想与君商量举大计之事,请直言相告。"

刘文静侃侃而谈:"我们先分析一下天下形势吧。当今瓦岗的李密正在攻打东都,炀帝南下江都,各地烽烟四起,大的连州郡、小的占山泽,真是数不胜数!但是,这些人都成不了大事。如果你们李家出来号令天下,四方才有可能安定下来。"

李世民忙问道:"为什么呢?"

刘文静又说:"你们李家父子占据着太原这个有利的地势,手握重兵,又招纳那么多有识之士,还有那条谶语上说的李姓人当坐天下的预言,不是恰好应验了吗?"

世民听了,不由又说道:"只是兵力稍显不足。"

"那没有什么,兵力易于解决,"刘文静把手一挥,又说出自己的看法:"据我所知,近年来,四方的百姓为躲避盗匪,纷纷拥入晋阳。我任晋阳令几年,结交了那么多豪杰英雄,一旦召集在一起,不下数万,再加上你们太原的军队,兵力就不少了吧!"

世民又说道:"说起来是这样,但父帅老是迟疑不安,顾虑太多,我多次劝说,总不见效!"

刘文静又劝道:"你们父子只需振臂一呼,定能应者云集,再乘虚入关,不用半年,可成就帝王之业!这是良机,不能坐失呀!"

世民听到这里,兴奋地说:"英雄所见略同。我何尝不愿意,只是父帅总不愿背隋。"

刘文静突然灵机一动，在世民耳边低声说了一会儿，狡猾地笑道："只要裴宫监如此这般去做，不怕令尊不答应，请少将军抓紧去办吧！"

李世民也笑了笑，对刘文静说："此计甚好。"

他正要告辞时，又转过身来，对刘文静小声说道："三天之内，一定救你出狱！请耐心等着吧！"

刘文静高兴地点头，向李世民挥手道："我在此静等少将军的好消息了！"

出了太原监狱，李世民又与李涛等来到晋阳宫，见到裴寂，将刘文静的计策向他一说，这位宫监立刻笑道："好。"

李世民又说道："既如此，我现在就回太原去了。"

回到太原以后，见父亲面带愁容，坐在客厅里长吁短叹，甚是焦虑。一问方知是突厥人攻打马邑，王仁恭与高君雅连战失利，突厥人还扬言要打太原哩！

李渊对世民说："这件事若是被远在江都的皇上知道，怪罪下来，岂不更加麻烦？"

世民乘机对父亲说："如今皇上无道，谁眼里还有他这皇上？各地纷纷起义，百姓无以为生，只有走上反抗道路。晋阳城都变成了战场，父亲再坐等昏君治罪，那不是自寻死路吗？依孩儿之见，不如顺应民心，举起大旗，方能转祸为福，化险为夷，不失当前这天赐的良机！"

李渊听到这儿，严厉斥责儿子说："你小小年纪，怎么说出这样忤逆不道的话来？难道你是要为父送你去监狱里治罪吗？"

李世民听了毫不畏惧："父亲！隋朝的天下已经动摇了，再去扶持这将倾倒的大厦已不可能！而且我们绝不能坐着等死，而要起来奋争！如果父亲真要送孩儿去治罪，亦由你老处置吧！"

李渊长叹一声："傻孩子，为父怎忍心送你治罪？只不过说句气话，让你警醒，以后说话要谨慎一些。"

当天晚上，隋炀帝派来的使者就到了。

李渊已经睡下，听说之后吓得变了脸色，对跑出来的世民说道："你看来得多快！这准是他们送去了密信，否则，江都到此数千里之遥，如何得知？"

更让李渊气愤的是：隋炀帝是要处分自己和王仁恭，而不是被突厥人打败的高君雅。

"这太不公允了。"李世民愤愤不平地说。

"父亲领兵打垮了历山飞，该嘉奖的不予嘉奖，反而来加罪，这是怎么赏罚的？战败的高君雅只字不提，把他战败的责任全推在父亲的头上，这成什么话？我们不能接受！"

可是，李渊一句话也不说，坐在客厅里一动不动。

李世民急了，劝父亲说："当务之际，儿以为父亲既不愿起兵反隋，那就离开太原，天下之大，哪里不是藏身之所？怎么能坐等着那个昏君派人来抓你去治罪呢？"

李渊仍坐着不动，他心里何尝不急？他在盘算着：难道杨广没有想过，真把我这个手握重兵的太原留守逼急了，我不会趁机叛乱？何况强大的突厥正想进攻中原，我一走，谁替他抵挡？

李渊见世民急着劝说自己离开，心中不由好笑。尽管这个儿子头脑聪明，谋略过人，但是他毕竟年轻，还稚嫩些，哪里了解他父亲的老谋深算？

过一会儿，李渊见儿子仍在着急，便安慰他说："你去休息吧！说不定皇上会再派人来取消先前的那个决定呢！到那时候，岂不是虚惊一场？"

李世民却说道："父亲太天真了吧！在这时候，还对昏君抱有幻想，真是有些愚忠了……"

"不许胡说！快些回去休息！"李渊又一次吩咐世民去休息，自己留下来，争取能等到皇上颁来新的诏谕，以取消那份处分决定。

果然，凌晨时分，隋炀帝的第二位使者真的来了，下诏赦免了李渊和王仁恭的罪过，让他们二人依旧担任原来的官职，认真抵挡突厥和四处起义军的攻势。

李渊这才一块大石头落了地，心中暗道：我的皇上表弟啊，这次你饶了表兄，表兄可要造你的反了！

这才转身对儿子世民说："这回该去休息了吧！"

世民点头答应，心想：父亲算是把炀帝研究透了，他老人家真能沉得住气啊！

次日，裴寂果然派人来请李渊，李涛带着一队骑兵，一直把他护送到晋阳宫。

那天李世民刚走，裴寂便去了后宫，正值张翠花、尹丽丽二妃在园里赏花。裴寂花言巧语骗得这二位皇妃愿意定下一个美人计。

计划定好之后，裴寂又把李渊请来，将其灌醉，然后将二位皇妃引进来……

李渊醒来之后，发现自己与皇上的两位妃子睡在龙床上，吓得不知道该怎么办？

"嘿！好办得很啊，"裴寂看着李渊又说道，"只要站立太原城头，振臂一呼，天下豪杰竞相奔来，大将军便可建万世帝王之业，岂不美哉！"

李渊急忙大声叫道："唉！你这不是让我犯下灭族之祸，留下千古骂名吗？我李渊万万不能从命！"

裴寂正要说话，忽听门口一人说道："大将军必须如此，别无他路可走！"

只见刘文静一脸正经地走进来，李渊忙问："谁把你放出来了？"

"是你的儿子，少将军李世民放我出来的！"刘文静看着李渊，冷笑着，继续说："我可是一个名副其实的钦犯，私放钦犯出狱，大将军该知道是什么罪吧？"

李渊又急又气，眼泪竟落下来了，动情地对二人说："不瞒你们二位，我李渊何尝看不清当前的形势，心中又怎能不想一齐抗暴，去建功立业？只是心有难言之苦哇！"

说罢，李渊竟号啕大哭起来，其哀痛之情，如丧考妣一般，连在场的裴寂、刘文静见了也一时乱了方寸，不知怎么劝说了。

过后，还是李渊自己向二位道出了自己的苦衷："文帝待我恩重如山，我十六岁就在他身边当千牛备身；二十二岁时，派我任地方官。炀帝虽然猜忌多疑，仍然一次次地提升我的官职，直至太原留守。我李渊与大隋，不只是君臣之义，还有亲戚关系。我李渊为人，一向重视情义，若是乘乱反隋，岂不是背恩忘义之人？必将留下千古骂名，为人所不齿。"

说到这里，李渊看了裴寂、刘文静一眼，接着说道："近些日子，我已下定决心，立下一个誓愿：人反我不反，隋亡我再反。可是，这两件祸事压在头上，我李渊可怎么办啊！"

"好办！我有一个两全其美的办法，"刘文静不紧不慢地说，"大将军可以学习当年的周公嘛！"

裴寂立刻明白了刘文静的意思，忙接着说："好主意，大将军可以拥立代王为名，举兵讨贼，这是兴仁义之师，伐叛乱之人，立不朽之功的极好机会。"

李渊听后，尚迟疑不决，只见门口又走来一人说："刘、裴二公之言，乃万全之策，父亲理应采纳。"刘文静、裴寂见李世民来到，莞尔一笑。李渊听了，知道世民一定参与了此事，不由佯怒道："父亲早晚会被你送掉性命！"刘文静鼓掌大笑道："大将军说错了，少将军最终要将你送上龙椅宝座，开创李家万代基业！"

裴寂亦笑道:"恕在下冒昧,这些全是少将军从中筹划,我和文静不过推波助澜而已。"

李渊长叹一声,看着世民说:"而今破家亡身由你,化家为国也由你了!"

裴寂听了,立即打着哈哈说:"喝酒!今日定要喝个一醉方休!"

酒过三巡之后,李渊不由叹道:"举兵之事说起来容易,一旦起事,困难不少啊!内有王、高为奸,外有突厥之祸,还有兵力不足……"

世民忙对父亲说:"兵力问题不足虑,晋阳城内,精壮之士不下万人,何况宫里蓄积丰厚,一旦举义,四方响应,兵源更足……"

刘文静说道:"王威、高君雅二人势单力薄,又在掌握之中,容易对付,还有刘龙暗中通报消息,无需顾虑。"

李渊连续点头,听完笑道:"有你们为我出谋划策,诸事将一帆风顺,化险为夷,只是那突厥……"

裴寂插话道:"文静曾与突厥人交往过,熟悉他们的风俗人情,你再修书一封,派文静前去说和,与突厥人结为盟好,岂不更有利?"

李渊兴奋地说:"若能如此,那就为兴兵举义扫清障碍,太好了!"

刘文静见李渊高兴起来,便邀裴寂劝酒,四人情绪尤为热烈……

第三章

伪造敕书制混乱　巧施妙计退突厥

公元六一七年二月，群雄刘武周在马邑起兵，杀死刺史王仁恭，开放粮仓赈济灾民，并在马邑郡所管辖的各个城镇发布招降文书，饥民纷纷响应，没过多日，刘武周已得兵马一万余人，声势浩大，并投降突厥，自称天兴皇帝。

消息传到太原，李渊经过一番深思熟虑之后，认为这是兴兵举事的最好借口，便立即召集诸将会议。

李渊首先说道："刘武周本是无名小卒，竟敢僭称天子尊号，占据着汾阳宫。我们身为朝廷命官，肩负着平乱卫民的大任，若不及早消灭这支乱世之兵，朝廷怪罪下来，那就是灭门抄家的后果。"

说到这里，李渊把话停住，两眼盯住王威、高君雅问道："请二位副守卫先谈，我们该怎么办？"

王威、高君雅本是杨广的近臣，原是靠阿谀升官，哪有什么办法，只得说道："眼前，太原郡万千百姓的生命安危全系在大将军身上，你老人家别再推脱了，有什么主意你尽管提出来，我们敢不从命吗？"

李渊一听，心中暗喜，知道两人无能，便说道："自古用兵，就有'将在外，君命有所不受'的说法，现在刘武周贼众势大，皇上远在数千里之外的江都，无从通报，只能自行决断，二位以为如何？"

王威、高君雅听了，赶忙说："大将军既是皇上的宗亲，又是当朝的贤士，这是有口皆碑的事实。如果等待奏报，必将贻误战机。我们以为，只要能够平贼，大将军完全可以独断专行了。"

李渊听后，又再三推辞，才又说道："既然如此，那我们就马上出兵讨贼，可是兵力太少了。"

王威又说："如今处处有饥民，不妨招一些充实到军中去，可以扩充兵力。"

李渊连连点头称是，便让文静伪造了一份隋炀帝的敕书，征发太原、西河、雁门、马邑等郡年龄在二十岁以上、五十岁以下的男子为兵，并规定在年底的时候一起到涿郡集结，还扬言要再一次征讨高丽。

这份假敕书传出之后，真是一石击起千层浪，各地人心惶惶，纷纷策划造反，许多人说："与其跟着那昏君死在高丽，不如就地反了吧！"

李渊这一招，厉害无比。无疑是加剧了全国民众的思想混乱，使那些频遭战乱、劳役之苦的广大百姓，思想上更加不满，激起了他们更加仇恨隋炀帝的心理，正是乱中添乱，而李渊就可以浑水摸鱼，乱中取胜，更能得到上下一致的支持了。

于是，李渊立即命令次子李世民与刘文静、刘弘基、长孙顺德等人，分头到各地去招募兵士。

这时候远近各地的苦难百姓，听说太原留守大将军李渊要兴师去讨伐刘武周这个叛贼，便纷纷前来，不到半个月，竟有近万人应征而来。

为了安全起见，李渊又暗中派人去河东郡召回李建成、李元吉两兄弟；同时，又派人赴长安召柴绍，要他立即赶赴晋阳，参与举兵之事。不料，那忠于炀帝的王威、高君雅见李渊大量地招兵买马，齐集晋阳，不由起了疑心，向武士彟问道："如此大规模地招兵，难道另有企图吗？"这个武士彟（即武则天的父亲）是山西并州文水人，是地方上的小官吏，很有头脑，他也是力主李渊起事人之一，一听王威、高君雅的怀疑话语，立刻对二人说："招兵之事不是副留守向大将军建议的吗？怎么能随意怀疑呢？这种不利于团结共事的话还是少说吧！"

可是，王、高二人并不死心，又说道："那长孙顺德、刘弘基两人都是逃避朝廷征役的罪臣，大将军竟将新招收来的一万兵交给他俩统领，这不是企图对抗朝廷，是什么呢？"

武士彟忙问道："依你们说，这该怎么办？"

王威说："我准备先把两人抓起来，审问之后，落实了罪证，再找李渊算账！"

高君雅也说："有了罪证，他李渊还有何话说？"

武士彟听了之后，忙对二人道："招兵之事，是大将军的敕诏，再说这两个人都是他的贵客，如果你们抓了他们俩，大将军能坐视不管吗？因此而引起纠纷，不是你们的责任吗？再因此影响剿灭刘武周这件大事，皇上知道了，也不会轻饶你们的，望三思而后行。"

武士彟的这一席话起了作用，王威与高君雅这才作罢，但是怀疑之心，随着招募兵士一事的发展也越来越坚定了。

二人经过密商之后，决定阴谋借着去晋祠求雨的机会，对李渊发动突然袭击，将其杀死，然后以副留守的身份，控制太原的局势。

那天，王威、高君雅正在晋祠察看地形时，恰好晋阳乡长刘龙从那里经过，因为三人本是好友，刘龙便问道：

"两位副守大人，你们忙着招兵买马，怎有闲情来这里游逛？"

王威却冷冷地说道："什么讨贼平叛？依我说，就是阴谋叛乱，另有企图！"

高君雅一听，连忙示意他，不让他再说下去，但是王威仍然不听，反而顺口说道："刘乡长又不是外人，说了也没事，难道他会去李渊那里告发咱们？"

刘龙早已察觉他两个不满李渊，见他俩这般情景，更加起了疑心，便故意显出生气的样子，一边要走，一边冷笑道："平日我刘某把你们当作自己的亲兄弟一样看待，没有想到你们是这种薄情寡义之人，真是我瞎了眼了！"

说罢，迈步要走，王威急忙上前拉住，再三挽留道："好兄弟！别计较，因为要干一件大事，不能不谨慎！"

高君雅也只得过来，拉着刘龙的手说："事关重大，不得不小心，不过，刘乡长也不是外人，跟你直说了吧！我们准备把李渊干掉！"

刘龙一听，不由暗吃一惊，但表面上却装作不经意的样子，便说："别胡闹了！那李渊是朝廷的命官，他与皇上还是亲戚，你们不想活了，敢杀他？"

王威冷笑一声，道："皇上早对李渊怀疑了，杀他只是时间早晚的事情，何况他与皇上只是表兄弟，我们皇上历来能大义灭亲，他连亲生父亲、同胞兄弟都杀了，还会顾及到这个表兄吗？"

高君雅又补充道："如今李渊借讨伐刘武周之机，大量地招兵，连那钦犯都招来，还委以统兵重任，这不是阴谋叛乱的罪证吗？"

刘龙又故意说道："李渊是个武将，他还有几个如狼似虎的儿子，手下还有那么多亲信，你们俩能对付得了吗？"

王威指着前面不远的一块地方说："我们正在选择一块地方，对他突然袭击，让他没有防备呀！"

高君雅又说道："对付这样的人，只能智取，不可力敌，你说对不对？"

刘龙却说："我不懂这些，所以我不能干大事，更不能做大官，你们干吧！不过，李渊也是个能人，他会一个人来这里吗？假如他不来，你们不是枉费了心机！"

王威笑道："不瞒兄弟说，我们早已断定，这次李渊一定会来，而且他不敢不来，最终也必然死在这里！"

刘龙又笑道："有这么大的把握？难道你们用捆绑的办法？"

王威笑了笑，没有告诉他。

高君雅沉不住气，对刘龙说："告诉你吧！我们邀他一起来求雨，李渊能不来吗？他更不能带许多兵马来，兄弟你说，李渊他不死定了？"

刘龙也知道，太原地区老百姓的求雨活动，历来都安排在晋祠。李渊作为地方官吏，是一定要来参加的，以示对当地百姓的关爱，并且来时还不宜带很多兵来，更不能前呼后拥，以免触怒了雨神。

这时候，刘龙便对王威、高君雅说："我走了。"

但是，他走不几步，又回过头来问道："你们把杀李渊的计划全告诉了我，不怕我去向李渊告密吗？"

二人听了，先是愣了一下，然后哈哈大笑，王威说："不会的，你刘乡长是我们的朋友，怎么会出卖我们？"

刘龙回来之后，急忙把王威、高君雅的计划告诉了李渊："两人想借着去晋祠求雨的机会，对大将军下毒手，请千万提防！"

刘龙走后，李渊气愤地大骂道："匹夫！真是蚍蜉撼大树，可笑不自量！"

其实，李渊早觉得王威、高君雅纠缠在身边，碍手碍脚，很不耐烦，只是没有下狠心要搬掉这两块绊脚石。

现在他们既然主动向自己发起攻击，再不先下手，反会被他们暗算，于是便找来世民、刘文静等商议，很快安排下一个方案。

半月后，即公元六一七年五月十五日上午，李渊与王威、高君雅坐在一起处理政务，刘文静带着开阳府的司马刘政会进来，站在厅堂上、大声说道："留守大将军！卑职有要事禀报。"

李渊一听，用眼睛示意王威等人去取状纸来看，但刘政会不愿意交给他，并说道：

"我是要告发副留守的事情，这状纸只能给大将军看。"

李渊却不以为意地说："什么大不了的事情，快拿过来吧！"

等接过那张状纸，李渊展开一看，不禁面现惊讶之色，口中自语道："难道会有这样的事情？"

王威、高君雅也紧张地看着李渊，一起问道："请问大将军，那状子上告发我们什么事情？"

李渊立刻把那状子扔到他俩面前，并说道："你们自己去看吧！"

二人看完之后，王威首先说道："哼！说我们暗中勾结突厥人，来侵犯我朝，罪大恶极，这全是诬陷！"

高君雅看着李渊反问道："难道大将军会相信这上面写的？"

李渊见时机已到，脸色一变，手拍案子怒斥道：

"既有人证在此，难道我会相信你们！来人！"

话音未落，门外突然进来四条大汉，李渊向王、高二人一指，大喝一声："把他俩捆起来！"

王威急忙大叫道："这是诬陷！我们冤枉！"

高君雅喊的声音更大："这是阴谋造反的乱臣贼子要杀我们，全是胡说！皇上知道，饶不了你们！"

王威、高君雅被押起来之后，仍然叫嚷不休，李渊看着他们俩，平心静气地对他们说："有人告发你们，我不能徇情枉法，先委屈二位一下，等查清事实之后，该放时，一定会放你们；若有事实，你们也别怨我无情了。"

王威、高君雅关押起来之后，李渊说道："留着这两个坏种，等到起兵时祭旗吧！"

这事之后，在李世民的提议下，对李渊的护卫加强了，由李涛担任护卫队长，组成一支四百人的护卫队伍，个个能征善战，弓马娴熟，是从军中挑选出来的。

李渊把王威、高君雅关押起来之后，正准备研究对付突厥的办法，想派遣刘文静去与突厥始毕可汗言和，不料两天后，即这一年的五月十七日，始毕可汗竟然带领数万骑兵，突然侵袭太原城。

常受突厥之害的太原百姓，一听说突厥人来，便吓得失魂落魄地往家中跑。那些守城的兵士也怕突厥人，因为那些突厥兵善骑善射，弓射能力特别强，往往是箭无虚发。

李渊早知突厥人不好对付，这次又来得突然，真有些手忙脚乱。他一面派人加强守城力量，命令紧关城门安慰百姓，一面召开会议，研究对付突厥人的策略。

在会议上，李渊说："突厥人马众多，我们兵力甚少，这种战争只能智取，不宜力敌，更不可硬拼。"

会后，李渊命令城内军士全部退入内城，并把外城的东、南、西、北四座城门，全部打开，让突厥人进来。

当时，许多将士害怕突厥人真的进来了，那可怎么办？

长孙顺德说："突厥人一旦进入外城，内城更容易被敌人攻破，岂不更加危险吗？"

　　始毕可汗见太原城四门大开，说道："李渊足智多谋，城里定有伏兵，故意引诱我们上当的，可不能进城啊！"

　　可汗的儿子呼延了解之后，对他的父亲说："孩儿想领一支人马进城去闯一闯，探一探城里的虚实。"

　　始毕可汗答应了，一再嘱咐儿子要小心，并且说："不要在城里停留，以免被他们关在城里。"

　　呼延带领一千精锐骑兵，从太原城的北门驰入，沿着内城绕了半圈子，见城里打扫得干干净净，一点动静也没有，便从东门驰出，不过半个时辰工夫。

　　呼延向他父亲报告道："我领着人马转了半个城，未见到一兵一卒，没有一点响动，未遇到一点阻力，干脆攻城吧！"

　　始毕可汗笑道："汉人打仗善用计谋，不像我们突厥人，可别上当，以免中了李渊的埋伏。"

　　此时，太原城里人心惶惶，李渊乘机宣布："王威、高君雅勾结突厥人进犯太原城，立刻把这两名奸细、叛贼斩首，以绝后患。"

　　本来李渊想用这二人的头颅待起兵之日留作祭旗，现在等不得了，只能用以激励将士打败突厥的决心。

　　见始毕可汗仍不撤兵，李渊心生一计，又于夜间派一支人马出城，占据险要之地，突厥没有发现他们。次日清晨，那支人马又改道入城。突厥人把这情况报告给他们的可汗说："城里来了一支援军。"

　　可汗又问："有多少人马？"

　　那位突厥人报告："远看黑压压一大堆，总有五六千人马吧！"

　　始毕可汗说道："李渊是个善于用兵之人，不可轻举妄动，不如撤兵回去吧！"

　　但是他的儿子呼延却说道："父汗！我军总不能空手而回，攻不进这座城，还可以到林寨里去掳掠一些牛羊物资呀！"

　　始毕可汗认为儿子的意见有道理，便让呼延领着兵马到太原周围的村寨里抢掠一番，获得不少的牛羊物资。

　　李渊运用这种不战不和、虚张声势的空城计，使突厥可汗捉摸不透，觉得难以对付，只好主动撤兵了。

　　太原城解围了。可是，突厥人的骑兵如天马行空，飘忽不定，说不准哪一天又会出人意料地突然冲来。

　　李渊苦苦思索着良策，想来想去，还是派刘文静前去与突厥人议和吧！因为眼前自己的兵力太少，总不能在起兵之前就与突厥人拼个你死我活，那就更不划算了！

想好之后，李渊亲自提笔给始毕可汗写了一封信，派刘文静带着信和丰厚的礼物前往突厥。信中大意是：

我想大举义兵，远迎隋主，重新与你们突厥人友好相处，永结盟好，就像开皇年间那样。虽然我们当今的皇帝很不让可汗你满意，但是当年文帝在位时，可没有亏待过你。因此，可汗若是愿意和我一起南下，只要一路上不侵扰百姓，一切征伐所得，比如美女珍宝之类全归你；要是可汗觉得路途过于遥远，不便深入中原腹地，只想结为盟好，那就安坐在您的帐幕里，准备接受我赠送给您的财物吧！当然，以上这两种方案，任可汗自己选择吧！

信写完之后，李渊在信封末尾题上"李渊启"。

在场的刘弘基、窦琮等人一见，便对他建议道："突厥人不认识汉字，他们只重视财物，大将军多送给突厥人财物厚礼即可，信末的署名还是改'启'为'书'罢！"

在当时，按照汉人的文牍习惯，在书信末尾署名时，一般都要写上"某某启"或"某某书"，其中"启"和"书"的区别在于："启"有"启报、启禀"之意，是下级对上级、卑对尊、晚辈对长辈的用语；而"书"只是"书写"之意，用于平级之间或上级对下级的信尾署名。

听了部下的意见，李渊笑道："你们都忽略了一个事实。自从天下大乱，群贼四起以来，背井离乡逃命的中原人数不胜数，他们当中有的逃到僻远的南方越地，也有些人却流落到北方的胡地，其中读书人一定很多。这样，中原文化、礼仪规矩等，也准会被带到这些蛮夷的地方去了。在这封信中，我确实表现出对始毕可汗的尊敬，这是不得已而为之啊！即使如此，他还未必肯相信我们；如果在信中有点什么轻视傲慢的地方，要是被逃到那里的中原人瞧见，看出来一挑拨，那位始毕可汗不就更加猜忌了吗？古人说：屈于一人之下，伸于万人之上。如今塞外的强大突厥，还不能比作一介庸夫吗？我以为，暂时屈意尊奉他，也不是什么大事大节，何况一个'启'字，又值不了千两黄金——千两黄金都要给他，还顾惜那一个'启'字吗？"

听了他这一番解释，部下都心服口服，不再有何话说。

当晚，李世民向父亲说："雍州鄠县（今陕西户县）的殷开山率领二千家兵，昨天已经来到太原。"

李渊听后忙说："据闻此人素有大志，谋略过人，是个将才呀！望你善待他，切勿冷淡。"

李世民点头称是，又报告道："前日，唐宪偕弟唐俭一起从并州来到太原，还有雍州的赵文恪、张平高、李高迁等，相继而来，请父亲抽时间与他们晤谈。"

李渊笑道："何止晤谈，我要备酒宴为这些人接风洗尘！绝不能慢待啊！"

接着，李渊向世民讲起楚汉相争时，由于项羽骄矜，对部下轻慢无礼，帐下的许多人后来都跑到刘邦那里去了，其中就有张良、陈平、韩信等，这是项羽失败的主要原因。

李世民说："据孩儿看来，当年的楚汉相争，表面上看是权力之争，实际上是人才之争。"

听世民这么说，李渊兴奋地看着他，心里想：这孩子不寻常啊！于是笑道："你说得好，实际是人才之争。如今，我们也要把天下的人才都争过来，为我们所用。"

经过这次谈话，李渊对世民更加信任，认为他有勇有谋，是三个儿子中最有能耐的。

刘文静带着李渊的书信和厚礼，来到突厥。始毕可汗也以礼相见，他读罢书信，十分高兴，对刘文静说道：

"听说李渊是个很有谋略的人，他还有几个很有本事的儿子，都很厉害，是吗？"

刘文静一听，忙答道："在大隋朝，李渊的父子兵很有名气，他手下猛将如云，人才多得很！"

此时，始毕可汗的儿子呼延却问道："李渊如此厉害，前次我们打太原时，他为何不出城应战？"刘文静说："李渊虽是一员武将，却宽厚待人，重情重义，在他看来，突厥与太原山水相连，百姓之间往来不绝，两国应友好相处，建立睦邻亲善的兄弟关系，所以不主张相互拼杀……"

始毕可汗忙说："我也不主张打仗，只是我们遇到了旱灾，草都干死了，牛羊饿死了，没有办法才——"

刘文静接着说："两国若能结成友好，谁有困难，就可以相互支援、帮助，像兄弟之间一样，岂不比用战争的方法好得多！"

于是。始毕可汗排除了内部干扰，坚持与李渊结为友好，非常热情地款待刘文静。当天晚上，这位可汗让自己的宠妃阿古伊丽去陪刘文静，以显示出他对李渊的真诚与友好。

在突厥人当时的风俗中，这种招待客人的方式，便是对客人的最高礼遇，只有最尊贵的客人才能享受。

次日，始毕可汗对刘文静说："听说隋炀帝不如他的父亲，此人残暴好色，李渊不该再拥护这样的昏君了，何不自己当天子？"

刘文静笑道："李渊也想自己做皇帝，只是时机尚未成熟，也许不用等多久了。"

始毕可汗又说："如果李渊愿意当皇帝，我们突厥人一定帮助他，可以采取联合行动。"

其实，突厥的这位可汗不是单纯地要帮助李渊夺取隋朝的天下，而是希望与李渊联合起来，在反隋的战争中捞取财物，并在日后李渊统治中原的时候，继续得到南方大量的财富。

经过与始毕可汗会谈，刘文静知道突厥人并无国土观念，他们重视的是牲畜和衣食器皿等物资，不想将自己的领土扩张到中原来。

这样，刘文静就放心地回到太原，将始毕的回信交给李渊，完成了他第一次出使到突厥去的任务。

经过多次议论，李渊决定在太原起兵，不是自己当皇帝，而是尊隋炀帝杨广为太上皇，立其子代王杨侑为皇帝，自任特别大将军衔，同时改换旗帜的颜色，用红、白各半的旗帜，向突厥表示不完全与隋朝相同（隋朝为红色）。

当时，有的将士对这样的决定有意见，李世民对大家解释说："尽管这是掩耳盗铃的做法，但至少有两大好处：一、可以用尊隋的名义号令四方，征服四方；二、可以不冒犯突厥，并能得到突厥人的支持。一句话，这是委曲求全的做法。"

于是，刘文静又带着李渊的书信，二次出使突厥，与始毕可汗会谈后约定：共同联合出兵，胜利后土地归李渊，财帛金宝归突厥。

刘文静回太原时，始毕可汗立即派出大将康鞘利带领两千骑兵援助李渊，并带良马一千匹前来变卖。

李渊十分高兴，见突厥不但不会再来袭击他的后方，还派出军队支持他建功立业，真是大喜过望，兴奋地对刘文静赞许道："多亏阁下能言善辩，才有这么好的一个结果，真是劳苦功高哇！"

刘文静马上问道："现在太原已无后顾之忧，突厥的援军也来了，总该起兵了吧？"

李渊笑着点头道："是啊，得研究一下如何出兵了！"

次日，李渊与刘文静等接见了康鞘利，对突厥人在礼仪上都极为恭敬周到，还赠送给康鞘利等人丰厚的礼物，使得这些突厥的重臣非常高兴。

李渊此举极富深意，为了得到突厥人的支持，为了解除来自背后的威

胁，他不得不向突厥人委曲求全，许了不少愿，说了不少好话。这都是为了达到政治目的而不得不采取的策略。

又过了一天，李渊的长子李建成、四子李元吉、女婿柴绍都陆续来到太原，李世民向父亲说："这一下万事俱备了，只等着……"

李渊当然领会儿子的意思，马上说道："西河郡紧贴太原，正处在南进的交通要道上，必须首先拔掉这个钉子。"

刘文静也说："西河位置重要，若要挥师南进，进潼关，西取长安，都要沿汾水谷地而行。这样，西河就成为必经之地。"

将士们听说要攻打西河郡，都纷纷请战，但是，李渊心中早已有了打算，他想考察一下两个儿子的本领，也借此机会向将士们炫耀一下"我们李家父子兵"的厉害！

于是，李渊大手一挥，向广大将士命令："为了扫清我们前进道路上的障碍，必须首先搬掉这块绊脚石——西河郡！"将士们听后，大声齐呼："大将军英明，大将军英明！"

第四章

李渊起兵建基业　善将良才奔瓦岗

公元六一七年（隋大业十三年）六月，李渊命令长子李建成、次子李世民率军攻打西河，并命令太原令温大有为参谋军事。

军队出发前，李渊召进两个儿子，语重心长地对他们说："你们还年轻稚嫩，或者说还少不更事。这开国第一仗，我想用西河郡这一战来检验一下你们的能力。现在将士们都在看着你们，为父希望你们兄弟俩团结一致，共同努力，争取打一个全胜的漂亮仗回来！"建成、世民听了父亲的话之后，共同发誓：决心攻下西河，不辜负父亲的期望。从这里可以看出，当时李渊对两个儿子的期望甚大，要求也是很严的，想用举兵后的第一战来检验两个儿子，这不仅是为了培养李建成、李世民的军事能力，而且是为他二人在军中树立威信，便于以后统领大军，以图天下。

李渊的良苦用心可谓深矣。

在大军临行前，李渊还是有些不大放心，又向参谋温大有嘱咐说："我这两个儿子都很年轻，没有作战经验，而且兵马尚少，你要注意，必须以谋略取胜，不能光靠硬打硬拼，因此才派你前去参与谋划。这一仗的成败，非常关键，它关系到我们兴兵举义的成败啊！"

温大有点头称是，他自然能领会这位未来天子的话中含义。作为跟随李渊多年的温大有，以作战有勇有谋，深得信任，他自然意识到肩上担子的分量了。

由此可知，李渊不愧是一位有远见卓识的政治家、军事家。他不是一个只顾培养儿子，而不顾军事成败的人，他心里十分清楚，培养两个儿子，树立他们的威信固然重要，但举兵入关的第一仗更加重要。因为首战告捷，士气必将大振，响应的人定会云集麾下；首战若败，士气必将下跌，对以后的战事将会产生不利的影响。

温大有与李建成、李世民果然不负众望，初次征战便大获全胜，攻克了西河郡，并斩杀了守城官员高德儒。

攻占西河郡之后，李建成、李世民、温大有带领军队返回太原，前后

九天时间，五千兵马不但未少，反而收降两千多隋军。

李渊见顺利地攻取了西河郡，高兴地夸赞道："像这般用兵打仗，就算纵横天下也可以了！"

接着，李渊命令开仓赈济穷苦百姓。而隋炀帝一贯是封仓拒赈的，李渊这一举措，是反隋的重要一手，也是深得民心的筹码，于是，前来应募从军的日益增多，仅十多天，就新招了数万人，声势更加浩大。

隋炀帝大业十三年（617）七月，李渊与刘文静、裴寂、儿子李建成及李世民等，经过一番精心策划，在太原正式起兵，自称特别大将军，建大将军府。任命裴寂为长史，刘文静为司马，唐俭与温大雅为记室，让温大雅与弟弟温大有共掌机密，武士彟为铠曹，刘政会、崔善为、张道源为户曹，晋阳长姜暮为司功参军，太谷长殷开山为府掾，长孙顺德、刘弘基、窦琮及鹰扬郎将王长谐、姜宝谊、阳屯为左右统军；其余文武官员，随才授任。

李渊又任命长子李建成为陇西公、左领军大都督，左三统军隶属他指挥；任次子李世民为敦煌公、右领军大都督，右三统军隶属他指挥；左右领军各置官属。女婿柴绍被任命为右领军府长史，刘赡领西河通守。几天后，即这一年的七月底，李渊任命四子李元吉为太原刺史，负责太原留守府的一切有关事务。

于是，李渊亲自率领大军三万人，誓师兴兵，向关中进发。同时，发布檄文，宣布了尊隋炀帝为太上皇，立代王杨侑为皇帝的主张。

檄文中说：隋炀帝执政期间胡作非为，他"饰非好佞，拒谏信谗。敌怨诚良，仇雠骨肉。巡幸无度，穷兵极武。喜怒不恒，亲离众叛。御河导洛，肆舶舻而达江；驰道绿边，径长城而傍海。离宫别馆之所在，车辙马迹之所向，咸堑山而陲谷，毕结瑶而构琼。辽水履征，歼丁壮于亿兆；伊谷转输，毙老幼于百万。禽荒罄于飞走，蚕食穷于水陆，征税尽于重敛，民力殚于劳止。十分天下，九为盗贼。荆棘旅于阙廷，豺狼充于道路"。

这篇檄文历数了隋炀帝的滔天大罪，造成全国离乱四起，天怒人怨，所以我李渊才不得不决定：要废昏立明，"兴甲晋阳，奉尊代邸，扫定咸洛，集宁寓县。放后主于江都，复先帝之鸿绩"。

言下之意，我李渊要替你君定天下，统一全国了。

从此，李渊父子开始创业，用一砖一石垒建了李唐江山近三百年的基业……

公元六一七年八月，李渊在太原起兵，率领三万人马西进关中，想一举攻取隋朝的国都长安。

出兵之时，曾移檄郡县，告谕尊立代王杨侑为帝，很快传遍大江南北，炀帝得知此事，大为震怒，气愤地说："李渊居然也起兵叛我，假惺惺地打出'废昏立明'的旗号，这种掩耳盗铃的把戏能骗得天下人吗？"

这昏君到此时尚不知醒悟，仍留恋江都，贪图淫荡生活，不愿北归，立即严令西京长安、东都洛阳加强防御，抗击李渊西进的兵马。

此时，代王杨侑只有十三岁，受京兆内史卫文昇的辅佐。但年过七十的卫文昇，早已老迈昏庸，精力不济了。

代王接到炀帝的谕旨，急忙派遣虎牙郎将宋老生率领两万精锐部队，在霍邑驻防，又派左武侯大将军屈突通到河东驻防，让两人共同抵御李渊的大军南下西进。

李渊的兵马很快到达西河郡，他对两个儿子建成、世民说道："现在是用人之时，官心、民心都要笼络，自古得民心者得天下，炀帝不得人心，以致天下尽失了。"

于是，李建成、李世民带领官员，四处慰劳西河的官吏百姓，赈济穷苦的贫民，人们纷纷传告：仁义之师来到了西河。

李渊在西河城里，对七十岁以上的人都给予官职；对一些豪杰有才之人，招纳在军中随才任用。

虽然行军匆忙，李渊却不辞辛劳，只见他口询耳闻，手书官秩，一日竟授官千余人，这种收买民心的做法亦可谓奇巧缜密，千古少见。

李渊的大军离开西河，继续西进时，老百姓扶老携幼恭立大路两侧，送茶送饭，再三挽留，不舍得这支救济过他们性命的军队离去。

军队沿着蜿蜒的汾水谷地向西南挺进，很快进入在当地颇有点名气的雀鼠谷，进驻贾胡堡（今山西汾西东北），距离霍邑只有五十余里。

不料，谷中骤然狂风大作，黑云翻滚，不一会儿，大雨倾盆而下，而且连日阴雨不断，李渊的军队不能再往前走，只好驻扎下来。

此时，李世民向父亲说："这种天气无法行军作战，加上霍邑地势险要，西背汾水，东踞霍山，是易守难攻之地，一时无法攻打，只好等天晴了。"

李渊听了儿子的话，又看着大雨不止的天空，轻声说："若是连绵阴雨，大军坐食不进，粮饷渐少，马草不继，时间长了，岂不挫伤锐气？"

世民想了一会，向父亲建议道："趁这阴雨天气，派府佐沈叔安、王树文等人，带领那些老弱残兵，速回太原去，再运一个月的军粮来。"

李渊说："也好，尚不知这雨要下到何时。"

沈叔安、王树文等领命率师回太原去了。李渊静坐军帐，苦苦盼着天晴，这时军校送来一份文告，他接过来一看，乃是一份檄文，便坐下仔细读起来。

那檄文的开头便是"魏公李密，谨以大义布告天下"，李渊一见，不由一惊，急忙向下读去，读到最后，方才明白，李密在檄文中历数隋炀帝十大罪状，在文末也和自己的那篇檄文一样，说：

"罄南山之竹，书罪无穷；决东海之波，流恶难尽。愿择有德以为天下君，仗义讨贼，共安天下。"李渊又看那文尾签署的日期，乃是永平元年五月某日啊！李密将隋炀帝的"大业"年号改成了"永平"！李渊一面看着那篇檄文，一面想着李密这个人——李密，字玄邃，另字法主，他的祖先是辽东人。因为他的曾祖父、祖父、父亲曾先后在北魏、西魏、北周、隋朝做官，所以从小就生活在长安。

李密多智谋，才兼文武，胸有大志，具有远见卓识，常以天下为己任。隋文帝开皇年间，李密袭其父爵蒲山公。

在这期间，李密仗义疏财，周济亲故，养客礼贤，结交天下义士。不久，被选为隋炀帝左翊卫府卫士。

一日，隋炀帝忽然向近臣宇文述问道："刚才左仗下那个黑脸膛的年轻人，不像是一个安分的老实人，以后不要再让他当宿卫了！"

因为宇文述曾得过李密之父李宽的好处，便暗中指点李密，要他称病在家，自动免职，避免被炀帝所害。

李密早已不想在那个暴君身边待着生闷气，便回到家里闭门读书，决心要在将来干一番大事业。

一次，李密骑了一头牛，出门去看朋友。在路上，他把一本《汉书》挂在牛角上，抓紧时间读书。

正当李密读得津津有味时，恰好当朝宰相杨素坐着马车从后面赶上来，见前面有个少年在牛背上读书，暗暗称奇。

于是，杨素在车上招呼道："喂！那个少年书生，在牛背上还读书，这么用功啊！"

李密回过头来一看，认得是宰相杨素，便慌忙跳下牛背，向杨素作了一个揖，报了自己的名字。

杨素问道："你在看什么书？"

李密回答道："我在读项羽的传记。"

杨素跟李密谈了一会儿，觉得这个年轻人很有抱负。回家后，杨素跟自己的儿子杨玄感说："我看李密这孩子的学识、才能，比你们几个兄弟都强得多，将来你们有什么紧要的事情，可以找他商量。"

从那以后，杨玄感真的和李密交上了朋友。

后来，隋炀帝第二次征讨高丽时，派杨玄感在黎阳督运粮草，他趁机发动起义，把八千民夫组织起来，发给他们兵器，准备推翻暴君的统治。

但是，杨玄感发现自己身边缺少一个谋士替他出谋划策，不禁想起了正在长安的好友李密。

不久，李密应杨玄感之邀，来到了黎阳。

杨玄感向他请教道："要推翻暴君的统治，这个仗应该怎么打？"

李密胸有成竹地说："想推翻暴君统治，打败隋军，有三种办法。首先，暴君如今在辽东，我们带兵北上，截断昏君的退路。他前有高丽，后无退路，不出十天，军粮接济不上，他的军队一乱，我们不用打也能取胜，这是上策。其次，我们向西夺取长安，抄他们的老巢。隋军如果想退军，我们就占据关中地区作根据地，凭险坚守，这是中策。还有一计，就是就近攻打东都洛阳，不过，这可是下策了。因为朝廷在东都留着一部分军队，不一定能很快攻打下来。"

杨玄感听完了这上、中、下三策之后，急于求成，觉得前两条都太费时间，说道："依我看，你的下策倒是个好计策。现在朝廷官员的家属都在东都。我们一旦攻下东都，把那些家属都控制起来，隋军的军心必然动摇，还愁打不败他们吗？"

李密又向他提醒道："东都有隋兵防守，一时攻不下来，对我们可不利啊！"

杨玄感终不听李密的劝告，坚持打东都，结果兵败身死，李密也没有逃脱，被隋军抓住了。

隋军将领准备把李密送到炀帝那里去，在半路上，李密与十几个人被关在一起，他出了个主意：各人将随身带的钱财都拿出来，送给押送他们的隋兵，供他们吃喝。

那些隋兵有了钱财，只顾喝酒作乐，防守便松懈下来，李密他们就趁隋兵酒醉糊涂的时候，瞅个机会逃跑了。

逃脱之后，李密很想另找机会，继续反抗隋朝，便去找起义军的首领做靠山，但是，许多起义军的首领都看他是个文弱书生，不大重视他。李密没办法，便改名换姓，东藏西躲，几次都差点儿被官府抓去。

正当李密无路可走的时候，他听说东郡（河南滑县东）瓦岗寨有一支起义军，兵力很强，首领叫翟让，为人厚道，又喜欢结交朋友，便决定去瓦岗寨投奔翟让。

这个翟让，本来是东郡的一个小吏，只是他的上司潘某看上了他的妻

子吴氏，便经常有意差他出门办公务，以便趁机与吴氏鬼混。

所谓好事不出门，丑事传千里。日子久了，街坊邻居中有好事者，便把这件事泄露给了翟让。

这翟让本是一个正直的汉子，当时气得恨不能取刀在手，去与潘某拼命，但他转而一想，如果这么莽撞地找上门去，潘某非但不认账，反会倒打一把，说他诬陷好人！

于是，翟让忍了又忍，装作不知道那回事似的。

过两天，潘某故伎重演，又派翟让出门办差了。他二话不说，收拾一下就出门而去。不过，他走出东郡城门之后，走进一家小酒店里喝酒去了，心说："这回老子不去替你办差了，等一会儿回去要你的狗命！"

翟让喝了一个时辰的酒，估摸着潘某这工夫该去与吴氏幽会了。遂付了酒钱，怀里揣了一把利刃，悄悄地回到城里。刚到他住的那条街口，有的邻居就提醒他道："当心啊，家里有野狗！"

翟让听了，真是火上浇油，凭一腔怒气，又有酒力壮着胆，便大步来到门前，猛地一脚，踢开房门，向床上一看，啊！两个狗男女正赤身裸体搂在一起呢！

潘某又惊又怕，吓得光着屁股滚下床，扑通一声跪在地上，一面连连磕头，一面哀求着……

翟让也不说话，趁潘某伏在地上磕头的工夫，掏出利刃，一刀刺进他的后心，潘某当即倒地而死。

那淫妇吴氏坐在床上吓得乱作一团，一句话也说不出来，翟让心中暗说："这种没有廉耻的女人还要她何用！"

他走到床边，把赤身裸体的吴氏拉下床来，也一刀刺死了。然后，他又把奸夫和淫妇的尸体放到一块，关上房门，去东郡县衙自首。

潘某与县令早有勾结，根本不听翟让的申诉，就把他关押起来，判成死罪。

有个狱吏名叫刘延善，十分同情翟让的遭遇，对他说："我看你是条好汉，怎么能在牢里等死呢！我要救你！"

当天夜里，刘延善便偷偷地替他砸了镣铐，打开牢门，把翟让放了，并对他说："当今朝廷无道，天下将要大乱，你远走高飞去吧！"

翟让感激得流下泪来，拉着刘延善的手说："我翟让若有出头之日，绝不会忘记救命之恩！"

刘延善忙说："救人不图谢，只因良心在！你快走吧！三天后，说不定我就忘记了你的名字！"

翟让逃出了监牢，心说："当年，陈胜、吴广都能造反，差一点就当上了皇帝。所谓乱世出英雄，我翟让也是一个男子汉大丈夫，何必甘居人下？听说瓦岗山上树大林深，何不去召集人马，占山为王？"

　　想到这里，便大步登上瓦岗山。由于隋炀帝的暴政，压得老百姓喘不过气来，想反抗的人处处都有，而且人数还相当多。

　　翟让在瓦岗山上招集了一些贫苦的百姓，在山上盖起房屋，组成了一支起义队伍，被人们称为瓦岗起义军。

　　李密来到瓦岗寨后，对翟让说："距山寨四十里单家庄上的单雄信是个豪杰之士，弓马纯熟，武艺高强，又重义气，可以与他结交。"

　　翟让认为他说得有理，便与李密一起带着礼物去登门拜望，受到单雄信的热情接待，成为知交，两下里往来频繁，逐渐亲密起来。

　　不料，单雄信的仇人武廷华得知这事之后，便要去官府告发单雄信，说他与瓦岗山贼相互勾结，阴谋叛乱。

　　单雄信获得消息之后，派人报于翟让，李密说道："趁此机会，我们领人马下山，帮助单雄信报仇，再邀他一起来山寨，以壮大我们的力量，岂不更好？"

　　翟让笑道："到底读书人脑子好使，就照你说的办！"

　　两人商议妥当，便带领山寨人马，连夜赶到单家庄，帮助单雄信将武廷华一家十几口人全都杀了。

　　单雄信对二人道："你们帮兄弟报了仇，兄弟在这里也不能住下去了。"便召集庄上的年轻人，赶着马、牛、羊，担着粮食，把全家搬到了瓦岗寨，加入了起义军。

　　不久，有一个曹州离狐人徐世勣也来到瓦岗寨，他虽年轻，只有十七岁，却生得身材魁伟，气宇轩昂，谈吐文雅，谋略过人。

　　翟让一见，就拉着徐世勣的手，热情地问道："兄弟，你生在一个什么样的人家？"

　　徐世勣回答道："祖上是北魏的官员，后被免职了，便在乐郡卫南县住下来了。"

　　李密问他："你读过书吧？"

　　徐世勣点头说："父亲是个教书先生，从小读过一些书，不过与你比起来，我不过是九牛一毛罢了！"

　　李密听了，不由笑道："能知道九牛一毛这句话，学问也就不错了。"

　　但是，过了几天，经过几次闲谈，李密渐渐觉得这个年轻人不但聪明无比，而且博古通今，尤其对兵书战策，用兵打仗，颇有研究，不得不另眼看待。

这徐世勣字懋公，自小聪慧异常，读书甚多，而且博闻强记，胸怀大志。他早就听说李密是一个能人，便尾随着来到瓦岗寨，很想结识他，一起干一番大事业。

一天，徐世勣向翟让建议说："东郡这地方是咱们的家乡，相识的人很多。俗话说：兔子不吃窝边草。因此，咱们不宜在附近劫掠。荥阳和梁郡这两地靠近运河，商旅往返不绝，货船穿梭如鲫，如能拦截商船，何愁军粮不足？"翟让笑道："这是一个好主意。"说完，他看着李密问："你以为怎样？能干吗？"李密忙说："当然能干，我们应该马上行动。"于是，他们带着人马赶到荥阳和梁郡，劫了许多公私商船，截获大量物资，军粮再也不缺了，而来投奔的人也日益增多，很快便有一万余人。

这一段时间，河南又爆发一些起义，为了扩大力量，李密自告奋勇对翟让说："凭李某三寸不烂之舌，前往那些起义军中去游说，管保他们会主动来投奔瓦岗寨。"

翟让听了，自然高兴，便让李密去了。

于是，李密从雍州潜入河南，往来于各支起义军之间，凭着他那满腹才华，结合天下形势，到处游说取天下之策，纵论用兵谋略，谈得天花乱坠，头头是道。

起初，那些起义军的首领不大理睬，认为他是来卖嘴皮子的，不过想混顿酒喝，但是，李密不愧是满腹经纶的善辩之人，他对形势冷静的分析，使那些首领们渐渐有一种拨云见日的体会，逐渐认为李密的话有道理。

当时，外黄（今河南民权西北）起义军首领王伯当最早相信了李密，他对另外几位首领说道："此人乃官宦子弟，又读了那么多书，博古通今，又有大志向。世间许多人都在传着杨氏将灭、李氏将兴。我听说有一句话，叫'王者不死'，这个李密多次遇险，但是都能获救，莫非传说中的那位'王者'，就是此人吗？"

从这之后，那些首领真的对李密逐渐尊敬起来，不久，外黄的王伯当、济阳的王当仁、韦城的周文举、雍丘的李公逸等，都领着自己的起义队伍，主动来投瓦岗寨。

翟让见李密去游说果然成功，人马一下子来了那么多，心中高兴，也更加信任李密，一有事情，总是找他商量，征求意见。

此时，翟让已经派人把自己的救命恩人刘延善全家接到瓦岗寨来住下，朝夕当作自己的亲人一样看待。

刘延善也把自己的女儿玉梅嫁给翟让，真是亲上加亲了，翟让侍奉刘延善如自己的父亲一样。

一天，瓦岗寨来了一个道士，名叫刘元义，指名要求访李密。守门人问他："为何事找李密？"

那位姓刘的道士说："此人当取代隋家。"

翟让听说以后，便接见他，问道："你说的这话，有什么根据吗？"

刘道士说："近年来，民间有一首歌谣，名叫《桃李章》，歌词是这么说的：桃李子，皇后绕扬州，'婉转花园里。莫浪语，谁道许！'"

翟让听得不明白，又问道："这是什么意思？你说说看，歌词与李密有什么关系。"

刘道士便说道："这'桃李子'，便是指逃亡者李氏之子；皇与后指国君；婉转花园里'，指的是天子住在扬州没有归期，最后要被困在这里；'莫浪语，谁道许'，就是指'密'，也就是李密。"

翟让听后，心里疑疑惑惑，后来忽然又问道："按你所说，李密应当自立，为什么要来追随我？"

刘道士笑道："翟大首领有所不知，世间万事万物，相辅相成，互有依赖，互为表里。李密之所以来，因为将军姓翟，而翟不就是'泽'吗？李密是蒲山公，这蒲离开泽能活吗？所以他需要来依赖你翟大首领呀！"

翟让听后，不得不相信刘道士说得在理，而且自己也曾听徐世勣说过什么，'李氏当会天下'的那条谶语，从此，对李密更加重视，而且情好日笃。

由于刘元义道士能言善辩，又扬言上知天文，下知地理，还会观察星相宿位，卜出人事吉凶等，翟让便任他为军师，参与瓦岗寨的军事决策。

其实，来的这位刘元义，根本不是什么"道士"，而是李密在长安时认识的一个看相打卦的算命先生而已，两人商定此计策不过是为了夺取翟让手中的领导权罢了。

一天，刘延善对翟让说："我见李密虽然文质彬彬，一副书生儒雅的样子，但其并非善良之辈。他那脑后的颅骨特别突出，有人称之为反骨。自古以来，凡是反骨大而突出的人，多是野心勃勃的。这种人都是卖友求荣、背主负恩之辈。"

翟让听了，笑道："李密为人还善良，该不至于吧！"

他过去的救命恩人，如今的岳父刘延善又说道："俗话说：知人知面不知心。你可别大意啊。"

翟让听后，笑了笑说："我知道了，你老人家放心吧！"

过了一段时间，刘延善又向他说："我见那刘军师经常与李密在一起叽叽咕咕，小声说话，人一近两人就不说了，而且马上就走开了，一副鬼鬼祟祟的样子。有时候，夜很深了，刘军师还去找李密说话，像耗子似的，悄无声息地溜进溜出，很难说干出什么好事来！"翟让笑道："没事的，他们商议寨里的大事儿，怎能大声儿说呢！你老别操那份闲心了，李密是个好人，我信得过他！"翟让自己是善良的忠厚人，对李密一直是开诚相见，总是很敬重李密的才识，两人的关系仍很融洽。有一天，李密对他说："从前刘邦、项羽，本来也是普普通通的老百姓，后来终于推翻了秦朝。现在隋朝的气数将尽，百姓怨声载道，皇上整日南巡北狩。现又远在高丽，放弃了东都、西京。我们瓦岗寨兵强马壮，想攻下东都和长安，推翻杨广的暴政，还不是轻而易举的事！"

翟让听了，不以为然地说："我们这些人多是被官吏逼得无法生活，才来到这瓦岗寨占山为王的，哪想到干那么大的事情！"

李密又劝道："常言道：机不可失，时不再来。当前我们兵多将广，要想得远一些，比如吃粮吧，如今人马数万，一旦粮食吃完了，遇到打仗，没有粮草，可怎么办？"

这话提醒了翟让，他立刻说道："是啊，人常说兵马未动，粮草先行。说的就是军粮的重要，你有办法，尽管提出来，我一定会听你的。"

于是，李密立即提出攻打荥阳，把隋朝的大粮仓洛口夺过来，他说道："这洛口仓很大，藏粮丰富，一旦攻下来，开仓放粮，天下人还不云集响应？等到兵强马壮时，就可以夺取隋朝的天下了。"

翟让听了很高兴，说："你的意见太好了，我倒没有想到这一点呢。"

接着，他们仔细商量一番，决定攻打荥阳，一定要占领这个天下最大的粮仓。瓦岗军攻破荥阳金堤关，攻打荥阳各个县城，一时间，荥阳诸县城相继被瓦岗军攻占，并打到荥阳的外围。

荥阳历来是兵家必争的战略要地，又是隋朝的大粮仓所在地，影响可大了，隋炀帝得报之后，心急火燎地派遣大将张须陀率领两万人马赶赴荥阳。

当时，荥阳刺史郇王杨庆正在担心无力抵抗翟让的进攻，听说张须陀带兵来援，这才放心地说："有了这位常胜将军来守卫荥阳，我就高枕无忧了。"

第五章

三取令箭帝王风　瓦岗建魏发檄文

翟让正打算把荥阳一鼓作气拿下来，忽听张须陀领兵来了，十分害怕，便想率军返回瓦岗寨，他对部下说："张须陀勇不可当，许多义军都被他消灭了，我们也不是他的对手，这荥阳还是不打了吧！"

李密听了，却对他说道："张须陀有什么可怕的？据我了解，此人有勇无谋，不过是匹夫之勇罢了！看我这一次打得他全军覆没！"

翟让听了只是摇头，此时徐世勣说道："张须陀作战勇猛，他还有一员勇将，名叫秦琼，这次没有来，回山东探母病去了，这人一走，我们取胜更有把握。"

单雄信忙说："我也认识秦琼，此人勇不可当，有机会让茂公贤弟去把他邀到这里来，让他加入我们瓦岗寨的起义队伍吧！"

徐世勣忙答应道："等打下荥阳粮仓，兄弟再去吧！"

这时候，李密对翟让道："大首领！你要是没有其他的事要讲，小弟就发布作战命令了！"

翟让点头说："没有了，你就下达命令吧！"

只见李密走上点将台，手拿一支令箭，大声发令道：

"徐世勣、单雄信两位兄弟听令！派你们率领兵马一万人，埋伏在大海寺北面的树林里，等张须陀的兵马一到，你们就杀出来，务必将其打败，千万别让张须陀逃掉。"

"是！我们一定要全歼隋军，活捉张须陀！"徐世勣与单雄信领命带着一万人马出发了。

李密又取出第二支令箭，大声喊道："王当仁、李公逸两位兄弟听令！请你们带领兵马一万人，埋伏在大海寺西南的一条旱水沟里，见张须陀的追兵赶到时，立即杀出来，扑向隋军，务必歼灭敌人，若能捉到张须陀，为兄一定重赏你们！

两人答应一声"领命"之后，便带领一万兵马匆匆向指定地点埋伏去了。

李密又取出第三支令箭，大喊一声："王伯当兄弟听令！你带领五千兵马，前往隋军营前挑战，只准败，不准胜，一定要把张须陀引到大海寺前，不然，我非重重罚你不可！"

王伯当忽然问道："张须陀要是不追我呢？"

李密严肃地对他说："你要想办法让他追赶你，否则，你就未完成作战任务，要受到重罚！"

王伯当还想说什么，见李密已将令箭交予传令官，只好摇了摇头，接过令箭，领着兵马去了。

周文举急忙追上王伯当，悄悄对他说："大哥要用激将法去激怒张须陀……"

王伯当听后，心中才有了底，不由嘀咕道：这个李密真是诡计多端，硬叫我打败仗，还要引诱敌人追自己，我想不明白啊！李密又对其余将士说道："兄弟们！你们要整装待命，准备在我军得胜之后，及时去大海寺前打扫战场，招纳投降的隋军，不得拖延。"

命令下达之后，李密对翟让笑道："兄弟们都各司其职去了，我们可以登上大海寺的钟楼，亲眼看一看张须陀是如何被兄弟们活捉的！"

翟让听后，口中答应着，心里不得不暗暗佩服李密的大将风度，刚才那一幕发布军令的情景，真像当年韩信登台拜帅时的威风，令人震慑。

两个时辰之后，翟让将信将疑地坐在大海寺高高的钟楼上，与李密面对面地喝着美酒，吃着可口的小菜，谈着一些各地爆发起义的新消息。

翟让刚把酒杯端了起来，忽听震天动地的喊杀声从张须陀军营的方向传来，不久，喊声越来越近，渐渐地能看到滚滚的尘土涌起在半空，向大海寺奔来……

原来王伯当带领五千人马，去到隋军营前挑战时，张须陀立刻率领二万人马出营，大声叫骂道："瓦岗贼寇听着，现在下马受降，张爷还能免你一死，不然，我要踏平瓦岗，活捉翟让，刀劈李密！"

王伯当只好壮着胆子大声喊道："张须陀不要猖狂！你的死期就是今日，看老子取你的狗头！"

王伯当说罢，便举起大刀，拍马向前，与张须陀杀在一处。只见张须陀手中的大刀上下翻飞，左右挥舞，果然勇猛异常，只打了五六个回合，王伯当已觉力不能支，深感自己不是他的对手。心想：迟走不如早走，忙把手中大刀使劲一挥，大叫道："张须陀！今日老子不杀你，明天再战吧——"

说完，将大刀一拉，拨回马头，就向着大海寺方向逃去！

张须陀一见，哪里肯舍，忙向身后的全军将士喊道："追！别让贼逃跑了！杀呀！"

两年来，张须陀屡战屡胜，连续镇压了左学友、卢明月、方向明、昌保良、帅中江、唐庆云等多股农民起义军，特别是杨玄感的叛军，几乎被他赶尽杀绝，表现出极为残忍的手段。

张须陀边追边想：这小小的一支瓦岗贼寇，还想逃出我的手心，哼！比登天还难呢！

从隋军营地到大海寺约有十多里路，张须陀的大军追出六七里路时，他的副将鹰扬郎将贾务本，从后面赶上来，提醒他说："张大帅！别再追了，不要中了贼寇的埋伏！"

张须陀不听犹可，一听说"埋伏"二字，马上咧开大嘴哈哈大笑道："我张须陀驰骋中原，横刀剿杀贼寇数十万人，还从未中过埋伏呢！今日，老子倒真想看看这个翟让、李密有何能耐设个埋伏！"

张须陀一面傲慢地高叫着，一面举起手中的大刀，命令身后的全军将士："给老子追呀！杀尽瓦岗的贼寇啊——"

张须陀一心追赶王伯当的队伍，不觉已经进入了李密设下的埋伏圈里，追到了大海寺前，忽听北面一声大喊："张须陀休要猖狂，你单爷爷在此等候多时，快下马投降吧！"

单雄信的喊声未落，徐世勣也飞马赶到，对张须陀说："张须陀！你已中了我军的埋伏，快下马受降吧！"

谁知张须陀仰天大笑道："两个瓦岗小毛贼也敢说大话，老子从来不知道什么叫'中了埋伏'。"

他的话刚刚说完，骤然间伏兵四起，惊雷一般的喊杀声震耳欲聋，单雄信、徐世勣领着一万伏兵，如猛虎一般冲入隋军中去，眨眼之间杀得隋军纷纷败退，张须陀想拦住自己溃散的队伍，已不可能，反被逃跑的兵马裹挟着，往后撤退。

就在这时，大海寺的南面旱水沟里又呐喊着冲出一支队伍，拦住隋军的退路，王当仁、李公逸二人立马大道，横刀对张须陀说道："识时务者为俊杰，快下马投降吧，张须陀！"

这时候，张须陀确实有些吃惊了，知道瓦岗军中有了能人，今日这一仗是难打胜了。于是，也不说话，急忙挥提手中大刀，想冲开一条血路，逃跑出去再说。

哪里知道两万瓦岗起义军已占据了有利地形，将张须陀团团包围，任凭他怎么杀，也杀不出包围圈。

张须陀带来的二万隋军早被单雄信、徐世勣、王当仁、李公逸分割冲散，死的死，伤的伤，逃的逃，而张须陀身边的队伍，不过数万人了，正是兵少将寡！

瓦岗军却越战越强，兵马越来越多，喊杀声如滚滚春雷，"活捉张须陀！"的喊声此伏彼起，一向骄横、不可一世的张须陀不由被吓得心胆俱裂！

面对四面八方、黑压压的瓦岗兵马，耳听惊天动地的喊杀声音，张须陀心知难以挽回败局，不禁仰天长叹道："唉！兵败如此，我还有何面目去见皇上！"

张须陀还想作困兽之斗，再次突围时，忽听头上方有人对自己叫道："张须陀！你已被我军四面包围，冲不出去了，何必自找死路？快下马投降，我们会免你一死！"

张须陀抬眼一看，见大海寺的钟楼上坐着两个人，面前摆着酒菜，知道是瓦岗军的两个大首领翟让和李密，不由得恨恨连声，一怒之下，放下大刀，取出弓弦，搭上箭羽，瞄着其中一人，正要拉弓射去，早被眼尖手快的徐世勣发现，只见他大喝一声："张须陀！你休想暗箭伤人！"

一箭飞来，正中张须陀的右手，他不禁大叫一声："啊呀！"那支捏在手中的羽箭，"吧嗒"一声落在地上，吓得他扔下弓弦，左手提刀，领着残兵败将，妄图突围逃脱。

"活捉张须陀！"的喊声又起，瓦岗军蜂拥而上，缩小包围圈，把张须陀乱刀砍死。

大海寺之战后，李密的威信更高了，将士们心服口服，都认为李密用兵如神，大有当年诸葛孔明的儒将风度。

一天晚上，刘元义军师对翟让说："古人说：人贵有自知之明。若没有李密在，别说打败张须陀，恐怕你在瓦岗寨也住不下了去，说一句公道话：你是无功受禄啊！"

这天夜里，翟让怎么也睡不着。次日早上，他找到李密，劈头就说："把军队一分为二，我和你各领一支人马，各奔前程吧！"

李密一听，忙说："那怎么可以？兵马分开，将领呢？何况才打了胜仗，一分开，兵力不是减弱了吗？"

翟让听了，坚持要分，又说道："我以为，你可以建立营帐，号蒲山公营，我的队伍还回瓦岗寨去。"

李密苦笑道："你回瓦岗寨，我到哪里去？"

翟让不听劝阻，坚持要分，便领着分来的一半人马不声不响地回瓦岗寨去了。

徐世勣、单雄信、王伯当、王当仁等将领向李密、翟让反复劝说道：“瓦岗军刚打了一个大胜仗，正要乘胜去攻打洛口粮仓，却要兵分为二，今后怎么办？一旦隋军来打，又怎么办？”

翟让把刘元义军师的话学了一遍，将领们都很生气，单雄信一赌气，竟去把刘元义一刀杀死，提着他的人头来见翟让说：“我把离间的贼杀了，你的气也该消了吧？”

翟让这才答应重新再合起来，李密虽然心中暗暗惋惜，不过，那首《桃李章》的歌谣毕竟传出去了，瓦岗将士谁都知道李密非等闲人物，有朝一日，是要坐天下的，所以表面上还装作什么事也没有发生一样。

过了两天，李密立刻召开大会，向将士们说道：“如今百姓饥馑，洛口仓里谷米数千万担，我们不能坐看粮仓，让成千上万的百姓饿死呀！据我所知，洛口仓的守卫薄弱，东都兵远不能救援，这正是攻打的极好机会。”

将士们一听，齐声赞成，徐世勣说道：“我以为，可以兵分两路，一支进驻洛口与东都之间，防止东都派兵来救；另一支可以轻装简从，抄正路，走阳城北，翻越方山，从罗口突然袭击，必然能一举攻下这粮仓。”

于是，徐世勣、王伯当二人带领从全军中挑选出来的五千精锐兵士，人人轻装简从，只带三天的干粮，悄悄地上路了。

李密又派单雄信带领一万人马，进驻东都与洛口之间的巩县附近，以阻拦东都的援军。

公元六一七年二月二十日，徐世勣、王伯当率五千精兵，以迅雷不及掩耳之势，一举攻下洛口仓。

这座洛口仓，是隋朝最大的粮仓，修建于公元六〇六年。隋炀帝修建东都时，在宫城以东曾修筑含嘉仓，但是，这位好大喜功的隋炀帝嫌不够气派，又于次年在巩县东南一块平地上，靠近伊水和洛水的汇合处，修建了兴洛仓，又因地处洛口，也喊它洛口仓。

在这座大粮仓里，有三千座大窖，每窖储粮八千石，共储粮两千多万担，可见粮仓不小。

瓦岗军攻占兴洛仓后，李密立即下令开仓放粮，公开号召饥民可以到粮仓里任意取粮。

这号令如春雷一声响，传遍大河上下，中原大地上的饥民，川流不息地人来人往，肩挑背扛，凡是能用来装运粮食的东西，都用来装得满满的，高高兴兴地运回家去。

瓦岗军攻下兴洛仓后，名声大振，来投奔瓦岗军的人也络绎不绝，连隋朝的一些地方官员也主动来降。

宿城县令祖君彦自动来投，因为此人文才出众，文辞敏捷，备受李密看重，就让他在身边担任记室，凡军中书檄，一律交予祖君彦负责撰写。

还有朝政大夫时德玉，在尉氏县举义，来响应瓦岗军，送来牛、羊、马、猪等数千头，慰劳瓦岗将士。

一个月后，留守东都的越王杨侗，派遣虎贲郎将刘长恭，带领两万兵马，向兴洛仓开来，想夺回这座粮仓。

李密带领二万兵马，毫不费力地击溃了刘长恭的军队，并缴获了隋军的全部辎重兵甲。

这时候，瓦岗军的指挥大权渐渐集中在李密手中。

翟让迫于将士们的压力，深感自己的才能不及李密，只得把瓦岗军的首领地位让出来，推李密为"魏公"。

于是，瓦岗军在巩县设坛台，李密正式任全军统帅，并歃血祭天，李密遂改年号为"永平"，自此，瓦岗寨起义军建立了自己的政权。

李密称"魏"以后，认为自己可以取隋而代之了，便在洛口仓筑起周围四十里的城墙，作为瓦岗军大本营。

虽然李密不敢马上当皇帝，只将自己的政权称为"行军元帅魏公府"，但随着中原地区数十支农民起义军的归附，李密俨然以"天下盟主"的身份自居。

接着，李密对部下大加封赏之后，让文才出众的祖君彦起草了那篇名扬天下的"讨暴君杨广檄文"，号召百姓起来推翻隋王朝的统治，把大江南北都震动了。

檄文传到江都，隋炀帝读了之后，勃然大怒，立即派遣监门将军庞玉、虎贲郎将霍世举二人率领二万兵马援助东都。

李密听说之后，忙召集将领开会，谋士柴孝和建议："关中乃山川之要冲，秦汉凭之终成帝业。魏公可留翟让领一支军队守洛口，自带兵马西袭长安。若能占领长安，则可业固兵强，安定天下。"

王伯当也说道："听说太原留守李渊父子兵强马壮，人才济济，早有兴兵袭取关中之意，一旦李渊捷足先登，那时就后悔莫及了。"

李密听了，说道："攻取关中，自然是上策，但是，暴君未死，官军尚多，我部下多山东、河南人，东都未下，谁愿意随我西去？至于李渊父子，纵然先取关中，因他兵弱势单，也会领兵来投，何愁得不到关中？"

这时候，李密虽然认为攻取关中是良策，但他无法实行，他看到了瓦岗军内部的问题，一时不能解决，只好据守洛口，准备攻打东都洛阳。

历史证明，李密丧失了有利时机，这是战略上的失策，而终于在中原逐鹿中落于李渊之下……

李渊在帐中读完了檄文之后，又把李密的复信看了一遍，笑道："这李密也真自负！前次我写信给他，本想与他联合起来，共同抗隋，谁知他狂妄自大，一心要当盟主，真是可笑至极！"

建成、世民连忙拿起李密的复信，见上面写道："……我与兄派流虽异，根系不同，自己才疏学浅，被四海英雄推为盟主。希望左提右挈，戮力同心，执子婴于咸阳，殪商辛于牧野，共襄此盛举！"

兄弟俩读完之后，建成先说道："这李密仗着人多势众，就要天下人推他为盟主，也太狂妄了，根本不把我们放在眼里，父亲别理他！咱们一心攻打长安，他远在洛口，任他去打东都去吧！"

李渊又问世民："你看怎么办？说说你的意见。"

世民说道："我以为，对李密的办法不妨跟对突厥人一样，只要他不妨碍我们进军关中，哪怕委曲求全也没什么，正像那当年的韩信，胯下之辱又算什么？"

李渊连连点头，指着那封复信说道："李密妄自尊大，不是一两封书信就可以抬举之辈。我们正在进军关中，如果对他置之不理，不是又树了一个敌人吗？不如好言奉承他，以骄其志，让他当那个空头的天下盟主，另一面却利用他为我们阻塞河、洛，挡住东都之兵。这样，我们就可以集中兵力攻打长安，等到平定关中之后，再养精蓄锐，凭险固守，看他们鹬蚌相争，以收渔人之利，也不算是晚呀！"

两个儿子都佩服父亲想得周到，李渊这才命令温大雅按照自己的意思写好给李密的回信。

回信中写道："……我虽庸劣，幸承祖先余绪，出为八使、入典六载，国家倾覆而不扶，将为时贤责备，所以大麾义兵，绥抚河朔，和亲番塞，共匡天下，志在尊隋。……天生烝民，必有司牧，当今为牧，非子而谁？老夫年逾知命，愿不及此。欣戴大弟，攀鳞附翼，惟冀早膺图箓，以宁兆庶！宗盟之长，属籍见容，复封于唐，斯足荣矣。"

李渊不惜用低声下气的文字去奉承李密，来掩盖自己吞并天下的野心，可谓老谋深算！

为了推辞李密要他去瓦岗寨缔结盟约，李渊又在信中借口说："汾晋左右，尚需安顾；盟津之会，无暇顾之。"

李密接到李渊的复信，读了之后果真欣喜万分，还把书信拿给部下传

看，高兴地说道："李渊这样地拥戴我，支持我当盟主，何愁天下不定？"

从此，李密一心一意地攻打东都洛阳，再不把李渊放在心上，认为晋中早晚也是自己的地盘。于是双方信使往来不绝，"李氏同姓"这并立的两雄，果然在中原大地上维持了较长一段时间。

李渊的一封书信终于把不甘人下的李密骗住了，自然高兴得很，可是眼看大雨不止，军粮不足，再拖下去，军队的士气必然低落，这又让李渊焦急万分。

这天晚上，裴寂来向李渊报告了一条坏消息："有人传说突厥与刘武周纠集一起，阴谋偷袭太原……"

李渊一听，吃惊不小，马上召集部将一起商讨对策，李渊首先说道："大雨不止，宋老生重兵守着霍邑，又与屈突通连兵据险，凭借着易守难攻的有利地势，我们短时间很难消灭他们。假若刘武周真的勾结突厥人，偷袭太原，后果是不堪设想的，请各位畅所欲言。"

裴寂先说道："刘武周依附突厥，其心难测，一旦太原遭袭，全军家属老小全在城里，不如回军，以稳军心。"

参军姜暮接着说："阴雨连绵，道路泥泞，不能行军打仗，粮草不继，军心难以维持长久，回军太原最好。"

李建成说道："始毕可汗已与我们议和，怎么又与刘武周联合，何况刘文静尚未回来，我怀疑这消息未必属实！再者，行军作战本是大事，怎可想来就来，想走就走，千军万马行动起来，并非易事，怎能当儿戏？"

李渊说："那消息虽不知确实情形，但是宁可信其有，不可信其无。至于突厥的品性，往往是首鼠两端，唯利是图，他们偷袭太原的可能性也难说没有。"

裴寂又说道："李密虽说要与我们联合，一旦发现我军西进，他难免不会派军队从南面袭击太原。"

担任府掾的殷开山说道："据我观察天相，阴雨不会长久，也不过再下三五日罢了。至于军粮不足，我以为困难不大，因为秋粮已熟，谷粮稻米遍野皆是，不愁人马没有吃的。"

李建成又说道："我军西进关中，是举大计，定大业，现在遇到阴雨天，面对宋老生和屈突通的据险连守，就打退堂鼓，那还整天喊着要……"

李渊急忙挥着手道："讨论军国大事要开诚相见，言者无罪，各自发表意见，不准讥刺别人，以后建成说话要注意态度。"

李世民说道："刚才殷开山的话，意在反对撤军，我也反对撤军。刘武周和突厥人尽管表面上联合，实际却相互猜忌，因为刘武周心里明白，他若领兵去偷袭太原，说不定突厥人马上就会把马邑城夺过去。这种螳螂捕蝉，黄雀在后的伎俩，刘成周怎能不知？至于宋老生这个人，据我了解，他勇而少谋，为人轻狂浮躁，容易打败他，甚至一举可以擒杀他。李密远在河洛，他要打东都，保粮仓，还要搞好与翟让的团结，哪有精力打太原。我军既要举义旗，惩暴君，救苍生，拯黎民，就应该奋不顾身。遇到这两支敌人的军队，就想班师回军，将来与大批敌人作战，怎么办？"

李建成忙说："我支持世民的看法，不赞成回军。"

两种意见争得厉害，裴寂等人是年老的一派，主张先把太原守好，这是求稳的观点；李世民、李建成年轻气盛，主张行事勇猛，不可怯敌后退，坚持进攻战略。

李渊终不听从两个儿子的进军建议，而采用裴寂等人的意见，决定回师太原。

在这种情况下，李世民仍然坚持要苦谏父亲。但此时夜已深沉，李渊已睡下，李世民只得放声恸哭，大叫道："怎么能临阵撤退呢！怎么能——"

李渊听了，只得又让世民进帐，问他："为何哭得这么伤心？"

世民又苦谏道："自古以来，战场上士气可鼓，而不可泄，兵败如山倒正是这道理。当前的形势，进则胜，退则败，不能逆反行动。宋老生若知我军不战自退，提军来追，我军能抵挡吗？……兵败身亡就在眼前，儿怎能不哭？"李渊这才醒悟过来，后悔不迭地说道："唉呀！我早已令军队撤退，这可怎么办？"李世民忙说道："我的右军仍然严阵已待，没有出发，只是左军正退，不过据我估计，也走不多远，完全可以把他们追回来嘛！"

李渊对世民笑道："好吧，我军的成败关键全在你了，你看怎么办都可以，随你处置安排。"

李世民不敢耽搁，急忙喊上建成，连夜骑马向北驰去，一口气追了数十里路才赶上撤走的队伍，把左军全部追回来，这才安心。

次日，太原的粮食也运来了，并带来太原太平无事的消息，这样，一场撤退的风波才算过去。

军心安定下来了，只等着雨过天晴。世民和建成一起见父亲道："趁着下雨的工夫，我们去侦察一下敌情。"

李渊对两个儿子道："要谨慎小心，别被隋军发现，早去早回。"

建成、世民刚走不远，李渊也冒着小雨，随后赶上了两个儿子，父子三人走到一处高岗，回头看那贾胡堡时，李渊拍着自己的脑门，说："在这大雨数日之际，宋老生若是派一支队伍袭击我军，后果也是严重的，我们想逃也难以找到好路呀！"

世民忙说："可见宋老生是个无能之辈，听说此人家贫如洗，只是凭着战功才混个官职，如此胆小，只想保住自己的饭碗，不会做出什么惊人之举的。"

李渊问道："你从哪里听来的这些情况？"

世民笑道："是殷开山告诉我的，他以前对宋老生的情况很熟悉，也是从别人口中听来的。"

"殷开山是个很有心计的人，文武全才呢。"建成说。

三人说着已来到霍邑对面的一座山坡前，他们站在山坡上向霍邑望去，李渊指着东、南两门外的树林说："看到没有？那里是埋伏兵马的好地方。"

建成立刻会意道："我和世民各领兵马在那林子里埋伏起来，父亲派一支军队到城下挑战，等宋老生一出城，给他来一个前后夹击，三面包围，宋老生的小命就一命呜呼了！"说罢，对父亲一笑。李渊问道："若是宋老生不出城应战，怎么办？"

未等世民回答，建成又说道："我找个高音量、大嗓门的兵士去城下叫骂他，羞辱他，他能不出城吗？"

世民笑道："这办法很好，宋老生一定会出城的。"

李渊又问道："你有根据吗？"

世民答道："这宋老生与那不久前被李密消灭的张须陀一样，都骄傲自大，看不起义军，认为义军都是一些农民，只会种地，不会打仗，不把义军放在眼里，哪知义军中也有能人，更有善用谋略的人，以致打起来了，他才知道后悔……"

建成问道："张须陀的事情，二弟从哪里得知？"

世民说："前次李密派来送信的那个人可不寻常，他知道的事情真不少，我是从他那里了解到的。"

李渊听了，摇了摇头，叹道："这孩子，可真是一个有心计的人，随时随地探听消息，了解情况。"

父子三人说说笑笑，一路侦察敌情、地形，回到营里，已到吃饭时间，世民忽然说道："为防止宋老生来夜袭，从今夜开始，加强巡营与警戒吧？"

"对！你们分头布置，不可粗心大意！"李渊说。

第六章

老生殒命招募忙 二将面和心难和

半月之后，大雨果然停止，太阳出来了，李渊命令全军将士抓紧晒甲整械，准备攻打霍邑。

次日，李渊命令部队出发，先向霍邑东南，沿山间小路前进，约在距城十里处驻营。

为了迷惑宋老生，李渊自带左右轻骑五六百人马，有意在霍邑城下东张西望，又在城东六七里之处停下，等待步兵前来，显得军队散乱又没有头绪。

这样做，是故意给宋老生看的，让宋老生觉得李渊不会用兵，更不懂攻城的方法，使他产生麻痹轻敌的思想。

接着，李渊又派殷开山带领七八十人马，再到城下四处巡视，东张西望一会儿，然后才回到营里。

半个时辰以后，李渊把人马分成十几队，从城东南向城西南迂回，有意向宋老生显示一个印象：李渊又想安营，又想攻城，表现出举棋不定的样子。

李渊故意表演这些哑谜似的军事行动，是让宋老生滋生侥幸情绪，从而轻敌大意，放心大胆地出城应战。

果然，又过了半个时辰，当李渊再次带领数百人马出现在城下的时候，宋老生担心李渊再从城下溜掉，便命令士兵大开霍邑东、南两门，率领三万人马，冲出城来，一齐大喊道："别放走了李渊！活捉李渊！"

李渊见宋老生来势凶猛，恨不能将他一举擒获，心中不由一紧，便急急忙忙带领身后的数百骑向后退去，像是不堪一击就逃跑了。

宋老生果然中计，他一见李渊领着兵马往后退去，忙把手中大刀一挥，向全军命令道："杀呀！别放跑了李渊，冲呀……"

宋老生带领人马向前猛冲，逼得李渊的数百轻骑连续后退，就在这时，殷开山率领步军一万人，从后面顶上来，迎着宋老生的人马，严阵以待，那闪闪发亮的刀光在阳光下熠熠生辉，隋军见了，不由得愣在那里，

兀然不动。

宋老生毕竟是屡经战阵的将领，见到兵马如此表现，急忙举起大刀，拍马上前，一面大喊着："冲呀！杀呀！活捉李渊有重赏呀！"一面身先士卒，带头冲入殷开山的步军之中，砍杀起来。

两军拼杀在一起，呐喊声震天动地。

此时，李建成迅速率领左军七千人马，突然穿过一条斜路，直扑霍邑的东门下；李世民也带领右军七千人马，迅速插入霍邑的南门下。

这左右两支人马突然从隋军的背后杀出，宋老生不由一惊，立刻意识到自己的军队已被前后夹击，处于被包围的困境，心中早乱了，此时，李渊让人大声喊道："宋老生被活捉了！宋老生被活捉了！"

隋军一听，心慌意乱，有的将兵器一丢，向无人处逃去；有的兵士索性不打了，跪在地上投降了。

宋老生听到时，先是一愣，以为是自己的耳朵有毛病，正当他发愣之时，又听到"宋老生被活捉了"的喊声，这才知道有问题，定是李渊有意所为，是想惑乱我的军心，他忙向将士们高声叫道："别信李渊胡说八道，我宋老生在这里，没有被他们捉住……"

宋老生正在叫喊之时，忽见隋军纷纷逃跑，有的甚至投降了，他一时又恼又恨，大骂道："不准逃跑！谁投降，我就杀了他！"

说着，宋老生真的杀了几个丢下兵器想逃跑的隋兵。但是，隋军的军心已乱，再也没有办法了！

宋老生一见大势已去，甩掉上身的衣服，光着上身，手中挥舞着大刀，像疯子一样，连续砍死了几个李渊的士兵，终于冲出了重围，逃到了城壕前面，后面的追兵又叫喊着赶来，宋老生不得不纵马跳过护城壕，跳跃着来到城下，心想：一旦我进了城，你李渊就奈何不了我！

城上的隋兵认出了宋老生，赶忙从城上放下绳子，宋老生喜出望外，慌忙下马跑到绳子前，一把抓住绳子，上攀了一丈多高时，唐军中一个军曹头目名叫卢君谔的迅速赶来，跳起来用刀乱砍，竟将宋老生拦腰斩成两截。

城内的隋军一看主帅已亡，哪里还有斗志，纷纷逃命去了。

李渊急忙命令攻城，将士奋勇上前，在没有攻城器械的情况下，用搭人梯的办法向霍邑发动最后攻击。

日落西山的时候，李渊的军队终于攻占了霍邑，这是李渊在起兵之后取得的最重要的一次胜利。

占领了霍邑，就等于攻破了关中的第一道坚固的防线，在战略上自然是重大胜利，对于鼓舞李渊军队的士气，也起到了关键的作用。李渊兴奋地说："有了这第一仗的胜利，何愁大军进不了关中！"

李渊攻占霍邑之后，立即犒赏三军，奖励有功将士，全军从将领到兵士，无不欢呼雀跃，如过节一般。

此时，负责论功行赏的司功参军姜暮前来请示道："那些本以奴仆身份参军的人，他们立了功该如何奖赏？是否与一般普通自由人一样，享有同等地位？"

李渊听了之后，立即说道："战场上哪里分贵贱？枪刀可不认识谁是奴仆、谁是主人呀！为什么打完了仗，在论功行赏的时候，要分等级、别贵贱呢？在我们的这支军队里，必须按功行赏。"

军中将士听说之后，人人心悦诚服，喜笑颜开，尤其是那些被压在最下层的劳动者，如奴仆、隶役等，终于享受到平等的待遇，自然对李渊更加效忠了。

李渊这样做，也有利于扩充军队，人们纷纷传说，李渊对部下不分身份贵贱，全是一视同仁，即使是奴仆，只要立了功，可以和主人一样受到重赏。

于是，在进军长安途中，沿途有大批人马加入李渊的军队，军队人数进一步增多，力量更加强大了。

在霍邑城里，李渊为了进一步扩大影响，对隋朝的官吏一律既往不咎，他与宋老生部下的官员们见面时说："除了宋老生一人之外，我不会责罚任何人。即使你们中间有人不愿归顺我，我仍然会以赤诚之心对待你们。"

说完之后，他立即宣布道："对那些隋朝的旧官吏全部重新授官，和在太原起兵时从军者一样，享受同等的待遇。凡关中将士要回乡的，都授以五品散官。"

当时，在隋军中有些人衣食无着，请求参加李渊的军队，他也热情欢迎，编入自己的军中，并宣布说："对这些人不准有任何歧视，也不必有任何防范。"

为了消除这些隋朝的官吏、将士们的疑虑，李渊还以厚礼安葬了宋老生，并在坟前立碑纪念。

这些措施落实之后，在霍邑城内外影响甚大，前来参军的人络绎不绝。

此时，管理户曹的崔善为向李渊提出意见道："对那些前来归降的隋朝旧官员，都授为五品官，因为太多、太易，是否有过滥之嫌？"

李渊一听，笑道："杨广吝惜勋位赏赐，因而失去人心。我怎能步其后尘！"

其实，在李渊看来，官职是夺取政权的一种手段，人们都争先恐后地来请求加入自己的军队，在很大程度上，是为了取得高官厚禄，把这些许诺做在前面，有利于动员这些人去杀敌立功，有何不好呢！

因此，李渊的军队在太原起兵后，特别是在攻占霍邑之后，兵力得到巨大发展，这与他善于收揽人心有着极大关系。

军队在霍邑休整了半个月，充实了兵马粮草，李渊又命令全军继续沿汾水谷地向西南进发，一路势如破竹，很轻松地拿下了临汾（今山西临汾）、绛郡（今山西新绛）。

其实，攻占了霍邑，也就等于进入了临汾郡的大门，刺史刘信西，主动领着部下官员迎出城外，李渊同样真诚抚慰他们，一一恢复官职，任其去留，按章办事，又招募了许多丁壮当兵，充实军队。

大军抵达绛郡时，通守陈叔达率兵拒守，李渊准备攻城时，铠曹武士彟上前禀报："这位陈叔达是南朝陈宣帝的儿子，隋灭陈后，杨广让他做了中书舍人，后来又派他来绛郡当通守，对昏君多少有些报恩的想法，卑职曾与他相识，有些交情，去说服他来降吧！"

李渊笑道："我亦知此人有才，他十几岁时便能赋诗十韵，被人们视为奇才，他若肯降我，我亦用他。"

武士彟以说客身份，进城劝说陈叔达："李渊宽厚得像个长者，对那些隋朝的普通的官吏，都授以五品官；而你身为通守，李渊又亲口说你是奇才，要重用你，为何要螳臂当车，自寻死路？"

武士彟的一席话，说得陈叔达无言以对，只得说：

"本不想抵抗，因念及皇上恩情，才不得不有所表示。"

武士彟笑道："杨广暴戾如此，还念什么小恩？投李渊之后，你将受重用，会使你获大恩的啊！"

陈叔达便随着他出城投降李渊，受到特别宽待。李渊当场宣布既往不咎，还任命陈叔达做丞相主管和记室温大雅在一起执掌机密。

武士彟问陈叔达："怎样？我的话没有错吧？"

陈叔达不禁赧然一笑："未料到李渊如此宽厚，真是大人风范，此人必然要坐天下了！"

武士彟说道："李渊是知人善任，唯才是用。无论投他早晚，一视同仁。我是太原起兵前投奔他的，而你仅是一个降将，但是，你一来就成了他的近臣，可比我吃香！"

陈叔达笑道："官职大小，我历来不在乎，难道你不了解我的人品？关键在于看重我的人格，这也是我一个文人应有的气节！"

武士彠也深有感触地说："是啊！李渊知道尊重人的人格，特别重视敬重文人的骨气，尽管我是一个做木材生意的商人出身，因为我曾在他困难时资助过他，他总是念念不忘那件往事，居然封了我一个大官，我反倒觉得受之有愧了！"

陈叔达连连点头："我以为，官职无论大小，李渊如此大仁大义，我们都该恭敬勤劳，忠心不贰吧！"

不久，李渊的大军来到了秦晋交界的龙门。

李渊正在与裴寂等观察形势，考虑是不是渡河去直取关中的战事，忽见刘文静领着那位突厥人康鞘利乐呵呵地来了，李渊一见，不禁大喜道："这太好了！欢迎欢迎，欢迎始毕可汗派来的使臣！"

李渊兴奋地说着，一面伸出手去，左手拉着刘文静，右手拉着康鞘利，热烈地笑着说："走，下山去吧，到营帐里为你们接风洗尘！"

文武官员们随后跟着，李世民指着裴寂的背影说："若是按他的意见把军队撤回太原，此时此刻，我们这些人还能站在这龙门山上看黄河水吗？"

李建成不满地说："在犒赏大会上，我几次想向父帅建议，对这老东西给以处罚，后怕引起父帅生气，才没有……"

"处罚他倒没必要，教训他确是应该，不知他见到刘文静、康鞘利来了，自己作何感想？"

建成听了，忙说道："我去问他去……"

世民抬手去拉他时，建成早已跑到裴寂身边，质问道："请问长史大人，你见到了刘文静、康鞘利一起来了，有何想法？"

裴寂听了，一时不知从何说起，在左右官员的众目睽睽下，急得面红耳赤，好半天说不出话来。

走在后面的李世民赶上来，伸手拉过李建成，正要说话时，殷开山对二人悄悄地说道："裴长史够难堪了，请两位大都督别再说了吧！"

李建成听了，不屑地看着裴寂的脊背啐了一口道："他活该！"

李世民摇了摇头，轻轻地对殷开山说："我担心刘文静知道这事以后，不会跟他善罢甘休的。"

殷开山趁机提醒他说："若是那样的话，两位大都督就更不该插进去，给唐公添乱哪！"

李世民这才点了点头说："是这样，是这样，多谢你的关照！我们是

做得有些莽撞了。"

世民拉着建成，两兄弟在后面小声议论了一会儿，一起下山回营去了。

当晚，李渊在帐内摆上丰盛宴席，欢迎突厥使臣康鞘利的到来，慰劳功臣刘文静，赞其不辱使命，不仅与突厥交好，而且带来少量的突厥兵马，正合他的心意。

早在太原出兵前刘文静出使突厥，与始毕可汗和议成功，答应派兵帮助李渊入关，而且说明兵力多少由李渊决定。

后来，李渊热情接待了康鞘利等人，接受了始毕可汗的来信和礼物，待客礼仪都十分恭敬周到。李渊还赠送给康鞘利等人厚重的礼物，使这些突厥人非常高兴。

始毕可汗还让康鞘利带来一千匹突厥马来太原市。李渊挑选其中的良马五百匹，军中的将士见了，请求用自己的银子买下其余的五百匹，但是李渊劝说道：

"突厥人的马匹多，人又贪财好利，若是一次全买了，他们会源源不断地送来，恐怕你就买不起了。我只买他们马匹的一半，是有意向突厥人示穷，也想压一压马价。"

李渊见将士们似懂非懂，又接着说："你们想一想，突厥人千里迢迢把马匹赶到太原来，总不能把马匹再赶回去吧？当康鞘利等人急着要回突厥时，他们的马匹能不降价吗？一句话，等到他们降价时，我们再买也不迟！而且即使要买，也是由我付银子，怎会让你们破费钱财呢？"

将士们听了，才高高兴兴地回去了。不久，果如李渊所料，康鞘利等人急着回北方，可是马匹还剩一半，只得忍痛贱卖，李渊这才以很便宜的价格，买下了剩下的五百匹。

后来，刘文静二次出使突厥，请求始毕可汗发兵，李渊暗中告诉他说："有件事你得当心，突厥人的骑兵进入我国，将是平民百姓的大害，他们到处抢劫，军纪太坏！"

刘文静问："那可怎么办？"

李渊说："我要突厥人发兵来助，是担心刘武周勾结突厥骑兵，为害边境；我只想要几百突厥骑兵做做样子，壮大一些威风，也就足够了。"

刘文静笑道："我懂唐公的意思，既要来，又要少，装潢门面，摆摆样子，哈哈！"

李渊又叮咛一句道："千万别来多啊——"

这次刘文静从突厥二次出使回来，与康鞘利带来五百突厥兵，两千匹战马，李渊自然高兴，抑制不住兴奋地说道："我们大军已抵达黄河，而今突厥来助，兵少马多，正合我意，这都是你的功劳啊！"

说完，热情地向刘文静敬酒，宴会进行得十分热烈，直喝到深夜才散。

次日，李渊正准备讨论如何进兵的问题，不料刘文静气呼呼地拉住裴寂的衣领，来到元帅大帐，请求评理！

原来，刘文静听了裴寂之前请求撤军的建议，以为裴寂设法将自己除掉，加之二人之前早有芥蒂，便要争得一番道理为止。裴寂考虑大局，大军马上要向关中进军，要是突厥人再节外生枝，那可就真的是前功尽弃了，为了避免这个结果的出现，裴寂断然下定了决心。

次日，李渊在大帐之内办了一桌酒席，把刘文静、裴寂一起喊来，裴寂慌忙走到刘文静面前，"扑通"一声跪下，就要给他磕头，被刘文静伸手拉起来，说道："你这是干什么？这不是折煞人吗？"

裴寂两眼流着泪水，说道："过去，我们是莫逆之交，亲如兄弟。但是这次我对不住你，我办了一件错事，你能高抬手让我过去，我一定牢记恩情，铭志不忘，若是仍气不过，请唐公免了我的职，放我回晋阳宫去！"

说罢，坚持又要磕头，刘文静拦挡不住，李渊笑道："他要磕头，就让他磕几个，他认了错，你消了气，岂不解决了问题，大家还是好朋友嘛！"

刘文静尽管怨气很大，见裴寂已经在自己面前两次下跪、磕头，又流着泪水求情，心里的气早消了大半。俗话说：男儿两膝值千金，杀人不过头点地。还说什么呢！

李渊见此情景，端起酒杯说："来，为我们的友谊能够地久天长，干杯！"

喝完之后，李渊又端起酒杯说道："刘司马两次出使突厥，不辱使命，完成任务，突厥又派兵相助，我们大军可以放心地进军关中，你劳苦功高，我怎能不敬你一杯！"

说完之后，端起杯子同邀裴寂向刘文静敬酒，然后，他又说道："今天，我坐在这特别大将军的元帅大帐里，全是你们二人把我连推带拥地送上这个位置，自太原出兵，我们一帆风顺，正要过黄河、入关中、打长安，推翻暴君统治已经不要多长日子，希望二位同心协力，共助我胜利完成反隋大业！来，我们共同干了此杯！"

李渊又对刘、裴二人说："你们是我的左膀右臂，缺一不可。同在这一条船上，只能是有福同享，有难同当了。"

温大雅进帐来报告道："汾阴来了一位贤士，请求拜见唐公，声称是来献夺取关中之策的。"

李渊一听，兴奋地说道："好吧，我们切勿因小节而贻误大事，何况二位乃明智之人，无须我再饶舌了吧？"

说罢，站起来，一手拉着刘文静，另一只手拉着裴寂，随着温大雅去接见那位汾阴来的贤士去了。

刘文静掀起的这一场闹剧，就这样不了了之了。

不过，自此之后，刘文静与裴寂之间虽然笑而不言，彼此已是心有芥蒂，所谓面和心不和了。

由于刘文静确实存在着功高自夸的表现，加上他与李密还有亲缘上的连襟关系，李渊不得不有所警觉，为了事业上的需要，他只是隐忍不发，反而显得对刘文静信任有加，越发亲近起来。

汾阴（今山西万荣西南）贤士薛大鼎，自小生在汾水边上，虽出身农家，却一心想出人头地，改换门庭，整日闭门读书，钻研兵书战策，未想到隋炀帝执政后，天下大乱，群雄竞起，薛大鼎抒怀言志，写下一首五言诗：

> 金风荡初节，玉露凋晚林。
> 此夕穷途士，空轸郁陶心。
> 眺听良多感，慷慨独沾巾。
> 沾巾何所为？怅然怀古意。
> 秦俗犹未平，汉道将何冀！
> 樊哙市井徒，萧何刀笔吏。
> 一朝时运合，万古传名器。
> 寄言世上雄，虚生真可愧。

后来听说太原留守李渊也起兵反隋，便想去投奔。正在迟疑之时，李渊的大军已攻占了霍邑，来到黄河边上。

薛大鼎准备了一下，便赶到龙门，来到唐军大营前，请求拜见唐公，营门守兵问道："你有什么事要见唐公？"

"我要向唐公敬献攻取关中之策！"薛大鼎答道。

守营兵士听说之后，不敢耽搁，忙向记室温大雅报告。因见李渊正与刘文静、裴寂喝酒言事，便到营门一看，才知道来人是曾写诗言志的薛大鼎。

李渊见薛大鼎谈吐不俗，便朗声问道："听说你要献攻取关中之策，这里并无外人，愿洗耳恭听。"

薛大鼎说道："我以为对河东之敌，唐公暂可不必攻打。虽然屈突通兵强马壮，但是，他已成孤悬之敌，不足为虑了。孙子说：上兵伐谋。眼下，唐公可以率领大军直接过黄河，攻占永丰仓，然后向各地发布檄文，关中地区就可以稳取了。"

李渊扭脸对身边的刘文静、裴寂说道："我觉得此计避强打弱，避实就虚，你们以为如何？"

裴寂道："屈突通有勇有谋，他能坐守孤城，等着挨打吗？若是趁我军渡河，他带兵来打，岂不是麻烦了。"

李渊正在沉思之间，营卒前来报告："原河东户曹任瑰前来拜见。"

李渊一听，忙向薛大鼎说道："你的建议很好，等我与诸将领计议后再说。"

说完，他又对温大雅吩咐道："请薛大鼎留下来，任大将军府察掾吧！"

这就是说，李渊虽然没有马上采纳薛大鼎的建议，但已任命他为大将军府的监察官，让他专管督察军队的一切奸非之事，实际上表示重视他的意见了。

当年，任瑰在河东曾照顾过李建成、李世民兄弟，是李渊的旧交，今来投奔，他自然热情欢迎。寒暄后，任瑰立即向他建议："这一段时间，关中的豪杰之士都在翘首盼望唐公的大军，能早日进关中，将他们从隋朝的暴政下解救出来。"

接着，任瑰自告奋勇，愿去说服黄河对岸的那些隋朝的地方官吏和农民起义军，让他们一起来归顺唐军。他说：

"我在冯翊（关中东部地区的大荔县一带）郡做韩城尉多年，对那里的豪杰之士，我了解甚深，并与他们有些交情。如果唐公信得过我，让我去号召他们，他们必定望风而动，前来归顺。"

李渊听了笑道："果真如此，我要先谢你了。"

任瑰接着说道："等他们归顺之后，唐公的大军可以从梁山渡过黄河，直指韩城（今陕西韩城），进逼合阳。那个冯翊的刺史萧造，是个文官，胆小怕事，哪里有反抗能力，他只有开城投降了。"任瑰说到这里，李渊插话问道："听说关中地区有个豪杰名叫孙华的，你认识他吗？"

任瑰点头说道："是的，孙华在关中较为有名，不过此人头脑灵活，他绝不敢与唐公对抗，我相信孙华一定会主动前来欢迎唐公，向你归顺。"

李渊笑道:"孙华若是主动归顺于我,关中之地已取大半,其他义军也会相继来投。"

任瑰又说:"孙华一降,大军可以长驱直入,便能够轻松地拿下永丰仓(在今陕西潼关北)。这样一来,唐公虽然没有攻下长安,但夺取关中的形势已经形成,最后占领长安只是时间问题了。"

李渊心中盘算了一下,认为这是避免与镇守河东的屈突通正面交战的方法,与薛大鼎的计策比较起来,二者极为相似,不过任瑰的策略具体易行。

李渊心情十分喜悦,当即任命任瑰为银青光禄大夫。

任瑰接受任命之后,李渊对他说:"军务紧急,时不我待,望你勿辞劳苦,尽快渡河,去见机行事……"

任瑰笑道:"请唐公放心,此去定然不负所托。"

为了尽早把孙华招降过来,李渊又亲自给孙华写了一封书信,让任瑰带上,希望这位义军的首领早日加入唐军,对夺取长安,更为有利。

当时,关中地区的农民起义军以孙华最强,他的军队有七八千人,多年来一直在龙门地区活动。

接到李渊的书信,孙华立即表示愿意归顺,便渡过黄河来见唐公。这时,李渊的大军已到达壶口(今山西临猗西)。孙华来到营中,李渊见之大喜,拉着他的手说:

"未想到你如此年轻,真是少壮有为啊!"

李渊非常高兴,遂当即任命他为左光禄大夫、武乡县公,并兼任冯翊刺史。对孙华的部众,也依次授予官职,赏赐也十分丰厚。

接受了李渊的高官荣封,孙华喜不自胜,壮志满怀地向李渊主动请缨:"大军渡河,孙华愿做前驱。"

李渊大喜,遂派孙华先渡过河去,做好接应工作,然后又派左右统军王长谐、刘弘基和左领军长史陈演寿、金紫光禄大夫史大奈等率步骑兵六千人从梁山过河,在河西列阵以待,以掩护大军顺利渡河。

此时,黄河边上的百姓们听说李渊的大军要过河攻打长安,推翻炀帝统治,便纷纷前来献舟贡楫,一天之内就得船数百只,李渊便趁势建立了水军,吩咐专人统领这些船只,以备军用。

这天晚上,李渊刚睡下,长史裴寂悄悄来到他帐中,向他说道:"唐公不久将要进入关中,有些事情需要提前着手做,尤其是舆论宣传,应该走在前面。"

李渊听后,说道:"这里没有外人,你不妨说具体些。"

裴寂向前凑近一些，低声说道："入关以后，长安即在掌中，改朝换代的大事势在必行。回首历朝开国之初，为了大造舆论，就必须借助于天命之说……"

　　李渊急忙打断他的话，说道："这可不能乱来呀！我们在太原起兵前不是已定下大计，是立代王杨侑为帝，尊杨广为太上皇吗？"

　　裴寂听了，诡谲地一笑，问道："若是杨广死了呢？"

　　李渊沉默了好一会儿，才问道："依你的意思呢？"

　　裴寂说道："隋室的江山已经寿尽了，这已是天下公认的了。难道你乐意尊奉一个异姓的毛孩子当皇帝，而自己却以功高老迈之躯，整日地向他三跪九叩首，甘作卑微的臣下吗？"

　　李渊听着，仍是一言不发地在暗中思忖着。

　　裴寂又说道："到那时，即使你乐意那样干，我断言，你那三个勇冠三军的儿子也未必会答应，尤其是那个谋略过人、有勇有谋的次子李世民，他是绝对不答应的！"

　　李渊仍在静静地听着，一声不吭。

　　其实，李渊早已成竹在胸，只是不便于明说罢了。暗中早在想：这裴寂确实比刘文静对自己更忠心！他等裴寂说得差不多了，便说道："别扯得人远了，还是说说你准备下一步打算怎么干吧？"

　　裴寂又向前凑近一些，在李渊耳边小声嘀咕了一会儿，然后问道："这么做行不行呀？"

　　李渊脸色不变地说："此事任你去做吧！不过，千万别让走漏了风声，否则，是要命的呀！"

　　"这个自然，请唐公放心。"裴寂说完，便蹑手蹑脚地走出帐去，活像一具幽灵似的。

第七章

军师献计天下谶　娘子义军势破竹

三天后，有一兵士掘坑取水时，忽然发现一个石匣。便将石匣交于长史裴寂，他立即说道："这是新出土的一件圣物，不能轻易打开。"

于是，裴寂带着那石匣来到元帅大帐，交予李渊。

李渊命令全军将领一齐前来，打开石匣一看，内有一块似玉非玉的石头，细看那石块上下均有字迹。

等到用水洗净那石块之后，字迹越发明显了，原来是用小篆写成的上下各四个字。

学识渊博的陈叔达走上前去，毛遂自荐道："我认识篆字，让我来瞧瞧吧！"

只见陈叔达接过石块，仔细一看，向众人说道："这石块上面的四个字是'天赐通灵'；石块下面的四个字是'李姓万世'。"

将领们听了之后，都是你看看我，我看看他，然后心照不宣地一齐看着李渊。

正当众人沉默的时候，裴寂突然对大家说道："这是天赐的吉祥宝物，向天下万民预示了未来的真龙天子。不过，天机不可泄露，只有等到龙驾腾飞之日，方可验证。希望各位将领只可意会，而不能随意言传。"

众人听了他一番神乎其神的妙论，也只有心领神会，听之任之了，只有刘文静仿佛有些大彻大悟似的问道："裴长史！那块玉石应该谨慎保管，最好交给唐公，由他自己珍藏为好，以免被不洁的人污损了。"

裴寂听了，心里猛然一震，只好顺口说道："刘司马之言有理，就由唐公自己保管吧！"

说完，忙将那玉石重新装入那石匣中，恭恭敬敬地捧着，双手递给了李渊。

尽管裴寂再三告诫将领们"天机不可泄露"，但是那块出土的天赐玉石，尤其是玉石上"李姓万世"的谶语，仍被全军将士传得沸沸扬扬，人人都说："李渊就是未来的真龙天子！"

任瑰肩负着李渊交给他的招抚任务，前往韩城说降隋军官员，此人本来就能言善辩，他下韩城，收冯翊，见到萧造这个文人刺史，任瑰问道："萧刺史，你有宋老生那样的武艺和谋略吗？"

萧造回答说："我乃一介文人，不会打仗，只通些许文章、奏折之类，怎能与宋老生那个武将相比？"

任瑰又问道："李渊的十万大军已过黄河，快要兵临韩城了，刺史有何打算？"

萧造只得说道："我无力反抗，只有一死以报朝廷。"

任瑰听了，冷笑道："杨广的暴政历代少有，这已是天下人所共知的事实，你却要为他去死，不是死得比鸿毛还要轻吗？亏你还是个文人，难道你不记得士为知己者死这句格言吗？"

萧造想了一下，说："我岂能不知，只是这投降之事，乃卑躬屈节、丧失人格的行为，我实在难以启口，要我从嘴里说出来，还不如把我一刀杀了呢！"

任瑰心想：这真是一个书呆子！

他对萧造说道："这样吧，我认识李渊，那些话让我代你去说，你只要下个命令，打开城门，也就没有你的事了。"

萧造又问道："李渊会不会杀我和我的家小？"

任瑰忙安慰他说："怎么会呢！李渊是个宽厚的人，说不定还会封一个适合你做的官呢！"

就这样，任瑰鼓动起他那三寸不烂之舌，很快说服了萧造等一批隋朝的地方官员，主动投降了唐军。

不过，驻守河东的隋朝大将屈突通，却像钉子一样钉在那里，使李渊不放心，不得不把他看成一个强劲的对手，而迟迟不敢下达渡黄河的命令。

这位屈突通是长安人。李渊向任瑰问道："对屈突通这个人，能说服他来投降吗？"

任瑰忙答道："此人中隋朝廷的毒太深了，恐怕一时难以转过弯子来，若想让他来降，需经较长时间的围困，让他觉得走投无路时，才有可能呢！"

其实，李渊对屈突通的情况，早已熟知，知道他是隋朝众多将领中不大容易对付的一员大将。

屈突通的父亲名叫屈突长卿，在北周时做过邛州刺史，因此，他和李渊一样，都是贵族出身，有世袭爵位。

在隋文帝执政时期，屈突通担任亲卫大都督，也就是隋文帝的卫队长，这是一个较为重要的官位。

李渊年轻时，曾担任过隋文帝的千牛备身，也就是贴身的卫士吧！

按说，屈突通和李渊在隋文帝时期，曾经有过先后同事的关系，不过，据史书记载，他们两人只是相知，却不曾有缘相识。

不久前，李渊找陈叔达谈心，谈到屈突通时，李渊问道："听说隋文帝十分信赖屈突通，是真的吗？"

陈叔达说："屈突通的兄长屈突盖在当时管理司法工作，以不徇私情、敢于秉公执法出名，当时的贪官污吏十分害怕他们兄弟俩，有一首歌谣说：'宁食三斗艾，不见屈突盖；宁食三捆葱，不逢屈突通'，兄弟俩当时齐名。"

李渊不由赞道："忠臣啊！文帝确是励精图治，全败在杨广手中了。"

陈叔达又说道："杨广执政以后，也提升屈突通，让他担任左骁卫大将军。前年，秦陇地区农民起义后，杨广又派屈突通来关内任讨捕大使，消灭了刘加伦在安定地区的十多万义军。"

李渊说："我来太原当留守以后，屈突通被派来长安镇守，对他也算够信任的了。"

了解了这些情况之后，李渊对屈突通越来越不放心了，他心里想："大军渡河时，屈突通如果派兵突然袭击，如何是好？"

经过一番深思熟虑之后，李渊立刻叮嘱即将渡河的王长谐等将领："屈突通在河东驻守着数万精兵，只与我军相隔不过五十里路，不可轻视。但是，他不敢派兵与我军争战，一方面是在窥测机会，另一方面也足以说明部下已不怎么听他的将令了。不过，屈突通又担心朝廷怪罪下来，不敢不出战，因而处在矛盾当中。"

听到这里，王长谐、刘弘基等问道："如果我们渡河时，屈突通来战，怎么办？"

李渊笑道："自古兵来将挡，有何可怕？如果屈突通亲自率军过河进攻你们，那好办，我就领大军去攻打他的老窝河东，将河东一举攻破。依我看，屈突通不会放弃河东不守的。若是屈突通以全军守城，你们就占领河上的蒲津桥，使屈突通无法过河。这样，我军就可以在前面扼住他的咽喉，从后面攻击他，他要是不逃跑的话，我们定能将其擒获。"

王长谐、刘弘基等人按照李渊的布置，顺利地渡过了黄河，在西岸安营扎寨，与黄河东岸的屈突通隔河对峙。

屈突通见李渊派一支军队渡河，并占领了蒲津桥，控制了自己的回归之路，惊慌起来，急急忙忙派遣虎牙郎将桑显和带领五千多精锐骁将，乘着夜色的掩护，偷袭王长谐的营地。

交战开始，因王长谐等没有防备，仓促间迎战失利。后来，孙华、史大奈等率领骑兵来，从后面袭击桑显和，使其腹背受敌，大败而逃。他领来的五千兵马只剩下五百人，逃上蒲津桥时，担心被追赶的唐军俘获，立即把那座桥梁截断。这样，桑显和也就等于切断了隋军自己回归长安的唯一通道。

现在，屈突通已成孤悬之敌，李渊接受部下建议，立刻下令大军包围河东郡，派遣长子李建成、次子李世民、长史裴寂各率一支队伍，分别攻打河东城的东、北、南三面，因为两面背对黄河，河上的蒲津桥已被桑显和自行拆毁，隋军已无路可走。

攻城前，李渊亲自登上东面高地，居高临下察看城内的情况，只见城门紧闭，城墙又高又厚，守军严阵以待，可以看出屈突通决心凭险固守了。

明知河东城不易攻取，李渊决定敲山震虎，下达了攻城的命令，眨眼之间，喊杀声惊天动地，兵士抬着云梯，呐喊着向城下跑去。城上矢石俱下，不让他们接近城墙。

突然，天降大雨，李渊急命鸣金收军。

此时，已经攻上南城的一千多名士兵也被撤了下来，李建成很有意见，李渊对他说："河东城易守难攻，屈突通凭借城内兵精粮足，拼命抵抗，恐一时难以攻下，为父只想检测一下我军攻城的能力，给屈突通一个警告，让他清醒一些。"

经过这次教训，屈突通果然紧闭城门，坚守不战，李渊军也一时攻不进去，相持几天之后，李渊召集部将开会，商量下一步的行动计划，裴寂说："屈突通拥兵自重，凭借着坚固的城池，与我军对抗。我们若是舍弃河东不打，领兵攻打长安，屈突通不会坐视不管，一定会有再作战的准备。等我军攻打长安的时候，屈突通如果截断我军的退路，使我军腹背受敌，那不是太危险了吗？"

李渊忙问："依你看，当前我们该怎么办？"

裴寂接着说："我认为，我们应该大举攻城，先攻下河东郡，解除后顾之忧，然后再领兵西进，攻打长安。其实长安之敌坚持与我军对抗的原因，便是倚仗着河东屈突通的力量。一旦我们消灭了屈突通，长安守军自然失去斗志，我们也就可以轻易地攻占长安了。"

李世民坚决反对裴寂的意见，他说："俗话说：兵贵神速。我军连战

连胜，士气正旺，威名震撼关中大地，来投奔我军的人络绎不绝。当此之时，我们应该乘胜前进，早日进入关中，长安的守军已成为惊弓之鸟，他们有智谋也来不及谋划，有勇气也来不及决断。这样一来，我军攻取长安，就会像摇落树上的枯叶一样轻而易举。如果我军滞留在河东，久攻坚城不下，长安就会有充足的时间准备防守，我军既耗费了时间，又错过了进军关中的良机。攻城受挫，必然使军心涣散，岂不误了大事？况且关中群雄蜂起，正盼望着有人去招抚，我军应该及早行动，将他们搜罗帐下。否则，被长安所乘，反而壮大了敌军，长安更难攻克。而现在的屈突通只不过是死守一座孤城，等到我们占领了长安城，他插上翅膀也逃脱不了，或俘或杀就是他的下场，何必现在去理他呢！"

李建成接着说："我也不赞成裴寂的意见，我们应该乘胜进军关中，长安一打下，河东城内的隋军斗志更加低落，屈突通再有能耐也没有用了。"

刘文静建议道："大军乘胜西进，是大方向，自然是上策。若是对屈突通不放心，担心他攻袭我军背后，就留下一支人马，钳制住他，将他困在河东城内。"

殷开山也说道："攻取关中，占领长安是目的，是大局。派一支军队钳制屈突通，防止他援助长安，是有备无患。刘文静的建议可取。"

李渊听了，心中已有数：裴寂的意见保守，有点怯战；李世民的见解大胆，有谋略，但是，多少有点冒险。

权衡之下，李渊认为刘文静的建议比较全面，便决定把大军分作两路，留下一支军队对河东攻而不取以牵制屈突通；自己亲领大军主力，西进关中，去攻打长安。想好之后，李渊立刻下达命令，派遣裴寂率七千人马留在河东城下，以阻止屈突通西援长安，自己则亲率大军渡过黄河向长安进军。

公元六一七年九月中旬，李渊从太原起兵，打进了关中，不过二十多天，军队已从三万人扩充到十万人以上，真是进展神速，军队壮大之快，自古少见。

关中虽然是隋炀帝的国都所在地，但由于这昏君一系列倒行逆施的政策，反隋力量比比皆是，地方官吏与广大百姓早已对朝廷失去信心，迫切希望李渊进行改朝换代，推翻暴君统治。

一踏上关中大地，李渊就高兴地发现隋王朝已经到了土崩瓦解的时刻，改朝换代已成必然之势了。

这时，李渊不由暗自想道：这秦地山川，自古就是帝王之都，秦汉凭借以成帝业。他也暗自庆幸自己选择了这条起兵反隋的道路，更为选择了夺取关中的战略方针而兴奋。

李渊正沉浸在喜悦的氛围里，忽听有人喊道："冯翊刺史萧造前来请降！"

李渊连忙出来接见这个文人刺史萧造，对他抚慰道："我不难为你，你还在冯翊郡当刺史吧！不过，一定要关心百姓疾苦，不能只图个人享乐。"

萧造再三表示谢恩，说道："唐公宽厚仁慈，大兴义兵，拯救百姓于水火之中，这是王者之师，仁义之师，正是万民归心，天下一统的征兆！"

李渊听了，自然高兴，正要说话时，兵士又来报告：

"华阴县令李孝常派人来献永丰仓……"

萧造也很知趣，急忙辞行，并对李渊说道："我已备下牛、羊等礼物，明日送来犒赏三军！"

李渊笑着点头，说："多谢你的美意了。"

那永丰仓监管人李孝常，是华阴县令，因病未能前来，派他的妹夫窦轼前来请求归顺，李渊自然高兴，立即派长子李建成、刘文静、王长谐、姜宝谊、窦琮等率领三万军队，驻扎在永丰仓，把守潼关，防止屈突通进军关中救援长安。

李渊又派李世民、刘弘基、长孙顺德、杨毛等人，带领三万人马，沿着高陵道，去攻打洛阳、云阳、武功、周至、户县等，为攻打长安扫清障碍。

此时，李渊进至隋朝皇帝的朝邑，住进长春宫。

关中士民成群结队地来投唐军，每天达数千人，李渊派遣专人接待，负责将他们编入军中。

在这期间，李渊也不放松任何机会搜罗人才，凡是有才有识的豪杰之士，他都开诚相见，热情欢迎，让他们加入自己的队伍。

当时，有几位著名人物，冠氏县长于志宁、安养尉颜师古，以及李世民的妻兄长孙无忌等，都受到李渊盛情款待，并随才擢用，任命于志宁为银青光禄大夫、颜师古为朝散大夫、长孙无忌为渭北道行军典签。

这一天夜里，李渊在长春宫的龙床上躺着，身旁有年轻貌美的宫妃陪着，不一会儿便进入了梦乡。

李世民与刘弘基、长孙顺德等率领大军出征，在径阳与胡人刘鹞子领导的农民起义军相遇。李世民派人去向刘鹞子劝降，遭到拒绝。当天夜里，刘鹞子带着他的队伍来偷袭时，因人数太少，反被唐军包围，刘鹞子

在突围中死于乱军之中，起义队伍悉数投降了唐军。

接着，李世民又带领大军来到户县、周至地区，意外地遇到了李神通、平阳公主率领的军队。

李神通是李渊的从弟（堂兄弟），他的父亲，即李渊的叔父李亮，在隋文帝执政时做过海州的刺史。

李亮死后，李神通没有承袭父爵，一直住在长安的家中。武将家庭出身的李神通，自小爱武，但是苦于没有名师指点，十六岁的时候，他独自一人背了个小包袱东去中原，决心去寻师学艺。

一天，李神通走到河北与河南交界处的一座山上，天都快黑了，忽然发现一个年轻姑娘骑着毛驴迎面走来。这姑娘名叫二凤，看他一人，就好心将他带回了家，

到了家中，正襟危坐着一个老太婆，年纪虽大，身体却硬朗得很，她那根铁拐杖，据说有八十八斤八两重，在她手中拿着，如同拿一根竹棍似的，足见她的功夫之深了。于是，李神通当即拜师学艺。

到了第四年，李神通二十岁，二凤也十九岁了。老太婆在一天早饭后对他说："你在我家已经四年了，功夫也学了不少，也该出师了。不过，二凤和你有夫妻之缘，今天是良辰吉日，你带着她回长安老家去吧！"

说完，指着身边桌子上的一小包银子，对他说："这是替你们准备的路费，马上就上路吧！"

事情虽然来得突然，李神通与二凤都很满意，便收拾一下随身衣物，拜别了老太婆，就要上路了。

大凤也要改嫁，据说是招赘来家。分手时，她泪水横流，眼巴巴地望着李神通，却一句话也说不出来。

小夫妻俩回到长安，二凤的美貌轰动了一条街。每天来道贺的人川流不息。

那些道贺的，有许多不甚庄重的人，想乘机进行调戏。

一次，一个来客见到二凤，顿生邪念，用手去捏她的腰。二凤起初装作毫无所知，等那人的手刚伸到腰间，立即将手腕一挟，疼得那人大声求饶，倒在地上，面无人色。从此，半个长安城都知道二凤的厉害。

李神通与二凤夫妻俩都有武功，长安城里一些有武功和想学武的人，蜂拥而来，一时门庭若市。

在这期间，他们结识了长安大侠史万宝和河东来的侠士裴勋、柳崇礼，四人结成兄弟，彼此视为知己。

李渊在太原起兵以后，主管长安城的卫文升，一面派屈突通、宋老生

带兵去河东阻拦李渊的军队入关，一面在长安城里搜寻李渊家的亲属，企图以李渊的亲属做人质，强迫李渊放弃反抗隋朝。

李神通一得到消息，急忙与二凤收拾行装，逃进陕西户县的终南山中住下，不久，长安大侠史万宝，侠士裴勖、柳崇礼三人，又邀约了一些年轻人，一路尾随着，也来到终南山里，与李神通夫妻会合。

李神通说道："乱世为王，有军队才不吃亏，我们几人总不能这样躲躲藏藏的，也挑起反隋旗号，建起一支队伍，在关内响应李渊大哥的号召吧！"

长安大侠说道："是应该起兵响应，听说唐军正在攻打霍邑城，一旦唐军进入关中，我们也不能空着两手去欢迎啊！"

二凤建议道："这山里的村寨中，住满了逃来的难民，谁不痛恨杨广？去那里一号召，马上就能组织一支上千人的队伍，不过，得有一个目标吸引他们才行！"

柳崇礼说："我有一计，这终南山下的松林镇上有一姓黄的大户，家中十分富裕，我有一个朋友名叫令狐德棻，在黄家做塾师，请他做内应，咱们也来个打家劫舍，开仓放粮，还愁建不成一支队伍？"

二凤一听，拍手笑道："好计策，好计策！开仓放粮，这是组建义军最有吸引力的办法！"

史万宝看着李神通问道："干吧，李大哥！此时再不动手，还等何时？"

李神通腾地一下站起来，把胸脯一挺，说："好吧，请崇礼兄弟先去松林镇黄家联系……"

他拉过柳崇礼、史万宝等小声说了一会儿，便分头准备起来。到了深夜三更多天，令狐德棻与柳崇礼悄悄打开黄家大门，李神通、史万宝胸藏利刃，随着令狐德棻直奔黄家户主黄万山的住室，将他从被窝里拉了出来，吓得这位财主抖作一团。

史万宝把大刀在黄万山眼前一晃，指着李神通对他说："他是太原府留守李渊的弟弟，前来向你借十万担粮食，你答应不答应？"

说着，史万宝又把手中大刀晃了两晃，那黄万山慌忙战战兢兢地答应道："我答应，我答应，就怕……"

"就怕什么？快说！"史万宝急忙追问。

黄万山赶忙答道："就怕仓里没、没有十万担。"

令狐德棻接过黄万山的话，说道："你不是还有一个地下仓吗？那里藏的粮食何止十万担？"

黄万山一听，顿时吓瘫了，李神通一见，向史万宝做个眼色，他从怀中掏出一根绳子，将黄万山捆个结结实实。

此时，黄万山的妻子毛氏走过来哀求道："请求大王开恩，要粮给粮，要钱给钱，请别杀他好不好？"

史万宝这才把黄万山放了，忽听门外叫喊连天，成百上千的难民打着火把来了，走在难民最前头的却是一身紧身衣服，手执大刀的二凤！

连续五六天受饥挨饿的穷困难民，从四面八方拥到松林镇来，从头发花白的老人，到背着孩子的妇女，一个个眼里带着激动的泪花，前来领粮。

就这样，李神通、史万宝等人在松林镇上很快组建成一支两千多人的义军，指挥部就设在黄家大院里。

不久，李神通又兼并了另一支地方势力，与其首领郭宝儿成了朋友。隋户县刺史吴方宜曾出兵征讨，但也被李神通、郭宝儿打败，吴方宜龟缩在户县城内不再出来了。

吴方宜逃回户县之后，知道松林镇的义军厉害，怎么也不敢再领兵来镇压了，只忙着给长安的卫文异写报告，请求发兵来打了。

打了胜仗之后，李神通、史万宝等回去杀猪宰羊犒赏将士，李神通说道："从长远利益着想，这松林镇无险可守，不能当作义军的指挥中心，若能攻下户县，把指挥部搬到那里去就好了。"

史万宝也有同感，说道："若是大批隋军来攻打，这松林镇确实难以抵挡，不过户县城墙坚固，若是硬攻，也不是办法，必须想办法智取。"

郭宝儿说："在户县和周至之间一带地区，有一个西域胡商何潘仁势力很大，他手下有好几万人，若能与他联合起来，再去打户县，准没问题。"

史万宝问他："你认识那个何潘仁吗？"

郭宝儿回答道："只有一面之交，没有太深的关系。"

李神通向史万宝说："裴勋擅长言辞，让他陪郭宝儿兄弟去一趟，争取何潘仁与我们合作。"

史万宝点头说："是该去游说一下，打仗还是人多势众好，我去找裴勋说。"

郭宝儿与裴勋一起去了何潘仁的驻地，李神通与史万宝在松林镇抓紧训练军队，又派人打造攻城的云梯等，忙着攻打户县的准备……

平阳公主乃李渊大女儿，为窦氏惠娥所生，在李建成之后，李世民之前，排行第二。

因为窦氏只生此女，比较疼爱，乳名娇娇，后来就起名为李凤娇。嫁给柴绍后，一直住在长安城内。

因为柴绍的祖父柴烈原为北魏的骠骑大将军，曾在遂州、梁州任过刺史，年老时在户县建有一座庄园，柴绍与李凤娇每年夏季都去那里居住避暑。

李渊在太原起兵前夕，曾派人去长安密召柴绍、李凤娇去太原。当时，柴绍对李凤娇说："如今尊公起兵举大事，留你一人在长安会遭祸，我们一起去太原吧？"

李凤娇说："你去太原越早越好，我一个妇道人家，容易藏匿，你就不必为我操心了。"

柴绍却说："那怎么行？我走了，撇下你一个人，我怎能放心？卫文升那老贼本来对我就不满，他能放过你吗？"

李凤娇低声对丈夫说："父亲起兵反隋，兄弟们都上阵了，我岂能袖手旁观？我也要献一份绵薄之力呀！"

柴绍听了，吃惊地问道："你一个女流之辈，如何去领兵上阵？何况你一兵一卒都没有，又怎么办？"

李凤娇不服气地说："我自小习兵练武，又熟读兵书战策，难道你不知道？这次我一定要组建一支娘子军，让你瞧一瞧！"

柴绍见她倔强的神情，不由怜惜道："你胸怀谋略，熟悉军旅，我岂不知？只是当今天下大乱，让你一人去带兵打仗，我怎能放心？"

李凤娇忙伏在丈夫耳边小声说了一会儿，然后嫣然一笑道："我主意已定，你就放心地去太原吧！"

柴绍深情地看着她，不由称赞道："虎父有虎女，巾帼不让须眉！我真是佩服，佩服！"

说罢，走上前去，把她揽到怀里，抱到床上，夫妻二人又缠绵了好一会儿工夫，才恋恋不舍地分开。

柴绍走后，李凤娇不等长安总管卫文昇派兵来搜捕，就悄悄地出了长安城，回到户县的庄园里，立即召集家丁园工，宣布兴兵之事。

为了组建一支义军，李凤娇尽散家财，招引逃难的贫苦百姓，很快组成一支数百人的义军队伍。

在这支军队里，还有一队女兵，全是一些年轻的女性，李凤娇把她的义军称为"娘子军"，一时威名远扬，四面八方的男女青年纷纷来投，不到一个月，竟有一千余人了。

在李凤娇庄园里有两个能人，他们都是李凤娇的心腹。

这二人一个叫马三宝，是东汉名将马援的后人。

一年夏天，李凤娇与丈夫柴绍从长安到户县庄园，当他们骑马路过一个废弃的土地庙时，瞥见一个年轻人饿倒在庙门前，双手还紧紧地把一本《楚汉春秋》抱在胸前。

二人甚觉奇异，遂下马让随从人员把他救起，交谈过后，才知此人名叫马三宝，祖上为马援。

柴绍与李凤娇两人也都是名将之后，见此不由产生惺惺相惜之情，便将这马三宝带回户县庄园里，让他帮着管家管理庄园的杂事。

这次，李凤娇回到户县庄园，组建义军时，全靠着马三宝从中协助与策划。他对李凤娇建议道："司竹园的何潘仁有三万多人马，若能与他联合起来，我们就可以去攻打户县了。"

李凤娇忙问："司竹园在哪里？"

"司竹园在户县与周至之间，距离这里不过百十里路，"马三保回答之后，又接着说，"这个何潘仁是个西域的胡商，他也不满昏君的统治，若能向他陈说利害，鼓动他的反隋情绪，宣传我们的起兵主张，说不定他会答应来加入我们的义军队伍，岂不是好事吗？"

李凤娇说道："好是好啊，不过派谁去说服他呢？"

马三宝笑道："让我去试试吧！兴许能成功呢。"

李凤娇又说："你走了，我一个人照顾不了哇！"

马三宝忙说："我走之后，让鲁元代替我，他的本领可不比我差，管理军队方面，他很有见地。"

"好吧！那就让鲁元来训练队伍。"李凤娇便决定让马三宝去游说何潘仁了。这次组建义军，马三宝建议让鲁元当军队的监察小头目，专门负责队伍的纪律维持，认为他能严格执法，雷厉风行，而且能严以律己，在义军中威望极高。

李凤娇自然愿意，现在见鲁元把队伍管理得好好的，心中更加满意。

不久，马三宝回来了，他终于说服了何潘仁答应加入李凤娇的义军，准备去打户县。

就在这时，李神通派来的使者史万宝、裴勋来到了，双方一说清楚，李凤娇笑道："李神通是我的叔父，真是大水淹了龙王庙，一家人不认一家人了。"

史万宝、裴勋回去一说，李神通兴奋地说："未想到我那侄女儿这么能干，她居然走在我们的前面，早与何潘仁联合了……"

李神通与史万宝等一商量，立刻点齐队伍，赶到李凤娇的庄园里，何潘仁的人马也到了，三支军队合在一起，竟有四万余人。

户县的刺史吴方宜一听说，吓得领着一家老小逃往长安去了，李神通和侄女李凤娇、何潘仁联合起来的队伍顺利开进了户县。

这支义军称为关中道起义大军，李神通为行军总管，李凤娇、何潘仁、史万宝为副总管，其余人员分别担任各支大军的带兵头目，从此户县便成为起义军的总指挥部，声势十分浩大。

在这期间，眉县还有三支起义军，其中瓦岗军首领李密叔父李仲文的队伍人数最多，足有四五千人，与隋朝相对抗，声势较大。

李凤娇立即派马三宝前往眉县，经过说服动员之后，李仲文带领自己的义军，随着马三宝前往户县，加入了关中道起义大军。

接着，马三宝又说服了眉县的另外两支义军，他们是向善志和丘师利的起义队伍，也都愿意加入娘子军，接受李凤娇的指挥。

这样一来，李神通、李凤娇的关中道起义大军，在东起户县，西到眉县的整个秦岭山区，已经组织起了七万余人的起义队伍，狠狠地打击了隋朝的统治力量，形成一股强大的反隋地方武装。

由于李凤娇、李神通的义军法令严明，不准军队侵扰百姓，深得人心，使关中地区投奔义军，特别是加入娘子军的人更多。

第七章　军师献计天下谶　娘子义军势破竹

第八章
守将纷降握关中　严明军纪破长安

　　与此同时，李渊的另一个女婿段纶也在蓝田发动起义，聚集一万余人，与关中道军遥相呼应。

　　不久，李渊领军进入关中，听说女儿李凤娇、堂弟李神通、女婿段纶的情况之后，非常高兴，说道："俗话说：打仗最好亲兄弟，上阵还是父子兵，有了他们三支军队在关内的响应，攻占长安就更加轻而易举了。"

　　李世民渡过黄河以后，沿着渭河北岸西进，一路不断地收降大批小股的反隋队伍，到达泾阳时，队伍已达到九万多人。

　　兵到隰城（今山西隰县，当时是西河郡治所），县尉房玄龄主动来投靠，被李世民引为谋主，任命为记室参军。

　　平凉人贺广清率起义军数万人，围困扶风城，刺史窦进带领守城军队坚守，一连数十天攻不下来，起义军粮草已经用完，快要撤走时，当地豪杰丘师利派其弟丘行恭带领五百人挑粮担酒，送往义军营地，趁贺广清长揖致谢时，丘行恭抽刀将其杀死，然后大声对义军说道："各位都是善良的百姓，贺广清当上首领之后胡作非为，跟贪官污吏一样，不能跟着他去作强盗！"

　　义军将士听后，齐声说道："我们愿意听从指挥！"

　　丘行恭又说道："李渊的唐军是仁义之师，从不扰民，我们去投奔唐军去！"

　　全军人员又一齐喊道："投奔唐军！投奔唐军！"

　　丘行恭马上带领这支义军队伍，赶赴渭北，投奔在那里的李世民，被封为光禄大夫。

　　此时，李世民与其叔父李神通、姐姐李凤娇、妹夫段纶的三支军队会合之后，军队已达十三万人之众，声势更加浩大。

　　不久，李世民又率军攻下武功、周至等地，李渊派人送来封赏命令：封李神通为光禄大夫，其子李道彦为朝散大夫，段纶为金紫光禄大夫，对何潘仁、李仲文、向善志，以及史万宝、裴勋等各路义军首领，一一慰劳授官，其军队统归李世民指挥。

李渊又派柴绍带领数百轻骑去迎接李凤娇，并对娘子军大加赞赏，说它是"关中大地上的一支劲旅"。

为了攻打扶风城，李渊派人传来命令，让刘弘基、殷开山领一万人马，务必攻下扶风（今陕西凤翔）。

这座扶风城，位置相当重要。当时，薛举已在紧连扶风的陇西郡举兵反隋，大有东取长安之势。攻下扶风，就等于有了西拒薛举的战略关隘。

因此，刘弘基、殷开山带领军队出发前，李渊对他们说道："扶风城紧靠着长安所在的京兆郡，是其两面的重要门户，据之则可免使长安在日后遭遇直接攻击，还可以作为攻打薛举的第一座堡垒。"

殷开山立即说道："我们一定竭尽全力，尽快攻下这座位置相当重要的扶风城。"

前不久，贺广清的起义军没有攻下扶风城，刺史窦进见唐军又来攻打，便对部下说道："唐军是李渊的队伍，比前次厉害，要加倍小心守城，打退了唐军，我有重赏。"

由于城墙坚固，城内粮草充足，加上窦进老奸巨猾，若想强攻，确实不易。

殷开山、刘弘基将一万人马驻扎下来之后，即前往扶风城东一个黄土高坡上察看地形，刘弘基说："窦进的战术就是死守坚城，我们若想速战速决，恐难成功。"

殷开山说道："窦进凭借城墙坚固，粮草充足，我们就想办法智取。"

说到这里，他指着城墙对刘弘基说："看到没，这城墙全是用大石块垒叠砌成，虽然坚固，但是也有弱点，我们可以利用这弱点呀！"

刘弘基想了一会儿，恍然大悟道："你是想派兵士在夜间爬上城去偷袭吗？"

殷开山笑着点点头，又说："那些大石块之间的缝口又大又深，易于攀爬。"

刘弘基忽然说道："为了提高效率，还可以借着攻城，采用调虎离山计策，迷惑敌人。"

二人一行察看地形，一路分析敌情，议定了攻城之法，回到营里，便开始行动。

殷开山说道："从军中挑选出勇武矫捷的兵士四百人，今夜三更时分行动，由我亲自带领偷袭南门。"

刘弘基说道："我带领五千人马攻打北门，以吸引守军的注意，也可

减轻南门的压力。"

殷开山又对参军吴伟说道："其余人马归你统领，可以潜伏在南门外面，见到南门一开，你便带领队伍迅速冲进城去，便可活捉那位窦刺史了！"

三人商议之后，各自分头准备去了。

也是天公助美，这一夜天气阴沉，月色无光，三更过后，到处漆黑一片，对面不见人影。

刘弘基带领五千兵马来到北门，首先开始了攻城。因为夜深人静，呐喊声更加响亮，惊得城上的守军一片混乱，急急忙忙登城防御。

在南门，殷开山早已领着四百骁勇健卒，悄悄来到城墙脚下，开始了艰难的爬城行动。

果不出所料，那些其大如斗的石块，裂缝既大又深，确实易于抓攀。加上北门攻城激烈，城上守军的注意力已分散不少，爬上城头就更加容易了。

不到半个时辰，已有数十名士卒爬上城头，立即与城上的守军展开了厮杀，这就为后面的士卒爬城提供了更为有利的条件。

当四百名勇悍的士卒全部登上城去，南门守军早被杀得七零八落，剩下的只得四下里逃去，殷开山立即指挥那些士卒打开城门，让大军进城。

南门被打开以后，其余三门守军已无心拼杀，纷纷逃去，吴伟带领人马冲进城内，先去攻占东、北、西三个城门，守军见大势已去，大部分放下兵器投降了。

那位刺史窦进听说唐军进城了，便自尽而死。

次日，殷开山、刘弘基留下参军吴伟带领五千人马守扶风城，二人回师向南渡过渭水，驻扎在长安故城，从西北方向威胁长安。

李世民接到攻下扶风城的战报之后，率领军队南渡黄河，攻占渭南县，进驻阿城（今西安以西一带，原秦阿房宫城），东向威胁长安，屯兵十三万。

此时，李世民军中的谋士房玄龄向他建议道："现在可以派人去向唐公禀报我军的战绩，并且请求约定攻打长安的确切日期了。"

李世民一听，按捺不住兴奋的心情，说道："说得对，这将是夺取关中的最后一战，也是最重要的一战！"

说完，立即让房玄龄起草报告，派人送给父亲。

此时，孤守河东的屈突通听说李渊的大军已经西行入关，不得不暗中喟叹道："隋氏当灭，李唐将兴，我将何往？"

苦熬了一夜，次日凌晨，屈突通终于做出决定："必须最后一搏，以报隋家两代皇帝的知遇之恩。"

于是，屈突通任命鹰扬郎将尧君素代理河东驻守，令其坚守蒲板城（即河东治所）。然后，屈突通亲自率领三万人马，赶赴长安，但是兵至新封（今陕西新丰镇）附近，前锋来报告道："前有一支唐军挡住大军去路。"

屈突通问道："唐军有多少人马？主将是谁？"

"黑压压一大片，总有两三万！听说主将是刘文静。"

屈突通叹了一口气道："李渊果然用兵以谋，有进有守，我纵有插翅能力，也难飞越过去！"

新封走不通，屈突通改变行军路线，又领兵折向潼关，心想：占领潼关，也是一步好棋。但是，刚走了十几里路，前锋又来报告说："去潼关的路已被唐军守住，我军无法通过。"屈突通大惊道："潼关不是由刘钢戍守着吗？"那前锋忙报告："刘钢几日前已被唐军斩首，潼关也随之失守。"屈突通暗自嗟叹道："我本想与刘钢会合，尚有援助长安的可能，如今潼关也被李渊夺去，我孤掌难鸣，如何如何？"

李渊得知屈突通的军队动向之后，大喜道："屈突通妄想西援长安，已经不可能了：他只好向东进军，前去援救东都洛阳，他已不可能再带兵向西进攻了。"

说完之后，乐滋滋地喝了口茶，接着对身边的陈叔达等人说："少了这支强劲的对手，我们的大军就可以放心大胆地向长安大步迈进！"

陈叔达恭维说："现在回过头来，再看过河前的那次争论，足见唐公谋略过人，用兵稳扎稳打，始终立于不败之地！"

李渊听了，笑道："确实如此！如今虽然没有攻下长安，但是，它已是囊中之物了。想来，这兵分两路的战术，确是走对了啊！"

李渊不想把下边的话全说出来：若不是兵分两路，单取世民之策，必将腹背受敌，不能安心攻打长安；如果独用裴寂之计，大军必然滞留河东，耗费了兵力，错过了战机，这西京长安又怎能如此轻而易举地到手呢！

李渊越想越得意，加上次子世民在西进路上连续获胜的捷报频频传来，掩饰不住喜悦的心情，大声说道："曾经设想对长安的包围，已经是指日可待了！"

想到这里，李渊立刻命令驻守永丰仓的长子李建成在驻军中挑选精兵良将，马上从新封急驰霸上，进占长乐宫，从东南方向威胁长安。

李渊自己则率领文武官员，在李涛所督率的卫队护侍下，前呼后拥，经下邦西上，经过隋朝的栎阳行宫时，下令废除所有隋炀帝的行宫、花园、猎场，立刻释放所有的宫女，让她们得以脱离暗无天日、与世隔绝的深宫苦海，各自回家，去与亲人团聚。

在这一年的十月份，李渊等也来到霸上，与长子李建成所部会合。接着，在大兴城的春阳门之北扎营。

与此同时，延州（今延安）、上郡等地守将，都主动向李渊请求投降。至此，关中周围各州县，都已在李渊掌握之中。

按照李渊命令，各路兵马纷纷来到，汇集到一处，约二十余万人，长安已处于唐军的四面包围之中。

为了安定民心，不失信于天下百姓，李渊对温大雅说道："赶快起草安民告示，命令各路大军都必须遵照规定驻扎在各自营垒之内，不得擅自闯入村居民宅，侵扰百姓，不得……"军令严谨，秋毫不犯。

因为大军攻城在即，李渊及时发布命令，约束军队，强化纪律，确是英明之举，不会由于胜利将要来而冲昏头脑，更不能失去来之不易的民心。

这次起兵的目的是匡扶帝室，除暴安良，所以李渊又及时发表了抨击隋炀帝的文书，反复阐明这一宗旨，文中说：

"大业以来，巡幸过度，宿止之处，好依山水。经兹胜地，每起离宫，峻宇雕墙，亟成壮丽。良家子女，充牣其间。怨旷感于幽明，靡费极于民方。替否迭进，将何纠逖？驰道所有宫室，亟宜罢之。其宫人等并放还亲属……"

由此可以看出李渊十分精明，确有过人之处。

他从太原起兵，西进关中，一路打来，推翻的是隋朝的天下，却高挑"尊隋"的旗帜，又不是"尊"这个荒淫无道、丧失民心的炀帝，让自己永远不失民心。

此时，唐军中的将士们眼巴巴地望着长安城就在脚下，恨不能一步跨进城去，可是李渊就是不下攻城的命令，他们急得如热锅上的蚂蚁——团团乱转，便去怂恿李世民说："兵临城下，唐公为何不下达攻城命令？请求右军大都督前去催促……"

李世民听了，忙对将士们说："要说急，我比你们还急呢！不过，我们出兵关中是匡扶隋室社稷，举的是尊隋旗帜，不懂吗？既是尊，就不能硬打呀！"

有的将士又问道："长安城内的卫文升、阴世师等若是至死不听劝告，难道我们永远坐守城下吗？"

李世民笑道："卫文异、阴世师等若是执迷不悟，不听劝告，他们将失去民心，不得人心了，到那时，我们再攻城也不晚呀！"

将士们只得回到驻地，坐等攻城命令……

这时候，长安城内的代王杨侑，面对着李渊已经兵临城下的二十万大军，吓得不知所措，整日以泪洗面。

其实，年仅十三岁的杨侑能有什么主张呢？

他的侍读姚思廉倒是一个有着家学渊源、勤学寡欲的有识之士，见代王杨侑终日啼泣，便劝说道："当此危难之际，过分悲切于事无益，反而伤神损体……"

杨侑说："李渊的大军四面包围，长安如何能保？"

姚思廉说："按照皇上去江都时的旨意，辅佑代王的京师留守本是刑部尚书兼京兆内史卫玄卫文升，左翊卫将军阴世师和京兆郡丞骨仪这三位大臣，如今长安危难在即，只有召集他们来计议了。"

代王杨侑听了，立刻点头，命宫监速去召唤三位留守大臣来宫中议事。

不一会儿，阴世师与骨仪来到，传命宫监回来说：

"卫玄卧病在床，不能前来，请求代王恩准。"

杨侑一听，又急又气地埋怨道："卫玄身为主要留守大臣，当此危难之时，借口生病，岂不辜负了皇上重托！"

阴世师趁机说道："我多次找他议事，卫玄一直闭门称病，难道这老东西想投降李渊吗？"

骨仪对军事是外行，一直分管司法工作，知道阴世师与卫玄有矛盾，便说道："卫玄一向忠于朝廷，在平息杨玄感叛乱时，立有大功。皇上一直信任他，我认为他不会投降李渊的。"

阴世师不满地说："忠于朝廷，说得倒好听，现在又有几人是忠于朝廷的……"

骨仪立刻打断他的话，问道："你这话是什么意思？好像只有你一人忠于朝廷……"

阴世师正想发火，姚思廉急忙说道：

"请二位留守大臣冷静一些，各自少说一句吧！李渊大军攻城在即，还是抓紧时间商议一下守城的方略，谋划一下退军之策，方不负朝廷的厚恩。"

阴世师听后，仍然不满地说："谋划什么？说来说去，还是我一人

去领兵守城？名义上三个留守大臣，一个闭门称病，一个借口不懂军事，只有我找不出理由，我只有抱定宗旨，决心不负皇恩，誓与长安共存亡！"

代王一听，也不管他说话是不是真心，立刻离开座位，走到阴世师面前，眼泪汪汪地说："大将军真是当朝的一大忠臣啊！你若能打败李渊的军队，保住国都的安全，我一定向皇上保奏你官居一品……"

杨侑还想给阴世师弯腰施礼，被他一手挽住，说：

"代王千万不能！我阴世师父子两代深受皇恩，纵然战死在长安城头，也在所不惜！"

骨仪也说道："请代王放心，我骨仪虽然不习军旅，也要参加守城，只要阴大将军给我任务，我决心不负皇恩。"

姚思廉说道："城内军队不下三万，只要两位留守大臣同心协力，加上城墙坚固，李渊也难打进城来。"

代王杨侑说："听说屈突通仍在河东驻守，他不仅有勇有谋，还是一位忠臣，能眼看长安有急，不来相救吗？"

阴世师说道："河东离长安不远，屈突通不能支援，可能被李渊的军队挡住了，来不了，这叫远水不解近渴。"

他刚说完，骨仪忙说道："当初卫玄派屈突通去河东驻守时，我就提出意见，想让屈突通留在国都守城，但是卫玄坚持不答应，反埋怨我干预军事呢！"

阴世师冷笑道："你不是不懂军事吗？怎么又能提出建议呢！"

骨仪说："你有所不知，当时有个名叫李药师的贤士，他到我家里说：'把重兵调出去了，这长安不是空虚了吗？'我对他说：'我不懂军事，这是卫文升的主意。'"

阴世师接着说："如今卫文升不问事了，留下这么一个烂摊子甩给了我，这算什么忠臣？"

姚思廉又把话题引回来，说道："听说皇上派重兵前往东都，一旦破贼，必来援救长安，到那时，李渊可破，长安定能解围。"

杨侑说："就盼望那一天早些到来了。"

此时，宫监进来报告道："李渊派来的使者在城外喊了快半天了，他请求进城，口口声声……"

阴世师急忙打断宫监，大声说："别信他的鬼话，这是李渊耍的计谋，绝不能让他进城！"

代王杨侑却向宫监问道："那使者怎么说的？"

那位宫监又接着报告："使者说得倒好，说李渊不是反隋，而是尊隋，还要扶立代王当皇帝呢！"

阴世师冷笑道："李渊真狡诈！他说不反隋，为什么要把宋老生杀了？他既要当婊子，又要立牌坊！"

骨仪也说道："李渊说他不反隋，为何不带军队去东都打李密，却来包围国都？"

这时候，姚思廉却说道："我以为，对李渊可以将计就计。"

阴世师忙问："什么将计就计？请侍读大人说明白。"

"李渊既然请求让他的使者进城来，我们不妨就把他的使者放进城"，姚思廉看着代王杨侑继续说下去，"答应不答应是我们的事，这样可以拖延一段时间，时间越长，对我们不是越有利吗？"

代王杨侑也说道："时间拖长了，我们的援军说不定就能来了，到时，再跟李渊对抗也不迟！"

阴世师听了，连忙摆手说："千万不能啊！你们哪里知道，城内的将士一听李渊的军队有二十万早就有了害怕心理，一旦让使者进城，军心必将更乱，谁还去认真守城？岂不是正中李渊的奸计了？"

代王杨侑说道："不要公开嘛！我们让那使者悄悄地进城，别让守城的将士们看见呀！"

"那更不行！如今长安城四门紧闭，一旦打开城门，谁能藏得住？何况李渊又专门派人在城外叫嚷，城上的将士能听不见？"阴世师一边摆手，一边摇头，十分不满地表明他的意见，而且表现出很不耐烦的情绪。代王杨侑叹了一口气，看着他的侍读姚思廉说："听说这李渊也是皇室宗亲，又世受朝廷皇恩，他若能真心匡扶帝室，尊我为王，也是一条出路啊！"

阴世师一听，气得突然站起来，大手一挥，说道："代王若是轻信李渊的假话，必将招致大祸！"

说完之后，气得站起来要走的样子，骨仪忙喊道："请大将军冷静一些，代王年幼，虑事不周，我们可以耐心说服，不能性急呀！"

姚思廉也说道："请大将军坐下慢慢说，代王有话说出来也好，护卫京师的担子还靠你挑呢！"

阴世师这才重新坐下，对代王说："这李渊老谋深算，他口中说的全是虚伪的假话！他现在挑着尊隋的旗号，不敢公开宣布要推翻朝廷，自己坐皇帝，是怕遭到天下人的反对，一旦阴谋得逞，时机成熟，他就会把你一脚踢开，取而代之！"

骨仪接着说："自古以来，像李渊这样的阴谋家大有人在，三国时的曹丕、司马炎，不都这样篡夺了皇位的吗？请代王三思，对李渊的许诺不可相信！"

会议开了大半天，代王杨侑只得放弃与李渊的使者见面，把守城之事完全交给了阴世师和骨仪负责。

二人向代王杨侑表示，誓死守城，以尽臣节，来报答朝廷的知遇之恩。

接着，阴世师、骨仪又对城内的军队认真整顿调配，把他们的一些亲信安置在重要的守城岗位上，加强了防卫措施，重赏守城有功将士，并大肆吹嘘说："长安城有高大坚固的城墙，城内兵精粮足，不久屈突通等的大批援军就会来到，一定能打垮李渊的军队，长安城固若金汤！"

无论阴世师、骨仪如何自吹自擂，长安城的守城将士早已人心惶惶，丧失坚守的信心了。因为李渊二十万大军驻在城外，秋毫无犯，严整的军纪在隋军心目中将能够无坚不摧，何况长安又是一座孤城！

公元六一七年十月底，李渊继续派使者到长安城下，向城上守军喊话说："唐军是来匡扶帝室，辅佐代王做皇帝的，只要暴君让位给代王，大军将不伤害任何人。"

类似内容的喊话，一直进行了许多天，阴世师、骨仪不予理睬，不准城上的将士与之搭话，一旦发现，立即处死。

很明显，李渊是想用政治手段解决问题，以便他能名正言顺、轻而易举地进入长安。

可是，李渊的广大将士已等得不耐烦了，尤其是他的长子李建成和次子李世民，他们共同向父帅请求道："太原出兵以来，一路攻城略地，势如破竹，大军所到之处，归顺者如水之入海，深得人心。可是进入关中，兵临长安城下，久不攻城，岂不是挫伤兵锋吗？战机不可失，请父帅尽快决断！"

李渊只得对两个儿子说："战争才能解决问题，这道理我能不知道吗？我之所以一次又一次地派人，一天又一天让他向城上的守军劝说，目的就是要让天下人知道我的良苦用心啊！"

之后，李渊见自己屡次劝降，仍没有结果，而这种政治宣传的影响已为天下人所共知，便决定对长安城实施强攻了。

首先，李渊把自己的指挥部移往安县坊（今西安以东地区），以就近指挥大军攻城。

十一月上旬，李渊一声令下，二十万大军开始攻城。

李建成率领的左路大军负责攻打长安城的东、南两面；李世民的右路兵马负责攻打长安城的西、北两面。

二十万唐军四面围攻，齐声呐喊，声如春雷滚滚，震得地动山摇。

城上的阴世师、骨仪等一见，急忙命令守军紧闭城门，把粮食匆忙运入宫中，准备凭借长安城坚固的防御工事，负隅顽抗。

当时的长安城，为隋文帝杨坚建造，名为"大兴城"。东西宽九千七百二十一米，南北长八千六百五十一点七米，周长三十六点七公里，可见这座都城已够壮观了。

杨坚把都城命名为"大兴"，顾名思义，这位励精图治的大隋开国皇帝确实是想让他的帝业能够长久地兴盛的。但是，未料到他辛辛苦苦从别人手里夺过来的江山，竟然很快地就败在杨广手上！

在攻城之时，李渊下达了一项新的命令："大军攻城时，不得侵犯隋室七庙和代王以及隋朝的宗室，如有违犯者诛灭三族！"

这项号令十分严厉，因为李渊起兵是在高举立杨侑为帝、尊奉隋朝的大旗下进行的。如果任凭将士们侵扰隋室宗庙、宗族等，不是自相矛盾吗？

攻城开始以后，由于唐军的广大将士早已积蓄了杀敌立功的强烈愿望，一个个争先恐后，有的瞄准守军，向城上放箭；有的抬着长长的云梯，向城下跑去；有的高举大刀，精神抖擞地准备爬越城墙，齐声叫喊着，那如雷地喊声会聚在一起，震得地动山摇。

为了激励将士们杀敌立功，李渊曾在唐军中有过具体规定："凡是攻城夺隘，如果有一两个人盲目地率先登城，其行为不值得表扬，受伤、死亡的也不予奖赏，自然不给记功……"这是他对那些脱离集体的个人英雄主义者的坚决否定。

对带兵的将领，李渊也有具体要求，他规定："凡我军带兵的将领，都是我所委托的人，不能胜任的，可以自行引退。如果勉强接受了，则会率领百人，误了百人的性命；率领千人，则误了千人的大事。无论职务大小、高低，我将一视同仁，论功行赏，凭事惩处……"

对于战场上的攻击，李渊也有严厉的军令，他明文规定说："战斗命令下达后，有迟误军期、逗留不进的，自将领以下一律处死；军官中有临战不前的，立即斩首；各军中将士以冲锋陷阵，杀敌立功为主，以群体立功为上；冲锋攻敌时，带兵的将领，无论其职务大小，应身先士卒，带头立功……"

在战场上，对割取敌人首级一事，李渊的规定更加具体。他规定说："战斗进行时，不许临阵割取敌人首级；当敌人败走后，准许割敌首报功；若是敌军未败，就先行割敌首级的，无论是官、是兵，立即处斩，严惩不贷!"

由于唐军受到这些军令的约束,在攻城战斗中表现出顽强的战斗情绪和杀敌立功的强烈欲望,使长安城下立刻变成古今罕见的战场,二十万人高声呐喊着,排山倒海般地向这偌大都城的四面城墙冲去,何等壮观的气势!

城上的守军将士,在阴世师、骨仪的重赏诱惑下,也在拼命地反抗,只见飞箭、乱石、滚木等纷纷从城上落下来,如阵雨,似冰雹,在唐军将士的头上、身上、人群中打下来,有的受伤,有的死亡,但是,他们前仆后继,誓死如归,像着了魔一般,继续厮杀、拼搏……

攻城战斗打得十分激烈。唐军将士由于率先冲锋,军队的士气一直很高昂。城上守军也不示弱,箭石如雨,纷纷打下来,致使唐军死伤不少。

李世民与将领们商量,派人运来干草,将其扎成火把,再蘸上油脂,燃着后,向城上的守军掷去。一时间,城上被烧得火光四起,浓烟滚滚,映得半个天空烟雾弥漫,城上的隋军被连烧带呛,手忙脚乱,穷于应付。

李建成听说之后,也命令士兵用此法攻城,不到半个时辰,偌大的长安城变成了一座火城,李渊一见,大声命令道:"乘着火势,加速攻城!"

此时,阴世师急忙命令守军道:"切不可惊慌!快去提水来,将火扑灭,务须打退李渊的进攻。"

李建成让士卒齐声呼喊:"阴世师快投降!"

在城头上的阴世师起先只装未听见,但是城下喊声如雷,守城的隋军将士一齐看着他,等着他的反应,阴世师只好硬着头皮应道:"我非懦夫,乃大丈夫也!"

他担心自己的喊声未必能传到城下去,便让隋军将士也齐声喊道:"宁肯战死,也不投降!"

李建成听了,二目一瞪,大声命令道:"狗贼想死了,我们成全他!"说完,把大刀举过头顶,领着将士们向城下冲去!

一见大都督带头冲锋了,整个左路军将士们齐声喊起来:"杀啊!冲上城头活捉阴世师……"

数万唐军,如洪水一般,冲向城下,只见参将雷永吉一马当先,纵身蹿到城墙下面,趁城上守军被火球烧得晕头转向,领着他的队伍,飞快地将云梯靠上城头,率先登城。

此时,雷永吉兀立城头,高举大刀,领着他的士卒,杀散守军,立即打开城门,李建成率领左路军,一下子冲进城去。隋军见大势已去,便向城内四下里逃去。

　　长安城四门大开，李渊的二十万大军涌进城里，四处搜捕隋军将士，一条大街也不遗漏，把那些拒不归顺的顽抗者尽行杀戮，绝不手软！

第八章　守将纷降握关中　严明军纪破长安

第九章

代王心安废苛政　卑鄙手段吓李靖

阴世师、骨仪等人率领着部分亲兵卫卒不愿意投降，和唐军展开了激烈的战争，最终退进了一座亭子里。

李渊得到这个消息之后，就吩咐李建成说："不要让他们两个人死了，要设法活捉他们！"

李建成说："这两个奸贼是不会投降的，何必要活的呢？"

李渊笑道："你别多问，让他们活着，我自有用处。"

李建成领命而去，走在中途听士卒来报："阴世师和那个骨仪躲在亭子里，拒不投降，干脆放把火，把他们烧死在亭子里吧！"

李建成连忙摆手道："快去告诉将士们，一定要活捉那两个宝贝，谁若杀了他们，我决不饶他！"

那士卒一路大喊着："要活的，不能让他们死了！"

等李建成赶到那亭子前面，士卒们已经抱来不少干草，真的要放火呢！幸亏那个传话的士卒跑得快，及时赶来传达了大都督的命令，才没有点火。

那亭子建在一个高台子上，六面墙全是用玉石板垒叠砌成，坚固无比，阴世师、骨仪带着十多个亲兵，凭借有利的形势，手执强弓硬弩，不让唐兵接近。

李建成派人喊话，要他们投降，连续喊得口干舌燥，亭子里的人置之不理。他又派人喊话，但是内容换了，向里面的亲兵劝降说："你们别再替阴世师、骨仪卖命了，他们活不成，你们也想死吗？"

这一招果然有效，喊话不久，便听到亭子里传来了阴世师的指责声："谁要投降，就先杀死他！"李建成忙吩咐将士们说："是时候了，可以攻进去捉活的了！但是得这么喊着……"说着，李建成在几个身强力壮的唐兵身边小声说了几句话，他们才一手捏着盾牌，一手握住大刀，向亭子里大声说道："谁能捉住阴世师、骨仪两个奸臣，谁就能受到重赏！"

未等这几个唐兵赶到，亭子里便传来了一片吵嚷之声，接着，里面的几个亲军大汉便押着阴世师和骨仪走出了亭子。

李建成派人将两个奸臣押送到唐公那里去，并对那些亲兵说道："凡放下兵器，归顺唐军的，一律不杀！"

那些亲兵自然愿意归顺，并因为主动献出阴世师和骨仪二人，又得到了重赏，便高高兴兴地加入了唐军。

公元六一七年十一月一日，长安城被攻破，李渊率领文官武将们，踌躇满志地进入长安城，完满实现了他在太原起兵时制定的作战目标。

入城后，李渊仿效当年汉高祖刘邦进入秦朝国都——咸阳的办法，封府库，收图籍，禁止军队抢掠居民的财产。他对身边的官员们说："周文王曾在这里消灭崇国，建立了丰京；他的儿子周武王又在这里建立了镐京，然后率领仁义之师，消灭了商王朝，统一天下。后来，秦穆公在这里走改革富强之路，使秦国成为春秋五霸之一，并且在秦王嬴政时，实现了统一全国的业绩。秦始皇在这里推行的一系列统治天下的措施，至今还在沿袭使用。刘邦又以这里为根据地，打败项羽，建立西汉王朝。后来王莽篡位，刘秀起兵推翻了王莽新朝，建立了东汉，虽然把首都放在洛阳，可是，他依然把长安作为国都，每年都到这里来祭祀祖先。"

李渊说到这里，端起茶杯喝茶时，颜师古见他有些累了，便接着说："在汉末魏晋以后，不但汉献帝、晋魏帝在这里短暂停留，刘曜的前赵，苻坚的前秦，姚苌的后秦，还有西魏、北周，都在这里建都。隋文帝把这座古都长安改建成大兴城，本是想在这里做一番大事业，不想他生了一个败家子——杨广，不愿守住他父亲开创的家业，却到处去巡游淫乐，给天下英雄提供了一个建功立业的机会。"

李渊看着面前的众多官员，意味深长地说："如今我们进入长安城……"

话音未落，有士卒前来报告："请唐公去东宫一趟。"

原来大军攻城时，杨侑早吓得不知如何是好了，幸亏有姚思廉在身边，不断地劝他说："请代王放心，即使城破，李渊大军进城，他未必敢对你怎样？不然，他就失信于民，让天下人耻笑了……"

不久，宫监来报告了城破的消息，代王吓得面无血色，战战兢兢地向姚思廉问道："这怎么办呢？这怎么办？……李渊会不会杀死我呀……"

姚思廉说："怎么会呢！李渊还要辅佐你做皇帝呢！你应该镇定些，所谓临危不惧嘛！"

姚思廉说完之后，想喊宫女太监帮着代王换件王爷服装，但是，他在东宫里转了一个遍，不见一个人影，才知道这些人一听说城破了，便跑得

无影无踪了。

他只得又回到代王身边来，杨侑忙对他说："姚大人！你可别离开我，我心里发慌，有你在我身边，我心里踏实多了。"

正在这时，忽听"哗啦"一声响，宫门被人一脚踹开了，接着撞进来一群唐军士兵，一个个虎背熊腰，圆睁二目，四处张望，他们一眼瞧见代王和姚思廉坐在殿堂里，正想抬腿登上殿堂，姚思廉厉声呵斥道："唐公举义旗、匡复帝室，你们休得无礼，不准进来！"

那些兵士们听了，不由一惊，便不敢再入殿堂，一个个乖乖地站立在庭院中，排着队列，站得整整齐齐，静候着上司到来。

姚思廉对代王杨侑悄悄地说道："看到了么，军如其人！这李渊为人谦恭有礼，他的军队多严谨，也像他的统帅一样啊！"

代王杨侑心里稍安，低声说道："看来这些人不是李渊派来杀我们的……"

不一会儿，只听宫门前一阵"哒哒"的马蹄声传来，李渊踏着稳健的步伐，走了进来。

姚思廉领着代王杨侑，站了起来，李渊一见，立即走到杨侑面前，向他施礼，说道："李渊来迟一步，惊动了代王，不胜惶恐，请代王见谅。"

姚思廉扶代王坐下后，来到李渊面前自荐道："侍读姚思廉拜见唐公！"

李渊听了，连忙拉他坐在自己旁边，热情地说："久仰侍读大名，今日得以相见，不胜欣喜之至。"

说完之后，李渊又对代王杨侑道："李渊起兵纯属不得已而为之！方今天下大乱，群贼蜂起，皇上远在江都，关中空虚，京师宛如孤悬之城。我辗转不能安枕，便毅然举兵，志在匡扶帝室，辅佐代王，安抚天下，重振大隋朝纲，别无他图！"

代王杨侑听了，总算吃了一颗定心丸，笑道："你本皇室宗亲，又是大隋两代朝廷的重臣，本该早让你进城会晤，奈因小人龃龉其间，望唐公释怀见谅，勿以为意。"

李渊提出自己意见："眼前城内混乱，百事待兴，稍过两日，我与将佐臣僚们商定拥立代王为帝的大典日期。不过，暂请代王移位于大兴殿后面，那里清静、安全，又较为方便。"

代王杨侑听了，只得点头答应，不好也不敢拒绝接受李渊的这个决定。

姚思廉面对此种境况，也不便从旁提出异议，只得扶杨侑到大兴殿后的顺阳阁下，然后与代王泣别。

他刚走两步，代王便带着哭声叫道："姚大人！你稍候，留在我身边，陪陪我说说话……"

姚思廉也伤心地一时说不出话来，只是慢慢摇了摇头，过了好长时间才对代王说："唐公要我去他麾下做事，自现在起，我的侍读之职已被撤了。"

杨侑一听，哭的声音更大了，哽咽着说："姚大人你不要离开我，请你向唐公提出请求吧！"

姚思廉见他悲悲切切的样子，只得敷衍道："好吧！我去向唐公提出请求，不过，请代王切勿过于伤怀，凡事要从远处想。"

见到姚思廉的背影渐渐消失了，代王杨侑不由失声恸哭了好长时间，才止住了眼泪。

其实，年仅十三岁的杨侑被李渊孤零零地安置在大兴殿后阴冷的顺阳阁下，也就等于将他软禁起来了，他又怎能不难过呢？后来，杨侑终于认识到："自己落得这般遭遇，全是江都那个残暴荒淫的父王造成的，作为他的儿子，又能说什么呢？总不能学习他残忍地弑父篡位呀！"自此，对李渊的怨恨也淡化了。

李渊把代王杨侑安置在大兴殿后的顺阳阁下，回到他住的长乐宫，立刻派人向长安百姓宣布"约法十二条"，将隋炀帝的苛政酷令全部废除。

他对裴寂吩咐道："这十二条约法，要抄写十万份，除在长安城内广泛张贴以外，另派专人分赴关中各地，务要广为传布，让老百姓都知道我这十二条约法。"

裴寂听了，不敢怠慢，立即办去。他心里想：这比当年刘邦的约法三章还要深入人心呢。

李渊派人把姚思廉找到长乐宫，问道："我要立刻派人去筹办代王杨侑的登基大典，你以为如何？"

姚思廉说："唐公此举，是大仁大义风范，当为世人瞩目，更加取信于天下。"

李渊又问道："对阴世师、骨仪等人，依你看该如何处置他们？"

姚思廉说："阴世师、骨仪等人犯有两大罪。无故毁坏唐公的祖坟、宗庙，其罪一也；顽固阻拒唐军进城拥立代王为帝，其罪二也。据此两大罪，实该处死。"

李渊听了，高兴地说："难怪人人说你是有才有识的贤人，果然名不虚传，以后你就在我这大都督府里听用吧！"

处死阴世师、骨仪等人，李渊长长地吐了一口恶气。

次日，由李渊主持的议政会一开始，裴寂就说道："如今大军二十余万，雄踞关中，唐公的威名远播海内，德行仁义，遍及天下，兴兵除暴，恩泽苍生。百日之内，就清除了长安城内的奸佞，如此神勇，如果不是上天的保佑，又怎能如此功业伟大？自古以来，改朝换代都是顺应民心，如今民心归唐，请唐公就此君临天下吧！"

李渊一听，脸色陡然一变，说："请不要再提这件事了！各位跟随我转战千里，难道还不了解我？当初太原起兵时，我就言明'匡扶帝室，尊隋立王'的宗旨，本来就是为了隋朝的江山社稷着想，怎么能动篡位谋权的念头呢？何况现在隋朝的江山自有主人，我怎么能起二心？"

听了李渊的话之后，那位博古通今的颜师古又说道："据说，当年刘邦先攻入关中，进了咸阳，却没有立即称王；等到项羽赶到之后，刘邦又觉得后悔无及了。这是历史故事了，但愿不要让故事重演！"

这时，会上的文武将佐纷纷议论，都是劝说李渊立即"改隋称帝"，不要坐失良机，不要像刘邦那样后悔。

其实，李渊并不是一个政治上的糊涂虫，他不是不想当皇帝，而是认为时机不成熟，现在不能称帝。正如他话中说的那样，杨广还活着，一旦称帝，我李渊不是也像杨玄感一样，是反叛吗？不是背上了"逆贼"的骂名了吗？所以他又装作十分痛心的样子，对部下说道："当年刘邦入关以后，他没有及时立子婴为王，以致后来政治上被动，受项羽的欺压。如今，我将要尊立代王为帝，奉杨广为太上皇，名正言顺，既无后悔，也没有什么可担心的。"

当天晚上，李建成、李世民来到长乐宫里，李渊对两个儿子说："记得吗？汉献帝时期，朝政大权落在曹操手里，群臣纷纷劝他废汉自立，而曹操却有自己的主张，他对群臣说：你们是想把我放在火炉上烤啊——"

听到这儿，两个儿子都笑了，李渊又继续说道：

"当时的天下，也是群雄并立，曹操若是称帝，岂不成了众矢之的？一旦群雄联合起来，对他大兴问罪之师，他能抵挡得住吗？"

李世民听懂了父亲的苦口婆心，立刻接着说道："曹操不称帝，就可以挟天子以令诸侯，在政治上占据优势，可以向群雄大举问罪之师。"

李建成担心地问道："一旦立代王为帝，大臣们会不会一下子倾向于杨侑，削弱了我们的势力？"李渊笑道："大臣们比你还精呢，谁看不出代王不过是我们手中的一个工具而已，早晚我会取而代之，要记住，现在不当皇帝，是为了以后更容易地当皇帝做准备。这样，我们就能永远立于不败之地！"两个儿子听后，都觉得父亲真是老谋深算，有远见卓识啊！不由得在心里赞叹道：姜还是老的辣！

次日，李渊便迫不及待地催促太常博士们，抓紧选择吉日良辰，以便立即祭告太庙，定下尊位，尽早立代王杨侑为隋朝皇帝，自己也好早日拿到那把尚方宝剑，向各地义军势力兴问罪之师。

李渊心想：只要立杨侑为帝，杨广被尊为太上皇，他远在江都，那不过是个驾空了的虚位，一切军政大权仍在我自己手中。

不过，今后的一切行动，虽然是以"匡复帝室"的名义，但不再是为了杨广而行，而是受这个小皇帝的"命令"而动，因而一切行动，都更加名正言顺了，实现真正的"挟天子以令诸侯"了。

李渊越想越得意，又派人找来太常博士问道："我听说明日就是一个吉祥日子嘛！"

那位太常博士立即顺水推舟地说道："唐公说得对，明天确是一个好日子。"

公元六一七年十一月十五日，李渊立代王杨侑为帝。

这一天，长安城内张灯结彩，大街小巷热闹非凡。

遵照李渊的命令，要让立代王为皇帝这件事"家喻户晓，妇孺皆知，以早日传遍关内外，让天下人莫不知之"。

庆典开始，李渊排列盛大的仪仗队，迎接代王杨侑在大兴殿登基，即皇帝位，是为隋恭帝。

登基之后，杨侑按李渊的指示，下诏大赦天下，废弃隋炀帝大业的年号"大业"，改为"义宁"，遥尊远在江都的隋炀帝为太上皇。

立杨侑做了皇帝之后，为了便于传达这个小傀儡皇帝的"圣旨"，以号令天下，李渊于十一月十七日从长乐宫迁入长安，住进武德殿里。

依照李渊的意图，杨侑特赐他为假皇帝，使持节，并封他为大都督外诸军事，尚书令、大丞相，又晋封为"唐王"。

之后，李渊便在虔化门处理政务，而武德殿便成为他的"丞相府"。这些名目繁多的头衔、职位，由于国内四方割据，各自为政，实际上没有什么实权，更没有多大效力，但是，它毕竟是在名义上肯定了李渊的一切行动都是为了那个"匡复隋朝"的口号，因此，他可以命令天下人服从，如若不然，他兴师讨伐，就能名正言顺，理所当然了。

此时，银青光禄大夫于志宁建议道："唐公既然统领内外诸军事，又为尚书令、大丞相，今后应把公文由'教'改称为'令'，是相当必要的。"

李渊问道："难道这里有何讲究吗？"

精通史实的于志宁说："这'教'本是文体的一种，它是上司向下级发布的告谕，只有安民告示、大事通知的性质，一般不具有巨大约束力的法令作用。但是'令'就大不相同了，它本身就是'命令''法令'的意思。凡是唐王发布的文件、告示，全以'令'的行文出现，所有的下级都必须尊重，坚决执行，否则便是对抗朝廷，就会被依'令'查办，或予以讨伐了。"

李渊听后，笑道："这一字之改，我就可以代皇上发布命令，签署文件了。"

于志宁又说道："这假皇帝，没有实权，岂不是名不副实了？把'教'改为'令'也是体现实权的一个方面。"

正在说话工夫，有人来报告："那个名叫李靖的人已被捉住，请唐王吩咐，如何处置他。"

李渊一听，对官员们说道："当年，我在太原为了抵御突厥人南下，训练了一支骑兵，李靖硬说我要叛乱，有夺取天下的打算，并扬言要去告发。如今被我捉住了，看他还有何话说。"

李渊命人把李靖带来，众人一见，李靖身材高大，姿貌伟岸，气宇轩昂，真是一表人才。

李渊向他问道："当年你在马邑当郡丞时，见我在太原练骑兵，要去告发我谋叛之事，还记得吗？"

李靖一听，哈哈大笑道："唐公兴兵尊隋，本想为天下除暴安良，成就大事，应有海洋胸怀，怎能计较区区私怨，无容人之量，岂不让天下人笑话吗？"

李渊听了，不由暗自惊叹此人的非凡气度，不由问道："我不怪你，能为我所用吗？"

"李靖少负大志，熟读兵书战策，且又弓马娴熟，文武兼备，唐公如能宽恕于我，敢不效犬马之劳！"

李渊听后，自然高兴，早把昔日的怨恨忘了，遂向次子李世民丢了一个眼色，说道："就把他交给你了。"

李世民早已看出李靖是个人才，忙上前给李靖松了绑，拉着他走出了武德殿，去切磋武艺、谈心了。

这个李靖，是京兆三原人氏，因为他字药师，人们常称他李药师。此人虽将门之后，却因父母早死，流落在江南舅父之家。

李靖的舅父是隋朝名将韩擒虎，曾在隋文帝消灭南陈、统一全国战争中立有大功。

李靖自小学得一身武艺，常对亲友们说："大丈夫若能遇主逢时，必当建功立业，以取富贵。"

韩擒虎经常与李靖谈论兵法，对这个外甥的见解深为叹服，总是说道："现在能讲孙武、吴起兵法的人，也只有这个人了。"

有一次，李靖在长江边上寻渡，除了河上芦丛，只见滩头野花，一望无际的江上并无渡船。

过了一会儿，正当李靖四顾茫然之时，恰见远处荡来一条渔舟，便急忙招呼，愿加倍出钱，请求那渔翁渡他过江。

上了船，那渔翁得知他是三原的李药师之后，便与他纵论天下形势，两人越谈越觉得投机。

原来那渔翁名叫刘文静，朝廷让他承袭父功，去晋阳任职，他见炀帝残暴不仁，朝纲不振，天下将乱，便迟迟没有到，才来渔樵于江渚之上，借以解忧。

两人志趣相投，越谈越深。刘文静对他说："不久，我还是要去谋个职位，暂时做个倚靠吧！"

李靖说："听说当朝杨素这个人物很有见识，会会他，听听他对天下形势的看法，以增长见闻。"

刘文静又道："如有机会，请去太原找我。"

两人分手后，李靖便去拜访杨素。当时，杨素任西京留守，李靖来到杨府，一番宏论，令杨素大为赏识，说："难怪你舅父那般赞扬你，你确实满腹才华！若是愿意在我这里任事，老夫不胜欢迎。"

那天，杨素接见李靖时，特地让自己府上的一个宠婢张欣翠在旁伺候。两生一见倾心，不久就结为夫妻。后来，经刘文静介绍李靖来到马邑做了一个小小的郡丞。怎知在此期间，自己因为对刘武周的所作所为颇为不满，让刘武周怀恨在心，将爱妻霸占逼死。

李靖把妻子掩埋之后，恸哭了一场，然后上马向长安进发。此时太原的李渊已经起兵，李靖知道刘文静一定随军西进，心想：我何不先去长安，等唐军攻进城后，再去跟刘文静联系，投奔李渊……

李世民听了李靖的这一段经历，十分同情地说道："有句俗话：劫难之后必有后福。别难过，刘武周这畜生也是兔子尾巴——长不了，以后我们会收拾他，为嫂夫人报仇！"

从此，李靖成了李世民帐下一员虎将，二人成为无话不谈的至交。

第十章

坐稳丞相掌实权　邀来大将得民心

代王杨侑做了皇帝之后，李渊的名声更大了，榆林（今内蒙古托克托西南）、灵武（今宁夏陶乐西南）、平凉（今宁夏固原县）、安定（今甘肃泾川）等关陇诸郡都派使者前来主动归顺，请求任命官职。

他们都好像是为李渊擂鼓助威，摇旗呐喊，更加增强了李渊的地位，也是对他"尊隋立王"策略的有力支持，促使他向皇帝宝座更迈进了一步。

四郡的使者前往大兴殿朝见新皇隋恭帝，杨侑对他们说："明日由大丞相李渊任命官职。"次日，隋恭帝下诏说：凡军政事务，无论大小，以及文武官员的任职，以及典章制度的执行，赏功罚罪，全部都归丞相府管辖、处理。只有每年郊外祭祀天地，四季祭祀祖先要先行上奏。

这样一来，李渊又借此获得了独揽大权的合法名义，他的一切军事行动更可以随意而为了，可以广泛地任用亲信心腹，收降隋朝的旧官吏人员。

首先，李渊设置了丞相府官属。任命裴寂为长史，刘文静任司马。追封他的祖父李虎为景王，父亲李昞为元王，夫人窦氏为穆王妃。

为了笼络追随自己的部下，李渊下令把隋朝府库中的金银财物都拿出来赏赐给自己进占长安、得掌大权立下汗马功劳的人，以致国库空虚，财政困难，一切开支不得不拮据起来。

李渊一向注意收揽人才，对隋朝的官吏不歧视，除李靖外，又委任前考功郎中窦威为司录参军，负责制定朝廷及地方有关礼仪的制度。

听说隋文帝时任过太子洗马的李纲，是位有才识的忠臣，李渊立即下令诏请他进宫，与他谈了整整一天，任他为相府司录，专门负责管理选用官员之事，可以说是相当地重用了。

李纲，字文纪，观州蓚县（今河北景县）人。据说他为人慷慨好义，耿直忠厚，重情重义，厌恶蝇营狗苟之人，是隋朝有数的忠臣之一。

李纲在任太子洗马时，有一次杨勇在东宫宴会群臣，唐令则自弹琵琶，并唱淫俗小调《赋媚娘》。

当时的李纲看不下去，站起来向太子杨勇说："唐令则身为宫卿，职责是辅导教育殿下，今在大庭之府中，扮演倡优，进淫声、秽视听。此事如皇上知道了，唐令则的罪就大了，岂不是要连累殿下！臣请求速治唐令则之罪！"

杨勇不以为然，说："我不过是娱乐娱乐而已，请你不要多事。"

李纲见杨勇不听劝告，就离席而去，足见其正直。

后来，太子杨勇被废时，隋文帝召见东宫官属，严厉责备他们失职，大家都惶惧不敢说话，独有李纲一人开口说道："废立大事，文武大臣都知其不可，但没有人肯发言，臣怎么敢怕死，不替陛下把话说明白！其实太子本是个老实人，可以学好，也可以学坏。假如陛下选择正人君子辅导，足能承继江山大业。可是，让唐令则当左庶子，邹文滕当家令，这两个人只知道用弦歌鹰犬愉悦太子，怎么会不变坏呢？臣以为，这是陛下之过，非太子之过也。"

说完之后，李纲趴在地上，哭得呜呜咽咽，十分沉痛，隋文帝杨坚也被感动得满面凄伤，过了一会儿才说道："李纲责怪我，不是没有道理，但你只知其一，不知其二，我本是选择你为宫臣，但杨勇不让你担任，又有什么用呢？"

李纲听了，赶忙回答说："臣所以不被重用，是因为奸人在太子身边。陛下斩了唐令则、邹文滕，重新选贤才辅导太子，怎么知道臣会被太子疏弃呢？自古以来，凡是废立太子的朝廷，很少有不出现倾危的，愿陛下三思，不要将来后悔！"

可是，隋文帝已听不进他的只言片语，阴沉着脸，挥了挥手，罢朝而去……

听了这一段往事，李渊问道："据不少人说，当时你批评隋文帝时，群臣都替你捏着一把汗，不知你那时候害怕不害怕？"

李纲笑道："我喜欢直话直说，当时我向文帝说的那些话，全是实事求是，一点虚夸没有，心里也就踏实了。另外，文帝也是一个能纳谏的皇帝，若是换了杨广，怕是话未说完，就被他杀了。"

李渊听了，哈哈大笑，又问："杨广执政后，听说你辞官归隐了，这是为何？"

李纲忙答道："我自度久在朝廷，必被诛杀，不如归田园，老死于沟壑清静。"

不久，朝廷缺尚书右丞，隋文帝点名要李纲担任。等到杨广篡政后，

李纲便告老还乡，隐居于陕西户县；归唐后，李纲在李渊、李世民两代朝廷中都任重要官职，成为一代忠臣，足见唐初在用人方面真正发挥了人尽其才的作用。

在李渊带领大军进入长安，扶立代王杨侑称帝前后，分散在全国各地的农民起义军和地方割据势力，自己称帝和做王的人还为数不少，形成一个天下纷争、乱世为王的混乱局面。公元六一七年夏天，金城（今甘肃兰州）府校尉薛举，杀死金城令郝瑗之后，率领六千人马起义，自称"西秦霸王"，建元秦兴。

一月之后，薛举父子领军攻占天水后，把都城从金城迁到天水，正式做了皇帝，自称"秦帝"，立妻鞠氏为皇后，封子薛仁果为皇太子。

薛举、薛仁果父子是乘隋末农民起义之机，割地称王于金城的隋朝地方官员，他们不仅没有解除隋炀帝将暴政强加于百姓的痛苦，反而变本加厉地为害于民。

在薛举称帝后不久，便相继进攻关中，威胁长安，成为李渊的一个心腹大患。

比薛举、薛仁果父子稍微早一些时间，在马邑郡任鹰扬府校尉的刘武周，杀死刺史王仁恭，率兵起事。

刘武周起兵后，自称马邑刺史，派使者去突厥投降，始毕可汗遂封刘武周为定杨可汗，送给他一面狼头饰的大旗，刘武周遂成了突厥人卵翼下的一个儿皇帝。

于是，刘武周不以为耻，反而自命不凡，以皇帝自居，封妻子沮氏为皇后，建元为"天兴"，俨然成为小朝廷。

刘武周借助突厥人的力量，对关中形成极大威胁，在李渊入长安以后，刘武周是他又一个心腹之患。

公元六一七年春天，农民出身的窦建德，不甘忍受地方官吏的压迫，带领当地农民起义，很快发展成一支势力强大的军队。

不久，窦建德在河间乐寿（今河北献县）筑坛场，自称长乐王，年号丁丑，并设置百官。

后来，窦建德定国号为"夏朝"，仍然定都乐寿，把他自己居住的地方命名为"金城宫"。

其后，隋朝地方官员乘着混乱之机，利用手中的权力，许多人都拥兵自重，称帝为王的分散在黄河上下、长江南北的为数不少。

先是后梁萧氏皇帝的后代，当时任县令的萧铣，在罗县聚众起事，他举着萧梁的旗帜，开始自称梁公，把军队的服色旗帜全换成当年梁朝的模样，不久便称"梁王"，改元"鸣凤"。

接着，江西鄱阳人林士弘在虔州（江西赣州）起兵，自称皇帝，定国号"楚"，建元太平，势力波及全江西。

在此期间，李轨割据称雄于河西，他自称"大凉王"，建元安乐，设置文武官属，势力发展很快，成为当时陇右一带不可忽视的一支力量。

正当全国各地农民起义军和地方官吏竞相称帝封王、各自为政时，远在江都醉卧在荒淫糜烂生活中的隋炀帝，对这乱世为王的天下，依然毫不在意地对身边的宠臣说："不过是些鸡鸣狗盗之徒，有什么可怕的？"

后来，听说李渊在长安立杨侑为帝的时候说道：

"无论怎样，李渊还是在'尊隋讨贼'嘛，朕的心腹大患应该是李密的瓦岗军！"

所以，隋炀帝直到死前也没有派兵去攻打李渊，只是派人马去援救东都，镇压瓦岗军。

李密掌握瓦岗军大权后，很快成为中原起义军盟主，军队迅速扩大至数十万人之众，声势浩大。

此时，中原各地的隋朝官员也纷纷投奔李密，先是巩县令柴孝和，监察御史郑颐，主动献城，归顺瓦岗。

接着淮阳刺史赵陀以全郡之地投降了李密，是归顺瓦岗军的最高隋朝地方长官，一时影响甚大。

隋炀帝派往河南的讨捕大使裴仁基，经人劝降后，也投入李密麾下，被李密封为上柱国，河东公；其子裴行俨，骁勇善战，号称"万人敌"，也被封为上柱国，绛郡公，其余官员也有封赏。

李密问道："听说你军中勇将秦琼有万夫不当之勇，为何不让他出来见面？"

裴仁基答道："秦琼因母有病，回乡已多日了。"

此时，大将军徐世勣说："我与秦琼曾有一面之交，不如让我去鲁地把他邀来瓦岗，如何？"

李密点头说："也好，不久我军要攻打东都，正当用人之际，秦琼能来，自当欢迎，你可快去快回。"

徐世勣接受了任务，换了一套道服，大摇大摆地离开瓦岗军新建的大本营——洛口城，往山东走去……

这位秦琼，是山东历城（今济南）人氏，字叔宝，其父祖三代都是北齐的将领，母亲宁氏，他出世以后，祖父秦旭说："如今天下大乱，盼望这个小孙儿长大以后，能够过上太平日子，就叫他太平吧！"

谁知天意不爽，秦琼自出娘胎，一直过着离乱日子，祖父、父亲相继死去，家中只有他母子二人，苦熬岁月。

不过，这个太平郎自小并不愿意过太平日子，从小就喜欢习武练拳，舞枪弄棍，学成一身武艺。

数年后，秦琼生得膀大腰圆，力大无比，论他的相貌，据说是"河目海口，燕颔虎须"，活脱脱一副令人生畏的武将形象。秦家祖传有两条流金熟铜锏，净重有一百三十斤。别人举不起它，但是秦琼拿在手中，一旦舞起来，起先好像是两条怪蟒翻波，渐渐地就变成一片雪花坠地，只见光闪灼灼，却不见人影儿了。

隋炀帝第一次征发高丽时，秦琼便主动应征，他心里想："我练就的这一身武艺，为的就是有朝一日参军立功，眼下可得了个千载难逢的机会！

在应征回来的路上，猛抬头见到一阵大雁掠过头顶，朝北飞去，像有意识召唤他到关外去经历一番血与火的洗礼似的，引得他技痒难禁。

于是，秦琼从腰间的箭袋中抽出一支箭来，搭弓射去，只一箭就将空中的飞雁射落。路边的行人见了，无不喝彩。

秦琼提着那只被射死的大雁，回到家中，向母亲讲明要去高丽应征之事，宁氏早就担心会有这么一天，只是没有料到这一天竟来得如此之早，便叹息着对儿子说："秦家三代，只你一条根。你去关外打仗，响应朝廷号召，我不能拦阻你。何况你又是将门之后，去边疆立功，为国家效力，是正当事情，我怎能不支持你。"

离家那天，宁氏送秦琼时，再三嘱咐儿子认真照顾自己，经常捎信回来，免得家中挂念。

秦琼的妻子柳氏，依依不舍地送丈夫到大路口上，对他说："你尽管放心去，家中一切都有我，我一定会照顾好母亲的，只盼你早日打胜仗，立功回来……"

千里相送，终有一别。柳氏站在大路口，两眼含着热泪，一直望着秦琼挥手离去的身影，渐远渐小，终于消失在草树连天的远方。

秦琼先在隋炀帝的大将来护儿帐下，在辽东与高丽人作战，来护儿总是屡战屡败，若不是秦琼助战及时，几次差一点儿被对方捉去。

可是，来护儿是嫉才妒能之人，对秦琼的建议不愿意听，又见他有勇有谋，怕他日后抢功，竟把他有意从大营支走，派他去迎接皇上派来的监军裴仁基。

这来护儿见秦琼离了大营，心想：我用诈败计诱使高丽人上当，独得一个大功让新上任的监军看一看。

结果，弄巧成拙，反被高丽的兵将识破计谋，用大军围住他厮杀。

经过一番苦战，来护儿拼命冲出包围，且战且退，高丽军队紧追不舍，把他逼到一条大河边上，进退无路，正在危急之时，只见大河远处有一匹战马飞驰而来，马上坐着一个手使双锏的年轻将领。就在来护儿就要被高丽人生擒活捉之时，那马上的来将从远处连发数箭，只听"嗖嗖嗖"连响，吓得敌人纷纷逃去，来护儿得救了。

来将正是秦琼。他去迎来监军裴仁基后，见来路不远处尘土飞扬，便断定军情有变，忙向裴监军说道："我要前去援救来护儿将军！"

未等监军回话，秦琼便匹马提锏，赶到河边，直向围困隋军的敌人扑去，幸亏他来得及时，使出当年巧射飞雁的绝技，连发数箭，射死几个敌军。高丽人早知这位手使双锏的将领厉害，便仓皇逃去。

后来，来护儿并不感激他的救命之恩，反把秦琼调往张须陀帐下听用。这张须陀是隋炀帝的宠臣，残酷镇压农民起义队伍，秦琼是个有正义感的人，不忍心参与这种杀害无辜老百姓的战争，便借口母亲病重，告假回鲁地去了。

后来，张须陀在与李密的瓦岗军作战时，战败身死，秦琼又被裴仁基收在帐下。有一次，秦琼与浪迹江湖的李药师邂逅相识，二人纵论天下形势，李靖说："古人云：良禽择木而栖，英才择主而仕。当此天下大乱，我辈更应选好主子啊！"

秦琼说："我乃一介武夫，只知报效朝廷，不忘忠义二字，如今天下乱成这样，只想回乡孝敬老母去了。"

李靖认为这条计策很好，立即支持他说："这样做好，等到明主出现时，再去投奔明主，以建功立业未迟。"

两人分手后，秦琼立即告假回乡，探视老母去了。他的妻子柳氏已给他生了一个儿子，宁氏说："他父亲名琼，这孩子就叫怀玉吧！"

秦琼回到母亲、妻儿身边，过着平静的日子，倒也安闲自在。

一日秦琼正在门前大榆树下哄着怀玉玩耍，忽见一个道士走来，仔细看去，那道士容貌魁伟，气宇轩昂。

来到近前一看，似曾相识，正在思量之时，忽听那道士问道："请问大哥，此处有个秦琼，他家住在哪里？"

秦琼忙问："不知你找秦琼家有何事？"

道士故意在他耳边小声说："听说秦琼去帮着皇上镇压老百姓去了，我是秦琼的朋友，顺便来瞧看他的母亲。"

说着，将手中的几包点心向上扬了扬，两眼却瞅着秦琼的脸色，细细地看。

这时候，秦琼才忽然想起道士是谁了，只见他一手抱起儿子怀玉，一手拉住道士的胳膊，边走边说："这里就是秦琼的家，快随我进去说话。"

道士被拉进屋子，秦琼立即说道："你是茂公贤弟，为何要找寻我？"

徐世勣笑道："天下乱成这样，人都在变呀，不知叔宝兄变成什么样子，自然要试一试嘛！"

秦琼说："我在裴仁基处听说你已投奔翟让，现在李密成了瓦岗军的魏王，不知你对李密有何看法？"徐世勣笑道："兄弟想听一听大哥对天下形势的看法，你反来了解兄弟对李密的认识，哈哈哈……"秦琼也笑着说："论我们兄弟俩，战场上刀对刀，枪对枪厮杀，你不如我；随机应变，运筹谋略，我又不及你了。这天下大事如何看待，你何必来问我？"

徐世勣点头笑道："生我者父母，知我者秦大哥！今日，兄弟既然来了，不妨明说罢！我这次是奉瓦岗军魏王李密之命，来邀大哥去建功立业的。"

秦琼立即说道："这李密可有成大事之才吗？听人说，江都出现了一条谶语，明白告诉人们李氏将要坐天下，难道就应在李密身上吗？"

徐世勣笑道："这条谶语传出来以后，李浑一家遭了难，全被杨广杀了；但其他李姓的人，已有得到好处的，李密、李轨，还有太原的李渊，就目前情况看，李密获益最大。至于是不是那谶语就应在他身上，凭兄弟的能力，尚不能下断语，只能慢慢审视了。"

秦琼忙问："既然李密没准就是将来天下的主宰，你现在就去辅佐他，还要我也去，值得吗？"

徐世勣说："老实说，兄弟是想借瓦岗这块地盘，磨炼一下自己的品性，顺势访寻心目中的英主。"

秦琼忽然转换话题问道："你们瓦岗军能把张须陀打败，说明军中有能人嘛！"

徐世勣说："论当前，瓦岗军兵多将广，势力甚大，若是不出现意外的事情，前程无量！"

"会出什么意外之事呢？"秦琼问道。

徐世勣只好对他说："大哥不是外人，兄弟是来请你去的，更不该瞒你，我有一种预感，瓦岗军中可能要出点事情……"

秦琼忽然说道："我已猜出七八分了，问题可能在权柄上面。"

徐世勣双掌一击道："大哥猜对了，我已预感到两个人之间很有可能会发生一场内斗……"

秦琼听了，立即说道："我曾听说，翟让为人厚道，又是在李密走投无路时收下他的。如今李密尽管执掌大权，总不能马上就反手杀掉恩人吧？何况江山并没有到手呀！若是这样的气量，能成大事吗？"

徐世勣很有同感地说："大哥说得对！兄弟正是想到这些，想请大哥一起去瓦岗军，一旦有什么不测事情发生，彼此也好有个照应。"

秦琼又想起李靖与自己的议论，不由问道："你认识三原的李药师吗？"

徐世勣答道："听说此人文武双全，是个难得的人才，只是无缘相识，不知他在何地？"

秦琼说："估计此人已去了太原，他与晋阳令刘文静熟识，据他说，李渊父子非等闲人物，礼贤下士，招纳人才。"

徐世勣说道："自古以来的豪杰，在草创之时往往都能虚心下贤，重视人才的。不过，古人说：要明于用贤，不贵自己有谋，贵于用人之谋。这样的人太难寻找了。"

二人一直叙谈了大半夜，次日早晨，徐世勣忽然想起一件事来，忙对秦琼说："昨日，兄弟来时，打前村穿过，突然见到两头黄牛相斗，正拦住大路，只好站在路边观看。这时，只见来了一个年轻人，年纪不过十七八岁，赶上前说道：'畜生！回家去，别斗了！'但是，那两头牛已斗红了眼，正是难分难解，互不相让。只见那孩子大喊一声：'还不给我分开！'他喊着，快步上前，双手抓住两头牛的各自一只角，顿时两头牛分别向后退有一弓之地。这样，两头牛无法再斗了，只好各自回家去了。"

秦琼听到之后，笑着说道："那是罗家的孩子，经常到这里来，要我教他耍枪，他是有一些蛮力，人也非常老实。"

徐世勣忙说："既然这样为何不将他收在门下做徒弟？"

秦琼笑道："兄弟说的极为有理，他的确是一个为将的好胚子。"

因为志趣相投，秦琼与徐世勣抵掌促膝，连续谈了三日，秦琼才答应去瓦岗寨。

第十一章

炀帝急令灭瓦岗　险胜之军易主帅

第四天，两个人同掰牛角的罗士信一起出发，宁氏对自己的儿子说道："你今天一走，我们明天就会搬到你姨那里去。"

徐世勣忙说："请伯母与嫂子暂时去那里住几日，过一阵子我就派人来接你们去享福。"

宁氏笑道："我们有平安日子过，就满足了。"

徐世勣听了对秦琼说："天下的百姓都想过平安日子，可是，眼前平安得了吗？"

三个人迈开大步，向瓦岗寨走去……

隋炀帝在江都城里，有一天问近臣裴矩道："李渊在长安立杨侑为帝，让朕做太上皇，这是真心吗？"

裴矩马上答道："难道皇上忘了那条谶语了吗？"

炀帝立即摇头说："未必会应在他身上，朕总认为李密是朕的心腹之患，必欲除之而后快。"

裴矩又说："李渊先占据关中，说明此人有野心，关中历来是出帝王的，尤其是在天下不平静的时候。"

炀帝说："朕以为，充其量李渊的目的是要朕的江山社稷；而李密就不同了，这个人不但要朕的天下，他还要朕的性命哩！"

裴矩忙说道："皇上千万别这么悲观，李渊不过占有关中一隅，李密也只是在中原地区有些势力，而皇上的天威仍然普照着大半个国家，只要先将李密的瓦岗军消灭，李渊何足虑？"

隋炀帝一听，立即来了劲头，忙说："说得对，朕应该派兵去东都，尽快消灭瓦岗寨的那帮贼寇！"

说完，隋炀帝立即下令：派江都刺史王世充带领江淮地区的隋军，和上将军王隆率领的邛黄蛮、河北大使太常少卿韦霁、河南大使虎牙郎将王辩各自率领本部人马，速去东都洛阳攻打李密。

裴矩又建议道："听说薛世雄很有谋略，当年跟随文帝南征北战，屡立战功，若能派他去做这支联合大军的统帅，定能一举击败李密。”

炀帝听了，高兴地说：“是的，薛世雄是一员老将，是有名的左御卫大将军嘛！”

之后，隋炀帝果真又下诏，命左御卫大将军兼涿郡（今北京）留守薛世雄担任这支联合大军的主帅，并给他一切生杀大权，有先斩后奏的权力。

不料，薛世雄带领三万人马，刚出了涿郡城不到二十里，他的儿子薛庆喜飞马赶来，向父亲劝阻道：“涿郡城距离称帝不久的窦建德不过两天的路程，一旦他知道父亲发倾城之兵去了东都，领兵来攻，后果不堪设想。”

薛世雄这才猛然醒悟道：“你提醒得很对，我险些误了大事啊！……但是，这皇上的圣谕又该怎么办呢？”

薛庆喜说：“自古就有‘将在外，君命有所不受’的说法，何况国家乱成这样，君已不像君，臣还要像臣吗？不理他，又能奈何我们？”

薛世雄听了，想了想之后，说：“把兵马带回去，我写个奏表，申明利害，别让那昏君抓住小辫子说我们抗旨啊！”

父子二人商议妥当了，便把三万军队不声不响地又领回城里。将士们唧唧喳喳地议论起来，薛世雄大声地说：“去是对的，不去也是对的，议论个屁！服从命令是军人的天职，谁不听从命令，就砍谁的头！”

将士们不敢再议论了，可是，炀帝接到薛世雄的奏折，气得大骂一通：“难道你薛世雄是狗屁不如吗？难道你不知道东都是朕的命根子么？为何不能留下一半人马守涿郡，带一半人马去东都？别忘了要你去是当联合大军的统帅，这是重用你薛世雄！”

隋炀帝把薛世雄骂了个狗血喷头，逼着他非去不可，薛家父子再不敢不去了，只得按诏书说的，留下一万五千人马让儿子在城里守着，自己领着一万五千人离开了涿郡，向东都进发。

不料，薛世雄的行动早被李密派到江都的暗探侦知，而此时的窦建德正派使者在洛口城里与李密谈判联合的事情，李密立即让“大夏”的使臣回去，请“夏王”窦建德立即派兵拦截薛世雄。

这样，薛世雄的一万五千人马刚走到河间附近，就遭到窦建德的迎头痛击。那天又碰上大雾弥天，薛世雄的军队被“夏军”杀得七零八落，四下里逃去。

幸亏薛世雄走在军队后面，又骑了一匹追风马，才带着数十名亲兵逃回涿郡，总算是捡回了一条老命。

隋炀帝得知这事，还想再次下诏，责令薛世雄，忽见右屯卫将军宇文化及走来。他是炀帝的宠臣宇文述的长子，宇文述在下江都的途中病死，便由他承袭父爵，掌握了侍卫大权。

宇文化及向炀帝报告："启禀皇上！城中的军卒多是北方人氏，身在江都，思乡心切，近来军心动摇，逃跑的很多，这里有《思乡曲》一首，上面写道：

> 我兄征辽东，
>
> 死在青山下；
>
> 今我到江都，
>
> 夜半梦回家。
>
> 引其孤魂回，
>
> 负曳白骨归。
>
> 想煞闺内妻，
>
> 白发何曾早。
>
> 可叹命运苦，
>
> 思乡空自悲！

隋炀帝读罢，不由怒火上升，正要发作，又想到这是一些士卒所为，若再杀戮，逃跑者不是更多？岂不是为渊驱鱼，为丛驱雀？

炀帝沉吟再三，便向裴矩问道："眼看人马越来越少，总该有个制止逃亡的办法呀？"

裴矩指着那首《思乡曲》中的"想煞闺内妻，白发何曾早"说："看来，这些士卒逃亡的原因就在这里！"说完，他把那两句又重读一遍，炀帝听后，无力地说："总不能把士卒们全放回乡去成亲？"裴矩却说："启禀皇上！人到了成亲年龄，不得婚娶够难受的。长年的军中生活，不知女人是个什么滋味，家中又有意中人在等着自己回去，就更想着逃亡。依臣说，不如这样——"炀帝见裴矩有了主意，急着问道："有什么好办法，你尽管说呀！朕会答应的。"裴矩笑道："陛下！要想军人不逃，除非让他们有配偶不可！"炀帝一听，哈哈大笑道："这倒是个新鲜有味的办法，不过，那么多军人，得有多少女人才够哇？"裴矩忙说："陛下！这事不难，臣自有妙计……"他对炀帝小声说了几句话，喜得昏君捂嘴笑道："好，是个妙计全依你！"隋炀帝立即下令把江都的寡妇、处女，特别是那些歌女、妓女，以及富贵人家中的女佣、丫环之类，全都搜抢来，强迫她们配给手下的军人。

这项命令一下，又给江都人民制造了一场极大的灾难，大街小巷，千家万户，一片啼哭之声，响遍半个天空。

整个江都城里，家家愤恨，人人切齿，同声咒骂炀帝残害百姓，有人在大街墙壁上写道：

苍天有灵，雷劈杨广！

炀帝听说之后，每逢雨天打雷时，都让人将门紧闭，吓得躲在屋子里不敢出来。夜里睡觉常常在梦中惊醒，大叫有贼。然后，需要几个宫妃对他又摇又抚，低声哼着催眠的小曲，他才能入睡。

如此一来，隋炀帝在江都也逐渐住不下去了。

公元六一七年七月，李密率领十万瓦岗军攻打东都，双方在平乐园布下战阵。

越王杨侗坐在城楼上观战，只见隋营中监门将军庞玉，手执一把大刀，拍马上前骂道："叛贼李密还不速速下马受死！"

李密正要带马出阵，才归顺不久的隋朝讨捕大使裴仁基对他说："何必去自讨没趣！不如趁隋营阵脚不稳，带领大军掩杀过去，定能大获全胜！"

李密点头称是，随即举起大刀，一声令下，十万瓦岗军如排山倒海一般向隋军冲去，呐喊声响彻云霄。

东都兵马抵挡不住瓦岗军强大的攻势，大败回城，李密指挥队伍一直追到城下，见城头守军纷纷射下箭来，才收兵回去。

当时，越王杨侗在城头上坐着，一见瓦岗军大声叫嚷着冲向隋营，顿时被震天的喊杀声吓哭了，侍者慌忙扶他回宫里去了。

瓦岗军取胜回营，李密命令杀猪宰羊，犒赏将士。

武阳郡丞元宝藏见瓦岗军声势浩大，便主动投降了李密。这武阳郡管辖周围许多县，其中有今天河北的大名县、魏县，河南的南乐县、清丰、范县等地，范围广大，影响深远。李密十分高兴，立即任命元宝藏为上柱国武阳公。

李密听柴孝和等介绍，元宝藏的谋士魏征是个才识过人的贤士，便以礼待之，任命其为文学参军，掌管记室。

这魏征字玄成，巨鹿下曲阳（今河北晋县）人。年少时家贫，父亲在当地教私塾，全家靠微薄的薪金维持生活。魏征好读书，每日手不释卷，胸怀大志，不愿种田，也不置家产，父母责备他时，魏征说："天下将乱，田园屋舍有何用？不如读书……"于是，魏征特别挑选"纵横之策"的书

籍，认真阅读。

为了避乱，魏征竟出家当了道士，妻子哭诉道："你出了家，我怎么办？"

魏征笑道："很好办，你也出家，去做尼姑嘛！"

妻子没有去当尼姑，却嫁给魏征家的一个邻人了。

后来，武阳郡丞元宝藏听说魏征才识超人，便亲往庙中与他谈话，魏征纵论天下形势，口若悬河，雄辩有序，深得元宝藏赞赏，遂邀他在身边，任为书记官。

其妻闻讯后，找到魏征，请求收留，魏征不予答应，再三恳求，魏征效当年朱买臣马前泼水逸事，拒绝了妻子，并对她说："你已背我嫁人，又怎能再背一人？"其妻羞惭满面，只好啼泣而去。

魏征归顺李密后，立即建议他西取魏郡（今河南安阳），南取黎阳仓，以断绝隋炀帝与河南、河北的联系。李密听了，犹豫不决，徐世勣立即大加赞赏，说道："天下大乱，都是因为没有饭吃。如果我军能够攻占黎阳仓，何愁大事不成？"

当时，黄河发大水，河南、山东一片汪洋，百姓流离失所，饿死的人不计其数。隋炀帝在江都听说之后，一时发了善心，下诏开黎阳仓救济灾民，但是地方官吏不按时发粮，还从中贪污舞弊，因此每天都有数万饥民饿死。

裴仁基等也建议李密攻打黎阳，于是，李密这才派遣徐世勣、秦琼和元宝藏、郝孝德、李文相，以及桓水起义军领导人张升、清河起义军领导人赵君璧等，组成联合大军，领五千人马前往黎阳。

大军出发前，翟让说道："五千人马太少，何不多派一些人前去？"

李密听了，正迟疑间，领兵主帅徐世勣说道："自古兵法有云：兵不在多而在精，将不在勇而在谋，这五千兵已足够了。"说完，遂带领将士们出发，徐世勣命令全军连夜从原武渡过黄河，突袭黎阳仓（今河南浚县西南）。

隋朝驻守黎阳仓的鹰扬郎将谢成寅，正在床上搂着小妾睡觉，被瓦岗军从被窝里拉出来，当了俘虏。

次日黎明，徐世勣下令让饥民随便取粮，周围百姓纷纷前来。瓦岗军有粮的消息一下子传开了，不过十多天时间，就有二十万人参军。

在黎阳仓胜利的感召之下，武安、永安、义阳、弋阳、齐郡相继投降了李密，连窦建德、朱粲也派使者前来与李密商谈归附的条件。

消息传到江都，隋炀帝立即下令让王世充做统帅，又令韦霁、王辩及河内通守孟善谊和河阳郡尉独孤武都等，各率所部兵马，齐向东都会齐。

东都越王杨侗又派虎贲郎将刘长恭带领东都留守兵，庞玉带领偃师兵，与王世充等会齐，共十二万人马，开赴洛口，攻打李密，双方夹洛水摆阵对峙。

这王世充本是西域胡人，祖父支颓耨早死，其父支收，后因随母改嫁到霸城一王姓财主家中，便改姓王。

据说王世充生得身长丈二，红面黄发，两颊上堆满豆大疙瘩，力大无比，说起话来，声如狼嗥一般。

王世充小时读书很多，通晓经史，喜欢兵法，有善相术士说他面有异相，必有大贵云云。

隋文帝时，王世充守边有功，被封为兵部员外郎。炀帝执政后，王世充迎合昏君心意，献铜镜数十面，光可照人，将其放入寝宫，环列床前，每到晚上，炀帝与妃子做爱时，各种丑态都映入铜镜中，历历在目，便将铜镜命名为春镜。

炀帝自此对王世充另眼看待，任他为江都郡丞，并兼任江都宫监。以后，王世充又用雕饰池台、进贡美食的办法迎合昏君的骄奢之心，得到重用。

这次隋炀帝特别下诏，命各路大军都得听从王世充的统一指挥，从秋到冬，王世充与李密瓦岗军交战四十多次，王世充未胜，李密也未败，双方打个平手。

隋炀帝不放心洛阳的形势，又派江都郡丞冯慈明赶赴东都，不料被李密的散兵游骑抓获。

这位冯慈明是隋炀帝还在并州当晋王时，就追随在他左右的人物，李密久闻冯慈明的大名，便以礼相待，想劝他投降。

李密在为冯慈明备办的酒宴上，对他说道："杨广无道，隋室江山必亡无疑，大人何必硬要充当殉葬品？不如与我一起共建不朽功业！"

冯慈明却说道："你父亲历受朝恩、荣禄双收，你却背叛恩义，先与杨玄感勾结，幸脱罗网，又奔瓦岗，只图反叛，却忘了将来！自古作乱者，未有好下场的，王莽、董卓，皆成历史罪臣，留下千古骂名。你要我投降，万难从命！"

李密还想再劝时，冯慈明已伸出双手，掀翻酒桌，高声喊道："少废话，送我上断头台！"

李密一见，恼羞成怒，叱道："老匹夫，不识抬举！先把他关进大牢，过两天再砍他的狗头！"

冯慈明被押走之后，翟让来了，对李密道："你这是何苦呀！像这些昏君身边的官员，中毒太深，少有归顺我们的，何必自讨没趣！"

李密正在不高兴时，经他一说，便反唇相讥道："我哪有你的见识高呢！唉——"

翟让被碰了一鼻子灰，心中自然不是滋味，回住地时迎面撞上单雄信，便将刚才之事叙述一遍，单雄信说："翟大哥！兄弟劝你少管闲事为好，免生闲气呀！"

翟让道："人家一朝权在手，眼中无人喽！"

说完，悻悻地走了，单雄信一见，叹一口气也走了。

那个冯慈明在牢里坐着，忽见看守大牢的人是自己的一个熟人，名叫席务本，向他几番说教，又送了他一些银两，席务本竟将冯慈明放了，后去向李密报告说："冯慈明越窗逃跑了！"

李密听了，一时未予追究，但是翟让的大哥翟弘看不下去，便插话道："冯慈明一个年过半百的老头子，那么高的窗户如何能爬上去？这里面必有文章，恐怕是你放了他吧？"

席务本正要分辩，李密向他一挥手，说："去吧！无论是放了，还是逃了，反正人不在了，再说也没用。"

翟弘却十分不高兴，便说道："魏王怎能这么说话呢？放跑了罪犯，不予追究，以后谁还去拼命？"

李密听了，看翟弘一眼说："你也管得太多了！"

说完，袖子一甩走了，气得翟弘一路骂着，如一个醉酒的人，脸红红的回家了。

第二天，冯慈明又被李密的部将李公逸抓获，送来李密处，李密向冯慈明问道："还要走吗？"

冯慈明坚定地说："除非你杀了我，绝不降你！"

李密宽宏大度，再次释放了他，可是，冯慈明刚走到辕门处，被翟让撞见，他大喝一声："站住！还想往哪里跑？"冯慈明立即说道："是李密放我走的，不是逃跑。"翟让把牙一咬，怒斥道："放了你，还让你领兵来攻打我瓦岗吗？"说到这里，翟让拔出大刀，对准冯慈明的心窝一刀刺去，冯慈明当即死去。翟让又割下冯慈明的人头，挂起来示众三日，以儆全军。李密得知这件事之后，心中老大不高兴，但又不便与翟让计较，只得放在心里忍着，于是二人之间渐渐生出裂痕来了。

不久，李密带兵攻打洛口时，箕山府郎张季珣坚守不降，后来洛口城内粮尽水竭，城被攻破，张季珣被瓦岗军捉住，送到李密大帐，他不肯下拜，反而大声喊道："我乃朝廷命官，怎能向贼人下拜？"

李密听了，不但不怪，反而命人把他身上的绑绳解了，劝他说："隋朝气数已尽，何必为它去当牺牲品？就留在我这里吧！"

张季珣依然骂声不绝，恰好又被翟让撞见，他对李密说道："对付这些顽固的官员，你总是下不了手，还是交给我吧！"

李密只得苦笑着走开，翟让对张季珣说："再不老实跪下，我就让人打断你的双腿！"

张季珣说："宁肯腿断，也不会向贼人下跪！"

翟让又问道："杨广惨无人道，荒淫无耻，这样的暴君，天下人人切齿愤恨，你为何还要忠于他？"

张季珣说道："这是君臣大义，你一个贼人怎能懂得？"

翟让忍住气，说道："什么君臣大义！你们这些贪官污吏就是依恃这暴君，才能作威作福，享受荣华富贵，你们是一群豺狼！你们吃着百姓的粮食，穿着百姓的绫罗绸缎，却不顾百姓的死活，你们为何不讲义？"

张季珣听了，无话可说，但仍不屈服，翟让说道："对你们这些伪君子，真小人，只能斩尽杀绝，别无良策！"

说完，命人拉出去处死了，事后，翟让常对部下说："李密对隋朝的旧官员总想护着，不知是何居心？"

这话传到李密耳中，他又是一阵不高兴。

公元六一七年十一月下旬，越王杨侗见王世充按兵不动，便领着东都部分官员，带着礼品，亲自来到王世充的军营，向他慰问，说道："远在江都的皇上，眼巴巴地盼望将军打个大胜仗；李密的瓦岗军贼兵们，正需要将军的大刀去对付他们！我只能送一点食品礼物，来慰问将军，希望将军重振军威，尽快消灭李密。"

王世充听后，有些惭愧地说道："请越王放心，我会抓住战机，及时攻打李密的。据我了解，瓦岗军内部很有可能会出现内讧事件，我只是在静观其变，准备坐收渔人之利，并非按兵不动！"

越王杨侗回东都之后，王世充与部下计议，准备再次与李密开战。当晚，王世充领着兵马夜渡洛水，悄悄地在黑石扎下营寨。

次日，王世充命令各路大军保住自己的营盘，然后率领五千精锐之师在洛水北岸摆下阵势，向李密挑战。

李密闻讯后，立即准备渡洛水迎战，单雄信说道："王世充临河布阵，用心险恶！等我军半渡时，他突然发起攻击，我军仓皇迎战，如何能胜？"

李密不听，执意带领兵马渡洛水迎战，果不出单雄信所料，李密军刚渡半河时，王世充突然带领大军向李密扑来，瓦岗军顿时乱了阵脚，被隋军杀得大败而逃，那位归顺不久的隋朝巩县令柴孝和，竟在混乱中溺水而死。

李密只得收集残部兵马回洛水南岸，命令其他军队暂时向东退入月城固守。

王世充一见，急急忙忙带兵马追到月城，将其围得水泄不通，并连续攻城，妄图一举歼灭月城的瓦岗军。

李密正想领兵去月城援救，裴仁基忽然建议道："请魏公三思，正面去救，何如借用'围魏救赵'之计？"

李密听了，恍然大悟："幸亏你提醒了我！"

于是，李密整顿兵马，趁着黑夜驰往王世充的老营——黑石，派翟让领兵佯攻，自己与裴仁基各带一支队伍埋伏在月城与黑石之间的丘陵地带，静等王世充回黑石。

在黑石的王世充营中留守将士，一见瓦岗军前来，吓得紧关营门，无论翟让如何挑战，总是龟缩在营中，不予理睬，只等王世充回军来救，同时连举烽火报警，以稳定军心。

李密见隋军烽火多次点燃，王世充仍在月城，便派人向翟让吩咐道："继续佯攻，有意让黑石的隋兵用烽火报警，迫使王世充主力兵马回来……"

因为黑石留守营中储有大量的粮草辎重，王世充在月城见黑石连续七次烽火报警，心中焦急，部下纷纷建议说："月城久攻不下，老营危急，不如回黑石去吧！"

王世充叹息着说："李密用兵狡诈，见我围攻他的月城，却不来救，反去抄我的老窝，真是谋略过人！"

王世充立刻从月城撤军，匆匆领军往黑石回赶。

此时，月城中的瓦岗军在单雄信指挥下，悄悄出城，尾随在王世充大军后面，等到李密、裴仁基的兵马一出动，立即追上去大杀一番。

王世充在瓦岗军前后夹击之下，大败而逃，人马损失三四千人，黑石的老营也被翟让夺去，粮草辎重全失，气得捶胸顿足，大叫道："不打败李密，誓不为人！"

在洛北大败而回，王世充紧守营寨，坚壁不出，一面向越王杨侗请求，要他向江都求援，能否再增援一些兵马来。

李密经过这次战役，大长了军威，向将士们说道："乘胜击败王世充，然后攻打东都。"

于是，李密天天让翟让带领兵马前去讨战，王世充开始紧闭营门不出，但是经不住翟让的终日辱骂，只得与李密夹石子河布阵，准备决战。

　　瓦岗军士气正旺，南北连营二十里，李密对翟让说：

　　"这次作战，能把王世充引诱出来，就是一半胜利；你能战败，诱使王世充领兵追来，你就全胜了。"

　　翟让尽管心中很不服气，也只好带领兵马前去讨战，王世充出营交战，翟让确不是他的对手，几个回合便败下阵来，王世充挥军追击。

　　王伯当、裴仁基等急忙带领兵马，从旁截断王世充的后军，李密自带中军骑兵队伍向王世充猛冲过去，隋军立即溃败，王世充拼命冲出重围，向西逃去。

　　这一仗李密大获全胜，十分高兴，命令宰杀猪羊，犒劳将士，在评功会上，李密大谈用兵之道，面露骄矜之色，翟让十分反感，不由打断他的侃侃说教，插话说："战后总结，不光是讲成绩，也要找一找毛病，难道这一仗打胜全是一个人的功劳？我看未必吧！"

　　说到这里，翟让用目光环视一下会场，当他看到单雄信时，忽然想到前天的洛水之战，便接着说下去："比方这次洛水之战，当时，左武侯大将军单雄信一再提出告诫，不能渡河，防止王世充趁我军半渡时突然袭击，可是，有人就是听不进别人的意见，自以为高明，结果怎样？我军遭到惨重失败，人马损失严重！这个教训还不大吗？为何不谈一谈？"

　　翟让的话如同一个重磅炮弹在将士们中间炸开了，可是会场上噤若寒蝉，大家都不说话，有的偷眼瞧着李密，见他脸色铁青，两手不停地相互搓着，一言不发，过了好一会儿，单雄信才打破沉默，开口说道："这一仗总的看来，打得还是不错的，起先有点失利，但后来又取得了全胜，打得王世充大败而逃，损失巨大，我们应该认真研究下一步攻打东都的计划，不要在小事上计较得失，才能有利于全局。"

　　李密先咳了一声，然后对众人说："当前我军兵马已有二十余万，人多势众，比往日的瓦岗军多至数十倍以上，由于本人的能力有限，总觉得挑不起这副担子。现在越来越感到力不从心，再这样勉为其难下去，实在有负诸位兄弟的厚望！我想，这全军主帅仍由司徒翟让大哥担任吧！"

　　这句话一说出来，会场上顿时"哗"一下子，人们开始小声议论起来，许多人都把目光转向翟让，看他如何表态。而翟让本是一个没有多少见识的人，只是近些日子对李密的骄傲情绪有些看不惯，加上李密对隋朝旧官员过于重视，这些新降顺的起义军首领对翟让也不够尊重，以致挫伤了他的自尊心，便总想找机会对李密发难，趁机教训这个自以为是的"魏

王"。现在，听李密如此说话，觉得自己的目的已经达到，翟让便装作毫无其他动机的样子，打着哈哈道："怎么了，我的魏王老弟！听到两句不顺耳的话，就要撂挑子了，你那海纳百川的大将风度哪里去了？如今王世充已被打败，我们应当乘胜攻打东都，这副担子我能挑得动吗？你还是继续担下去吧。"

众人听翟让这么一说，也就放心了，便七嘴八舌地劝解说："魏王别推托了，这大元帅之职非你莫属！"

"瓦岗军能有今天这么强大，还不是你魏王一手创建的？这可是有目共睹的呀！"

还有人说道："翟司徒也是一个好人，他嘴上有时好说几句，其实他内心里对你并不差，当初是他收你，后来又把瓦岗军的首领主动让给你当……"

李密听着部下的议论，都是劝自己别把主帅的职位还给翟让，因为他确实当不了！听到这些话，心中也就踏实起来，这说明部下还是拥戴自己的，脸色也就恢复了平静。

这时候，裴仁基又力排众议，大声地说道："别再议论了，还是讨论攻打东都的事情吧！其实，带兵打仗确实不易，尤其是当首领、做统帅，并不是谁都能干的。打起仗来，谁胜谁败，战场上千变万化，自古就有'胜败乃兵家常事'的说法。何况'智者千虑，必有一失；愚者千虑，必有一得'哩！谁也难保没有打败仗的时候，战场上真正的常胜将军是没有的。"

翟让越听越觉得不入耳，好像这个隋朝的河南讨捕大使裴仁基的话都是对着自己说的，不由产生一种厌恶之情，立即把大手一挥，对他怒视着说："闭嘴吧！你不要把在朝廷上那种阿谀奉承的习惯带到我们的瓦岗军里来！还是那副贪官污吏的样子，令人讨厌！"

翟让的训斥，使裴仁基十分尴尬，会场上立刻安静下来，突然间，坐在会场偏后的裴仁基的儿子裴行俨"腾"地一下子站了起来，手指翟让，大声喝道："你算是个什么东西？张口骂人是贪官污吏，依我说，你比那些贪官污吏还要坏！"

这个裴行俨力大无比，骁勇善战，人称"万人敌"，他随父亲裴仁基投降李密后，被封为上柱国绛郡公，对翟让污辱他父亲的话十分恼火，这也与李密和他们父子间的良好关系有关。

翟让见裴行俨为他父亲说话，攻击辱骂自己，怒火填膺，本来对隋朝来降的官员就有偏见，这一下子火气更大了，只见他高声叫道："你个小兔崽子，想造反吗？这瓦岗山是老子的天下，还是老子说了算！"

李密急忙朝着单雄信使眼色，希望他可以出来劝解，接着，又让裴仁基、裴行俨父子出去，哪里知道裴行俨却大声地说道："你翟让和我同为上柱国，有什么了不起，我还会怕你不成！"

翟让气得暴跳如雷，非要让人把裴行俨抓起来不可！单雄信费了好大劲，才把翟让送回住地，好不容易将这场风波平息下来。

第十一章　炀帝急令灭瓦岗　险胜之军易主帅

第十二章

力除异己人心惶　猜忌梦迷隐患藏

第二天，由单雄信出面，将翟让、李密一起请到家里，让二人和解，李密再三向翟让表示歉意道："当初若不是翟大哥收留下我，说不定早被杨广抓去杀了，哪里还有我的今天！你是我的恩人，我怎能忘恩负义呢！"

翟让也说道："瓦岗寨没有你，怎能发展到如此声势浩大，全是你的功劳。"

单雄信希望他们两人合力同心，相互支持，带领弟兄们打进东都，把反隋的战争进行到底。

可是，翟让回去之后，他的司马王儒信见面就埋怨道："当初，你把瓦岗军主帅的位子让给了李密，已经是个错误，这次李密撂挑子，你该趁势把主帅的位子争到手，你却劝李密继续干下去，这不是错上加错吗？"

翟让笑道："那个主帅确实不好当，论我的能力，也确实当不了。"

他的大哥翟弘说："瓦岗军是你创建的，主帅也应该你自己当，既然你不愿意当，那就让我来当嘛！怎么能让外人来当呢？"

翟让笑着对他大哥说："你一个粗汉，目不识丁，如何能当主帅？将士们能服吗？"

翟弘却说："我被封为上柱国荥阳公，再当上主帅，谁敢不服？我才不像你那么软呢！"

翟让听了，大笑不止，又说："那不行！你当了主帅要不了三天工夫，二十多万瓦岗军还不逃跑完？留下你一个光杆主帅，还能打仗？哈哈哈——"

王儒信司马又说道："像这样下去，李密未必能善罢甘休啊！怕只怕他对你下毒手啊！"

翟弘也不无担心地说道："我看李密也未必是一个善良之辈，有人说他脑后长反骨，是个忘恩负义之徒，一旦他翻了脸，你后悔也来不及啊！"

翟让笑道："我量李密不敢那么做，他不怕瓦岗军中老部下反对吗？他不怕人们说他李密忘恩负义吗？"

俗话说：知人知面不知心。李密早已派人进入翟让的亲兵队伍，把他的一举一动，全看个清清楚楚，随时去向李密报告。翟让与他大哥翟弘、司马王儒信的谈话内容，第二天李密就知道了，他暗道：那就等着瞧吧！

单雄信见李密与翟让之间面和心不和，十分忧虑，便找个借口，领着几个亲兵去了黎阳，想和徐世勣商议，找一个调解瓦岗军中这两个首领间的矛盾的方法。

听了他的介绍，徐世勣叹了一口气，说："我早已料到会有这一天，不过，这只是一个开始，还不是他们二人矛盾的结局……"

单雄信忙问："你既然看出了这件事，为何不想法从中调解，把两人间的矛盾化解开，才能有利于瓦岗军的前程与大业啊！"

徐世勣严肃地说："一山不能容二虎，这是一句俗话。说句心里话，翟让为人虽没有多大能耐，但他没有害人之心，就是嘴好说一些，容易得罪人。当初，我去投奔他，也是十分赏识他这个特性的。"

单雄信听了，连连点头说："我也这么看，翟让确是一个心直口快，胸怀坦荡之人。有人说他没有远大志向，我以为这与他的文化修养不高有关系。说句老实话，当初上瓦岗，我也是冲着他这个人才去的。"

接着，二人又谈起李密，徐世勣道："此人有谋略，但志大才疏，好说大话，遇事气量不大，还有嫉贤妒能的毛病，总是不希望别人的功劳比他大，谁有了奇谋，他很少能听从……"

单雄信立刻说道："现在我终于明白你常常找借口离开瓦岗的原因了。"

徐世勣笑道："常言道：惹不起，总能躲得起吧！就以这次守黎阳来说，我就是有意想离开那个是非之地！"

站在门口听他二人说话的秦琼突然进来说道："瓦岗军的两个头目这么闹下去，必然没有好结果，我们怎么办？"

徐世勣平静地说："二虎相斗，必有一伤。我们可以静观其变，但是绝不要让自己搅进去，弄不好反成了一方的替罪羊，何苦呢！"

单雄信与徐世勣都是早先就投奔瓦岗寨，与翟让的感情深一些，正因为这一点，李密才对他俩有些提防。

单雄信说："我们身为瓦岗军的创建者，总不能眼睁睁地坐山观虎斗，让强大的瓦岗军垮了！"

徐世勣笑道："你一来，我就猜中了七八分，知道你是来邀我去瓦岗，与你一起劝说他们的，尽管你想得好，完全出于好意，可是没有多少用，弄不好反会遭来麻烦，甚至是……"

秦琼插话道："你们一去，李密便会起疑心，可能以为是翟让邀你们去的，因为你们与翟让同是瓦岗的老人啊！"单雄信说："那又怎么样？难道他们会杀我们？"徐世勣沉着地说："这可说不定，根据你介绍的情况，双方已经面对面地唇枪舌战了，甚至连同亲信也跳出来了，再朝前走一步，还不是通常说的'火并'么！"

单雄信仍然坚持说："无论怎样，我们也该去进行一番调解，做到仁至义尽吧！"

徐世勣苦笑着说："好吧，我们就来一个挽狂澜于既倒吧！"

次日，徐茂公把黎阳的守城事宜全交给了秦琼，然后与单雄信一起回到了瓦岗军的大本营——洛城。

在途中，徐世勣就说道："我们先不要见他们二人，到一个熟人处打听一下情况，看一下近日有无新的事件发生，再作计议。"

单雄信建议道："王伯当为人忠厚，也算是老瓦岗了，咱们就去他家里坐吧！"

王伯当一见他们来了，忙说道："我正有事要找你们商量呢，来得太及时了！"

单雄信立刻问道："什么事？难道他们两人又闹起来了吗？"

王伯当苦笑着说："让你猜对了，不过二人还未公开闹，如果发展下去，后果将不堪设想！"

徐世勣向单雄信看了一眼，意思是："怎么样，我猜得一点不差吧？看来，先到这里了解一下情况，还是必要的。"

单雄信问道："是怎么一回事？"

王伯当对二人说："前日，鄢陵郡的总管崔世枢来归顺，有人去向翟让报告：'李密私自接受了崔世枢大量的财物，其中有一些是金银珠宝、玉器等。'翟让听后，立即派人把崔世枢关押起来了。"

徐世勣说："翟司徒关押崔的目的，可能是为了索财吧？"

王伯当笑道："茂公算是说对了！翟让把那位崔世枢总管囚禁起来，派人去向他索要钱财，那位有钱的总管说：'请放我回去准备吧，现在我手中没有呀！'你说怎么办？"

单雄信问道："魏王可知此事？"

王伯当答道："虽然是囚禁在司徒的家里，但是这种事能瞒得住人吗？"

单雄信不由叹道："司徒的那位大哥翟弘，也太不像话，据说他多次公开扬言，他也可以当瓦岗军的主帅，早晚他要从李密手中把大权夺过来！这话传到李密耳中，他能坐得住吗？"

徐世勣无力地说："这种人成事不足，败事有余，翟司徒必然会败在这样人手里。"

果不出所料，李密身边的一些耳目，早把这些事情一一报告给了李密，他的左司马郑颋劝他说："有备无患，总不能坐等翟氏兄弟先动手吧！"

就在这时，左长史房彦藻又来报告："前日，翟司徒要我去与他们一起玩赌博游戏，去迟一步，他竟命人打我八十军棍，若不是行刑的士卒手下留情，还不把我打死了！"

郑颋接过去说："这真是无法无天了！还骂别人是贪官污吏，他这行为又是什么？"

元帅府的记室邢义期又来反映情况："司徒把我找去说：你前次攻打汝南郡时，得了那么多珍宝，不给我，全都献给了魏公。难道你不知道魏公也是我立起来的吗？瓦岗军以后是谁说了算，恐怕还说不准呢！"

李密听了，摇了摇头说："难道这些全是真的吗？他翟让难道是疯了吗？"

房彦藻又进一步说道："从许多事情上看，翟让已经越来越贪得无厌，变得不仁不义，他已有无君之心，不早些除掉他必有后患啊！"

李密犹豫着说："除掉他并不困难，我只是担心……"

郑颋又给他鼓劲道："翟让在军中已不得人心了，自己没有能力统帅军队，反而猜忌有才能的人，比方说他对裴氏父子就有偏见，将士们都看不下去了，还有什么可担心的？"

李密说："现在天下未定，就自相残杀，叫部下看了，怎么议论我？特别是传出去以后，天下人又怎么说我呢？"

郑颋又劝他道："比方说，毒蛇咬了手，壮士会当机立断砍断自己的手腕，这就是不能因小失大的道理。如果翟让先动了手，那你后悔也来不及了。"

李密终于下定了杀死翟让的决心。

经过一番斟酌，李密与身边的亲信们定下了除掉翟让的计策，忽然有人来报告："单雄信把徐世勣邀回来了，并且与王伯当密谈了半夜。"

郑颋忙说："他们全是瓦岗军的老人，会不会是翟让派人把徐世勣找回来的。此人足智多谋，不好对付……"李密说："徐世勣是个聪明人，他不会帮着翟让来对付我，再说他也未必有这个胆量。"

房彦藻也紧张地说："他这时候回到洛城来，必定有事，人心隔肚皮，

不可不防啊！"郑颋说："依我说，按原计划进行，徐世勣、单雄信等若是骑墙中立，就放过他们；一旦他们助着翟让，那就一起干掉！"

李密说："千万别动他们！波及面大了，不好收场啊！打击面越小越好！"

郑颋、房彦藻等点头而去……

这天晚上，李密摆下了一桌酒宴，派人去请翟让赴宴。

当时，翟让未得到任何消息，便毫不犹豫地答应了，心中以为李密是想与自己和好，反向身边的人自夸道："李密明白，他想统率瓦岗军，离不开我的支持，不与我团结，对他是不利的。"

司马王儒信提醒他道："依我看，这酒宴还是不去好，李密一向诡诈，防人之心不可无啊！"

翟让不以为然地说："我若不去，不是让他更怀疑吗？我真去了，表现出光明磊落的样子，说不定会让他幡然醒悟，良心发现呢！"

王儒信只得说："司徒太善良了！不过，一定要赴宴，请多带些人去，以防不测。"

翟让大笑道："别草木皆兵了！我量他即使有杀我之心，也未必就有杀我的胆量啊！"

说完，翟让对他大哥翟弘、侄子翟摩侯招手说道：

"别畏畏缩缩的，走！看他能有什么蹶子尥！"

王儒信望着翟让的背影，摇了摇头，不声不响地回到住处，收拾了简单的行装，借口有事，溜出司徒府，投奔王世充去了。

翟让等人来到魏王府，李密一见，大喜过望，心说："他果然来了！……难道我真要向昔日的恩人动手吗？……唉！还是算了吧！"

李密陪着翟让、翟弘、翟摩侯说着闲话，不一会儿，裴仁基、郝孝德等一些隋朝旧官员也来了。

徐世勣、单雄信听说李密请翟让喝酒，徐世勣不禁一怔，说道："我们已没有机会了，唉！"

单雄信说："还不至于吧？……我们也去，难道他能当着我们的面就……"

徐世勣有些迟疑地说："这样的场合，还是不去为妙，弄不好会惹上麻烦，难道你忘了'曲突徙薪无恩泽，焦头烂额为上客'这句话吗？"

单雄信却说："哪怕是焦头烂额，我们也要去！"

说着，他硬是把徐世勣拉着去了。

二人来到魏王府，见满屋子是人，与李密、翟让等打个招呼，也就坐下了。

魏王府的房彦藻、郑颋非常忙碌，来往张罗着酒菜，十分殷勤，看不出一点要杀人的迹象。单雄信在徐世勣耳边轻轻说道："看来，我们是过于多心了！"

可是，多谋善断的徐世勣并不这么认为，他一进魏王府，见到那些亲兵卫士的冷峻面孔，就感到不妙。

与李密说了几句闲话，虽然李密的热情与笑容比往日还显得甜蜜，但是，徐世勣早已从他那掩饰不住的伪装下面，窥测出潜伏着的杀机。

再抬眼看着正在谈笑风生的翟让，忆起这些年二人瓦岗寨相处的日子，件件往事历历在目，如今就要眼看着他被人杀死，真想走过去，对他大声说道："快走！这里太危险了——"

可是，徐世勣又觉得自己没有勇气这么做。

徐世勣见郑颋和房彦藻在一起交头接耳小声叽咕了几句话，然后向李密抛了一个眼色，便匆匆走了出去。

徐世勣知道这两个人是李密的心腹，二人的一举一动全受李密操纵。他见李密坐在翟让身边，虽然脸上堆着笑，口中说着话，但是，左顾右盼，心神不定，很可能在等着什么，是在等一个人！徐世勣一面想，一面在心里判断着。

就在这时，李密身后的侍卫人员换了一个人，是一个五大三粗的黑脸大汉！不，是一个刽子手的形象！

徐世勣一见，不由心里一震："完了！"他想立刻走上去，借口要与翟让说一件事情，将他调出这间屋子，然后再向他说明真相，劝他赶快离开……

可是，李密站了起来，脸上强带笑容对众人说道：

"今日，我要与翟司徒叙旧，就不要太多人陪了。"

说完之后，李密就让左右随从全都退下，裴仁基、郝孝德等也跟着走了出去。徐世勣、单雄信等也怏怏退下。

房彦藻见翟让的大哥翟弘、侄子翟摩侯仍坐着不走，又见翟让身后的卫士也寸步不离，便上前对李密说：

"今日两位首领饮酒行乐，天气寒冷，司徒左右人员，请赏给酒食。"

李密听了，迟疑一下说："这……听司徒安排吧！"

翟让本来就毫无戒备之心，听李密这么说，便爽快地转过头来对他的大哥、侄儿说道："去吧，你们到那边也喝杯酒去！"

翟弘、翟摩侯只好起身走出。翟让见身后的卫士仍站着未去，又对他

们说："你们也去吧！"

李密见屋内只有自己和翟让两人，还有一个手持大刀的哑巴大汉站立旁边，他是自己的贴身护卫，心中便踏实了。李密向翟让笑了一笑，端起酒杯说："难得有时间陪大哥喝一杯，叙叙我们兄弟间多年来的友情，来，我先敬大哥一杯！"翟让一听，自然高兴，便接过杯子，一饮而尽。二人连喝了五六杯酒，李密说："近日我新得一件宝物，想请大哥鉴赏。"未等翟让答话，李密转身进了内室，拿出一张硬弓，说："这是一副良弓，可惜我没有能耐拉得开，请大哥试一试吧！"

翟让兴冲冲地站起来说："让我来试试吧！"

正当翟让用力拉动弓弦时，那位哑巴卫士突然在他身后挥刀猛砍，翟让大叫一声，倒在地上，声如牛吼，两眼瞪住李密说道："你、你、你好——毒啊！"

李密冷笑一声，向哑巴使了一个眼色，那哑巴走到翟让身边，对准他的心窝，又补了一刀，翟让这才死去，但是两只眼睛直愣愣地瞪着，嘴巴张得特大，像是有一肚子的话未来得及说完似的。

翟让的吼声惊动了隔壁饮酒的人们，翟弘与他的儿子翟摩侯最先冲出来，刚到门口，便被埋伏在两侧的亲兵乱刀砍死。

徐世勣见此情景，心知留下来不宜，便想趁乱溜出去，不料守门士卒一见他要出门，便举刀砍来，他急忙躲闪，却被另外一名士卒砍伤了颈部，正当危急之时，王伯当突然赶到，呵斥士卒道："没长眼睛吗？连右武侯大将军也认不得？"

徐世勣这才幸免一死，而单雄信的遭遇更加狼狈！

他见翟弘、翟摩侯被亲兵们乱刀砍死，不由惊慌起来，抬眼见院墙不高，趁人不备，纵身跳上墙头，正想跳下墙去逃走，却被埋伏在墙头上的士卒推下墙来，未等他站稳，便被墙上亲兵按在地上，单雄信连忙大声叫道：

"我不是翟让的党羽，为何要杀我？"

喊声被李密听见，急忙斥退亲兵，将他扶起来说："没有你左武侯大将军的事，请放心！"

正当瓦岗将领们惊恐万状、人人自危之时，李密大声说道：

"我与诸位兄弟一起兴义兵，除暴乱，患难与共，绝无相害之理！可是，翟让身为司徒，专横跋扈，欺压群僚，无上无下，野心勃勃；今日，我只杀他姓翟的一家，和诸位没有关系，请到屋内饮酒吧！"

尽管屋内桌上的酒还温着，菜肴也热着，但是将领们谁也无心去看一眼，便纷纷回去了。

王伯当把徐世勣被砍伤脖颈之事一说，李密急忙派人去把徐世勣扶到面前，亲自为他上药包伤，连声劝慰道："务请海涵，不胜惶恐……"

原翟让手下的部分将士，约有数千人，一下子拥到魏王府大门外，齐声高叫："主子已死，我们请求离开瓦岗，希望魏王放我们走！"

李密慌忙对徐世勣说："右武侯大将军一向对将士宽厚、亲善，请你去安抚他们留下来，我绝不会另眼看待。"

徐世勣苦笑着，指着自己被砍伤的脖颈，说："请魏王见谅，凭着我这副样子去见将士们，他们未必能听啊！"

李密摇了摇头，正在情急无奈之时，忽见单雄信垂头丧气地坐在墙脚下低头沉思着，不由灵机一动，走到他面前，伸手拉住单雄信双手说："左武侯大将军，你是瓦岗军的元老，请你快去安抚那些将士，劝他们留下来，我李密绝不会歧视他们！"

单雄信听了，犹豫了一下，李密急忙用哀求的声音对他说："单大将军！务请快去，我这里给你下跪了！"

说着，便要向他下跪，单雄信只得说："别，千万别那样！我，我这就去！"

单雄信毕竟是瓦岗军的元老，经过再三劝慰，那些将士答应留下来，但一致提出仍在瓦岗军的老将领帐下听用，不然非离开不可！

李密听说之后，又亲自到将士们中间去安慰，并当场将翟让的旧部分为三支军队，分别由徐世勣、单雄信、王伯当三位瓦岗老将带领。

这样，因为杀了翟让而在瓦岗引起的混乱，总算平息下来，李密的一颗心也算是平复下来了。

第十二章 力除异己人心惶 猜忌梦迷隐患藏

第十三章

李密遭刺埋苗根　独夫民贼末日临

当晚，李密早早地睡下了，朦胧之中，忽听房顶上有踏瓦之声，吓得顿时一身冷汗，急忙翻身钻到床下躲起来，向窗外一面窥望，一面大声叫道："卫士在哪里？房顶有贼！"

外间屋住着李密的贴身卫士哑巴大汉，耳朵并不聋，听到李密的喊声，急忙提刀开门，纵身窜到院里，未等哑巴的身子落地，就被一个人拦腰一刀，斩为两段，那哑巴不会说话，只是口中发出了"啊"的一声，当即死了。

此时，李密的亲兵已经冲进院子，将那个人围在中间，一阵乱砍乱杀，那人终因寡不敌众，被亲兵们剁成了肉泥。

李密走过去一看，惋惜地说："捉活的就好了，没有活口怎么查出背后指使的人呢？"

他又走到哑巴身边一看，叹息道："唉！哑巴是我的影子啊！我，我失去了一个影子啊……"

这哑巴大汉是李密来瓦岗后收留下来的一个饥民，因见其身高力大，便留在身边作卫士。多年来，哑巴如影随形地跟着李密，护卫着他的安全。这次哑巴又替李密亲手杀死了翟让，消灭了他的政敌，清除了他心中的一块病毒，如今惨遭杀害，李密如何不伤感、惋惜？

次日，李密刚起床，忽听门前又叫嚷起来了。

正在疑虑之时，门卫来报告："昨天夜里，左长史房彦藻、左司马郑颋二人及两人全家二十余口，全被杀死。"

李密惊得一屁股跌坐在地上，半天未能起来，心里如十五个吊桶打水——七上八下，久久安定不下来。

想了好长时间，派人把徐世勣、单雄信、王伯当找来，对三人说："为了全军将士的安全，翟让的旧部人员，仍然合成一支队伍，统一归右武侯大将军徐世勣率领，带往黎阳，没有命令，不得来瓦岗军大营。"

三人明知李密担心会遭报复，不得不采取这种甩包袱的办法，消极回避，以减少危险。

单雄信送别徐世勣时说："你也被甩出去了，但是，你成了失马的塞翁，未尝不是福啊！"

李密对翟让采取暗杀手段，诛除异己，这种忘恩负义、野蛮残忍的行为，给瓦岗军中带来了极其恶劣的后果。

从此，李密手下的将士人人自危，时时担心被人说成是翟让的余党，都有一种"泥菩萨过河——自身难保"的心理状态。

徐世勣回到黎阳，对秦琼说了一句意味深长的话："杀害翟让这件事，表面上看来事态没有扩大，但种下了内部分裂的根苗，这对瓦岗军是很不利的。"

三天后，李密派人来到黎阳传达命令，调秦琼回洛口城，并从黎阳原兵马中调回五千人，由秦琼领回。

徐世勣是个聪明人，知道李密担心他拥兵过重，尤其是翟让的旧部五千人已来黎阳，秦琼笑道："难道他担心我会与你一起领兵打他，替翟让报仇吗？"

徐世勣平静地说："他哪里知道我并不是一个轻易就会背主求荣的人！"

可见，瓦岗军中上对下、下对上，相互疑忌的阴影，已在各自心灵深处打下深深的印记。

翟让的司马王儒信逃出瓦岗军，很快得知翟让等被李密杀死的消息，大哭一场之后，投奔王世充，向他报告了这个消息，王世充大为失望，原先他希望李密和翟让分裂之后，相互残杀，他可以坐收渔人之利。

王世充对王儒信说："你事先为何不劝说翟让分兵与李密相斗，却让翟让去自投罗网呢？"

王儒信忙说："翟让不听，我有何法？"

王世充又问道："今来投我，有何妙计献我？"

王儒信建议道："李密杀了翟让，在军中造成恶劣影响，军心正乱，大将军可以领兵去偷袭洛口仓，李密一旦丢失这座仓城，军中缺粮，岂不更乱？然后，再领兵击之，李密定当大败。"

王世充一听，觉得这意见可取，便吩咐部下立即准备，明日夜袭李密的洛口仓。

参军姚明兴立即劝阻道："此人背主来投，是个不仁无义之人，怎可轻信他的话？何况洛口仓靠近李密瓦岗军大本营——洛城，守军一定不少，夜袭万难取胜，还是不去为好。"

王世充听后，满心不高兴，生气地骂他说："闭起你的臭嘴吧！大军未动，你就泄我军锐气，长贼寇军威，拉下去打军棍五十！"

姚明兴被打五十军棍，幸亏行刑士卒同情他，对他棍下留情，才没有被打死，他心中愤恨不已。他越想越气，平日里王世充一打败仗，就把怨气发泄到部下身上，不少人对王世充恨得咬牙切齿。

当晚，参军姚明兴私下里联络了几个人，偷偷地开了小差，连夜赶到李密的大营，将王世充听信翟让的司马王儒信的建议，明晚要来偷袭洛口仓的计划向李密作了报告，李密听了心想：难怪找不到翟让的亲信王儒信呢？原来他逃到王世充那里去了，这个狗东西真是吃里爬外！

李密把姚明兴等留在军中，然后召来裴仁基说："这连续多日，因为翟让的事扰得我心神不宁，把军中大事都丢到脑后，听说王世充要来偷袭洛口仓，妄想夺我军粮草，若不是他的参军前来报告，很有可能会遭王世充的暗算呢！"

裴仁基听后，忙顺着他的话说："连王世充的参军都来告密，这是上天庇佑魏王的征兆！也是王世充这个胡儿灭亡的日子到了。"

李密听后，自然得意，立刻命令平原公郝孝德、琅邪公王伯当、齐郡公孟让各领兵马五千人，埋伏在洛口仓城之侧，准备伏击王世充。

李密又派裴行俨领三千人马，前往全城，协助总管鲁儒守洛口仓。

这天夜里三更时分，王世充果然领兵偷袭全城了，首先进入王伯当的伏击地，被王伯当拦住去路，两军交战不久，孟让与郝孝德也领军赶来，将王世充的队伍包围起来，一阵拼杀之后，王世充抵挡不住，大败而逃。在逃跑途中，又被裴行俨截住厮杀，只见号称"万人敌"的裴行俨勇不可挡，他手使一把大刀，重达一百六十余斤，挥舞起来谁也阻挡不住，杀入隋军中，立刻倒下一片。

王世充手下有一名骁将，名叫费青奴，也是一个胡人之子。据说此人自小以吃蛇为生，在他居住之地吃尽了各种蛇，便到山上捉蝎子、蜈蚣生吃。参军后，成为王世充的一名爱将，这次与裴行俨撞到一块，二人斗了数十回合之后，终于被裴行俨杀死，吓得王世充再不敢恋战，匆匆逃命去了。

王世充战败回营，损失了一员大将，又伤亡了数千兵马，一肚子怒火，立刻喊来了翟让的那位司马王儒信，问道："你是李密派来的间谍吧！"

王儒信吓得面色如土，忙说不敢，又是磕头，又是求饶，王世充哪里能放过他？立刻令手下将其拉去斩了，王儒信死前还叫屈说："两次当奴才，终不得好报，来生情愿当哑巴，再也不替主子出谋划策、献媚取宠了！"

王世充与李密交战，屡战屡败，终不能取胜，这不仅因为王世充的用兵谋略不及李密，更主要的原因是隋军不堪一击，早已丧失了战斗力。

公元六一七年的年底，全国各地起义军的首领趁着天下大乱之机，纷纷称王称帝，各自为政，当起了苟安一地的土皇帝，隋王朝已到土崩瓦解的地步。

可是，隋炀帝仍然不识时务，幻想继续能享受他那荒淫无耻的皇帝生活。他知道长安、东都回不去，江都也住不下去了，便想去江东长住，考虑在建康（今南京）建都，做一个偏安江东的风流皇帝。

隋炀帝开始着手他的迁都计划，下诏要虞世基等做出规划，筹办经费，尽快派人去江东察看地势，寻找工匠，选定开工日期。

不料，随驾来江都的军队多是关中人，眼看江都的粮食快要吃完了，又特别思念家乡，实在不想在江都继续住下去了。他们见隋炀帝没有回关中的打算，便悄悄商量逃往关中去，郎将窦贤胆子最大，遂带领所部兵马集体逃跑，隋炀帝得到消息，派人将他们追赶回来，一怒之下，斩了数十人。

可是，逃亡者还是不断，军队每天仍有人逃跑，隋炀帝就派虎贲郎将司马德戡带领军队住在东城，以防止再有人西逃。

一天，司马德戡和他的密友虎贲郎将元礼、裴文通等商量说："眼下，军中士卒人人想逃，如果我去报告，皇上反会认为我管理不善，一不高兴就会把我杀了。现在横竖都是死，有什么好办法呢？"

元礼说："既然跑不跑都是死，不如冒一次险，争取能跑走，岂不更好？"

裴文通也说："依我说，与大家串通在一起逃走为好，即使被发现，但法不责众呀！"

三人商议之后，便分头去找关中人联络，仅两天工夫，朝廷中就有数十位家在关中的将领参加了他们的"叛逃集团"。

这些人仗着人多势众，日夜在一起商议叛逃计划，研究逃跑的时间和办法，终于被炀帝的耳目知道了，便找皇上报告，可是隋炀帝整日在寝宫里淫乐，他们找不到，便要宫人转报，宫人便向萧后报告说："有许多将士在商量谋反叛逃之事。"

萧皇后听了，对来报的宫人说："你去直接向皇上报告吧！"

后来，那宫人把情况向炀帝一讲，炀帝本来心烦意乱，听到之后，立刻不高兴地说："这事也是你们宫人管的吗？太多事了！"

说完，下令把这个宫人拉下去杀了。

以后，又有人不断向萧皇后报告类似情况，她叹道："天下已乱成这样，谁能有办法治理呢？唉！何必还说这些事，让皇上心烦？"

从此，再没有人向隋炀帝报告军队将士准备起事谋反的消息了。

参加叛逃集团的赵文行和隋朝将佐少监宇文智及的关系很好，他和宇文智及的外甥杨士览一同去找宇文智及，对他说："我们准备集体叛逃，离开江都，回到关中去，你以为怎样？"

这宇文智及是隋炀帝的宠臣宇文述的次子，宇文述长子宇文化及，三子宇文士及。在兄弟三人中唯有宇文士及是个正派人，他与李渊关系密切，交情深厚。

宇文智及听了他们说的情况，便说道："如今皇上无道，但是他掌握大军，威令还可以贯彻。如果你们的叛逃一旦被他发现，将会和窦贤一样被处死呀！"

此时，司马德戡也来了，他连忙问道："因此我们来请你少监将军为我们出主意，事成之后绝不忘大德。"

宇文智及说："如今天下的形势天要灭隋了，各地义军纷纷称王称帝，真是乱世为王了。既然你们叛逃集团有那么多人，不如仿效那些称王称帝的义军首领，也自己起来举大事，推翻隋朝，建立我们自己的帝王之业，岂不更好吧？"

司马德戡听了，心里真有些跃跃欲试，但转而一想，自己的顶头上司是宇文化及，他是炀帝的禁卫队长，若不能得到他的支持，起事就万难成功。

司马德戡想到这里，立刻说道："少监将军的话，我听了茅塞顿开，只是本人能力微薄，若能有令兄右屯卫大将军出来领头，何愁大事不成？"赵行枢、薛世良也同声赞同，请宇文智及去找他的兄长右屯卫大将军宇文化及做起兵夺权的盟主。

宇文智及答应了，并叮嘱他们道："此事尚未得到家兄的同意，请暂时不要传于他人。"

宇文智及向他大哥宇文化及一说，这位无赖出身的侍卫队长顿时心花怒放，对他的二弟宇文智及说："如今乱世，有兵有权就是王，就可以当皇帝，父亲替昏君当了一辈子的奴才，我们兄弟俩也曾差一点被昏君杀掉，司马德戡既然请我出来当头儿，怎能不干？这正是千载难逢的机会啊！"

宇文智及提醒他大哥说:"你别高兴得太早,这事儿得认真计议一下,还不能让那昏君知道,一旦泄漏出去,就是灭族的大祸,可不能大意!"

宇文化及笑道:"你平时不是以睿智多才自居吗?这事就由你去与司马德戡筹划,我就坐等着来当这个天上掉下来的皇帝了。"

宇文智及笑着说:"废了昏君之后,你要把萧皇后让给我,别的宫妃我谁也不稀罕!"

宇文化及听了,先哈哈地笑了几声,然后说:"放心吧!一朝大事成功,这隋室江山便是你我兄弟的了,那萧皇后算什么?江南美女有的是,够你乐了!"

在宇文智及的策划下,江都城里的这个造反谋叛集团很快成立了。公元六一八年三月,司马德戡在宇文兄弟的指挥授意下,经过一番精心设计,派遣许弘仁、张恺进入保卫炀帝安全的备身府,对所有相识的卫士说:"皇上听说大家想逃走,便派人准备了好多毒酒,想找一个借口开一个宴会,把大家都毒死。"

有的卫士听了,问道:"皇上把咱们毒死了,谁护卫他?"

张恺笑道:"你们真是太傻了!江都城里三条腿的蛤蟆找不到,两条腿的人有的是。皇上身边的南方人少吗?还愁没有人护卫他?"

这样一来,卫士们都害怕了,便彼此转告,整个备身府里人人自危,有的说:"与其被昏君毒死,还不如与他拼了,反正总归是一死!"

也有人说:"各地老百姓都能拿起兵器造反,咱们也不能坐着等死,不如也造反吧!"

正当卫士们七嘴八舌地议论着,司马德戡来了,把卫士们召集到一起,问道:"怎么啦,到底发生了什么事?"

有个卫士便把许弘仁、张恺说的话学了一遍,一起向他请求说:"只要大将军领我们干,我们全听你的。"

司马德戡心中暗喜,口中说:"只要兄弟们信得过我,咱们有福同享,有难同当,一起干吧!"

四月十一日,司马德戡亲自召集全体备身府的军吏人员开会,他问大家说:"杨广弑父杀兄,不仁不义,算是个什么皇帝?执政后建东都,开河道,修驿道,哪一天不骚扰百姓?哪一件不丧害良民?弄得天下大乱,到处称王,他却荒淫日甚,今日自东京幸江都,明日自江都幸东京,只想着个人享受,不关心百姓苦难,特别是我们这些日日夜夜护卫着他的军人卫卒,抛开父母妻子,离乡背井,他居然要毒杀我们,还有一点天良吗?"

军吏卫士们齐声说道:"将军所言,句句是实,我们全都心中有数。

请将军下令吧，我们一切听将军吩咐！"

这是一个阴晦的日子，刮风不止，天昏地暗，乍暖还寒的时候，料峭的春风，使人觉得寒气逼人。

下午，司马德戡去御厩房里盗取了马匹，准备好兵器。当天晚上，恰好是元礼、裴文通负责警卫炀帝的内殿，唐奉义主管关闭城门，他与裴文通约好，殿内各个房门只关不锁。

到了三更时分，司马德戡一声令下，各路大军一起动手，数万人在东城高举造反的火把，残暴无耻的隋炀帝的末日终于来到了。

这时候，炀帝在宫中正与宫女们淫乐，听说东城失火，便出来瞧看，一见大火冲天，又听到外面人声吵嚷，不由问道："发生了什么事情？"

裴文通赶忙回答道："回禀陛下，是草坊失火，外面的人正在救火。"

当时，宫里内外隔绝。炀帝也就相信了。

这时候，宇文智及与鹰扬郎将孟秉在宫城外集合了一千余人，劫持着侯卫虎贲将军冯普乐分兵把守各个交通要道。

炀帝的孙子燕王杨倓已发觉出形势不对，当夜想进宫报告。由于街巷全被人把守，杨倓只好爬芳林门侧排水沟进入内城，在玄武门对裴文通等人说："我突然中风，估计活不了多长时间，想进宫去见皇上一面。"

裴文通说："大火烧得厉害，都在忙着救火，你还是回去，明日再进宫吧！"

杨倓再三哀求，裴文通坚持不让他进宫，而且把他扣押起来。

天快亮时，司马德戡带着参加叛乱的军队来了，马上交给裴文通指挥，以代替皇宫诸门的卫士。

裴文通率领数百人马，直冲成象殿，守卫士卒一见，吓得大叫道："有贼来了！"

他一面命令手下士兵关闭诸门，一面对那些惊慌失措的守卫士卒说："叫喊什么？快进那屋里去！"

守卫士卒有的认识裴文通，只得乖乖地从那独开的东门涌进去了，同时把兵器扔得满地都是。

在成象殿前面，裴文通突然撞见右屯卫将军独孤盛，当时他正在殿内值勤，一见情况有异，就带领数十名卫士拦住殿门，向裴文通问道："这是从哪里调来的兵，我怎么没见过？"

裴文通对他说："事已如此，不关将军的事，你也就别再问了吧！"

独孤盛这才知道他们是在叛乱，便大喝道："天子在此，你们胆大包天，竟敢造反，我劝你们立即放下兵器投降自首。"

裴文通把手中大刀一指，说道："你还是放明白些，赶快让开道，走一边去！免得我们伤了和气。"

　　独孤盛本是杨广的母亲独孤氏的侄子，为人正直，哪里肯放行呢？便又大声说道："我乃朝廷命官，在此宿卫天子所居，怎能容忍贼寇肆行？只有以死报效皇恩！"

第十三章　李密遭刺埋苗根　独夫民贼末日临

第十四章

厌旧鞍不识时务　新王朝血火更迭

独孤盛来不及穿上盔甲，便把大刀一横，带领身边的数十名卫士，与裴文通带领的数百人拼杀起来，双方混战不久，独孤盛等全被杀死。

后来，千牛独孤开远带领殿内卫兵数百人，去请炀帝出来，他敲着殿门大声喊道："现在我手中还有兵有将，还能杀败贼人！只要皇上亲自出战，完全可以挽回局势，不然的话，马上就要大祸临头了！"

他喊了好久，门内竟无人理他，独孤开远正无计可施，裴文通劝他说："天下乱成这样，我们也不得不找一条活路，请将军自寻出路去吧，别替昏君殉葬了！"

听他这么一说，独孤开远手下的卫士一个个不声不响地放下兵器，自动散去，独孤开远本想拼个鱼死网破，但是身边卫士渐少，只得长叹一声，撂下手中大刀，说："皇上自己都不闻不问了，我何必再操这一份心！愿杀愿剐，随你们的便吧！"

听他这么一说，裴文通立刻很仗义地说："你走吧！我们也不是冷血之人。"

刚到江都时，炀帝曾亲自从军中挑选出骁健劲卒六百人，守卫玄武门，为其命名"禁兵"，以备非常，平日待遇优厚，甚至以宫女赏赐。这支"禁兵"的首领是一名太监，名叫元义，深得炀帝的信任。起事前，宇文化及与其弟宇文智及买通元义，让他做内应。

这天中午，元义假说奉诏，放全体禁兵出宫游玩三天，夜里事发时，禁兵无一人在玄武门。

等到司马德戡率兵从玄武门进来，向裴文通问道："听人说，昏君不知躲到哪里去了？"

未等裴文通回话，元义走了出来，说："皇上听说有人谋反，就换上便装，逃进西阁去了。"

说完，元义向大家一招手，便在前面带路，领着裴文通等进入西阁搜查，仍未见到。

此时，有一宫女出来，裴文通上前问道："陛下在哪里？"

那宫女手指里屋一努嘴："就在那里。"

校尉令狐行达提刀在手，直入里屋，见炀帝站在窗户边上，对令狐行达问道："你来杀朕的吗？"

令狐行达只得屈身答道："臣不敢，只是想跟随陛下一起回关中去！"

说完，就走上前扶着炀帝走出西阁，来到裴文通面前。因为裴文通原来是炀帝当晋王时的亲信，这工夫，炀帝一见裴文通也在造反之列，就质问道："你不是朕的老部下吗？朕有哪一点对不住你，为什么要造反呢？"

裴文通吞吞吐吐地回答说："臣不敢反，但是将士们都嚷着要回家乡，所以就想着和陛下一起回长安罢了。"

炀帝听了，幻想着可以躲过这场劫难了，便乘机说："朕也正想回关中去，只是因为上江米船还未到，现在就随你们一起去长安好了。"

裴文通只得假意答应着，领着队伍将炀帝看住，等宇文化及、宇文智及等来处置。

天亮的时候，孟秉去找宇文化及汇报情况，并请他来处理被捉住的隋炀帝，他极为尴尬地说道："这真有点下不了手啊。"

孟秉不由接着说："难道放了不成？"

宇文化及急忙摇头说："那才是放虎归山，还有你我的活命吗？"

孟秉说："讲起来，我们当臣子的，是不该对他这么做的。可是，想一想这暴君做的一些绝事，他是该千刀万剐了——"

宇文化及听了之后，向孟秉一挑大拇指，赞道："好！好！你说得真好，这正是我心里想要说的话。走！咱们去会会他！"

孟秉与宇文化及一起走进宫门，司马德戡迎上前来，将他领入朝堂，恭敬地喊他"丞相"。宇文化及说："一切按原计划行动！"司马德戡正要说话，见裴文通来了，便走到他身边，在他耳边小声说了两句话，裴文通点点头走了。

他又向宇文化及问道："丞相可想去见那昏君最后一面？或者可有什么话要向昏君说？"

宇文化及忙摇头道："别见了吧！还有什么话要说，而且现在去见他，说什么也没意思了……"

这工夫，裴文通已走到炀帝身边，对他说："文武百官全在朝堂，陛下应当亲自去慰劳他们！"

未等炀帝答应，士卒已牵过一匹马来，要炀帝上马。但是，这昏君现在还不识时务，却嫌马鞍太破了，说道："快去替朕换一副新马鞍，朕怎

能坐那么破的马鞍？"

裴文通只得耐住性子，又让士卒去换了一副新马鞍，炀帝这才上马，被押走了。

周围那些参加叛乱的将士们，一见隋炀帝被押出来，便齐声欢呼道："我们成功了！我们胜利了！"

炀帝大概是听出了音来，立刻问道："虞世基在哪里？"

大臣马文举马上告诉他道："这佞臣已被砍头了！"

炀帝脸色立刻变得又白又青，嘴唇哆嗦着，好半天不出声儿，然后又轻又慢地吐出一口气。

这时，炀帝才发现没有送他去朝堂，忙问道："不是说让朕去朝堂，怎么往……"

马文举对他说："陛下请放心，我们会把皇上送到应该去的地方！"

后面的士卒们听了，都捂住嘴偷偷地笑。

等到炀帝被押到了寝殿，他一见裴文通、司马德戡都持刀侍立，不由一阵惊悸，这才明白过来：看来今日是难以躲过这一关了！

于是叹息了一声，问道："朕有何罪，你们这样地对待，也太不公了！"

马文举立刻说道："皇上弑父杀兄，背弃宗庙，巡游不息，外征不止，极尽奢靡，残忍暴戾，饰非拒谏，专喜佞谀；丁壮死于矢刃，女弱饿毙沟隅。百姓丧业，群盗蜂起。大好江山，一片凋敝；泱泱华夏，满目疮痍！亿兆万民，谁不恨你？恶孽弥天，反说无罪？"

炀帝听了，顿时张口结舌，说不出话来了。马文举接着又说道："罄南山之竹，书罪无穷；决东海之波，流恶难尽。皇上之罪，罪大弥天；皇上之恶，恶贯满盈，还说无罪吗？"

隋炀帝不由叹息道："好文辞，好文辞，真是千古绝唱！……难道说李密那篇讨朕的檄文，出自阁下之手？"

马文举冷笑道："马某的水平怎够得上那般大手笔！实话奉告吧，那篇洋洋数千言的檄文，本是海内著名文人祖君彦的杰作！"

祖君彦是祖孝征之子，此人博闻强记，学识渊博，才思敏捷，文辞隽永，为当时名重海内的文人。

据载，当时的吏部侍郎薛道衡向隋文帝杨坚推荐祖君彦时，杨坚说道："难道他是当年杀死斛律光之人的儿子吗？朕不需此辈！"

祖孝征原是北齐宰相，曾设计杀死北齐皇帝斛律光，后遭人唾骂，因此隋文帝对祖孝征之子祖君彦没有好感。这种"城门失火，殃及池鱼"的用人观点也影响到炀帝。后来杨广对祖君彦之名也心存忌讳，所以这位海内才子总是命运不佳，仅做了一个小小的东平书佐，检校宿城令。祖君彦自负文才不在诸名家之下，却不被重用，郁郁不得志，心中装有怨气。在李密到瓦岗寨之后，便立即去投奔，当了李密的随军记室，写下了那篇被许多文人认为是华夏历史上最著名的一篇檄文⋯⋯

炀帝听说之后，方才忆起祖孝征之子祖君彦这个名字，但他把眼珠一转，说道："朕的有些做法，确实对不起老百姓，不过你们这些人一直跟朕在一起，哪一天不享受着荣华富贵？为什么要这样做呢？今天的事情是谁领的头？"

司马德戡一听，立刻对他说："天下人人切齿，都在怨恨皇上，恨不能食肉寝皮，还用得着谁来领头吗？"

宇文化及听到之后，立即派内史舍人封德彝前来揭露炀帝的罪恶。封德彝一到，还未来得及张口，炀帝便先开口对他说："你是一个读书人，怎么也干起这种事情来了？"

往日，封德彝在朝廷上察言观色，经常说一些炀帝喜欢听的话。这时候，听皇上这么说，竟一句话也说不出来，反觉得羞愧难当，便退了出去。

裴文通深怕炀帝的花言巧语，迷惑了众人，动摇了军心。又见炀帝的小儿子赵王杨杲坐在皇上身旁，啼哭不止，弄成一片凄惨兮兮的气氛，便不由怒火升腾，提刀上前，大喝一声："哭什么？找死啊！"

他一面吼着，一面挥刀砍去！十二岁的小杨杲顿时扑在地上，殷红的鲜血溅了炀帝一身。

裴文通对炀帝狠狠地瞪了一眼，正想也给他一刀，昏君才知道大势已去，自己的死期将临，不得不颤抖着将心中早就想好的话说了出来：

"别那样，朕乃天子，天子自有天子的死法，不能用刀，快把朕的毒酒取来。"

马文举上前呵斥道："真是不知死的鬼！到哪里去替你取毒酒？死到临头，还要摆那皇帝的臭架子！"

说到这里，他向身旁的令狐行达吩咐道："快把他摁倒在床上，让我掐死他⋯⋯"炀帝一听，自知难逃一死，顽抗更无济于事，不如来一个慷慨潇洒，说不定还能留传于后世哩！炀帝急忙对马文举等摆手道："无须你们动手⋯⋯大丈夫生又何欢，死又何惧？何况朕已享尽富贵荣华，还有何憾？"说着，就自己解下练巾，交给令狐行达，慢慢地躺到了床上。

令狐行达就用那条炀帝自己的练巾套在他的脖子上，用力将他勒死，

让这位风流天子慷慨潇洒地走了。

不可一世的隋炀帝，就这样死在自己豢养的爪牙手中。

这一年，他五十一岁，刚过知天命之年，却因为他一生不知天命，而自取灭亡了。

炀帝死后，宇文化及指使众人对隋氏宗室、外戚，不分老少，一律杀死，然后以萧皇后名义，立秦王杨浩为皇帝，另设别宫居住，只让他发诏画敕而已，并派兵监视行动，是个真正的傀儡皇帝。

宇文化及以大丞相名分总揽朝中军政大权，任命二弟宇文智及为左仆射，三弟宇文士及为内史令，裴矩为右仆射。

把诸事安排停当之后，宇文化及命令自己的心腹，左武卫将陈陵任江都刺史，负责在江都留守。然后扬言回长安，令内外戒严。宇文化及率领大军十二万人出发。

在向北进军中，宇文化及仍按炀帝时规矩，皇后后宫为御营，营前加立帐幕，他在帐幕中处理政务。

自此，宇文化及占有炀帝的六宫妃嫔，对其恣意纵欲，饮食起居，一如炀帝，丝毫不差。

炀帝被杀当晚，宇文智及直入后宫，见萧皇后坐在窗前轻声啜泣，便劝说道："杨广走了，今后有我侍候皇后，为何伤心呢？"

萧皇后转过脸来注视了他一会儿，说："杨广生前嫔妃如云，却未曾冷淡过我，你如此年轻，对我也不过数夕之欢，则当弃之，我怎能不难过？"

宇文智及急忙说道："娘娘放心，凭着你这绝色花容，美女再多，我亦不会弃你如敝屣。"

口中说着，眼里看着萧后的忸怩情态，已是欲焰升腾，便走过去一把将她揽在怀里，轻轻在她腮边吻了几下，小声笑道："在我身上，哪一方面都胜过杨广，只是不是皇上罢了！"

这萧后本是水性杨花，见宇文智及身高马大，力大无比，早已八九分愿意了，心里暗自想道："只要他能尊重我，就把这后半生托付于他，还图什么名分不名分，落个夜里快活也心甘情愿。"

自此，宇文智及与萧皇后夜夜欢娱，如胶似漆一般。

一日，宇文化及忽然向二弟问道："怎么样？那雌儿的床上功夫到底如何？"

宇文智及听了他的问话，立刻会意，笑着说："难道那六宫的妃嫔还不够你尝鲜吗？"

宇文化及竟厚颜无耻地说："当年，在杨广眼里，三千佳丽也抵不上一个萧后，如今，对这样一个天生尤物，我如何不想去领略一下？"

宇文智及立刻笑道："也好，咱们兄弟俩换个位置，来一个随心所欲吧！"

从此，宇文两兄弟一面把持朝政，一面淫乱后宫，荒淫奢侈，同炀帝一样，在朝臣中引起极大反感。

原先炀帝选拔的数百名禁兵，本来是守玄武门以保卫杨广自己的。江都兵变后，禁兵逃了一部分，剩下的人员，宇文化及另派一个名叫庆喜的宫监管理。

原来的宫监元义，自被撤去禁兵总管后，对宇文化及心中不满，便勾结庆喜说："我的今日，就是你的明日，宇文化及是个过河拆桥的无赖，不如……"

此时，有两个将领麦茂才、钱广山也想杀死宇文化及，替炀帝报仇，便与元义、庆喜联络起来，暗中议定，准备在大军到达彭城前，袭击宇文化及兄弟。

不料计谋泄露，宇文化及提前动手，把元义、庆喜、麦茂才、钱广山等一并处死。

其后，大军过了彭城，水路不通，宇文化及命令夺取百姓牛车两千辆，供六宫妃嫔乘坐和装运珍宝财物，大量的兵器装备，却令将士们步行背负。

由于路程遥远，行军艰苦，军中将士都有怨气。那么多的宫女妃嫔，在行军途中也在吹拉弹唱，歌舞不休，供宇文化及与宇文智及两兄弟淫乐，全军将士敢怒而不敢言。

一天，司马德戡偷偷地对赵行枢说："当初，你建议让宇文化及总掌朝政，实在是误我大事！如今拨乱反正，需靠贤能之人，这两个昏庸无能的好色之徒，又有一群小人在身边，其行为与那昏君何异？"

赵行枢忙说："废立宇文化及在你我二人，想废掉这个无赖还不易如反掌？"

司马德戡与赵行枢合计之后，找到军中将领李本、尹正卿、陈华信、郭林生等，一起谋划，准备用后军突然攻打宇文化及，重新立司马德戡为丞相。

不料，被宇文化及的耳目侦知，立即让二弟宇文智及佯装不知，到后军闲走。司马德戡不知事情已经泄露，便出营迎接，当即被宇文智及擒住。

第十四章　厌旧鞍不识时务　新王朝血火更迭

宇文化及责骂他说："我与你戮力除掉昏君，如今大事成功，本该共享富贵，你为何要来害我？"

司马德戡毫不隐讳地说道："我出面谋杀昏君，本是因为他荒淫误国，残暴害民，而你掌权后，反比昏君更甚，迫于形势，不得不这样做。"

宇文化及听了，嘲笑道："让你来执政，说不定比我更有过之哩！花花世界，谁不想乐一乐？"

司马德戡怒道："算我瞎了双眼，拥立你这无赖，本想重造隋室江山，反败在你手中，实乃天意。"

宇文化及对他说："念你曾与我共事有功，给你留一个全尸，勿怪化及对你不仁，全因你不义在前！"

遂下令把司马德戡拉出去缢死，又同时杀死同谋者十有余人，以后再没有人敢反抗宇文兄弟了。

隋炀帝一死，标志着隋王朝的崩溃。这是一个历史的转折点，这以后便是隋朝的残余势力、农民起义军、各种割据势力相互争夺天下的斗争了。

不过，在这个特殊时期，隋朝在名义上却有三个皇帝同时存在：李渊在长安立代王杨侑为帝，王世充在洛阳立越王杨侗为皇帝，宇文化及在江都立秦王杨浩为皇帝。

实际上，无论是杨侗、杨浩，还是杨侑，都没有实权，都是别人手中的工具，只是一个个形同虚设的傀儡罢了。

隋朝立国三十八年，隋炀帝在位十三年，随着杨广的被杀，隋王朝已经灭亡，而另一个王朝又将在血与火的战争中建立起来，这种新旧王朝的更替，也是人类历史向前发展的规律，这就是历史。

第十五章

恭帝退禅位李渊　首尾受敌退黎阳

公元六一八年四月底的一天，隋炀帝驾崩的消息传到了长安。

李渊听说之后，立刻失声恸哭，如丧考妣般地大放悲声。他身边的文官武将们急忙上前劝解，李渊仍然哭泣不止。

见左右苦苦相劝，李渊边哭边说道："我在长安北面称臣，侍奉着代王恭帝，遥尊他为太上皇，随时想着恢复隋室江山，匡扶将要倾覆的社稷。万万没有想到他会被害，而我不能及时去救他，一想起来真是伤心不已，又怎能不悲痛呢？"

第二天，裴寂等人又一次上表，建议李渊立即称帝，在表中说："天下本是万众所有，非归一人一姓。如今皇帝已殁，隋室名存实亡，何不取而代之？"

李渊读完之后，心中暗说："时机还未成熟，再等一等吧！"进军长安，这是李渊一生中最重要的行动，在他的心目中始终回响着"先入关中者，先得天下"这句话。但是，他表面上立即表现出非常沉痛的样子，对裴寂等人说道："皇上尸骨未寒，怎可议定这不忠不义之事？"

说罢，李渊立即把那份劝表退给裴寂等去了。

其实，李渊早就想称帝了，只是觉得时机尚未成熟，所以才一再推托。这正显示出李渊的远见卓识。

这一年的正月初一，隋恭帝杨侑下诏，允许唐王李渊佩剑、穿靴上殿，朝见时可以不跪拜，行礼时也不必通名姓，并且加前后羽葆鼓乐。

这种宽厚的待遇已经非常接近帝王了。

三月二十三日，恭帝又下诏，把十个郡赐给唐王，唐王仍然为相国，总领百官，唐王可以设置丞相以下官吏，又加赐唐王九锡（古代帝王给掌权大臣的九种器物。一般象征着这位大臣将要建立新王朝）。李渊接诏后，有意对身边的文武臣僚说："这是阿谀奉承的人干的事情，把握着大权，又给自己增加优厚的封赐，这算什么呢？"姚思廉解释说："这是魏晋以来的规矩，全都有例可循，并非违背祖训的做法……"

李渊仍然表现出不愿接受的样子，说："假如一定要按照魏、晋的规矩，也未必能说得通。因为那些全是虚礼，是骗人的，那些受封赐的人，实际比不了春秋时期的五霸，却要追求禹、汤、文王的名声。我认为他们是可笑的，也是可耻的。"

裴寂又说："历朝历代都是这样做的，怎么可以废除？而且这也有朝廷的一片真情在里边。"

在这种情况下，李渊又乘机表明自己的"心迹"："尧、舜、汤、武，可以分别按其时机，以不同方式登上王位，但都是以其至诚，上应天意，下顺民情。却没有听说夏、商末年一定得效法尧、舜的禅位举动。"

明眼人很快就能觉察到，李渊本来是在说"九锡"，突然又转到"禅位"上去了，这无疑是在提醒自己的部下们说那些他很想听的话。

那些像裴寂一类的臣僚们便顺着李渊的话题，趁势进言道："只要应乎天，顺乎民，也是可以学尧、舜、禹这些先贤的。夏朝、商朝没有禅位之举，是因为他们不像尧、舜、禹那样贤明，他们的那颗'心'早已被阴翳蒙住了。"

听到这里，李渊便不再推让，于是说："这事如果少帝知道，一定不会答应的。若是少帝不知道，单是自己想提高地位，却又假意推让，那不是很可耻的事吗？"

这是十分明显的，李渊说这些话的用意，仍然是在向自己的部下反复提醒：一定要让少帝知道！至于他是否愿意，对这个不该再问的问题，他现在完全为你我控制，敢不答应吗？

对于称帝的问题，李渊仍坚持三揖三让，只把丞相府改为"相国府"，对"九锡"之类的特殊礼仪，李渊竟不吝惜地退还给官署了。

如今，炀帝已经死了，如果立即取杨侑而代之，未免显得太性急了，所以李渊又推又让，表现出仍不为"帝位"所动的样子。

到了五月上旬，裴寂等人再次进见道："我们这一班唐军的将佐，跟随你唐公征战多年，若唐公再不称帝代隋，我们也情愿辞官归田去了。"

李渊听后笑道："诸位将佐何必言之过切！"

接着，他的态度就明朗化了，说道："对称帝之所以再三推让的原因，并非不愿做皇帝，而是顾虑拥戴自己登皇帝位的臣僚们表里不一，口是心非。"

在弄清了裴寂等人的真心实意之后，才表示他也和当年的刘邦一样，同样是乐意做皇帝的，并且说得更直接："如今，江都的皇上已殁，隋朝就意味着灭亡了；而四方割据，天下也早已不是隋朝的天下了。"

李渊再也不需要遮遮掩掩、闪闪缩缩，让杨侑替自己当傀儡了。他要自己当皇帝，是从逆贼、叛党手中——而不是隋朝皇帝手中——夺取天下。

这才是李渊在炀帝死后的真实想法。

接着，李渊便派裴寂去对杨侑说："隋朝天数已尽，必须把朝廷大权交给有德之人，这个人只能是唐王李渊，别无二人了。"

恭帝杨侑本来就是李渊手中的工具，李渊的命令来了，他怎敢不听从呢？

公元六一八年五月十四日，恭帝杨侑被迫下诏，宣布退位，把皇帝的宝座"禅让"给唐王李渊。

接着，杨侑派遣刑部尚书兼太保萧造，司农少卿兼太尉裴之隐，奉皇帝玉玺绶带，来到唐王的相国府官邸中，举行禅位仪式。

李渊又是一番"三揖三让"，才行受命，俨然是奉天承运，颇为正规。

五月二十日，李渊改"大兴殿"为"太极殿"，正式即皇帝位。

李渊由此做了皇帝，并且把这个新的王朝命名为他的家族的封号——唐，中国封建社会历史上最为辉煌的时代，就在这样一种庄严的气氛中开始了。

此时，李渊已经五十三岁，须眉斑白，因为平日保养得尚好，体质依然健壮如牛，并不显老。

由于推五行为土德，服色尚黄，戴黄冕，着黄袍，由侍卫太监拥着李渊，来到皇帝的宝座龙椅上坐下。

宗室、贵戚以及文武诸大臣，一时间趋拥着进入殿内，列班朝贺，跪伏在地，高呼万岁万万岁。

李渊就此成为唐王朝的开国君主。

登上了皇帝御座，李渊随即颁诏四方，改义宁二年为武德元年；大赦天下，官吏各赐爵一级。凡唐军过处，给免除徭役三年；其余各地，均免除一年，又罢郡置州。

退朝后，皇帝李渊赐百官宴，赏赐有加。

五月二十七日，突厥始毕可汗获得李渊在长安建唐称帝的消息，立即派遣骨咄禄特勒为使者，去长安表示祝贺。李渊在太极殿宴请突厥大使骨咄禄特勒一行人，在宴会上奏九乐，以示隆重。这"九乐"乃隋炀帝定下的宫廷音乐。其中除传统的华夏正声，还有平陈后得到的宋、齐清音乐，有西凉、龟兹、天竺、康国、疏勒、安国、高丽等九部西域民族音乐。

在音乐之外，还有稗、铎、巾、拂四舞表演，并表演了杂技节目，尽

力讨好突厥人。

这时候，突厥特别强盛，由于大量的中原人为了避乱，纷纷逃往突厥，而且东西各国又都臣服于它，以致突厥人当时的兵力强大无比，他们自己扬言有一百多万士兵，成为一个"全民皆兵"的国家。

这些突厥使者在长安停留期间，态度傲慢，有的到街上买东西也不付钱，甚至还动手打人。李建成、李世民向李渊报告，请求惩罚这些蛮横的突厥人。

李渊对两个儿子说："只要他们不是闹得太过分，比如放火、杀人等，也就包涵一些，让着他们也就过去了，好在他们在长安也不会待得长久。"

由于李渊在太原起兵时，曾借助了突厥人的力量。当时，为了稳住突厥人，不得不给他们送去大量的财物，才换来后方的安定。

始毕可汗这次派使者来长安，名义上是来朝贺，实际上是来向李渊要情、邀功，居功自重，要求给他们厚报，一句话，就是要财物！

为了继续稳住突厥人，李渊向朝臣们说："我们的唐朝建国不久，还像一个孩子，起步都不稳，怎么能去跑、去跳呢？"

善于韬晦之术的李渊，对突厥人也用此法，他又说："现在，我们的力量不足以对抗突厥人的进攻，更无法去击败、消灭他们！隐忍不发，是最好的计策。常言道：君子报仇，十年不晚。为何要那么着急呢？"

李渊是个很讲实际的人，是个英明睿智的政治家、军事家。他清楚，刚刚建国的唐朝，周边林立着各种割据势力，急等着他去用武力统一起来，怎能抽出手来对付那些突厥人呢？

有一次，李渊对建成和世民说："在我有生之年，能把全国统一起来，再经过几年的养精蓄锐，有了足够力量，誓把突厥人打败，以消除这个心腹之患！"

可见，李渊对付突厥人的策略，是从长远目标出发，不以眼前得失为重，这就是他的远见卓识。

李渊称帝后，为了健全机制，发挥朝廷功能，需要封官授爵，这也是他收拢人心的一种办法。

五月二十八日，李渊命令裴寂、刘文静等人编纂审定新的律令，设置国子监、太学、四门，共收三百多人，各郡县学校也都各自定下学生名额，以大力发展教育，百废待兴之时，到处都需要有识之士。

到了六月份，朝廷组建班子已基本完成，对各类臣僚均有任命，隋朝的一些降将旧吏，一视同仁。

在李渊的三个嫡出儿子中，只有次子李世民担任朝中的尚书令，相当于丞相一职；三子李元吉镇守太原，实属地方官，所以也未委以朝职。

不久，李渊在祭祀祖先宗室之后，又追封先祖之妻。然后宣布立李建成为皇太子，封李世民为秦王，李元吉为齐王，女儿李凤娇为平阳公主，其他宗室皇亲也各有所封。

当晚，李渊把儿子、女儿召集一起，对他们说道："皇帝之位，历来被认为是天子，是天下神器，非有德之人不可占有的。上古时候，尧是在田地里发现了舜，才知道他是个贤人，把皇位禅让给了他。以后，舜栉风沐雨，夏会诸侯时，他发现了禹，舜又把帝位禅让给了大禹。但是，启没有寸功，做了皇帝，终于失了天下。虽为父生自公宫，长于贵戚，牧州典郡，少年所为，晏乐从容，欢娱事极。饥寒贱役，见而未经；险阻艰难，闻而不冒。在兹行也，并欲备尝。如弗躬亲，恐违天旨。尔等从吾，勿欲懈怠。"

在这里，李渊要求儿女们一定要艰苦奋斗。因为他们是贵族家庭出身，只知吃喝玩乐，没有经历过饥寒、贫穷、奴役、险阻艰难，所以要他们一定要亲历战阵，才知道创业的艰难。

李渊新登皇帝宝座，对有功的臣僚们依然十分亲切，特别是对长期跟随左右的裴寂，更加优厚，高于其他臣子僚属之上。

平日，李渊赏赐给裴寂的衣服用品、玩赏宝物数不胜数，还经常赐给他御膳，上朝时，又一定要让裴寂与自己坐在一起。

有时候，李渊下朝回寝宫去，也常邀请裴寂到他的卧室里叙谈；裴寂说什么就是什么，几乎无有不从；甚至他不称裴寂的名字，而喊他的旧官名"裴监"。

这样一来，文武官员中便有了议论，认为李渊对裴寂是不是过于亲近了？特别是司马刘文静更有看法，本来他就对裴寂有成见，今见皇上对裴寂如此亲近，常在群臣中流露出一些不满的言论。

一天朝会上，李渊又把裴寂拉到自己身边坐下，刘文静实在看不下去，便出班奏道："从前王导曾经说过这样一句话：'假如太阳俯身同万物等同，那么这一切生物又怎么得到它的照耀呢？'现在陛下的做法使贵贱失去了秩序，臣以为这未必是长久之道。"李渊听了，很不赞成他的说法，立刻反驳道："过去汉朝的光武帝曾经和他的好朋友严子陵一起睡觉，严子陵还把脚伸到光武帝的肚子上呢！今天，诸位大臣都是德高望重的旧同僚、平生的亲友，过去的感情怎么能够忘怀？你不要有什么疑虑。"

刘文静满心不服气，还想争辩几句，见文武百官都不吱声，也只好不再说了。

下朝后，刘文静对李世民说："天无二日，国无二君。皇上身边又多了一个裴寂，大臣们也得向裴寂跪拜，这成什么话？"

李世民说："我也有这种看法，你就别再说了吧！"

刘文静又愤愤不平地说："难道只有裴寂是皇上的旧同僚？我们这些人都不是？"

李世民忙对他说："别再说了，我这就去向父皇讨说法！"

他说完一转身，看见李建成来了，忙说道："正好太子也来了，我们一起到父皇那里去！"

李建成却说："去也没用，说不定还会招来一顿训呢！我真不想去。"

李世民拉着他，笑道："怎么，做了太子，架子也大了？这不过是去向父皇提建议……"

李建成连忙摆手，不要世民再说了，便与他一起向李渊的寝宫走去，幸好这工夫裴寂不在，李世民进门就说："父皇！大臣们都支持刘文静的意见，裴寂坐在父皇身边，朝臣奏事时，他也享受到了本来是属于皇上的跪拜礼，怎么合适呢？"

李渊又问李建成："太子的看法怎样？"

李建成答道："回禀父皇！世民说得不错，大臣们是有些看法，并不是刘文静一人有意见。"

李渊对两个儿子说："你们的父皇不是拒谏之人，对裴寂那么做，一方面表明朕对有功重臣的感谢，另一方面是在力图保持与臣僚们有一种亲近的关系，而不是像杨广那样傲慢暴虐，不近人情，以至于最终孤立了自己，连王朝也垮了。"

李世民又说道："父皇与裴寂亲近，可以在朝下。上朝时那样做，确实有伤天子的威严呀！孔子说：'君子不重，则不威'嘛！请父皇三思！"

李渊笑道："嗬！儿子来教训老子来了！好吧，朕听从你们的意见，不过，大臣中有人想借题发挥，朕是清楚的，让他跳跳也有好处。"

李建成马上说："请父皇别忘了，刘文静的功劳也并不在裴寂之下，论贡献，他比裴寂还要大呢！"

李世民也说道："刘文静只是好说一些，不像裴寂那样老奸巨猾！"

李渊立刻生气地制止道："不许这样说话，对一个有功劳的老臣，不能这么不尊重，以后在任何场合都要注意啊！别忘了杨广的教训！"

如今，做了皇帝的李渊，还保持着以前那种亲切随和的作风，虽然在他的心灵深处也有严重的尊卑观念，但是这么开明，也是值得称道的。尤其与那个总是高高在上、耀武扬威的隋炀帝比起来，确实有天壤之别。

李渊建唐称帝后，为了保住新建的唐朝，必须先要巩固关中这块根据地。当时，直接威胁关中的是河东（今山西永济以西一带）的隋军，以及在金城（今甘肃兰州）的割据势力薛举。

河东位于东、西两京之间，原来李渊攻取长安时，就曾顾虑河东的隋军将领屈突通率军西进，阻止大军入关。现在建国称帝，如果带军东进，统一中原，乃至全国，河东便是前进道路上的绊脚石，因此，要巩固关中，必须消灭河东隋军。

李渊的兵卒几番与屈突通交锋后，并未分出胜负。李渊指示属下让屈突通的家人前去规劝，并允诺高官厚禄。屈突通自知不是李渊的对手，一番思虑后，归降了大唐。

高祖立即授屈突通为兵部尚书之职，并赐爵蒋公，兼秦公元帅府长史。

唐高祖对屈突通加官晋爵，以礼相待，以此来稳定在关中的其他隋朝官员之心，表现出海纳百川的气魄。

对其他隋朝官员来说，屈突通驻军河东，一直与唐军对抗，直到兵败势穷，才归降唐朝，而李渊仍然对他毫无伤害之意，反而待之以礼，授之以官，给以充分的信任，他们也就无需再担心了，这对于巩固在隋朝基础上建立的唐朝，确有重要意义，这也是李渊笼络人心的又一杰作。

唐高祖武德元年（618）六月，宇文化及率领江都十二万兵马，其中多是禁军，携带着炀帝的后宫妃嫔，一路吹吹打打，北上进入中原地区，向西面的东都洛阳杀来。

在东都的越王杨侗早已登上帝位，成为皇帝，改元皇泰，被称为皇泰帝。这个政权和李渊早在长安拥立的杨侑政权宇文化及控制的秦王杨浩政权，同时都被认为是代替隋炀帝的隋朝政权。

因为王世充是这个政权的主角，被皇泰帝杨侗封为吏部尚书、门下省纳言、进爵郑国公，把持朝政大权。

这个政权的其他核心人物，还有内史令元文都、礼部尚书段达、兵部尚书皇甫松、内史令卢楚、内史侍郎郭文懿、黄门侍郎赵长文等。

宇文化及大军到来的消息一传到东都，立刻引起一阵惊恐，惴惴不安的皇泰帝马上召集群臣开会，王世充说：

"宇文化及杀害皇上，是朝廷叛逆，国之大贼，我们要为皇上报仇，为天下除去这个逆贼。"

元文都说："我们是要报仇，不过东都这一点兵力怎么能抵挡得住宇文化及的十二万大军呢？请各位献计献策。"

大臣们哪里有什么办法，都坐在那里一言不发，王世充的官大权重，便咳了一声，说道："城内兵力虽少，也要与宇文逆贼决战，誓死为皇上报仇，保卫东都。"

元文都见王世充拿不出什么新招来，便提出个人建议："我有一计，为了朝廷前途，我们应该说服李密，联合瓦岗军，共同对付宇文化及。"

王世充立即反对道："我与李密交战多年，此人狡诈阴险，他能答应吗？一旦与他联合，他进了东都，怎么办？"

内史令卢楚说："我以为，这是一条可行之计，如果拉拢李密，给他高官厚禄，再派他去攻打宇文化及，等到两败俱伤时，我们可以坐收渔人之利。"

礼部尚书段达说："我也赞成联合李密，打击宇文化及。如果李密消灭了宇文化及，自己也一定疲惫不堪。到那时，我们再以恢复元气的军队去进攻李密，擒拿李密就不是一件难事了。"

王世充见大臣们都同意利用李密的瓦岗军去消灭宇文化及，自己也不好反对了，只得说道："对李密拉拢他利用他，封他高官厚禄都可以，但不能把东都的军队交给李密，更不能让李密进入东都城里来。"

皇泰帝见王世充答应了，便说道："那就想办法与李密联系上，这件事请元文都、段达、卢楚等人去负责经办吧！"

不久，皇泰帝根据元文都的提议，任命盖琮为通直散骑常侍，让他带着皇泰帝的敕书前往李密营地。

王世充对李密没有好感，对联合之事十分气愤，回到尚书府里，正坐在那里生闷气，忽听他的侍卫总管刘浩悄声说道："郑王，豆脑莲子羹刚炖好，快趁热喝了吧！"

王世充一听喊他"郑王"，心里十分高兴，因为皇泰帝封他为郑国公嘛！又听说豆脑莲子羹炖好了，这是他最爱吃的补品，便更加欢喜，心中的怨气消了一大半，忙对这位新任总管说："快去端来，我正想喝呢！"

王世充一边喝着，一边盯着刘浩，上上下下地审视着，问道："这身衣服你穿上正合身，往后你就穿我的衣服吧！"

刘浩听了，自然高兴，忙施礼说："感谢郑王！"

这位侍卫总管刘浩，原是东都皇宫里的一名值班报时的奴才，刚被王世充要回府里，做自己的侍卫总管。

自从立了侗王为帝，王世充自以为有大功，不仅封自己为吏部尚书，执掌朝中军政大权，也学宇文化及的样儿，把东都皇宫里的妃嫔宫女看作妻妾一样，每隔一日便去宫里调换一名，纵情淫欲，满朝文武，没有一人敢说他的。

去年春天，兵部尚书皇甫松的叔父皇甫无逸因为实在看不惯王世充淫乱宫闱的丑行，便在朝廷上公开弹劾他，王世充竟咆哮朝堂，大骂皇甫无逸，皇泰帝大气也不敢出，文武官员无人敢惹他，结果便不了了之。

皇甫无逸连夜出城，逃往长安，投靠李渊去了。

皇甫无逸的侄子皇甫松在王世充手下为将，害怕遭到报复，急忙把自己的两个女儿送到王世充府中，才避免了杀身之祸，后来反被王世充当作亲信，要皇泰帝封他为兵部尚书。

从那之后，王世充自由出入东都的后宫，无人敢问。一天，王世充从后宫出来，正值殿前的值班人在传报时刻，那清脆婉转的声音十分动听，顿时引起了王世充的注意，不由迈出殿门去探看。

在晚霞映照之下，殿前台阶上立着一位身材苗条之人，王世充以为是一个美貌的宫女扮作男儿模样值班，当即招入殿中，问得姓名，方知他名叫刘浩，是内史令卢楚的内侄。

王世充仔细一看，刘浩虽是一个男儿，却有女性的妩媚情韵，身材颀长，肌肤细腻白嫩，容貌比妙龄少女还要娇媚漂亮。

本是好色如狼的王世充，两眼呆呆地看着刘浩，想入非非，暗自惊讶道："男子中竟有这等姿色，真是凤毛麟角，即使皇帝的三宫粉黛，也未必能有这般绝色美貌的人。

王世充立即向宫中黄门侍郎打了个招呼，便把刘浩带回到府里了。

当晚，王世充把刘浩叫到身边说话，狡猾的刘浩早已窥透这位"郑王"的心理，于是柔声低语，娇柔做作，引得王世充心猿意马，忍不住了，随而进入卧室，相互狎亵，极尽风流。从此，王世充对东都皇宫里的宫妃们视之如敝屣，却单单迷恋上了这个刘浩。外出时，与他同车；回到府里与他同床共枕。刘浩成了王世充形影不离的人，并让他担任自己的侍卫总管。

一天，内史令卢楚来到尚书府，向王世充报告朝廷与李密联合的事情，刚汇报了几句话，就被王世充制止住，不耐烦地问道："我是关心李密与宇文化及谁被打败了，要是李密胜了，你得赶快来向我报告！"

卢楚连忙答应着，告辞而去，刘浩出来送他时说道：

"郑王待我特好，请姑父别为我担心。"

卢楚笑道："郑王爷待你好，我就放心了。"

刘浩是个下流胚子，经过王世充的言传身教，更加放荡不羁，有时趁着王世充不在府里，便与他的那些美姬娇妾们鬼混，弄得一个尚书府变成了一座淫窟。

一天夜里，刘浩陪伴王世充淫乐过后，两人已是筋疲力尽，便拥抱而睡。天明时，王世充醒了，见到身旁的刘浩还在甜蜜的梦乡之中。

他十分怜惜地看着熟睡中的刘浩，不忍惊动他，想悄悄地下床离去。可是自己的长衣袖被刘浩压在了身下。王世充轻轻地扯了几下，都没有抽出来。

王世充忽然想起西汉哀帝留下来"断袖癖"的风流典故，便从床头取出剑来，将那袖子割断，悄悄地下床出去了。

刘浩一觉醒来，不见了郑王，发现自己身下压着郑王爷的断袖，深感郑王爷的恩爱，不禁洋洋自得。从此以后，只要郑王爷欢心，便百般迎合。

为了让王世充更加高兴，刘浩又想出了一个主意。

一天，刘浩对王世充说："郑王爷！我有一个妹妹名叫刘琼，还没有出嫁，长得也很俊，如果王爷愿意，我带她来陪陪你。"

王世充一听，忙问："她多大了？"

"刚满十六岁。"刘浩答道。

王世充乐不可支地连声说："好啊，还是二八女郎呢！快去把你妹妹刘琼接进府里来吧！"

刘浩急急忙忙回到家中，他的父亲刘玉寿听到这个消息，马上叫家人赶紧替刘琼梳妆打扮，让刘浩带她去尚书府。

王世充站在刘琼对面，左看右看，前看后看，见她与刘浩面貌酷似，正是粉面桃腮，杏眼流波，娇柔妩媚，楚楚动人，其情韵魅力，勾人魂魄。

王世充本是一个猎艳图欢的老手，当夜就留下刘琼同寝。谁知这刘琼也是一个天生尤物，小小年纪虽是未出嫁的姑娘，但已懂得床上的风情……

一夜的欢娱，王世充兴奋得手舞足蹈地叫道："即使月宫中的嫦娥下凡，她的床上功夫与魅力，也未必能赶得上刘琼！我真是艳福大过天了！"

次日，王世充就向皇泰帝荐举刘玉寿为大理少府，赏钱八十万，绫罗绸缎二万匹。

王世充有了刘浩、刘琼夜夜相陪，邪念更多，有时心血来潮，竟让他们兄妹俩同时与自己一起狎戏淫乐。

不久，刘浩又将妻子领进尚书府里，也让她陪着王世充淫乐，喜得这位权倾东都朝野的吏部尚书合不拢嘴。

从此，王世充由刘浩和他的妻子、妹妹三人轮流陪着，整个软玉温香，神魂颠倒，早把东都的三宫粉黛抛到九霄云外去了。至于朝廷大事，李密与宇文化及打得怎么样，王世充心中却还是清醒的：等他们打得两败俱伤时，我再出来收拾残局也不迟……

当隋炀帝被宇文化及害死的消息传来之后，李密的部下纷纷上表劝他"正名位，做皇帝"，连当时的农民起义军首领窦建德、朱灿、孟海公、徐圆郎等都派使者前来劝他称帝。

不过，当时李密的头脑还算清醒，他向众人辞谢道："东都未能攻占，不许议论这件事情。"

其实，李密心中很清楚，自己虽然多次打败王世充，但王世充仍有反抗的力量在，如今又龟缩进东都城里，把越王杨侗扶植为"皇泰帝"，多少又多了一些号召力，更不能轻视了。

当宇文化及率十二万大军从江都杀来，李密的心中更增加了不安。

李密立即召集部下将领开会说："我们要做好准备，一方面要击败来自东面的宇文化及的禁军，另一方面还要防备身后的袭击，这就是东都城里王世充的队伍。"

会后，李密立刻派兵到黎阳，增强那里的兵力，并向守黎阳的徐世勣叮嘱道："要争取在黎阳城下击败宇文化及，进而歼灭他。"

果不出李密所料，宇文化及进入中原地区，把粮草辎重留在滑台，派他委任的刑部尚书王轨守护着，自己带领大军北趋黎阳。

徐世勣见宇文化及的十二万大军，气势汹汹而来，知道小小的黎阳城易攻难守，考虑再三，觉得与其守黎阳，不如守住黎阳仓城更为稳妥。

聪明的徐世勣不等李密答应，便毅然带领大军西守黎阳仓城，他向李密报告说："守住黎阳仓城，有了充足的粮草，瓦岗军就可以立于不败之地，就可以打败宇文化及，甚至攻进东都，消灭王世充……"宇文化及率领大军渡过黄河，占领了黎阳，又派兵包围了黎阳仓城，扬言要活捉徐世勣。徐世勣坚守黎阳仓城，深沟高垒，阻止宇文化及大军攻城，坚持不与他正面交战，来怠惰他的军心，耗损他的粮草，有机可乘时，突然领着军队，去狠狠地袭击他一下。此时，李密也率领两万大军，在清淇（今河南淇县）安下营寨，与徐世勣以烽火相呼应。

当宇文化及领军攻打黎阳仓城时，李密一见烽火燃起，就带领军队袭击宇文化及的背后，使其两面受击，不得不退回黎阳。

第十六章
咬金领众投瓦岗　争斗四起弃关中

　　就在这里，李密的营前又来了一员大将，他名叫程知节，对瓦岗军打败宇文化及起了关键作用。

　　程知节原名为程咬金，出生于济州东河（今山东东阿）。后经高人指点改名为程知节，并赐给他一双大斧。程知节小的时候骁勇好战，喜欢飞拳踢脚，使枪弄棒，并且喜欢打抱不平，深受乡人的欢迎。

　　有一天，母亲对他说："听说你的舅父王轨在江都为官，不如去找你舅父去吧！"

　　程知节对母亲说："听说宇文化及杀了昏君，也不知舅父是死是活，怎么去找他？听说中原地区的瓦岗军兵强马壮，我还是去投李密吧！"

　　程知节便领着他身边的四百余人，奔向瓦岗寨。沿途，他又收留了穷苦的难民，赶到李密大营时，已有一千余人了。

　　李密一见程知节，知是一位勇将，立即封他为骠骑大将军，让他与秦琼、罗士信等组成一支轻骑队伍，成为瓦岗军中的精锐之师。

　　程知节来了不久，听说他舅父王轨当宇文化及的刑部尚书，正在滑台驻守，替宇文化及看守粮草、辎重。

　　他忙向李密说道："让我前往滑台，去劝说舅父来投靠魏王吧！"

　　李密听了，十分高兴，说道："你舅父王轨若能来府，宇文化及失去粮草辎重，必败无疑，请将军速去。"

　　程知节走后，李密大军与宇文化及大军隔着淇水对阵。

　　徐世勣坚守黎阳仓城，又暗中带领士卒深挖地道，直通城外，趁着黑夜偷袭宇文化及，打得隋军措手不及，攻城器具尽被徐世勣的军队夺去，立被焚毁，大火冲天，彻夜不熄，吓得宇文化及再也不敢来攻打黎阳仓城了，连夜让隋军后退五十里。

　　黎阳解围，徐世勣不费一兵一卒，在将士中威望更高了。

　　李密见宇文化及退败，正想领军追击，一举歼灭他，忽听侍从来报："东都皇泰帝派使者盖琮送书到来。"李密十分诧异，心想："这傀儡皇帝送什么书来?"他向裴仁基问道: "难道城内发生了异常?"裴仁基说: "先以礼待之,观其情况再作计较。"李密点头说: "也好,你去迎一下。"不一会儿,裴仁基陪着使者盖琮来了,原来他们早年就熟识了,老朋友见面,自然高兴。李密读罢皇泰帝的敕书之后,兴奋地说: "宇文化及弑君夺权,实属叛逆,理应天下共讨之,人人得而诛之。这下好了,有了皇泰帝的天威,何愁不能擒杀宇文氏兄弟!"

于是,李密立即召集部下开会说: "我军虽然多次打败王世充,但是他凭借东都城坚,阻滞我军攻城,已是旷日持久了,现在宇文化及领军又来,使我们陷于前后夹击之中,长此下去,极为不利。皇泰帝主动派使者出城,确是天大好事,我们有了东都的支持,就解除了后顾之忧,可以大举进攻宇文化及了。"

裴仁基说道: "皇泰帝与原来的隋室官员都是积极主张与我军联合,唯有王世充对此事不太热心,这事不可大意,因为王世充担任吏部尚书,手握军政大权。"

单雄信说: "无论怎样,只要我们与宇文化及作战时,东都不出兵袭击我军背后,那就可以联合。"

李密却说: "既然联合,我们就要表现出诚意来。"

于是,李密急忙上表乞降,向皇泰帝表示忠心,请求讨灭宇文化及以赎罪,显出一副诚惶诚恐的样子。

为了显示态度的真诚,李密又命令送还以前俘虏过来的雄武郎将于洪建等东都人员,并派遣元帅府记室参军李俭、上开府徐师誉等人赴东都谒见皇泰帝。

于洪建回到东都,皇泰帝认为他是败军之将,下诏将其处死。消息传到王世充耳中,他立即派参军陈守本去对皇泰帝说: "于洪建骁勇善战,兵败被李密所俘,非他之过,乃是段达临战脱逃之故。"

王世充言下之意,若要处治于洪建的罪,就要首先处治段达,迫使皇泰帝收回处治于洪建的诏书。

段达任礼部尚书,与内史令元文都交情甚密,王世充早已不满他们两人了,借此敲击他们一下,以示自己的威风。

于洪建获释之后,首先去尚书府拜见王世充,感谢他的救命之恩,顺便报告了李密派人来乞降的事情,王世充说: "让他们去联合吧!没有我的命令,李密的军队别想进入东都城里半步!"

于洪建又向他报告: "据说,在元文都等人策划之下,皇泰帝还要封李密当什么太尉、尚书令的大官,连瓦岗军中的将领也都要封赏。"

王世充冷笑道："让这个皇帝小崽子去大封特封吧！我就不信他胳膊能拧得过大腿？"

于洪建又说："元文都、段达等人见李密的使者来了，欢天喜地大摆宴席，如同迎接贵宾一样。"

王世充冷笑几声，说："这帮小丑们自以为得了天时，企图乘机抢班夺权，想借李密的瓦岗军先消灭宇文化及，然后再来对付我，那就等着瞧吧。"

于洪建忙又提醒道："对这些人也不可轻视，他们仗着皇泰帝的权力，阴谋排挤郑王爷哩！"

王世充说："别担心，军政大权还在我手里！你只要多去将领中间串一串，敲打敲打他们，常来这里报个信，老子亏待不了你！"

于是，于洪建成了王世充的心腹爱将，经常在隋军将领中为王世充网罗死党，散布对元文都等人联合李密的不满。

元文都、段达等人见李密真心投降，便对皇泰帝悄悄地说道："瓦岗军兵多将广，势力强大，李密若是真心归降，能诚心辅佐陛下，将是隋室的大幸！"

皇泰帝说道："李密虽然真心归顺，愿意匡扶我大隋社稷，只怕郑公反对呀！"

元文都暗示说："陛下勿忧，臣等正在考虑这事，一定要让它天遂人愿……"

皇泰帝说："既然李密出于诚心诚意，朝廷对他的使者也要热情接待，不可怠慢呀！"

元文都说："这个自然，臣等有安排了。"

于是，元文都、段达等人在宣仁门东盛饰迎宾馆，接待李密使节，用丰盛的酒宴款待他们。

之后，皇泰帝又亲自接见李俭、徐师誉等人，当即任命李俭为司农卿，徐师誉为尚书右丞。

为了表示庄重，皇泰帝又命仪仗队举行仪式，热情地送二位使臣回客馆休息，又多次派使者去客馆探望，赠送玉帛、酒馔等礼物。

次日，皇泰帝又公开拜李密为太尉、尚书令，东南道太行台行军之帅，魏国公。命李密带领瓦岗大军，先消灭宇文化及，然后入朝辅政。同时又任命徐世勣为左武侯大将军，单雄信为右武侯大将军。

元文都见李密真诚和解，大喜过望，立即召集卢楚、段达、皇甫松等东都城内的核心臣僚，说道："这次联合李密，共同打击宇文化及的计策成功，是朝中的一件大事，我想大张旗鼓地庆贺一番，让满朝文武都能了解，给予支持。"段达说："我只是担心王世充反对这件事，他对李密的乞降根本不相信，也不赞成皇上对李密封赏。"

卢楚说："王世充担心朝廷一旦与李密联合，就会危及到他在朝中的大权，这完全是出于个人的私心。"

元文都一针见血地说："何止是私心，简直就是野心！看看王世充的言行，我敢断言：他也想学宇文化及的样子，我们怎能听他指挥呢？"

段达又说："城内的军队全由王世充一手控制，现在又让于洪建担任宫内侍卫军的总管，任何人想出入宫禁都得他亲自批准，一切活动又全在他们的眼皮子底下，不可不防啊！"

元文都又说："众人的力量大如天。我们先将满朝文武拉到咱们一边，皇泰帝也支持咱们，看他王世充又怎能奈何我们？"

几个大臣计议已定，便决定在上东门摆酒庆贺，邀请东都城内的所有文官武将一起前往。

王世充身为吏部尚书、一等大臣，自然在被邀请之列，他立即召集自己的亲信于洪建、黄门侍郎赵长文、内史侍郎郭文懿等到尚书府里讨论对策。

他见守卫玄武门的长秋监段瑜未来，忙说："快派人让段瑜也来这里参加呀！"

于洪建急忙派侍从去喊段瑜，一面对众人说道："我原以为段瑜是段达的侄子，未必会心向着咱们呢！"

王世充笑道："你哪里知道，段瑜跟着我时，你还没有当上将军哩！"

赵长文说："段达这小子是个典型的小哈巴狗，让他侄子敲敲他，也是必要的。"

王世充冷笑一声说："那东西的性子如狗熊，打它一下，不仅听话了，还能增加四两肉哩！"

这一句话逗得众人哄笑起来，郭文懿笑道："还是郑王爷识人，也能用人啊！"

段瑜来到，刚坐下便报告："昨日，元文都召集卢楚、皇甫松、段达等开会，中心议题便是讨论对付郑王爷的办法……"

王世充听完他的汇报，对众人说道："听到没有，元文都等人已经在磨刀了，对付我，也是对付你们，不可轻视啊！"

坐在他身边的刘浩说："依我说，在这次庆功宴上，郑王爷可借此机会教训元文都一下，他们不说什么就罢了，一旦翻起脸来，我就让几个大

力士上去扣押他们，煞一煞这些人的傲气……"

王世充挥手道："大可不必！现在还不是时候。我历来的原则是后发制人！先让他们猖狂一阵子再说。"

段瑜又提醒道："如今，朝中两派对立，已处在不可调和状态，郑王爷出入宫闱也得当心一些，谨防中了元文都等人的暗算。"

赵长文说："关键是掌握元文都等人的动向，不然两眼一抹黑，容易上当，一旦中了他们的奸计，就后悔莫及了。"

王世充点头道："这倒是一句关键语，你们别在表面上暴露出来，要学会笼络人的手腕，让他们的亲信为我们效劳，成为我们的暗线……"

次日，王世充让刘浩带领五十名侍从跟随，来到上东门参加庆功宴会，元文都一见，笑道："郑王爷来参加宴会，带来这么多侍从干什么？这又不是去打仗！"

王世充说："这么大的宴会，满朝文武都来了，没有人警卫能放心吗？若是有人存心捣乱，就可以就地镇压嘛！"

元文都讨了个没趣，只好支开话题，看着刘浩说："你不是在宫里值班报时吗？何时去尚书府了？"

未等刘浩答话，王世充立刻拦了过去，阴着脸道："难道本王调任一个人，还要去向内史令报告不成？"

卢楚是刘浩的姑父。见元文都连讨没趣，忙把话拦过去，对刘浩说："郑王爷是朝廷重臣，你可得小心侍候着，出了差错，不得了啊！"

刘浩点头答应，王世充接过去说："这事你就不必操心了，有本王在，谁又能奈何他？"

王世充自恃大权在手，一付专横跋扈的样子，使元文都一批文官敢怒而不敢言，只有忍气吞声了。

过了一会儿，酒宴还未开始，王世充又想趁机发泄不满，便向元文都问道："李密聚众造反多年，仅凭他写来的一张乞降文书，你们就完全相信了他，又鼓动皇上给他加官晋爵，是否有些轻率了？"

未等元文都答话，卢楚急忙过来对他说："这件事一开始讨论时，郑公也是点头赞成的……"

未等他说完，王世充勃然变色道："你说的不错，这联合之事本王是曾点过头的，不过，以后你们就背着本王去与李密暗中联络，谁又知道你们在一起搞些什么名堂？"

元文都一听，也有些不满地说："郑公若是信不过咱们，请你去问皇泰帝吧！"

说完之后，气鼓鼓地站在那里，这种软中带硬的态度，一下子激怒了正想找茬的王世充，只见他二目一瞪，手指着元文都厉声叱骂道："好一个元文都！你这么厉害？老子连问一下都不行吗？你动辄就把皇泰帝抬出来，到底是何居心？今日不说清楚，老子跟你没完！"

刘浩见王世充发狠，也大声质问道："抬出皇泰帝又怎样？他也是由郑王爷一手扶立起来的……"

卢楚见刘浩也跟着瞎起哄，便摆出长辈的架势，对刘浩教训道："大臣们议论朝廷大事，你有什么资格说话？还不赶快给我滚出去！"

王世充听了，把案子一拍，冲着卢楚骂道："刘浩是本王的部下，他为何不能说话？你一个小小的内史令就目中无人，在本王眼里，你卢楚不过是苍蝇、蚊子、臭虫一类的货色，哼！随时可以把你捏死！"

双方叫骂不休，文武大臣们只是站在一边看热闹，有几位胆子稍微大一些的上前劝说，他们竟然吵得更凶。

王世充见火候已到，忙向刘浩、赵长文等使个眼色，大声吩咐道："元文都要我们去问皇泰帝，以为我们不敢去！我们就陪着他一起进宫，去见皇泰帝，看皇上又能把我们怎样？"

王世充一声令下，刘浩指挥他的那些侍卫们，两人架着一个，推推拥拥，把元文都、卢楚、段达等人拖出上东门，向宫中走去。

王世充等尾随在后面，一边叫骂，一边暗中指使那些人高马大的侍卫，在途中不停地折磨元文都等人，一会用手推，一会用脚踢，始而嫌他们走得太慢，在他们身上乱打乱踢，继而怨他们多事，往他们脸上吐唾沫。

沿路围观的百姓甚多，有的高兴地拍手、欢呼，有的愤愤不平地小声谩骂，而大多数人则是幸灾乐祸，风趣地说他们是："狗咬狗，一嘴毛，为啥事，天知道！"

上东门的庆功宴被王世充带去的一伙人搅散了，两派人闹进宫里，皇泰帝也不敢得罪王世充，便先让元文都、卢楚等人回去，把王世充留下来，再三劝慰说："与李密联合，只是朝廷的权宜之计，是想借李密的瓦岗军消灭宇文化及，然后我们再将李密消灭。"

王世充说："这计策固然很好，臣担心元文都、卢楚这伙人与李密勾结起来，像宇文化及那样，谋篡隋朝江山，不可不防啊！"

皇泰帝笑道："元文都等人不过是一些刀笔吏罢了，所谓秀才造反，三年不成，何况他们也没有这个胆量啊！"

王世充趁机说道："果真如此，请皇上下诏，再从城内招兵，由臣负责训练，等到李密打败宇文化及以后，臣将能及时带领兵马，出城消灭李密。"

皇泰帝本想不答应,但是,他见到王世充那双闪着狡黠亮光的眼睛里,隐藏着杀机,顿时觉得浑身发麻,不敢不答应下诏了。

王世充大闹庆功宴,并将元文都、卢楚等朝中大臣,公开辱骂一通,又唆使手下对他们拳脚相加,在皇泰帝面前不但未受到指责,反而逼着皇上下诏扩兵,仍由他掌握这支新兵,然后才高高兴兴地领着那一伙帮凶,回到尚书府里庆贺胜利去了。

元文都、卢楚等人从皇宫里出来,一齐拥到元文都家中,相互抱头大哭一场,各人身上都留下了青一块、紫一块的斑斑伤痕,元文都气得发誓道:"此仇不报,绝不活在这个世上了!"

卢楚拭着泪水说:"种种迹象表明,王世充不仅是个无赖,更是一个野心家,一旦时机成熟,他必然取隋而代之,自己做皇帝。我们必须清醒地认识这一点,否则,有朝一日我们全会死在他手下。"

元文都说:"为了扳倒王世充,我们手中没有军队不行,从今往后,我们要不惜一切代价,在宫中、军队中,物色能为我们所用的将士,在适当的时机,突然袭击这个恶魔!"

卢楚接着说:"这是借助内部的力量消灭他,还可以借李密之手,为我们消除这个毒瘤。"

段达说:"趁着与李密联合的机会,何不让李密的瓦岗军进入东都,以勤王护驾为名,包围尚书府,活捉王世充呢!"

元文都连忙摇头说:"那不行,那不是乱了套嘛!何况守城的将士全是王世充的亲信,李密及其军队也进不了城呀!"

卢楚说:"这办法虽不能马上实行,可以在适当时候不妨一试!与其死在王世充手下,不如随李密去当草寇了!"

元文都这几个文官研究了向王世充复仇的办法之后,便各自回家,去分头准备。

几天之后,皇泰帝又把元文都等召进宫,对他们说:"为了与李密加强联合,朝廷准备派遣大理卿张权、鸿胪卿崔善福去向李密赐诏书,要他尽快率瓦岗军去攻打宇文化及。"

元文都立即表示赞成,并说道:"从李密派来的使者口中,可以了解李密并不像一些义军的首领那样野心甚大,他已多次拒绝了部下推举他当皇帝的请求。"

皇泰帝从元文都的话中已能听出弦外之音,急忙打断他的话,说道:"对李密如何评价,暂时还是不议为好,等到他消灭了宇文化及以后再说吧！"

张权、崔善福带着皇泰帝的诏书，来到李密营中，受到瓦岗将士的热情欢迎，李密恭恭敬敬地面向北方，拜接诏书，展开一看，见上面写道：

"从今日开始，让过去那些不愉快的事情全都一笔勾销了吧！朝廷的使臣到达之时，双方应建立彼此之间的信任，相互理解的关系。大隋的社稷，企盼着你们来匡扶；蜂起的盗贼，全靠你们去讨伐！"

李密读完诏书，非常高兴，又把诏书传于裴仁基等去看，并吩咐大摆宴席，款待东都使者，决心不负皇泰帝所托，准备在近期内率领大军，与宇文化及决战，一举歼灭这个叛逆。

程知节来到滑台，找到了他的舅父王轨，甥舅二人多年不见，自然高兴万分，王轨说："未想才几年工夫，你就长成一条大汉了！"

程知节笑道："是啊，几年不见舅父，你老人家却是满头白发，眼看变成一个老人了。"

甥舅二人边喝酒，边谈着家常闲话，程知节突然把话题一转说："舅父本是一个明智之人，怎么随着一个叛逆之人，岂不玷污了自己的清白名声吗？"

王轨叹了一口气，说："我也是迫不得已啊！宇文化及之父宇文述对我恩重如山，我怎好背离他呢！"

程知节说："听说宇文述是杨广的宠臣，也不是一个好人，你老人家何必对他那么敬重呢？"

王轨听到这儿，不由问道："我光顾着说闲话，还没有打听你如今在哪里谋事？"

程知节道："不瞒舅父说，你的外甥正在李密麾下谋事。"

"啊？你是李密派来的？"

"舅父不愧是一个明白人，我正是李密派来的。"

"是来劝我归附李密？"

"正是。瓦岗军人多势众，兵强马壮，能人无数，猛将如云，宇文化及是一个为天下人咒骂的篡权小人，谁不恨他！"

王轨说："李密也不是一个好东西，瓦岗军是草寇，你怎么能去当草寇？"

程知节说："舅父本是一个明白人，怎么又糊涂起来了？在杨广暴政下，天下大乱，不都是被迫无奈才起来造反的吗？怎么能说是草寇呢？"

王轨说："这是大事，你得容我三思而后行。"

程知节想了想，又对舅父说："李密当前瓦岗军有三十万人，而宇文

化及仅有十二万人，他能与李密对抗吗？舅父要当机立断，等到李密消灭了宇文化及，你再去投奔李密，不是太晚了吗？”

王轨听后，叹息着说：“你说得有理，不过，我把这滑台一旦献给李密，宇文化及的军队没有了粮草辎重，他败得将更快、更惨，我又怎么能对得起那死去的宇文述呢？他若泉下有知，定会来找我问罪呀！”

程知节听了，哈哈大笑道：“宇文述生前帮着昏君出了那么多坏点子，老百姓死了千百万，若是都能找他问罪，宇文述怎么办？”

突然，侍从进来报告：“大丞相派人来运粮了！”

王轨一听，吓得手中的杯子“当啷”一声掉在地上，看着他的外甥连声说道：“这可怎么办？这可怎么办？”

程知节抽出两把斧头说：“舅父别怕！有知节在此，别说来一个运粮官，就是来十个、二十个，管叫他一个也别想走脱！”

王轨急忙制止他说：“外甥不可鲁莽！等会面之后见机行事吧！”

不一会儿，宇文化及派来的运粮官许敬宗一摇三晃地走了进来，王轨一见，热情地迎了上去，说道：“原来是记室许大人来了，有失远迎，请海涵。”

许敬宗笑道：“王尚书这里好安静啊！”

王轨听了，一时弄不明白他话中意思，忙问：“许大人，此话怎讲？”

许敬宗笑道：“我从黎阳出发时，那里战鼓震天，喊杀声地动山摇，热闹异常；来到这滑台地界，万籁俱寂，如同进入深山绝域，显得非常清静，真是截然不同的两个世界呀！”

王轨这才放心，遂问：“怎么，黎阳又打起来了？”

许敬宗答道：“不但在打，而且打得更厉害了！李密与东都城内的皇泰帝联合起来了，瓦岗军没有了后顾之忧，李密便放心大胆地带领三十万大军向咱们的宇文大丞相开战……”

躲在内室的程知节，一听说李密与东都城内的小朝廷联了，再也沉不住气，急忙从内室走了出来，向许敬宗问道：“请问他们是怎么联合的？是不是李密向东都的小朝廷投降了？请你快说！”

王轨一见外甥从内室冒冒失失地走出来，吓得脸色大变，急忙使眼色不要他讲话，可是程知节竟不理会，只顾一口气地把话说了出来。王轨一时又急又怕，又气这个外甥好不懂事。

许敬宗见程知节从内室突然走出，不禁一惊，见此人相貌怪异，说话声若洪钟，身长体大，站立屋子里，活像是一座铁塔，不由惊问：“你是何人？”

程知节正要答话，王轨忙向他使了一个眼色，赶忙对许敬宗说："许大人，他是本部的外甥程知节。"

许敬宗又转脸仔细地上下打量着这个陌生人，心里回想着他刚才的问话，不由疑窦顿生。遂问道："请问壮士，你在何地做事？"

程知节听了，一时不知如何告诉他，便扭脸看着他舅父，王轨会意，立刻回答道："许大人，我这外甥年轻无知，仍在家乡种地哩！"

许敬宗听了，更加怀疑起来，若在乡间种地，为何对李密与东都联合之事那么关心？

这位许敬宗本是一个秀才，因为天下大乱，未能做上大官，只在宇文化及的丞相府里做个小小的记室，实在是屈才了。

经过一番察言观色，许敬宗断定，王轨的这个外甥绝非种地之人，必然大有来历，很可能是来自李密的瓦岗军，不然，他对联合之事为何那么关心？

想到这里，突然显露出不满的表情，向王轨说道："王大人！你我同在宇文述麾下多年，无话不谈，无事不在一起协商，我自以为与王大人相交甚厚，未曾想大人城府如此之深，实出意料之外。"

王轨听了，心中已猜出许敬宗的话中之意，不由向程知节示意，暗示他快些进内室去，又接着打哈哈道："许大人别多心，我马上就吩咐手下人备酒菜，为你洗尘，咱老哥俩还要多喝几杯哩！"

"你别再顾左右而言他了！"许敬宗正襟危坐，两眼盯住王轨的脸，问道："老实告诉我，你那位外甥到底是从哪里来的？"

王轨吓得面色如土，不知如何回答为好，口中只是"这、这……"了几声，才又说道："他确是我的外甥程知节，我绝没有——"

许敬宗诡谲地一笑，说："我也相信这位程知节可能是大人的外甥。不过，我问他是从哪里来的，来这里有何事？"

许敬宗的话还未说完，程知节从里屋突然蹿出来，手里挥舞着斧头，呵斥道："你这人欺人太甚！老子从哪里来，关你何事？若再胡说八道，老子就劈了你！"

许敬宗先是一惊，接着便沉静下来，冷笑道："我乃是宇文大丞相派来的运粮官员，杀了我，王大人能脱得了干系？"

程知节呵斥道："劈你又能怎样？我们有三十万瓦岗军靠着，宇文化及算个什么东西！"

王轨急忙向外甥挥手制止，责骂他说："混账东西！你胡说些什么？还不快给我滚进屋去！"

第十六章　咬金领众投瓦岗　争斗四起弃关中

许敬宗哈哈大笑道："算了吧，王大人！别再与你的外甥一起演双簧给我看了，这位程知节他来自何处，我已清楚了。"

程知节也不进屋，反而瞪住许敬宗质问道："你既然明白我的来历，何必再问？你打算怎样？快说！"

许敬宗见他那凶神恶煞的样子，心中有些畏惧，担心他一斧劈了自己，但是他想以攻为守，便大着胆子威胁道："我打算怎样？这滑台距黎阳不过一两天的路程，我又怕什么？"

程知节把牙一咬，对他警告道："宇文化及自顾不暇，还有三十万瓦岗军挡住，他来得了滑台吗？"

许敬宗听到这儿，不禁叹息道："人不可貌相，海水不可斗量，真是一点不假！"

说完，他扭头对王轨说："不瞒你们舅甥二人，我离开黎阳时，军中存粮已经不多，也不过仅够数日之炊，我来滑台调粮是假，本想与你商议……"

王轨见他欲言又止，催着问道："要与我商议什么事？"

许敬宗一本正经地说道："宇文化及已经山穷水尽，他又是天下人同声共讨的叛逆，我和你都是正正经经的读书人，岂可与他同流合污？"

王轨忙问："快说，你打算怎么办？"

程知节抢着说："说得对，宇文化及快完了，随我一起投奔瓦岗军去吧！"许敬宗听后，竟摇了摇头，出乎他们意料地说道："我想去长安，归附李渊，因为李密并不是一个理想的主子，此人心胸狭隘，未必能成大事。"程知节却执拗地说道："你说得不对，李密为人仗义，善于用兵，帐下人才济济，将来必成大器。李渊偏安关中，早向李密称臣了，怎么能弃主求次呢？"

许敬宗坚持说："李密杀害翟让之事，已证明他不是重义之人，我奉劝你们……"

王轨这才转惊为喜，心中一块大石头落了地，高兴地说："坐下慢慢谈，无论是李密，还是李渊，都是应验了那条谶语的李姓人物，总不会有两个真龙天子吧？"

程知节大声说："我敢肯定地说，李密一定是取代隋朝的未来君王！"

许敬宗摇摇头，苦笑着说道："不一定，不一定……"

三人争论了半夜，许敬宗只得放弃去关中的计划，于次日随着程知节一起奔向瓦岗，见到李密之后，受到热情欢迎，李密任命王轨担任滑州总管，任命许敬宗担任元帅记室，和魏征共同掌管文书机密。

第十七章
营中谈判丞相和　阴谋败露制敌先

　　李密接受了东都皇泰帝的官爵，解除了后顾之忧，又收降了王轨、许敬宗，得到了宇文化及的粮草，由于获得了双丰收，便准备一举歼灭宇文化及。

　　许敬宗献计说："宇文化及粮草将尽，不如派人前去与其假意讲和，并答应借粮于他，然后伺机袭击，必能大获全胜。"

　　李密欣然接受，立即派人去与宇文化及讲和。

　　此时，宇文化及正为王轨投降李密，丢失了滑台的粮草辎重在生气，又听说三弟宇文士及离开了自己，去投奔关中的李渊，他责问二弟宇文智及说："连自己的亲兄弟都笼络不住，你这左仆射是怎么当的？"

　　宇文智及辩解道："早在父亲生前，三弟士及已与李渊是好朋友了，平日你对他又不冷不热，我怎能笼络得住他？"

　　宇文化及生气地说："你身为左宰相，连同胞兄弟都跑了，你还怎么去管其他将领？只顾整日和那萧皇后卿卿我我，还怎么去打天下？"

　　宇文智及不服气，反问道："还说我呢，你日夜泡在三宫妃嫔之中，又如何去打天下？"

　　兄弟二人正在相互埋怨，忽有侍从前来报告："李密派使者来了，请求拜见丞相。"

　　宇文化及听了，忙向二弟问道："李密为何派使者来我这里，莫不是来下战书？"

　　宇文智及顺口说道："让使者进来不就知道了。"

　　宇文化及遂整衣冠，端坐帐中，等待李密的使者前来，只见一个骨瘦如柴的老人，佝偻着身子，走进帐中说：

　　"巨仁奉魏公之命，前来拜会宇文大丞相！"

　　宇文化及不由笑道："李密营中也没有军粮了吗？怎把你饿得这般瘦弱？"

　　一句话引得帐中的人们一齐哄笑起来，不料那位名叫巨仁的使者却出

口说道："大丞相所言大谬不然，魏公营中粮草堆积如山，正愁着积多霉烂，听说贵军粮食渐尽，准备奉送十万担给大丞相哩！"

宇文化及听后，以为是听错了，忙问："你说什么？是说李密要送十万担粮食给我？"

巨仁把腰一挺，毫不迟疑地说："一点不错，魏公派我前来，一是奉送十万担粮给大丞相，二是与大丞相讲和，共同攻打东都，消灭王世充。"

宇文化及忙问："十万担粮食何时才能送来？"

巨仁把他的小眼睛一眨巴，说："只要大丞相答应讲和，双方一旦签约，军粮马上就会送来。"

宇文智及插话道："你们魏公果有讲和诚意，应该先把十万担军粮送来，大丞相便立即派使者前去签约，这对双方都有利。"

巨仁看着宇文智及说："魏公军中粮草充足，区区十万担粮食，全不放在眼中，双方讲和是大事，望大丞相切勿犹疑，尽快派人去签约吧！"

正在这时，军中负责粮秣的官员前来报告："大丞相！近日军中将士纷纷叫嚷吃不饱饭，请求增加粮食，怎么办？"

宇文化及顺口问道："军中粮食够吃多长时间？"

那位粮官答道："至多还够吃五日，若是让将士们吃饱，也不过三天就吃完了。"

未等宇文化及答话，巨仁接过来说道："请大丞相别克扣将士们的口粮了，我保证在三天之内为你们送十万担粮食来！"

宇文化及听了，正高兴得大笑不止时，宇文智及突然向巨仁问道："我且问你，你以什么作担保在三天之内能为我军送来十万担粮食？"

巨仁伸出右手，在胸脯上连拍几巴掌，大声说：

"我以魏公的人格作担保，绝不会失信于大丞相！"

宇文化及高兴地点头说："那太好了！我就相信你们一次，不过，你们可别让我失望啊！"

巨仁又指天划地，煞有介事地说道："天地作证，我们魏公一向是言而有信，从未食言过，请大丞相一百二十个放心！"

宇文智及还要说什么，被宇文化及伸手阻止了，遂向那位粮官发布命令道："从今日起，军粮不再节制供应，要放手让将士们吃饱，别再抠抠搜搜的了。"

那粮官走后，宇文化及向他的二弟问道："你看派谁去李密营中谈判呢？"

宇文智及对李密的讲和一直持怀疑态度，所以没有考虑派谁去做使者，只得顺口反问道："依你看，派谁去合适？"

宇文化及突然对他说："这是一件大事，派二弟你去，我最放心！"

狡猾的宇文智及暗自想道："派我去最合适？李密若是假意讲和，把我扣下，岂不是白送了性命？不能去，绝不能去！"

宇文智及经过一番思考，说道："三弟已离开了军队，我若不在你身边，一旦有个意外，我又怎能放心，还是派别的人去吧。"

宇文化及问："我们也派一个年纪大的人去，你看苏威去如何？"

宇文智及听后，心说："谁去做使者，我都没意见，只要别派我去就行。"于是他忙说："苏威乃两代老臣，他去再好不过了。"

于是，巨仁与苏威二人辞别了宇文化及，回到李密营中，苏威方知讲和、送粮全是假的，他也顺水推舟地归附了李密，并做出一副奴颜婢膝的样子说："魏公用兵以谋，果然名不虚传……"

宇文化及一连等了三天，不见苏威回营，也不见李密送粮食到来，方知自己上当受骗了，不由对他二弟说道："幸亏你没有去，不然，不是枉把你的性命送了去！"

宇文智及说："我早就意识到这里可能有陷阱，你却听不进意见，如今粮食更少了，如之奈何？"

宇文化及灵机一动，说："兵法有云，置之死地而后生。如今，我们军粮已尽，只有孤注一掷了！"

宇文智及问道："快说吧，你有什么妙计？"

宇文化及说："我们让军队借着夜色的掩护，悄悄地渡过永济渠，对李密进行突然袭击，必能取胜，何愁没有粮食？"

宇文智及不无担心地说："只怕李密早有防备，我们不但无功，反会遭致失败。"

宇文化及不满地说："你别只长李密的威风，灭我们自己的志气呀！他李密也不是孙膑、吴起，怎么能知道我们领兵去夜袭？你要振作起来，我也才更有信心！"

两兄弟合计妥善之后，把所有的粮食全做成饭食，让全军将士饱餐一顿，乘夜渡过永济渠，刚到童山脚下，忽听四面八方喊杀声骤起，瓦岗军高举着火把，叫喊着围上来了。

宇文化及只得硬着头皮向全军将士大声命令道："为了活命，我们只有拼着性命杀退李密的瓦岗军！"

这些隋军将士心中也十分明白，前有瓦岗军，后有永济渠，只有杀退前面的敌人，才有出路，于是，大声叫喊着奔上前去，与瓦岗军厮杀在一起。

原来李密早已估计宇文化及要来偷袭，因为他们军粮已尽，只有拼命一战，才能稳定军心。

双方将士混战在一起，从半夜子时，一直杀到次日辰时，宇文化及的二万人马，其中有八百禁兵，最为骁勇善战，他们全是隋炀帝生前特别从军中挑选出来的能征善战的勇士，一个个勇力过人，杀得瓦岗军纷纷退去。

不过瓦岗军人多势众，军中也有单雄信、裴行俨、程知节、秦琼等勇将，由于他们身先士卒，在隋军中横冲直撞，与那些禁兵拼杀得难解难分。

突然间，正在指挥作战的李密，因一时不慎，被流矢射中，翻身落马，宇文化及一见，大叫道："李密中箭落马，快取李密首级！"

经他这一声喊，隋军拼命拥过去，想割取李密的人头。当此危急之时，秦琼一眼望见，将手中双铜舞动起来，拍马如飞赶向前去，杀退蜂拥而上的隋兵，救起了昏迷中的李密。

秦琼又与程知节一同反身杀入敌阵，一个挥动双铜，一个舞起双斧，见到隋兵就砍，程知节如雷般大叫道："不怕死的，你就来吧！"隋兵见他凶神恶煞的样子，早已吓得纷纷躲闪。

宇文化及眼看兵马纷纷败退，忙对二弟宇文智及说："咱们'留得青山在，不怕没柴烧'。不如及早退兵吧！"

宇文智及忙说："朝南回不去了，东西也走不通，只有往北退了！"

宇文化及连忙点头说："就依你所说，我们向北逃吧！北边还有几个县仍是我们的官员在管着呢！"

说完，遂命令全军向北退去。

古往今来，军队一退，所谓兵败如山倒，精疲力竭的隋兵，往后一退，不攻自乱了。

瓦岗军的主帅李密已被抬下了战场，但是秦琼、程知节、单雄信、裴行俨等见隋军败退，急忙又带领队伍随后追杀，直杀得尸横遍地，血流成河，宇文化及与二弟宇文智及带领残余人马向北边的魏县逃去……

童山下一战，宇文化及再也没有力量与李密对阵了。李密打败了宇文化及之后，回到洛城大营，吩咐犒赏全军将士，但只是杀了猪羊、宰了牛马，办了一桌酒宴而已。将士们议论纷纷，都认为无一点钱帛奖赏，也太吝啬了吧！左武侯大将军单雄信对众人说："府库里无钱无帛，用什么奖赏你们呢！以后再说吧！"

将士们出生入死，拼死杀敌，只吃了一顿酒，自然心中不满意，而李密却与裴仁基、许敬宗、秦琼等一些隋朝旧官员一起大吃大喝，把功劳全记在他们身上。

李密端起酒杯，先敬许敬宗说："这一仗所以能打败宇文化及，全靠许大人献的那条'诈和计'。"

这一句话刚说到这儿，忽然巨仁从外面进来，说道："报告魏公，许大人献计有功，难道我出使没有功吗？"

李密说道："有功，有功，也该敬你一杯酒！"

接着，巨仁又把他出使宇文化及大营的经过说与各位听，不由引起一阵阵的掌声。

李密又端起酒杯，看着秦琼说："这一次若没有将军及时营救，我李密的首级就要搬家了！你是李密的救命恩人，我得敬恩人一杯！"

秦琼忙说："功劳是大家的，当时，若不是众将士的拼命厮杀，杀退扑上来的敌兵，恐怕我一人也很难搭救魏公。"

这次酒宴之后，元帅府参军贾润甫向李密报告了将士们的意见。他说道："将士们有些不平，都嫌奖赏太薄，言而无信。"

李密说："这又是一些瓦岗军中的老人带头议论的，他们自翟让死后，一直对我心怀不满。"

贾润甫急忙对他说："魏公估计错了，将士们纷纷议论时，幸亏瓦岗军中的单雄信等从中制止，向众人解释，那些有意见的将士才消了气，逐渐散去的。"

李密听了，只是摇头叹气，后来才对贾润甫吩咐道："明日再备一桌酒菜，专门请瓦岗军的一些老人员，来一起叙叙旧，乐一乐吧！"

次日，酒宴一开始，程知节来了，对众人说："我也应该是瓦岗军的老人员了，当时因诸多原因，未能及时投奔瓦岗，深感愧疚，不过，我的心早就飞到了瓦岗，与诸位兄弟连在一起了。"

李密说："说得太好了！人世间什么最重要？是人心，什么金银财宝、绫罗绸缎，全是身外之物，只有人心是无价之宝！"

单雄信是一个耿直汉子，听了李密的人心之论，不由想到了犒赏之事，便立即说道："刚才魏公说人心重要，一点不假，不过，人心都是肉长的，人心也要靠护持，有时还需要用物质去笼络呢！"

李密领会他话中含意，苦笑着对众人说："我何尝不想奖赏一些物品给有功将士，但是府库中空空如也，我拿什么去奖赏呢？"

徐世勣说："府库空虚能怪我们的将士吗？不客气地说，那是你魏公

的责任。"

李密一听，不悦地看了徐世勣一眼，反问道："这怎么能怪我呢？我既没有贪污，去抢占公共财物，又没有接受别人的馈赠，本与我无关呀！"

徐世勣忙说："我的意思不是说你魏公贪占、受贿，我以为你是我们瓦岗军的统帅，往日我们每战之后缴获的那些金银财宝等，都哪里去了？这是管理不善，这是由于你用人不当造成的——"

王伯当立即说道："茂公说得对，我们缺少严格的规章制度，也没有这方面的人才呀！"

徐世勣接着说："人才也有，只是没有被魏公任用，让人才闲在一边了！

单雄信说："像那裴仁基，他有何本事？我看他只会说一些阿谀奉承的话，来讨好魏公。"

李密听着，心里很不对味儿，只得解释道："这看法太武断、偏激了，人家裴仁基原是隋朝的讨捕大使，重用了他一人，影响一大批隋朝的旧官员，主动来降顺，这就是号召力啊！说起来你也不懂，唉……"

徐世勣又说道："自古是武将打天下，文官治天下。这说法不无道理。如魏征、许敬宗这些隋朝的旧官员，他们熟悉朝廷的典章制度、礼仪规则，魏公可以让他们负责制定和处理这一方面的行政事务，既做到了人尽其才，也为全军将士办了事，可谓两全其美。"

李密听了，心中总是不服，便不阴不阳地说道："只怪我才疏学浅，怎能比得上茂公兄谋略过人，说出话来一大套一大套的……"

徐世勣听出了话里有音，急忙摆手说："请魏公口下留情，饶了我这一次，以后我绝不再乱说乱道了，刚才的话算是我没说，可以了吧？"

说完，徐世勣坐下只是喝闷酒，再也不说一句话了。

后来，李密反而向程知节诉苦道："看到了吧，瓦岗军的那些老将士对我怀着成见，全是因为翟让的事情，即使我给他们再多的胡椒吃，也暖不了他们的心啊！"程知节却不以为然地说："我倒觉得他们的意见非常正确，出发点也全是真诚地为了魏公的呀！"

李密仍然摇着自己的头，说："你刚来，哪里知道他们的用心啊！"

当初翟让等人被害死以后，他们家中的娇妻美妾全被李密纳入自己的魏王府里。

翟让的女儿自小生得肤白如玉，十分可爱，徐世勣替她取了个小名"杨雪"，是从"杨花似雪"而来。

后来，又经徐世勣做媒，将杨雪许配给单雄信的次子单豹为妻，杨雪也成了徐世勣的干女儿。

翟让被杀时，杨雪才十四岁，还没有来得及与十八岁的单豹成亲，便被一齐掳进李密的魏王府里。

王伯当代单雄信向李密提出几次，要求放杨雪出来，让她与单豹完婚，李密不答应，坚持说："杨雪是翟让亲生女儿，罪当该杀，或是充当佣奴。"

单雄信听说后大怒："翟让无辜遭害，其儿女亦遭连累，实在太冤枉了，我要当面与李密讲理去！"

徐世勣、王伯当再三劝阻，单雄信才忍下这口气。不过，他从此不再与李密说话，也不去参与议事，整日在自己府中坐着喝闷酒。

徐世勣来劝他时，他开始时不说话，后来突然说道："你脑子灵活，有勇又有谋，咱们另谋出路去吧！"

徐世勣总是推托说："在一起谋事多年，一朝分裂，岂不被天下人耻笑？再忍一忍吧！"

单雄信生气地骂道："你有一身的本事，却在别人腋下受气，因为你是一副软骨头呀！"

徐世勣与单雄信是八拜之交的兄弟，听了之后，笑着说："人生在这样的乱世，只有吃亏才能长世呀！有的人跋扈一时，要不了多久，他就要没世的。"

李密对徐世勣的才能早就忌恨。翟让死后生怕此人领着瓦岗军的原班人马与他分裂，最担心他与单雄信联合起来与他对抗，便让徐世勣出镇黎阳，表面上是委以重任，其实是疏远他、孤立他，让他与单雄信不在一块儿，自己便于驾驭全军将士。

杨雪被关进魏王府后，与其伯父翟弘的女儿芳姐住在一起，姐妹俩一样是容貌端庄美丽，性格也相投。

一天，李密来了，让人带她们姐妹二人来到客厅，二人既不说话，也不施礼，只是静静地站在那里。

李密也不生气，问道："谁是杨雪？"

杨雪不吱声儿，也不抬眼看他，李密仍然笑着说："果然是白如杨花，名不虚传！"

然后，李密又看着芳姐说道："芳姐这名字太俗了，你那腰细如柳，不如改名为杨柳吧！"

姐妹俩听了，一声不吭，李密又对她们说："本王已赦你们无罪，但是，必须在府中侍候本王。"

说完要走，杨雪却开口说道："请魏王慢走，我们有话要说！"

李密一听两个姑娘喊他魏王，高兴万分，急忙回到原位坐下，两眼盯着她们美丽的面容，笑眯眯地问道："你们有什么话，尽管向本王提出来。"

杨雪不由脸色飞红，心跳加快，但她还是控制住了自己，开口说道："感谢魏王赦我们姐妹俩不死之恩，容当后报；不过，我们已是有主的人了，他们全是魏王的部下，恳请魏王再高抬贵手，放了我们吧！"

李密听完，勃然变色道："别不识抬举！若想活命，就得在魏王府！"

说完，鼻子里又哼了一声，悻悻地走了。杨雪和芳姐又羞又气，姐妹俩抱头大哭一场，决心以死对抗，绝不屈服！

单雄信妻子翁氏，名叫草英，为丈夫生下三子一女，他们是单虎、单豹、单龙，一个女儿名叫单凤。

自翟让死后，翁氏从丈夫口中已经得知李密拒绝释放杨雪，便设法买通魏王府总管汪成的妻子刘氏，探出李密想把杨雪与芳姐一起收留作妾。

那翟弘之女芳姐，原是由翟让做主，许配给王当仁的儿子王小山为妻，也是未来得及成亲，便被抓进魏王府。

这翁草英并不是个凡女，其父是一个游方的郎中，她从小就随着父亲走中原、串关中，什么没见过？对李密杀害翟让一事早已不满，又见他霸着自己的儿媳妇，不但不放，还想占为己有，心中气愤不过，恨得咬牙切齿。

她知道丈夫单雄信是一个耿直汉子，不敢和他商量，便去找到王当仁的妻子吴氏，把情况一说，二人一拍即合，吴氏说道："我看我们还是先去找李密的妻子说说看，咱们一起去有个照应。"

翁草英双手一拍，笑道："太好了，我们姐妹俩现在就去，趁李密不在府中，也好说话。"

两个女人来到魏王府，见到刘玉梅一说，这魏王的夫人确是一个好人，忙说："要是父亲在世就好了，李密最听他的话，可惜他老人家病死多年。如今，李密的官做大了，地位变了，来见我的次数也越来越少了！"

刘玉梅说着，眼泪便流下来了，翁草英说道："我那丈夫单雄信是红脸汉子，他就是不愿意娶小妾，我劝他多次了，总是摇着头说：'就你一个女人在身边，我就满足了，还要什么小妾？'"

王当仁的妻子吴氏也说："我那口子也没有小妾，看样子，男人不能做官，也不能发财，一旦他们做了官，发了财，便要变了……"

刘玉梅说："依我说，这两个姑娘的事情这么办。"

她说到这里，向二人招招手，在她们耳边低声说了几句话，然后拉着两人一起走了出去，来到关押杨雪和芳姐的地方，对守卫人员说道："我要把两个姑娘带去打扮一下，你们快把门打开。"

　　守卫的侍从见是魏公的妻子刘玉梅，只得打开房门，把两个姑娘放了。翁氏和吴氏赶快上前领着各自儿媳走了。

　　这时，侍从忽然想起了什么，急忙追上刘玉梅说：

　　"夫人！放走了这两个姑娘，魏王回来我们怎么说呀？"

　　刘玉梅头也不回地告诉侍从说："你就说是我放了她们，一切后果由我担着。"

　　杨雪、芳姐各自被领回去，当晚便成了亲。直到第二天下午，李密才知道这件事，气得暴跳如雷，大骂妻子刘玉梅道："你好大的胆子！居然把两个叛逆的亲属私自放跑了，这是死罪呀！"

　　刘玉梅却冷静地指责丈夫道："你要是还有一点良心，就不要把事情做得太绝！你把恩人翟让杀了，还能再去淫乱他的女儿吗？"

　　李密听了妻子的话，大喝一声："你是不想活了！再胡说八道，我就一刀劈了你！"

　　刘玉梅两眼流泪道："只怪我父亲当初瞎了眼，认错了人，不该救你这个忘恩负义的东西！我不用你来杀，我自己去死，也免得将来被别人杀了！"

　　说罢，自己整理一下身上的衣服，转身走进屋子。

　　李密原以为妻子是说气话的，也没放在心上，就回客厅议事去了，哪里知道她妻子刘玉梅竟然悬梁自尽了！

　　这件事在瓦岗军将士中间传得沸沸扬扬，李密的威望一落千丈，特别是一些瓦岗军的老人员，对李密更加疏远，有人甚至公开责怪秦琼道："对这种不顾情义的人，根本就不该救他！"

　　李密听说了这些议论，为了挽回影响，只好公开宣布要为翟让建坟立碑，来纪念这位瓦岗军的创始人。

　　不久，东都城里发生内乱的消息传来，李密立刻召集部下开会，他首先惋惜地说："可惜元文都、卢楚等人都被王世充杀死了，联合之事已成泡影，皇泰帝将来也很有可能被王世充取而代之！"

　　魏征立即建议说："王世充野心勃勃，他既反对联合，必然要兴兵来犯，我军刚与宇文化及战后，应该抓紧时间养精蓄锐，厉兵秣马……"

　　李密却很有把握地说道："不要再长王世充的威风了吧！依我说，王世充已是瓦岗大军的手下败将，他屡战屡败，如今已是兵势微弱，要不多

久，必然自行毁灭，东都终会落在我们手中，有什么值得担心的呢?"

魏征听了李密的这段话，本想对他的轻敌情绪再提醒一番，后见将士们一言不发，也就把要说的话咽了下去，不再讲了。

其实，童山脚下的那一场大战，宇文化及固然被打得大败而逃，但是，李密的瓦岗军也遭受重大损失，精兵良将也损折不少，尤其军中的一些锐卒死伤更多，军队急需休整，李密竟被胜利冲昏了头脑，忘乎所以了……

王世充并非等闲之辈。

他与李密交战数十次，每战必败，却不气馁，仍然积蓄力量，扩充军备，伺机再战。

他在东都城里，面对元文都、卢楚等人的群起反对，开始时不动声色，冷眼观望着他的对手在上蹿下跳，在上东门大闹庆功宴，迎头痛击，当众狠狠地侮辱了那一帮文人刀笔吏们。

王世充这么做，一方面是有意向朝中文武大臣显示自己的威力，另一方面是以此来激怒元文都、卢楚等人，逼着他们尽快地向自己发难，然后才好抓住借口，予以反击，达到铲除敌对势力的目的，使个人在东都城内一手遮天，一旦时机成熟，便可取皇泰帝而代之，圆自己做皇帝的美梦。

果不出王世充所料，元文都、卢楚等人经过一番策划，准备趁王世充入朝的时候，伏兵刺杀他于宫内。

王世充获得消息之后，立即派遣宫中的长秋监段瑜前去找其叔父段达说："你们的计划郑王爷全都知道了，你若提前报告，还可以保住全家的性命……"段达本是一个软骨头，经这一吓，赶忙说道："我报告，我马上就去报告——"段达派他的女婿张志到郑王府里向王世充详细报告了元文都、卢楚等人的刺杀阴谋。"

王世充立即召集手下的亲信，宣布说："兵法上有句话说得好，'先发制人，后发为人所制'，我们今晚就要动手，不然，我们都会死无葬身之地!"

第十八章

李密惨败光杆令　颇费斟酌虑天下

这一天晚上，王世充就带领三千精兵，围攻含嘉门。元文都见势只好躲入宫中，但王世充还是闯入宫中将他和卢楚杀死，随后又将他们的家属杀死。

这件事过去不久，王世充挑起了对李密的战争。瓦岗军在与王世充的初次战争中败下阵来。裴行俨在这次战争中身受重伤被程知节救下。

战争胜利的当天晚上，王世充经过一番计议之后，派刘浩率领一千名铁骑，趁着黑夜潜入邙山，埋伏在溪谷之中，命令士卒都秣马厉兵，不得泄漏任何消息。

第二天早晨，在军队出发之前，王世充站在全军将士前面，举行誓师仪式，他举起手中大刀，说道："今日之战，我们不只是争胜负，也是决生死的最后机会。如果获胜，富贵荣华自然不在话下，一旦战败，必无一人获生，只有马革裹尸了。我们与李密所争者生死，不仅是为东都朝廷，也是为响应大隋先皇文帝在梦中托付给我们的杀贼任务，希望众将士奋力！"

王世充说完之后，全军将士又齐宣誓："不负先皇所托，努力杀贼，不获全胜，决不生还！"

宣誓结束之后，每人饮了一碗水酒，立即出兵。

王世充指挥大军走过了通济渠上的三座大桥，见李密的瓦岗军也出营迎战，不等李密的队伍摆好阵势，王世充便大喝一声："弟兄们！生死存亡，在此一战！冲啊——"

二万隋军立即呐喊着，如离弦之箭，高举刀枪冲杀过来。王世充的军中士卒，多是江淮剽勇之人，他们行动矫健，战斗力极强。前一段时间，又经过王世充集中训练，不但军风整肃，士气也极为旺盛。

王世充又用隋文帝杨坚托梦要他杀贼之事，蒙骗军中将士，扬言说："谁不奋力杀贼，必将染疫而死！"

于是，这二万隋兵人人奋勇争先，个个拼命向前，杀得瓦岗军只有招

架之功、没有还手之力了。

王世充一看时机已到，立即对身边的段瑜吩咐说："快去！按计划行动吧！"

只见段瑜把那个相貌长得与李密极为相似的士卒叫到面前，将他绑缚在一匹战马上，押到阵前，让军中士卒放声大喊道："李密被我们活捉了！李密被我们活捉了！"那些隋军将士一听说捉住了李密，更加精神百倍地拼杀起来，都想着多杀几个瓦岗军，好立功受奖呀！

瓦岗军将士听说了这个消息，一时哪里能辨出真假，心中不由慌乱起来，军心一浮动，顿时乱了阵形，更加被动了。

突然间，潜伏在邙山溪谷中的那一千铁骑兵，在刘浩的指挥下，又从山坡上冲了下来。他们如猛虎冲入羊群一样，扑入惊慌失措的瓦岗军中，一阵左砍右劈，杀得李密军大败而逃。

由于李密轻视王世充军队的作战能力，所有军营既不设栅寨，又不修建壁垒，这又为王世充的铁骑提供了极有利的战机，他们如旋风一般长驱直入，出入瓦岗军军营，如履平地，将李密的元帅大帐放了一把火，顿时浓烟冲天，火光映红了半个天空。

瓦岗军的将士们见元帅大帐燃着了，更加相信李密被王世充捉了去的消息，于是各自带着残余兵马向四处逃去。

王世充见瓦岗军溃败了，急忙命令手下将领乘胜追击，连夜包围了偃师城。

瓦岗军中有许多将领已经投降了王世充。原隋朝的旧官员陈智略、张童仁主动向王世充说道："让我们去劝说守卫偃师城的刘廷开城投降吧！"

王世充立即答应，派遣他们二人前往城下劝说道："李密大势已去，还替他卖什么命？"

刘廷身边的将士多是隋朝的降将，一齐说道："皇泰帝仍占据着隋朝的国都，我们还是回归大隋吧！"

在软硬逼迫之下，刘廷只得开城投降，王世充不动刀兵，领军进入偃师，一查点人数，竟收降李密军队数万人，王世充的声势又浩大起来。

刘廷报告说："郑王爷的亲属全在府中关着哩！"

王世充惊喜道："他们不是在滑台吗？"

刘廷忙说："原来是在滑台，后随王轨投降李密以后，一并送来偃师城。"

说罢，遂领着王世充前往探视，原来他的兄长王世伟、王世悍，以及他的儿子王玄应、王玄恕、王琼等，还有姬妾多人，全在这里羁押着，王世充一见，大喜过望，对刘廷说："这偃师城仍由你守着，我再任命一个副手助你。"

说罢，王世充派遣自己的次子王玄恕，让他充当刘廷的副将，一起守卫偃师城。

不一会儿，陈智略又来报告说："李密的亲信大臣裴仁基、郑全、祖君彦等人也逃来偃师城，已被抓获。"

王世充笑道："快带他们来见我。"

裴仁基等一见王世充高坐堂上，只得低着头跪下说道："罪臣拜见郑王！"

王世充指着裴仁基问道："你的儿子裴行俨呢？他可是一员勇将啊！为何不来见我？"

裴仁基泪流满面地说道："他在昨日的战斗中因中流矢，伤势沉重，在逃亡中不治身亡了。"

王世充挖苦他说："你对李密那么忠心，他怎么能将你们父子扔下不管不问呢？这人也太不重情义了！"

裴仁基显出羞愧的样子，对王世充说："郑王若能宽恕我等，定当效犬马之力……"

王世充显出不耐烦的样子，扭头问祖君彦道："你就是那个草拟讨伐炀帝檄文的人么？"

祖君彦只好低声承认道："正是罪臣所写。"

王世充嘲讽道："有人说，文人身上无媚骨。我看你未必如此吧？"

祖君彦听了，一声不吭，过了一会儿，他说道："我可以去洛口，劝说邴元真来归附郑王。"

王世充听了，高兴地说道："好吧，给你一个立功赎罪的机会，我派张童仁陪你去。"

不久，邴元真也投降了王世充，于是他占有洛口仓之后，军队已不缺粮，便留下儿子王琼守洛口，自己则带领大军准备回东都城。

郑颂向王世充说："李密的大将单雄信父子已脱离了李密的队伍，单独驻扎在邙山西北角一处密林中，何不派人前去招附？"

王世充高兴地说："这位单雄信是瓦岗军中号称飞将的一位勇将，能把他招降过来，胜过一万兵马！谁能去把这位飞将招降来呢？"

郑又说："祖君彦与单雄信交好，还是让他去吧！"

王世充看着祖君彦问道："既然你与单飞将有交情，为什么不去劝他来归附于我？"

祖君彦忙说："以前，李密杀翟让时，单雄信很有意见，曾多次与我议论过。此人性情耿直，我担心劝降不成，会惹郑王生气，所以未敢贸然提出。"

王世充又说道："你去劝说他，能主动来降，我决不亏待你；否则，我将派兵去消灭他们父子。"祖君彦忙说："单雄信历来吃软不吃硬，不如用此办法，准有灵验……"他说着走到王世充近前，小声说了两句话，王世充听后，哈哈大笑道："好吧！就依你。"

于是祖君彦领着王世充的长兄王世伟一起找到那片林子，见到单雄信父子之后，祖君彦说道："单大将军！果不出所料，李密终于遭致失败，成为一个光杆元帅了！如今，你打算怎么办？"

单雄信难过地说："若是翟让还活着就好了，可惜他死得太早，也太冤了！眼前，我正在考虑出路呢？"

祖君彦忙说："大将军！东都郑王爷王世充派遣他的大哥王世伟前来请你，要你去东都共谋大业呢！"

单雄信这才与王世伟相见，笑道："我与李密多次与他打仗，几乎把他杀了，他能不忌恨我吗？"

王世伟忙笑道："大丈夫处事，都像李密那样的人，能有几个？舍弟王世充最敬慕单飞将的义气了！所以特派我来敦请你去东都，共扶隋室皇泰帝。"

单雄信听了，哈哈大笑起来，说道："除了我们父子四人，还有三员大将哩！"

祖君彦忙说："难道是程知节和秦琼、罗士信么？"

单雄信点了点头，又扭头对长子单虎说："你快去喊他们三人前来，要去东都，咱们就一同前去。"

于是程知节、秦琼、罗士信三人也随着单雄信父子一同投降了王世充，他们的兵马约有一万多人，一起并入东都城的部队，使王世充的声势更加壮大起来。

邙山之战的失败，使李密受到沉重打击，身边只有两万残余人马，他对魏征说："若是听从你那深沟高垒的拒敌之计，绝不会有今日之败！"

魏征只得说："前事不忘，后事之师。过去的事情，吸取经验教训就可以了。"

此时，王伯当已从金墉城退保河阳（今河南孟县南），李密只得从虎牢（今河南荥阳汜水）赶到河阳，两处兵马合到一起，不过两万三千人，其中有不少老弱残兵。

李密召集诸将商议大计，他先说道："单雄信与程知节、秦琼等主动投降了王世充，使我十分寒心，我自度没有亏待他们呀！"

很有正义感的贾润甫说道："其实单雄信归附王世充并不奇怪，自从魏公杀了翟让那天起，瓦岗军中的一些老人员就已经离心离德了。"

李密看着他说道："照你这么说，徐世勣驻守的黎阳，我也不能去了？"

贾润甫说："魏公也该记得，当初杀翟让那天，徐世勣差一点被刀砍死，如今败得这么惨，再去找他，未必妥当吧！何况徐世勣与单雄信原是结拜兄弟哩！"

王伯当也说道："徐世勣足智多谋，本是一个难得的人才，可惜魏公没有大用他，却让他外守黎阳。"

魏征提醒道："过去的一些事情还是找时间再议论吧！当务之急，应该有个计划才好。"

李密说："对！我已想出了一个东山再起的计划，只要大家齐心合力，南阻黄河，北守太行，东连黎阳，仍有进取的可能呀！"

王伯当立即说道："这倒是一个切实可行的决策，只是眼前最困难的就是缺少粮食，这么多的军队，没有足够的粮食怎么办？"

贾润甫说道："一旦缺粮，不要多长时间，士卒就会叛逃完的，何况王世充不久便会派兵来攻……"

李密听了，长长地叹了一口气，说道："我能依靠的就是诸位了，大家既然不愿意，我的道路也就走到头了，再也没有指望了。"

说到这里，李密想拔剑自尽，被王伯当上前一把抱住，一面大哭着，一面劝他说："我们共事这么些年，应该有难同当，何必要轻生呢？"

这时候，在座的人都难过得流下泪来，李密忽然说道："各位若是信得过我，咱们一起去关中投靠李渊去！"

大家听了，一时没有人说话，只有府掾柳燮说道："你与李渊是同族，昔日又曾联合交好，虽然未参与晋阳起兵，但是，你这几年阻守东都，断隋归路，使李渊不战而得长安，这也是你对他的贡献啊！"

魏征听后，忙说："这倒是一条稳妥之路，先在关中立住脚，再伺机进取。"

王伯当也说道："听说李渊也是仁厚之人，刘文静任司马，他是你的连襟，总会有点关照。"

贾润甫却与别人的看法不一，他说："据说李渊父子全是智能之人，尤其是他的次子李世民，更是一个有勇有谋的俊才，我说一句不大中听的话，你去得容易，恐怕想走就不容易了。"

李密不高兴地反问道："难道李渊父子会把我杀了？"

贾润甫忙说："我不是那个意思！如今，李渊已是唐朝皇帝了，而且有统一全国的大志，你去投靠他，李渊自然欢迎，若是再想拥兵自立，未必能达到目的。"

李密执拗地说道："你哪里了解李渊的为人？当年他亲笔写给我的那封信还在这里呢！"

说着，李密从怀中取出那封信，在众人眼前摇晃着，向大家说："我相信，李渊不会轻视我的！至于各位兄弟，你们去了关中，放心吧，必保富贵！"

王伯当立即说道："那就定了，咱们一起去关中！"

李密又对王伯当说："难道你要舍弃家小，一个人随我西去关中？"

王伯当立即答道："想当年萧何率领全宗室的子弟追随刘邦去打天下呢！如今，我恨不能也让几个兄弟一同前去关中，可惜他们不在这里。我不会因为眼前的失利就离你而去，我会永远追随你，即使身死异乡，我也心甘情愿！"

李密听后，上去一把抱住王伯当，涕泪纵横地说："疾风知劲草，危难见真情！多谢了！"

在场的将领莫不激动万分，都过去与李密拥抱，显出从未有过的亲近与真诚！

次日，李密派贾润甫先去关中向李渊报告。

经过动员之后，全军将士愿随李密去关中的有二万一千人，自此，李密的"瓦岗军"不复存在了。

公元六一八年（唐武德元年）十月，李密率领残余兵马二万人，西进关中，向李渊投降。

李密派往关中请求投奔的使者贾润甫，一到长安，李渊马上盛情接待，他说道："我把李密视作自己的弟弟，他什么时候来，我都热情欢迎！"

唐朝皇帝李渊的真诚大度，使贾润甫深受感动，觉得李密决定来长安，投奔李渊的路子走对了。

接着，李渊又当着贾润甫的面，喊来朝廷中专管行政事务的内史令萧瑀，向他吩咐道："快去准备迎接李密，不得有丝毫马虎！"

萧瑀听后，又问道："启禀陛下！这欢迎的规格……"

高祖果决地说道："要按照一等贵客的礼节去办，李密是朕的弟弟，一定要让他一进关内，就觉得有欢迎的气氛，而且沿途相望，不绝于道，使老百姓也能知道这件大事。"

萧瑀领命而去，李渊又向贾润甫询问了一些李密与宇文化及、王世充交战的情况，然后对他说："以前来过长安吗？"

贾润甫答道："卑职自小生长在长安城内。"

高祖忙问："不知令父为何许人？"

贾润甫立即答道："家父乃鹰扬郎将贾务本。"

"啊！朕知道了，"高祖不由想起了贾务本这个名字，随即顺口说道："这就对了，令父原是张须陀的副将。"

二人谈了一会儿，高祖意味深长地对他说："如今的长安与以前大不相同了，你去各处走走看看，也许会有些感受的。"

贾润甫一走，长史裴寂忙不迭地说道："陛下！李密战败来投，只不过暂时寻找一个栖身之地，一旦有机会，它还会振翅而去，万不可真心待他！"

陈叔达接着说："陛下！裴公言之有理，臣以为李密乃当代之枭雄！他先是随杨玄感一起参加叛乱，失败后辗转逃脱，去瓦岗山追随翟让，居然闯出一番轰轰烈烈的事业！他杀败张须陀，攻占洛口粮仓，救活天下贫民无数，赢得好名声，声威大震，瓦岗军一下子扩展到三十万人之众，确属不易！不可轻视他呀！"

姚思廉也说："陛下！臣也认为李密不可小看，他是一个反复无常的人！从他杀害翟让，夺取瓦岗军政大权这件事上，就可以得出上述结论了。"

高祖听了几位大臣的建议，心中想道："李密打了败仗，在走投无路的情况下来投奔我，能不使我想到他当初投奔翟让，也是在山穷水尽之时，后来在他得志之后竟然杀了翟让！还有一点，李密那封想当盟主的来书，朕每想到它，总是有些不大痛快。"

想到了这些，李渊又不便向大臣们公开自己的胸怀，便心生一计，对记室温大雅说："你快把前年李密送来的那封来书找出来。"

高祖李渊指着来书中的一段，让温大雅读道："……我与兄派流虽异，根系不同，自己才疏学浅，被四海英雄共推为盟主。希望左提右挈，戮力同心，执子婴于咸阳，殪商辛于牧野，共襄此盛举！"

读到这里，李渊含笑，对臣下说："当时，李密还要朕带领几千人马到中原地区，与他面结盟约，推他为天下的盟主呢！没有想到，他这盟主只当了一年多一点时间，竟然兵败技穷，反来投奔我这位盟友了！"

说完之后，笑个不止，裴寂、陈叔达、姚思廉等大臣们从这段话语和笑声中已然明白了皇上的真实用意——热情欢迎，先稳住，然后再伺机剪除，以夺取其二万将士，这计划真够绝啊！

当晚，太子李建成向他的父皇又提出了个人的担心："李密领着二万将士来关中，对我大唐政权会不会构成威胁？是不是像有的大臣说的那样，是引狼入室？"

李渊听后，笑道："不是朕引狼入室，而是牵羊入圈，是顺手牵羊入圈。"

太子见父皇又做了一个顺手牵羊的动作，仍然有些不大放心地说道："李密可是一个狡诈阴险的人啊！"

李渊见儿子还不理解自己的用意，便只好告诉他道："他来自投罗网，对大唐也是好事，一是去了一个对手，二是送来了二万人马，只要处置得当，可以变害为宝嘛！"讲到这里，又在儿子的耳边低声叮嘱一番，说道："明日，你就以太子身份，代表朝廷去潼关迎接。"脑子不大好使的李建成直到他的父皇把计赚李密的完整计谋全说出来，才恍然大悟似的走出宫去。

第二天早朝时，为了表示对李密来投的盛情欢迎，高祖又专门下了一道诏书，命令沿途地方官员主动表现出热情的态度，绝不许有任何冷淡的表现。

太子李建成带领五百骁健亲赴潼关迎接，这种迎客的礼遇，确是很高的规格了。

因此，李密的队伍一进入唐朝的辖区，马上就有地方官员前来迎接，他们忙把准备好的酒菜饭食送到将士们手中，然后随行护送，直到下一批地方官来到，方才告辞离去。

这样的热情接待，将士们都觉得十分亲切，仿佛回到了久别的故乡，李密更是喜形于色，抑制不住兴奋的心情，对身边的人说道："我曾拥有百万之众，如今脱去战袍，归顺唐朝了，崤山以东的几百座城镇，全是我的老部下。如果他们都知道我来到这里，只要派人去招抚，肯定都会来归顺的。论功劳，我大概可以像东汉时的窦融一样，李渊该给我安排一个大官了罢。"

李密满怀信心地领着自己的残部，进入了潼关，受到太子李建成的热忱接待，应邀赴宴，酒行三巡之后起程。走了四五里路，有骑兵四五千人排列大道两旁，恭敬地迎送李密等走过去。

在距长安十五里时，又有步军七八千人列队恭迎；到达长安城下，只见彩旗飘扬，锣鼓喧天，在众多围观百姓的一片欢呼声中，李密领着人马进入当时被称为华夏的心脏——长安城。

高祖又派裴寂等大臣在宣武门迎候李密的到来，入宫后，于太极殿接见李密。

李渊离开龙椅，走下殿来，伸手拉着李密，并肩坐在御榻之上，口中亲切地称李密为弟，向他表示最真诚的欢迎。李密真有些受宠若惊了，激动地说："没想到皇上对我这般热忱地接待，令我十分感动！"

接着，高祖封李密为光禄卿、上柱国，并赐爵邢国公，又把舅舅的女儿独孤氏表妹嫁给他。

对李密的部下，高祖也都给以任命，封王伯当为左武卫大将军，魏征为秘书丞等。

不久，李密归唐的消息传到中原地区，原先李密的部下立刻纷纷前来归顺。他原来的总管李裕德主动献武步城于唐，并亲自率领刘德威、高季辅等五千人马投降。

魏征是个才智过人的人，他主动向高祖奏请去山东招抚旧部，李渊立即对他说："你顺便带一书信给黎阳的徐世勣，劝说他早日归附长安。"

魏征领命而去，与李密告辞时，见他有些失意寡欢的样子，便信口说道："你自上而下，位置上的巨大变化，非过一段时日不能适应，望注意心理上的调节，方能适应当前的新环境。"

李密不由问道："来到长安这些日子，我还不知道皇上派给我的具体事情是什么？那个'光禄卿'到底是干什么的？至今无人告诉我呢。"

魏征沉思了一下，说："据说光禄卿是专门掌管皇宫膳食的官员。"

李密听后，不禁一愣，过了好大一会儿才说道："啊，是专给朝廷官员安排酒饮的侍候人的差事，我至今还被蒙在鼓里呢！"

魏征一听，急忙向他解释道："这只是我的估计、猜测而已，未必是对的，还是耐心等一下吧！"

他一见情况不妙，慌忙告辞走了。李密的心中顿时生起了疑云，不禁想到："李渊的热情欢迎，难道都是一团虚情假意？但愿不是吧！"

一天下朝后，裴寂突然来拜访李密，到了他的临时住处，说道："皇上催着为光禄卿建造府第，不知李大人有何打算？"

李密听了，苦笑着说："这光禄卿我尚不知是什么差事，对建造府第能有什么打算？"

裴寂放声大笑道："这光禄卿的职位可大了，皇上和大臣们谁也离不开你呀！"

李密越来越迷惑了，不由看着他又问："裴大人！鄙人确实不知这光禄卿是做什么的。"

裴寂这才对他说："光禄卿就是掌管皇室日常膳食的官，朝中一旦举办大的国宴，就全由大人负责操办，一人说了算……"

李密的脑子里突然"嗡"地一声，两眼顿时像被罩上了一层阴影，因为是坐在椅子里，才没有倒下来，只是静静地呆愣着。

老于世故的裴寂立刻看出了李密的心思，忙劝道："李大人！可别嫌这官儿小啊，你初到长安，无尺寸之功，皇上不能因为你而得罪满朝大臣啊！"

李密忙问道："裴大人！你说我无尺寸之功？那二万兵马不是我归唐的贡献吗？"裴寂说："那自然是李大人的贡献了，不然皇上能那么热情地欢迎你来？不过，不过，你得早日为大唐立新功啊！"

他说着话，两眼却盯着墙上挂着的那只马鞭，起身走过去把马鞭取下来，仔仔细细地看着马鞭把柄上镶嵌着的数十颗珍珠，不禁称赞道："啊！这马鞭非同寻常呀！"

李密顺口说道："据说这马鞭是当年信陵君魏无忌所用，我领兵攻下洛口仓时，是一位饥民为了感谢救命之恩，馈送于我的。"

裴寂手握那马鞭不舍得放下，对李密说："平心而论，高祖对你不薄啊！以后，以后在适当时候，我再向皇上多替大人美言几句，在朝中大臣中间为大人架架势，争取调换一个有实权的差使……"

李密听着，迷迷糊糊地说道："多谢裴大人……关照！"

裴寂口中说着"不用谢，以后你我同朝为臣了"，便站起身来，将手中马鞭挥了一挥，笑眯眯地说道："李大人！你这信陵君的马鞭借给我用几天。告辞了，改日我请李大人到我府中喝两杯去！"

等到李密站起身来时，那裴寂早已溜出门，扬长而去了。这时候他才意识到：我这光禄卿，原来是一个专门伺候人吃饭的差使！

自从裴寂拿走了那条价值连城的信陵君的马鞭，朝中大臣纷纷登门，见李密屋中的古玩玉器，或是珍珠极品，或是遗籍孤本等，采取明要暗拿的手段，向他公开索贿，趁机打劫一番。

李密不由想起在瓦岗寨当全军首领的时候，是何等的威风！现如今……正是"虎落平原被犬欺"，受尽李渊手下这一帮小人的欺辱，怎能不英雄气短？李密越想越气，睡不着觉，失眠了！

正当李密心中懊悔、不平之时，他的一些部下又纷纷找上门来，向他诉苦："皇帝只对你一人好，军队的待遇一天比一天差，士卒们一连几天不给饭吃，这样下去还不是被活活地饿死吗？"

　　还有人讽刺李密说："我们跟随你来关中，你是当了大官，受到李渊的厚待了，我们这些人怎么办？想跑，跑不出去；留下，没有饭吃，这不是要困死我们吗？"

　　李密听了这些反映，一时心如刀割；刘文静随李世民出征，不在长安，连一个说知心话的人都没有。唉！

　　他心中又觉得十分委屈：部下认为李渊封了我大官，对我厚待，好像我只顾自己享乐，而忘记了随我来长安的部下了！

　　越想越悔越气，李密终于忍不住了，便去找王伯当。他认为这个誓死追随自己的王伯当算是自己的知音了，便把满肚子的不满和郁闷全倒了出来。

　　王伯当也是有一肚子的怨气！

　　虽然李渊任命他为左武卫大将军，但是根本不受重视，还受尽了一些将领的白眼与歧视，心中早就不满了。

　　这工夫，听了李密的诉苦，也不由激动地说："天下大事不都在你的谋划之中吗？现在，东海公徐世勣还在黎阳，襄阳公张善相也在罗口，黄河以南的兵马已经屈指可数了，你应当有所作为，再不能这样下去了。"

　　听了王伯当的这段话，李密如梦方醒地说："你的话使我顿开茅塞，这次来长安确是选错了目标啊！"

　　说完，急忙拉着王伯当走进屋内，二人头靠着头，小声地议论起来，过了好长时间，李密才悄悄地说："只有脱身，我们才有希望，才能活下去！"

　　王伯当也说道："现在看来，李渊真是老谋深算！那欢迎的场面，全是他精心策划出来的骗局！"

　　李密点点头说："表面上，他尊重我、厚待我，封我为上柱国邢国公，全是空头官职，一点实权也没有，只是一个分管膳食的侍候人的差使；他口中喊我贤弟，脚在下面使绊子，真是明褒暗贬，两面三刀啊！"

　　王伯当一再叮嘱道："去向李渊说时，一定要显出十分诚恳的样子，别让他瞧出来你是搞脱身之计！"

　　李密笑道："放心吧，我会演好这一出戏的！"

　　从王伯当那里回来，李密立即去见李渊，说道："启禀皇上！我受朝廷这么多的荣誉和宠爱，却没有报效的机会，深觉内疚！在山东各地各路的将领全是我的老部下，请派我去招抚他们吧！这样一来，凭借大唐的国威要打败王世充，攻下东都，就好比在地上捡草木一样简单容易了。"

李渊一听，立刻想道："机会来了！这，这是他的脱身之计！怎么办？是……放，还是……留？"其实，在李密提出这脱身计策之前，李渊早就算定李密在长安待不下去的，迟早会有一天要爆发出胸中的怨气，找一个冠冕堂皇的借口离开自己。只是他没有料到李密会这么早就提出要走。对此，李渊也早在心中有了决断：与其把这样一个潜在的对手强行留在自己的身边，不如顺水推舟，促成其反叛的事实，再以此为借口，将其一举消灭了。想到这里，李渊决定对李密放行，于是露出欣喜之色，对他说："难得贤弟有这么一片忠心，能把那些旧部招抚过来，这又是贤弟对大唐的一大贡献！"

李密听后，不禁欢喜异常，心知李渊并未识破自己的脱身之计，急忙道谢之后，就要告辞了，便故意说：

"皇上！这招抚之事宜早不宜迟，要防止被王世充钻了空子，我明日就动身吧？"

李渊忙说道："让贾润甫同你一起去吧！还有，哪能就这么走了呢？朕还要为贤弟饯行。"

大臣们得知李渊放李密回崤山以东去，都纷纷赶来劝谏说："李密狡诈，据说他脑后有反骨，是个忘恩负义之人，放他回山东去，无异于放鱼入水，放虎归山，他肯定不会再回来了！请陛下三思！"

李渊听后，微微一笑，不紧不慢地对部下说："自古以来，帝王自有天命，不是小子所能取得的。假如他要叛离，就像用蒿子做的箭射到蒿林里，毫不值得可惜！现在让两个叛贼（指李密和王世充）互相争斗，我们就可以坐收渔利，又有什么不好？"

裴寂见有的大臣还要劝谏，便阻止他们说："诸位还不明白吗？在我们皇上眼里，李密不过是一支用蓬蒿制成的箭矢而已！他在与不在，皇上从未打算重用过他。现在他走，对大唐也不是坏事！"

大臣们走了之后，太子李建成又担心地说道："父皇曾把接受李密来投，比作'顺手牵羊'，如今这头'羊'已经出了圈，怎么办？"

李渊手抚胡须，看着儿子笑道："这头'羊'走了也好，我们少了一个潜在的对手；他能在崤山以东重新起事，与另一头'羊'——王世充杀在一块儿，我们可以坐山观'羊'斗，也可以得利呀！"

李建成又建议道："父皇！儿臣以为即使放李密走，也不能答应他把二万人马全带走，给他一半已不错了。"

"这建议倒值得考虑，让朕再想想，"李渊说完，忽然又对太子说："你快派人告诉李密，明日朕要在太极殿为他饯行，到时让贾润甫也去。"

得知皇上要为李密饯行，他的部下又开始紧张起来，王伯当说："李渊该不会在酒菜中放毒药吧？"

　　贾润甫说："我看李渊为人厚道，他既放我们走，怎么还会干那卑鄙之事，不怕被天下人耻笑吗？"

　　李密也说道："我在长安，如在李渊掌中，若想杀我，机会太多，何必要在酒菜中毒杀我呢？也许不会吧！"

　　可是王伯当又说："即使李渊不愿杀你，还有他的大臣们，特别是他的太子李建成，此人一脸的凶相，从外貌上看，就未必是一个贤良之辈！"

　　贾润甫说："我以为李渊不会干这下作之事……"

　　王伯当打断他的话，教训他说："我劝你擦亮眼睛，别被李渊那伪善的外表迷惑住了！他若是个厚道人，能对我们这样吗？"

　　李密说道："起初，我也被他一口一声'贤弟'叫得身上热乎乎的，但是想想那个'光禄卿'的大官，心里立刻便冷了下来，唉！知人知面不知心啊！"

　　贾润甫是个正直的人，他被李密曾当面指责过多次，对他落得如此下场，总以为是咎由自取，怨不得别人。本想再说几句，看到王伯当面存愠色，也就闭口不谈了。

　　此时，皇上已派人来邀李密与贾润甫前去赴宴，王伯当只好悄悄地嘱咐道："见机行事呀。"

　　李密说道："一旦我二人出了事，你就迅速出城逃走，别在这里等死啊！"

　　王伯当说："我不会逃走的，我要立即领着士卒们杀进宫去，找李渊算账！"

　　来人又催他们快走，李密这才与贾润甫一起进宫，参加高祖李渊为他们二人亲自饯行的酒宴。

　　刚跨进太极殿，高祖李渊满面笑容地招呼道："快来，今日朕要与你们一起乐一乐！"

　　说罢，皇上就拉住他们一同登上御榻，李密忙说："这不合适吧！我们怎么可以和陛下坐在一起？"

　　高祖笑道："怎么不可以？你是朕的贤弟，他是你的部下，谁能说三道四？来，快坐下，别让菜肴冷了。"

　　李密只好坐下，只见皇上端起酒杯，愉快地笑道："让我们三人一同饮了这杯酒，以表示我们同心同德！"

　　皇上说完，主动与李密、贾润甫碰杯之后，举起酒杯，昂起头来，一饮而尽。

李密、贾润甫见皇帝先喝了那杯酒，心想酒中该不会有毒，便也把酒喝干了。

高祖用筷子指着那案上的丰盛佳肴说："快吃菜呀，别让菜凉了。"

李密与贾润甫喝了御酒，吃着菜，听着皇上的家常话，早把酒菜有毒的担心忘了。

高祖又端起酒杯说："这杯酒，朕祝愿你们二位此去崤山以东地区，好好地建功立业，不负厚望，以称朕的心意！"

说完，皇帝把杯中酒高高举起来，向二人点头示意，又一饮而尽；李密、贾润甫也跟着喝了，并随着皇上的筷子，在各色佳肴中寻找着美味品尝。

在一阵大嚼大咽之后，高祖李渊又端起第三杯酒，对李密以庄重的口吻说："自古以来，大丈夫一诺千金。有人确实坚持不让朕放贤弟去山东，可是朕以真心对待贤弟，信任贤弟，这就不是别人能够离间挑拨得了的了！"

李密激动得热泪盈眶，把酒杯举了起来，含泪说道："感谢皇上的一片诚心，臣弟永远不忘嘱托。"

说到这里，李密真动了感情，眼中泪水滚了下来，便举起杯子，一饮而尽！

高祖看在眼里，立刻赞许地说："好！贤弟果然豪爽，这说明朕没有看错人！"

李密和贾润甫又连续说了一些真诚感谢的话。

在这庄严的朝堂之上，李密、贾润甫面对着权力无上的唐朝高祖皇帝李渊，三人并肩坐在御榻之上，一边碰杯饮酒，一边畅谈着知心话语，看起来真是一片暖意融融、亲热和谐的气象。

其实，在高祖李渊、李密的心中都各自潜藏着机关，都在算计着对方哩！

从高祖的话里，李密早已感受到了威胁，弦外之意都满含着一股肃杀之气！

李密又试探着向高祖说道："启禀陛下！臣弟来长安不久，朝中大臣不大信任也属难免，恳请皇上派两名大臣与臣弟一同走吧！"

高祖听他这么说，知道李密已悟出那祝酒辞中的话外之音，便直截了当地告诉他说："朕的为人，一向是用人不疑，疑人不用，贤弟此次前往山东各地，只要益国利民，有利于大唐，可以自行决断嘛！"

这么简单的几句话，李密听了，犹如吃了定心丸一样，心中自然满意。

其实，李密与王伯当暗中往来，早有人向皇上报告了。他那来自突厥的义弟李涛，早就派人盯上了王伯当，并把王伯当与李密的频繁往来全都报告给李渊了。

李渊心想：如今已放走李密，还留下王伯当何用？不如一块放了，让他们一同离开长安；如果他们真的反叛，再一并解决，不留后患，而且也不会给其他的李密旧部造成太重的心理压力，对于收服人心也更为有利。

想到这里，李渊又对李密说："贤弟！听说王伯当也很有能力，让他做你的副将，一起走吧！"

就这样唐高祖李渊经过一番深思熟虑之后，做了一个顺水人情，有理、有利又有节地放走了李密，派他回到崤山以东去招抚旧部去了。

公元六一八年十一月下旬，李密高高兴兴地率领旧部出了长安城，向东行进。这时距离他来投奔李渊的时间不过一个多月。

一个月后，李密率旧部杀死桃林县令，背叛了大唐。消息传到长安，李渊微笑道："他逃不出我的手心。"果然，当李密行进到陕州熊耳山时，遭遇伏兵。几番拼杀后，李密死于史万宝部下盛彦师之手。李密从隋朝大业九年（613）追随杨玄感起兵，到唐朝武德元年（618）兵败身死，六年的戎马生涯，就此以悲剧告终，死时年仅三十七岁。

以李密的才干而论，在当时除了已经五十三岁的李渊能够将他置于死地之外，其他政治上的风云人物几乎都逊色于他。

而李渊能够巧妙地剪除李密，又吞并李密所经营起来的瓦岗军，证明李渊确实具有夺取天下的才能，他成为唐朝的开国皇帝是一种必然。

消灭了李密，李渊清除了在中原地区的一个强有力的对手，但是与李密有关的一些问题，也随之而来，使李渊颇费斟酌。

因为李密还有许多部将在大唐政权下效力，其中最有权威的人物是镇守黎阳的徐世勣。此人不仅谋略过人，结交甚广，而且他驻守的黎阳，还不在唐朝的势力范围之内。不久前，魏征奉李渊之命劝说徐世勣降唐，他已初步答应，但这里有很大一部分原因是因为李密归顺了唐朝，如今李密被杀，如何保证徐世勣不会改变初衷，与唐朝分裂，这是李渊需要马上考虑的问题。

高祖立刻召集几个大臣商议此事，李纲先说：

"李密叛唐，如今证据确凿，他攻克桃林，杀死了当地的县令，这是人所共知的事情，全部是他咎由自取。徐世勣是一个颇具智慧的人，不会因为这件事而怨恨陛下，只会附唐之心更切。在臣看来，不如派一使者亲送李密首级至黎阳，并详说李密背唐经过，恩威并用，徐世勣乃明白之人，不会做出背唐的蠢事。"

裴寂也说道："此议甚妥。李密志大才疏，早已丧失人心，自他杀翟让之后，对徐世勣已经疏远了，不然李密在兵败之后为何不去黎阳，却来投奔陛下，可见二人之间已有裂痕了。"

于志宁说："启禀皇上！据臣估计，李密死后，其旧部不但不会背唐而去，附唐的人反会更多。不然，李密来关中时，为何只有一个瓦岗军的老将领王伯当呢？"

屈突通说得十分简明："臣以为李密怀着阴谋降唐，最终又带着阴谋而走，他叛唐是自取灭亡。"

经过廷议，李渊心中更为踏实，立即下诏至熊州，对盛彦师大加赏赐，特赐葛国公爵位，拜为武卫大将军，任为熊州刺史；命史万宝为使者，送李密首级至黎阳，并向徐世勣等转述李密背唐经过，即日启程。

在李密初到长安时，魏征主动请求去崤山以东收抚各部，李渊当即任命他为秘书丞，让他前往黎阳劝说徐世勣，归附唐朝。

魏征抵黎阳后，先把李渊的劝降书交给徐世勣。徐世勣读后不谈降唐事，却问道："据你看，我们的魏公李密能真心投唐吗？"

魏征只好直说："你我投唐，只要立功建勋，均可得富贵，独他李玄邃不能！"

茂公听了，点头道："说得好，常言道'一山不容二虎'，他们这'二雄'岂可并立？"

魏征又说："李玄邃自恃才高，据我看来，他比李渊差得太远。"

接着他便把李渊如何在欢迎李密的形式上，造成十分热烈的气氛，以迎合李密的虚荣心理，而入朝后所封之官全是无实权之职，又特别点到那个"光禄卿"，惹得徐茂公也大笑数声，然后说道："李玄邃自从杀了翟让，打败宇文化及之后，谁的话也听不进去，焉能不败？我以为他在唐不会太久，必将有大事变！"

魏征又说："据我看，李渊不会让他来去自由，正如贾润甫提醒过的：'去时容易走时难'啊！"

"这倒是一句忠言，李玄邃听不进去，他怎么能不自投罗网呀！"徐茂公说了之后，又觉失言，忙又说道："正如你说的'你我均能投唐，独他李密不能'……"

二人谈了很长时间，徐世勣终于决定投唐，但是他又说道："我为人的原则是对主子要忠，对朋友要义。我归附唐朝，是在李密降唐之后，因此，我以为应通过李密献其土地，方为稳妥。"

魏征听懂了他的意思，接着说："茂公的心意磊落光明，这么做既表明你管辖的黎阳等地归李密所有，只有他才有权献给唐朝，也表示你也没有背叛旧主李密。"

徐世勣点头说："正是这样，我要派专人去长安向皇上报告，以表明我的心迹。"

次日，徐世勣派部下郭孝恪赴长安，向李密说明自己的本意，出发前，他再三嘱咐郭孝恪道："这黎阳所辖之土地，都应属于魏公李玄邃所有；我现在归附唐朝了，但无权把这些土地上表献给李渊。那样做，我岂不是趁着旧主子失败之机，去向新主子邀功，以求得富贵吗？这种卖主求荣的可耻事情，我徐世勣绝不做！"

后来，郭孝恪接受徐世勣所托，来到长安，先见李密，把徐世勣的话转述一遍，又将黎阳郡县所管辖的土地、户口、士马之数，全都报给了李密，希望由他自己献给唐高祖李渊。

李渊知道这事之后，十分感动，当即称赞徐世勣说："此人不背德，不邀功，真是一个忠义两全的人啊！"

在激动之余，这位惜才、爱才，且又能招纳贤才的唐朝开国皇帝，立即赐徐世勣姓"李"，将他收为"李氏门下"，以示信赖与亲善，并派他与郭孝恪一起经略虎牢关以东土地。

自此，徐世勣便改姓"李"。魏征被李世勣留在黎阳，成为他身边的一个谋士，参与政务管理。

当李渊派使者史万宝送李密首级到黎阳，并向李世勣、魏征等人告诉李密叛唐经过时，李世勣当即号啕大哭，悲痛欲绝道："果不出我所料！"

只说了这一句话，便昏迷过去了，魏征、郭孝恪等急忙上前，按人中、掐虎口，一阵忙乱，李世勣方才醒来。史万宝急忙上前劝说，并向他转告高祖皇帝的口谕，希望李世勣明白，李密的被杀不是他李渊的错，他是迫不得已才下的命令。

李世勣听后，立即对史万宝说："皇上明察秋毫，体察臣心，李密罪由自取，臣附唐之心决不会变。"

说完之后，李世勣面向北方，祭奠李密亡灵道："我当上表，请求高祖皇帝准臣等收葬君之骸骨，以安在天之灵，以尽我等忠义之忱。"

李世勣在写给高祖的陈情表中说："君思畎亩之臣，臣亦思事贤之圣君，未有事魏不忠，而事唐乃能尽节者也。今魏公尸分两地，臣见之实为痛心。既蒙皇恩浩荡，求陛下以其首级赐臣，臣将以礼葬之。如此不特臣一人感戴陛下，即魏之诸将士，无不共乐尧天，来归陛下矣。"

高祖读过之后，感动之余十分赞赏李世勣的为人，立即命记室温大雅拟敕书一道，对李密仍以原官品级，以礼葬之。

于是，李世勣等身穿丧服，备君臣之礼，举行隆重的安葬仪式，为李密发丧。全军三千将士穿白衣，为李密送葬，将其棺木安葬在黎阳山南。

第十九章

文静被激惨败北　薛军暴行怒天地

李渊进入长安不到两个月的时间，扶风郡就传来了急报：西秦霸王薛举派长子薛仁果领兵攻打扶风，并扬言要进攻关中，劫掠长安。

裴寂便立刻下令："扶风郡是陇西通关中的要道，一旦被薛举攻占，长安就再无宁日了，请唐公迅速派遣大军援助扶风，剿灭薛仁果。"

李渊说道："听说薛举之子薛仁果骁勇善战，杀人不眨眼，是恶魔一样的人，若要打败这种人，必须派一位有勇有谋、文武兼备的主帅，方可一举获胜。"

李世民挺身而出，说道："请父帅给我两万人马，定能解扶风之围，击败薛仁果之军。"

李渊忙说："你不可轻敌啊！传说薛仁果力大无比，有'万人敌'的名声，对付他必须以谋取胜！"

李世民说道："儿臣谨记。薛仁果不过匹夫之勇，此人嗜杀成性，蛮勇好斗，对人严酷寡恩，部下不会为他拼命效力的，我自有计策胜他。"

李渊又说："薛仁果号称二十万兵马，你带二万人太少。"

李世民笑道："父帅忘了'兵不在多，而在精；将不在勇，而在谋'的话了吗？二万兵马足可以打败薛仁果了。"

随李世民出征的有房玄龄、殷开山、李靖、长孙无忌等人，大军过了武功县，派出去的探马回来报告说："薛仁果的军队粮食全都在岐山镇，守卫人员不足一千。"

李世民笑道："这屠夫确是蛮勇之辈，大军粮草只派这么少的人员驻守，焉能不为我败？"

此时，李靖请战道："卑职愿领三千骑兵，埋伏在岐山镇南边的洪山谷中，薛军粮草燃火，薛军必当大乱，我再截其退路，活捉薛仁果在此一举。"

李世民说道："好，等到岐山那边起火时，我当率军袭击薛仁果，从两面夹击他。"

这时候，薛仁果已包围扶风城二日了，城内郡剌史窦琎，带领军队守城，坚持不肯投降，等待李渊派兵来救。

晚上，房玄龄进言道："今晚风大夜黑，是攻袭薛军的好机会。"

李世民说："等岐山那边火起，我军就发起进攻。"

一更过后，侍从来报："岐山那边的薛军粮草已经起火了，围困扶风的薛军开始混乱起来，纷纷叫嚷着回师救火！"

李世民大喜道："李靖已经得手了，咱们也该上阵擒杀薛仁果这个屠夫了！"

他立即命令道："殷开山为左军，长孙无忌为右军，本帅居中，各领五千人马，前去攻袭薛仁果！"

房玄龄与二千军队留下守营，这天夜里，月黑风高。

唐军高举火把，呐喊着冲入薛军之中，杀得薛仁果部抵挡不住，纷纷逃走。

薛仁果再三命令集结队伍，抵御唐军，怎奈他的军队多是刚兼并过来的唐弼的旧部，打起仗来自然不愿尽力，于是被唐军杀得大败而逃。

薛仁果已经见到岐山粮草起火，心中慌乱，急忙带着军队往西退去，钟利俗上前说道："岐山粮草已被唐军劫去，前面的洪山谷必有唐军埋伏，请太子另选退军之路……"

他的话还未说完，李世民已率领兵马围追而来，钟利俗指着白龙马上坐着的李世民，对薛仁果说道："太子！那位唐军主帅便是李渊次子李世民！"

薛仁果借着火光一看，见那李世民果然威风凛凛、仪表堂堂，不免心生嫉恨，立即从背后取出弓箭，说道："让我送李世民上西天去吧！"

他说着，便弯弓搭箭，向李世民心窝射去！

哪知李世民早已发现薛仁果了，见他放箭而来，便不慌不忙，等那箭羽快到面前之时，将身子一屈，伸手接住，迅速搭弓射去，吓得薛仁果拍马就逃，心中想道："李世民果然厉害！"

李世民的唐军沿途追杀，直赶至陇坻，达六盘山下才鸣金收军，收降薛军一万余人，斩杀数千首级，大胜而归。

扶风郡剌史窦琎大开城门，命部下杀猪宰羊，犒赏唐军，向李世民敬酒说："秦公少年英俊，卓拔超群，一举击败薛仁果，大扬唐军神威，使扶风及关中人民避免了一场浩劫啊！"

李世民命房玄龄拟文向长安报捷，又令大军在扶风休整三日，派殷开山、长孙无忌对收降薛军进行整编，并将立功将士名单登记造册，待回长安后一并犒赏。

薛仁果那匹受伤的火龙驹被缴获了，经过李靖的精心调治，尾部箭伤已无大碍，李世民叹道："薛举父子所以能成为威胁关中的劲敌，全是凭借这陇西草原上的一匹匹骏马啊！"

房玄龄接着说道："薛举父子这么快就发展壮大起来，就是因为他们占据了有重要战略地位的陇西广大地区。在这辽阔的土地上，不仅有善于奔跑的战马，还有精于骑射的勇士。"

为了防止薛举率军东来，李世民回师长安时，留下李靖驻守扶风郡，调回窦琎去长安，由朝廷另任别职。

薛仁果大败，回到秦城，十多万兵马仅有数百骑回来，薛举一见，大惊失色，不禁心里发慌，问道："李世民如此骁勇，他的兵马一旦越过陇山打过来，那怎么办？"

郝瑗忙安慰道："李世民此时不会西进，他的目的只是为了稳固关中，我军不去东进，他也不会西来。"

可是薛举十分恐慌，儿子如此勇猛，十多万兵马竟被这李世民一举歼灭，早晚他会领兵打到秦城，那可怎么办？想到这里，这位有勇少谋的薛举不由问道："你们说，自古天子有投降的事情吗？"

薛举突然发出这种丧失信心的问话，使在场的僚属们一个个瞠目结舌，过了一会儿，黄门侍郎褚亮才说："秦汉时期，越王赵佗投降了汉高祖刘邦；还有三国时期蜀国皇帝刘禅投降了曹魏以后，又在西晋朝廷里做官；近代也有梁朝的萧琮投降隋文帝，因此而转祸为福，自古有之。"

卫尉卿郝瑗听了，觉得大不顺耳，遂上前说道："刚才，皇上的问话有失考虑，褚亮的答话更是大谬不然！当年的汉高祖多次打败仗，三国时的刘备也曾经在打败仗时丢失了妻子，战争的胜负，哪一代没有呢？所谓胜败乃兵家之常嘛！怎么能因为一战不利，就失去信心，发出亡国之叹呢？"

薛举这才意识到自己是说错了话，深感后悔，不该如此沉不住气，只好自我解嘲般地打圆场说："诸位别胡思乱想，我刚才的话不过是想试一试众位之心！"

于是，薛举重赏郝瑗，认为他是真正的忠臣，并让郝瑗担当自己的主要谋士。很显然，褚亮受到了冷落。

第二天，郝瑗向薛举建议说："突厥人重利轻义，可派使者去突厥联络，邀约莫贺咄可汗共同进攻长安。"

薛举的使者被莫贺咄羞辱一番，回到秦城一说，薛举气愤地说："这

些喝马奶的突厥人，只认钱不认人，他们不愿与我一起攻打长安，我们自己干！"

郝瑗献计道："常言道：东方不亮西方亮。扶风郡防守严密，我们另选一块易于攻取的地方，总能找到进军关中的道路。"

薛举忙问："你是说不从陇县、扶风进军？"

郝瑗笑道："长安的西北一带地方，历来防御松懈，咱们先去进攻高墌，一旦占领了高墌，再把宁州、经州等地连成一片，再向豳州（今陕西彬县）和岐州（今陕西凤翔）一带扩张，何愁进不了关中？"

薛举听后，笑道："这确是好计，叫作避实击虚的战法。何况高墌也是一座老城，城中富有的人多得很，只要攻占了高墌，有了钱粮做后盾，再兴兵去攻打李渊。"

这时的李渊，已经建唐称帝。分封亲属之后，薛举亲率大军进攻泾州，高墌的急报送到了长安。

这时的李建成已是皇太子，需要留守东宫，不便再频繁地率军出征；而李世民已在多次战役中表现出智勇双全，特别是在救援扶风郡的战役中，一举击败薛仁果十多万大军，轰动了朝廷内外，使李渊更加引以为荣。

这次，高祖立即任命李世民为西征大元帅，带领八总管四万兵马，前去抵御薛举的进攻。

李世民率领唐军赶到高墌，与薛举的队伍形成对峙。

为了迎战薛举，李世民召集部下开会说："薛举孤军深入，粮草不足，久战对他不利，因此薛举必然想速战速决。我以为，我们最好是坚守城池，深沟高垒以拒敌，不过十天半个月，薛举粮尽，军队士气低落时，必然自己退兵，到那时，我军可以跟踪追击，何愁捉不住薛举？"

众将都认为秦王说得有理有据，十分赞成。

于是，李世民向全军下达了命令：深挖壕沟，加高壁垒，这是防御薛举骑兵进攻的最有效的办法。还明确规定不准与薛军交锋，以消磨薛军的锐气。

未过几日，李世民突然染上了疟疾，只好卧病在床，把大军的指挥权委托给长史刘文静和司马殷开山，并告诫他们说："我要再说一遍，薛举劳师远袭，孤军深入，急于同我军开战。为了避敌锋芒，我们一定要与之相持，等到他们粮尽力乏之后，再去攻打。"

刘文静问道："若是薛举前来挑战，一再骂阵，我们也是紧闭城门不出战吗？"

李世民认真地说："无论薛举如何挑战，都要置之不理，坚持不予交战，薛举就无可奈何了。"

刘文静、殷开山离开时，李世民又再次提醒道："千万记住，不要应战。等我的病痊愈之后，再做打算，可不要性急啊！"

刘文静、殷开山退出来之后，遵照李世民的旨意，吩咐将士们坚守不出，以消磨薛军的锐气。

薛举见唐军紧闭城门，不予交战，又深沟高垒，防御甚严，非常急躁，他对儿子薛仁果说："派嗓子洪亮的士卒去城下骂阵，骂急了，唐军就会出城应战了。"

薛仁果说道："我已派人天天骂阵，李世民总是不出来交战，难道此人病了不成？"

薛举教训儿子说："这是李世民的计策！他是想等我军粮食吃尽，不得不退兵时，再出城攻打我们哩！"

郝瑗也说道："这计策可毒呢！等我军吃尽了粮食，减退了锐气，再带领大军与我们交战，在军事上这叫作'疲兵'之计！"

薛仁果听后，受到了启示，立即说道："那我就想办法来破李世民的什么疲兵计，用激将法促使他们应战。"

薛举对儿子说："要抓紧时间促使唐军与我们决战，时间久了，军粮真吃尽了，对我军真不利！"

于是，薛仁果从军中挑选出数十个声音洪亮的人，轮流到城下骂阵，以各种庸俗、下流的语言，辱骂唐军不敢出城，尤其是指着李世民的名字不停地谩骂。

郝瑗又拟写了许多挑战的话语，把纸条拴在箭矢上面，然后让士卒射进高墌城，有意激起唐军将士的愤怒，好出城应战。

殷开山把一些纸条送给刘文静看，说道："薛举如此辱骂我们，我实在听不下去了，难道我们两人如此卑懦怯战？"

刘文静苦笑道："这样吧！你去向秦王说去，秦王若让我领兵出城，我纵然战死在城外，也心甘情愿！"

殷开山说："将在外君命有所不受！何况秦王身染疾病，又把军队指挥大权交给了我们，在这种情况下，你还要犹豫吗？"

刘文静仍然不答应。

殷开山又说道："往日，我一直十分敬重你，认为你敢作敢为，有大丈夫豪迈气概，这一次你可太让我失望了。"

刘文静终于被殷开山激将成功了，披挂上阵，与殷开山一起把大军领

出城，在高城西南一片开阔地面列阵，自恃兵多将众，不把薛举放在眼里。

唐军一出城，担任李世民帅府的记室参军房玄龄立刻得到消息，忙去向李世民报告："刘文静、殷开山已带领大军出城了！"

"啊！为何不向我报告？"李世民大惊失色。

房玄龄答道："我也是刚听到这消息的。"

李世民忙问："他们把军队带到哪里去了？与薛举打起来了吗？"

房玄龄答道："听说他们是在城西南列阵，现在还没有与薛军交战。"

"快，你快写信，告诉刘文静、殷开山二人，绝不要轻易和薛举交锋……就说这是我的命令！"

房玄龄按照李世民的意思，立即写了封快信，派人送给刘文静、殷开山。可是，送信人刚出城，两军已经打起来了，只好又把信拿回来，李世民又急又气，叹道："这两个人为何听不进我的忠告呢？"

房玄龄说："据我所知，刘文静并不想出兵，由于殷开山一再怂恿、鼓动，才……"

李世民说："薛举正盼望着我们出兵，这不正中了薛举的奸计吗"

果不出李世民所料，唐军刚一出城，薛举就兴奋地对部下说道："李世民终于出了！这个盼望已久的决战日子终于来到了！"

他立即命令薛仁果道："你先去向唐军挑战，然后诈败将唐军引诱到浅水原地区，你再回军厮杀。"

薛仁果不理解他父亲的意思，问："为何要在浅水原地区回军再战？"

薛举笑道："我要在浅水原埋下伏兵，使唐军腹背受敌，何况浅水原地域空旷，正适合我们骑兵的野战，这样，你就可以向李世民报仇，洗刷前次在扶风战败的耻辱了。"

薛仁果一走，薛举便令宗罗睺领大军二万，悄悄地去浅水原边上的一片林子里埋伏下来，一再叮嘱道："等唐军来到浅水原，你便从唐军身后发起进攻，争取一战活捉李世民。"

薛举安排已定，便领着郝瑗、褚亮等人来到一处高坡上坐下来，对众位部下说："决战就要开始了，我们一边饮酒，一边观看我们的铁骑在浅水原上如何纵横驰骋，歼灭唐军。"

他的话刚说完，薛仁果已领着人马与唐军大战在一起，两军喊杀震天，拼杀激烈，混战不久，薛仁果便领着队伍拍马逃去，故意显出狼狈样子。

刘文静不知是计，急忙命令大军追去，喊道：

"别让薛仁果跑了！快追上他，要活捉薛仁果！"

于是唐军将士如洪水一般，拼命地追去，都想跑到最前面去活捉薛仁果，数万大军一起涌去。

薛仁果扭头一看，见唐军追来，心中欢喜，便拍马加鞭向浅水原方向逃去。

殷开山忙问刘文静道："薛军往浅水原逃去，难道那里有伏兵吗？"

刘文静顺口答道："我军人多势众，薛军纵然在浅水原埋下伏兵，也未必能战胜我们。走！我们也快去给将士们助助威吧！"

就在这时，宗罗睺见唐军人马追进浅水原，便迅速从林子里冲出来，截断唐军退路，领着他的铁骑，从后面向唐军进攻。

薛仁果也勒转马头，指挥人马杀了回来，使唐军陷入前后夹击之中。

经过一阵厮杀，数万唐军被薛军铁骑冲得七零八落，混乱不堪！将领指挥不了士卒，士卒也找不到将领，全军处于被动挨打状态。

薛仁果、宗罗睺指挥他们的铁骑见唐军就杀，趁势分化，包围，迫使唐军放下兵器投降。

刘文静、殷开山早已吓得变了脸色，指挥身边的人马让八大总管轮番上阵，想冲进浅水原，去营救被围的将士，但每次都被薛军挡了回来。

最后，刘文静与殷开山一起，领着八大总管拼命厮杀，终于杀退了薛军，冲进了浅水原，可是，士卒已战死了十分之五六，大将军慕容罗睺、李安远、刘弘基等被薛仁果赶至浅水原西北角一片沼泽地里，经过苦战，弓箭全部射尽，仍然冲不出包围，战马又死，均被薛军活捉了。

李世民强支病体，收集败军撤回长安。

薛举乘机夺得了高墌城，把唐军士卒的尸体堆集在一起，垒筑成一座庞大的"京观"——中国古代战争中，战争的胜利一方往往为了炫耀武功，把对方将士的尸首堆集在一起，封上土筑成高冢，称之为"京观"，也叫作"京丘"，以显示自己的强大。

进入高墌城，薛举首先放纵将士在城内抢掠三日，许多百姓受不了薛军的残酷迫害与蹂躏，奋起反抗，与他们屠手搏斗，直至被杀，高墌城内哭声震天，尸身遍地，鲜血流满大街小巷。

纵掠三日后，薛举获得大量财物，他举办庆功酒宴，犒赏全军。

郝瑗在酒宴上趁机建议道："李世民大败而回，长安城内必然一片恐慌，我们应该乘胜去攻打长安！"

薛举一听，正中下怀，高兴地说："这建议太好了！唐军新败，李渊必然害怕，现在去攻打长安，确是最好的时机……"

说到这里，他端起酒杯，向将士们大声说道："这高墌城算什么？等到我们打下长安之后，放假十日，让你们在城里痛快地享受一下！哈哈哈……"

不料一阵笑声之后，薛举竟向后骤倒，两眼直愣愣地向上翻着，一句话说不出来了。

吓得身边的随从慌忙把薛举扶起，无论怎么叫喊，这位屠夫似的西秦霸王再也不理不应，而终于病倒，当晚死去。

人们说："薛举奉行劫掠政策，四处残害无辜，不得人心，终于暴死，这是上天对他的报应！"

可是，他的儿子薛仁果却并不引以为戒，反而迁怒于唐军，咬牙切齿地吩咐道："把唐军俘虏全都烧死，以祭奠父亲的亡灵！"

这时，薛举之妻皇后鞠氏在号泣之后，忽然升起一股仇杀气焰，派人去向儿子薛仁果要来唐军俘虏十数人，令随从鞭挞，打得那些唐军将士在地上乱跑乱跳，纷纷躲避。

鞠氏仍不泄愤，又令埋其两足，裸露腹背，再命手下人用力鞭打，那些唐军的俘虏全被打得皮开肉绽，血肉模糊，号叫之声惨不忍闻。

薛举残忍，其子薛仁果犹过其父，更加嗜杀成性；连他的母亲鞠氏也是酷暴之人，这真叫作"不是一家人，不进一家门"，一门全是毫无人性之人！

薛仁果在父亲死后，立即继位称"秦帝"，把国都秦城迁来高城，追谥薛举为"武帝"。

其弟薛仁越对迁都有意见，遭到薛仁果的训斥之后，一赌气，自带一部分兵马回秦城去了。

性情暴躁的薛仁果，一向残暴，对部下寡恩少惠，与军中许多将领发生矛盾，如今当上皇帝，他们害怕遭到报复，一时人心惶惶，军中士气一落千丈。

李世民带领战败的队伍回到长安，京城上下顿时一片骚动，刘文静立刻上朝自请处分，高祖不由大怒，斥责道："你一向恃功自傲，目中无人，这次矫令轻敌，造成我军大败，损失如此惨重，不杀你何以服众，拉出去斩了！"

秦王李世民急忙上前奏禀："父皇息怒！这次兵败，不该罪及刘文静一人，儿臣虽在病中，也难逃其咎。"

殷开山也赶忙上前奏道："启禀皇上！刘文静出兵全是罪臣怂恿所致，该杀者应是臣，请陛下放了刘文静，斩了臣吧！"

在这种情况下，李渊才悻悻地说道："好吧，免去刘文静一切职务，留朝听用！"李世民、殷开山还要请奏，李渊把袖子一甩，下朝去了。满朝文武都为文静捏了一把汗，只有裴寂眯着眼睛，幸灾乐祸地看着刘文静，心中说道："你的功劳不是大得很吗？哼！差一点儿连老本也赔上了。刘文静颓丧地从地上爬起来，恍如隔世一般地摸了摸自己的脑袋，正要转身向外走去，被殷开山上前一把拉住，向他道歉道："刘长史！是我害了你，这次出兵全是我一时鬼迷心窍。"

"别说了！无论怎么讲，死伤了那么多的将士，"刘文静看着殷开山继续说下去，"我刘文静也逃脱不了责任，皇上要斩我，也是应该的！"

李世民过来对刘文静说："别消极，先保住命以后再说吧！"

刘文静故作大度地说："割掉了脑袋碗大的疤，不就是一个死嘛！"

说罢，将头一昂，胸脯一挺，大步走了。

为了牵制薛仁果向关中进军，李渊又派使者秘密地前往凉州（今甘肃武威），去联合在河西自称为"大凉王"的李轨。在给李轨的信中，李渊按照同是李姓的关系，称呼李轨为"堂弟"。

李轨本来无太大的政治野心，接到李渊的信，非常高兴，立即派遣自己的弟弟李懋作为特使，到关中来见李渊。

其实，李轨也想借助李渊的势力，来牵制薛仁果，使他不能西进。因此，这两个李姓"堂兄弟"互相利用，各自为了本身利益。

此时，薛仁果已经打败了窦轨，接着围攻泾州，他向将士们猖狂地说道："泾州地位重要，是泾水谷的屏障，关中的桥头堡。只要我们攻占泾州，就可以沿着泾水谷地，去攻打长安了。"

于是，薛仁果亲自带领三万兵马将泾州围了个水泄不通，本想一举攻占泾州城，不料守卫泾州的主将刘威是个正直的汉子，面对薛军围困，刘威身先士卒登上城头，与将士们一起誓死守城。

不久，泾州城内的粮食吃光了，刘威就命令部下杀死战马，分给将士们充饥，而刘威自己及家人却没有吃一点马肉，只用煮马骨的汤拌了木屑吃。

将士们见了，深受感动，齐心协力地守卫着泾州城。薛仁果不断地命令士卒攻城，有好几次已经攻上了城垛，但在城上守军的拼命反击下，都被打退了，终于没有攻陷泾州城。

李渊在长安得到探马的急报之后，立即派遣自己的从弟、长平王李叔良带领五千人马以及部分粮食赶来泾州增援。

薛仁果得到消息之后，深感为难，宗罗睺劝他说："唐朝的援军快到

了，若不及时撤兵，必受内外夹击，不如趁机撤军，再如此如此……必能占领泾州城。"

听了宗罗睺的建议，薛仁果大喜，立即决定，既然强攻不行，就用计智取吧！

于是，薛仁果在将士们中间公开说道："军中粮食快要吃完了，赶快撤兵回高墌城去。"

次日，薛仁果真的撤走军队，派自己的参军严庚珠来到泾州，要见主将刘威，扬言有要事相告。

此时，刘威正与长平王李叔良谈话，一听说这事，忙让严庚珠进城，听他说道："薛仁果众叛亲离，部下商议派我来献出高墌城投降……"

刘威问："怎么能证明你们是真心归降呢？"

严庚珠说："只要大将军领兵到高墌城下，我们便打开城门投降。"

刘威又说："只要你们把薛仁果捉住送来，我才能相信你们是真心投降！"

严庚珠却说："高墌城一旦献给大将军了，薛仁果无处安身，他变成了无根之木，还能长久吗？"

李叔良一听，忙着代刘威答应："你先回高墌城去，我们很快就派大军前往高墌受降。"

严庚珠担心刘威不去，在告辞时又嘱咐道："请大将军领军速往，只怕薛仁果一旦回到城里，就不好办了。"

刘威见严庚珠走，立即对长平王说："我担心这是薛仁果的诈降之计。"

李叔良却说："你只管领军前去，纵然薛仁果诈降，你再带军队回泾州城就是了，也无大碍。"

刘威只好率领三千人马，前往高墌城受降。

谁知他的兵马来到高墌城下，只见城门紧闭，无人前来接应，严庚珠不知去向，只得令人叫城头开门，城上守军却说："严庚珠未回，不能开门，你们若想进城，可以翻越城墙进来。"

刘威方才意识到自己中了诈降计，便立即下令："架上柴草烧毁城门！"

熊熊大火点燃之后，城上守军立刻从城头倒下水来，把大火浇灭。

刘威只得下令撤军，又担心城中薛军出城来袭，便让步军先回师，自己带领精锐走在后面。

高墌城上守军见唐军撤回，立即在城上点燃了三堆熊熊的烽火，这显然是向潜藏着的薛仁果报告消息。

刘威立即命令队伍加快行军速度，并紧张地注意着周围的动静，不一会儿，薛仁果的铁骑果然从南面向他们奔驰而来，此时刘威的队伍已到了百里细川地区，刘威只得命令全军停下来，做好迎战准备。

薛仁果以三万大军迅速把刘威的三千人马紧紧包围在百里细川地区，一番血战之后，由于众寡悬殊，唐军伤亡惨重，刘威突围不成，被薛军俘获。

抓住刘威之后，薛仁果重又带领军队包围泾州，并且命令刘威向城里喊话，对他说道："你只要按照我的要求喊话，我一定放你回去与家人团聚！"

刘威口中答应着，装作很顺从的样子，正要喊话时，薛仁果急忙制止道："别急！要照我的话向城上喊！"

说完，他要刘威向城上喊话道："李世民率领的军队已经被打败了，泾州应该立即投降，以免遭到屠城。"

刘威听后，问道："现在可以喊话了吧？"

于是，他对城上大声叫道："长平王听着：薛军的粮食快吃完了，他们很快就要完蛋了！秦王的大队人马快要来到了，你要带领全城人民守住泾州城。"

薛仁果一听，勃然大怒，杀人的念头顿时产生了，他气急败坏地向手下命令道："把他埋起来！快，埋他半人深，我要亲手射死他！"

薛军把刘威埋在城旁，将土一直堆至他的大腿处，让他不能跑动，只能直立着，薛仁果骑马跑过来，连续向他射箭。

薛仁果的这种残酷行为，不仅让泾州城上的唐军将士怒发冲冠，恨得咬牙切齿，一个个的全都咒骂他没有人性，统统想要杀之而后快，就连在场的广大薛军也为之寒心，他们当中的很多人都将脸背过去，不忍心再去看；还有人悄悄地走开了，对这位暴君提出抗议。

第二十章

秦王韬略观虎斗　巫师蛊惑昏庸帝

第二天，薛仁果派遣一支队伍回高墌城搬运粮草，不料被陇州的刺史常达得到了这个消息，他立刻率领三千人马埋伏在宜禄川的附近，等到薛军经过的时候，突然包抄过去，将薛仁果一千多精锐军队全部歼灭，然后返回陇州了。

薛仁果得知消息之后，又是勃然大怒，向部下发誓道："一定要攻占陇州，活捉常达！"

他带领军队去攻打陇州城，但是久攻不克，薛仁果忽然又想起了那个诈降计，立刻派遣他的军中大将仵士政带领数万士卒，去陇州城里诈降。

一开始，常达没有答应，担心仵士政又是被薛仁果派来诈降的，但经不住仵士政再三请求，终于接受了，让他领着队伍进了陇州城，并热情地款待了他。

哪知仵士政在三天后就现出原形，伺机劫持了常达，而且从城里带走了两千多人马，一齐回到薛仁果军中。

半个月后，秦王李世民的大军逼近了高墌城。

薛仁果对宗罗睺说道："咱们的手下败将又来了，这一次千万别让李世民这小子再逃掉了！"

于是，薛仁果命令宗罗睺率领三万大军去迎战，临出发时，又再三嘱咐道："要记住，一定要活捉李世民！"

宗罗睺自恃兵强马壮，每天都到唐军阵前挑战，耀武扬威地叫阵，甚至谩骂不止，指名道姓地要李世民出阵交战。

李世民已经吸取了前次战败的教训，命令将士们坚守营垒，无论薛军如何叫骂，均不理睬。

过了两天，李世民见将士们又在议论着出阵交战之事，立即向全军下令道："有敢再言战者，斩！"

有了这道命令，唐军将士无人再敢在营中议论出阵交战的事情了。

宗罗睺见唐军今日不战，明日不战，一直把免战牌高挂着，连续五六十天了，仍然紧闭城门，不出阵交战，叫阵的劲头渐渐小多了，心里想："你们守在营里不出来，我也回营中睡大觉去！"军中军纪涣散不堪。

一天夜里，薛军中突然出来了一支人马，来到唐军营前请求归降，这天晚上是刘文静值班巡夜，他就特别谨慎小心地问道："你叫什么名字？为何要来投降？"

"卑职名叫梁胡郎，薛仁果看不起我们羌族人，宗罗睺常常不发粮食给我们，逼着我们羌族士卒去挖野菜吃，饿得实在受不了，才来投靠。"

刘文静弄清后，才断定这位羌族将领梁胡郎不是来诈降的，就带着他来见李世民，秦王问道：

"薛仁果军中还有粮食吗？"

梁胡郎忙答道："军中粮食快完了，因此不发给我们羌族人，再过不久，连宗罗睺的队伍也要挨饿了。"

李世民遂让刘文静把梁胡郎连同他带来的羌人士卒安置在一支偏师队伍里，并叮嘱刘文静道："一定要求将领们尊重羌族人的生活习俗，不准歧视，否则，重责不饶！"

梁胡郎听了，忙说道："早知秦王如此宽厚，我们早该归附了。"

刘文静为其出主意道："你可以派个得力的士卒，回到薛军中去，把唐军的情况向那里的士卒传达一下，要他们早日归附。"

梁胡郎立即答应，连夜派一个士卒重又回到薛军中去，经过一天的宣传、劝说，当晚夜深时，又由那位士卒领来数百名薛军士卒。

李世民得知消息，立刻对刘文静说："提拔那名士卒为统军头目吧！"

刘文静传达了秦王的命令后，回来建议道："薛军中将领士卒都有离异之心，粮食也快吃完了，可该是出兵交战的时候了？"

李世民说："这个宗罗睺是一个羌汉混血儿，作战强悍骁勇，薛仁果也敬重他三分，实在不易对付，暂时不要与他正面交锋，我们不妨用旁敲侧击的办法，先刺激一下，吊吊他的胃口再说，然后再伺机……"

想好之后，李世民立刻召来行军总管梁实，先在他耳边小声嘱咐一番，然后让他率军前往浅水原驻扎。

刘文静说："浅水原地域空旷，非常适合薛军的铁骑野战，我们上次就是在那里被薛仁果打得一败涂地！"

李世民笑道："俗话说得好，在哪里跌倒，还要在哪里爬起来！这才叫作有志气！"

刘文静说："梁实只带一万人马前去浅水原，兵力也太少了，而宗罗睺却有三万多人马呢！"

房玄龄对刘文静说："秦王胸怀韬略，以谋制敌，并非派兵前去硬拼。"

李世民笑道："你把我说得如当年的孙武了，其实我是在吸取前次失败的教训，哪有什么奥妙在内呢？"

房玄龄说："东汉刘秀曾讲过'失之东隅，收之桑榆'的名言，秦王正是从你的失败之中找出胜利的途径，不信你就等着瞧吧！"

三人正谈论着，忽有探马前来报告："宗罗睺已带领全军向浅水原方向出发了！"

李世民说："好，你再去细探，等攻打我军时再来报告！"

那探马走后，李世民抑制不住兴奋的心情说道："宗罗睺果然中计了！"

刘文静说道："宗罗睺一连五六十天苦等着与我军交战，现在见到梁实只领不太多的人马出阵，又是在浅水原驻军，他哪能不出兵呢？还想有前次那样的胜仗打呢！"

李世民笑道："俗话说，兔子不在那老窝里睡觉了！狡兔有三窟哩！"

他的话音刚落，探马又来报告："宗罗睺已开始向梁实大总管的营垒猛射强弩了！"

"梁大总管没有出营交战吗？"刘文静问。

探马道："没有，只是紧闭营门，没有出战。"

"那好，你去再探，有什么异常情况，再来报告。"

李世民说完，看着刘文静又继续说："我让梁实当一块硬石头，并把他放在浅水原上，任他宗罗睺去啃吧！无论他是铁牙、钢牙，等他啃累了再说！"

半个时辰之后，探马又来报告："宗罗睺已经命令他的弓弩手回营了。"

房玄龄、李世民一齐笑起来，探马一见，自动说道："我回去再探吧！"

刘文静大悟道："我懂了，秦王！请再派一支人马进驻浅水原，恐怕宗罗睺就要害怕了吧？"

房玄龄笑道："等你明白的时候，秦王就要出兵了！"

李世民随即派人把右武侯大将军庞玉喊来，吩咐道："你借着夜色的掩护，于今晚三更时分，带领队伍悄悄地进驻浅水原薛军背后的那一片高坡上，能不惊动敌人，就是你的胜利。"

庞玉连忙问道："若是惊动了宗罗睺，他来交战怎么办？"李世民果断地告诉他说："即使惊动了宗罗睺，我量他在深更半夜的时候，也不敢贸然出动大军来攻打你，因为在他的营前还有梁实的一支军队驻扎在那里，正虎视着他。不过，当我领军攻打宗罗睺时，你得行动啊！"

庞玉连连点头，忙着去准备夜间行军去了。

这时候，李世民才对刘文静说道："余下的兵马除去留一千人交给房玄龄守营之外，全由你我带领，于明日凌晨时分，与宗罗睺的大军决战！要记住：一定是凌晨，可别迟了啊！你快去布置吧！"

宗罗睺的人马，由于连日穷攻猛打，已经很疲乏了。又见唐军源源不断地来浅水原扎营，加上军中粮食快吃完了，羌族将领梁胡郎又领走他的人马，去投降了唐军，军心混乱，使宗罗睺十分焦躁，这一夜翻来覆去睡不好，直到凌晨方才想睡，忽听营外人喊马叫，杀声四起，士卒忙来向他报告："唐军从四面八方围上来了。"

宗罗睺在苦心焦虑之下，得知唐军出战，不由冲口而说道："好！我不是怕李世民来，而是怕他不来！"

说完，立刻出帐，整顿人马，准备迎战。

可是，宗罗睺来到营外，不禁大吃一惊！

只见偌大的浅水原上，四面八方全是唐军，自己已处在李世民的包围之中。

宗罗睺立刻向部将们说："看到么，我军已被李世民的军队包围了，我们只有杀出重围，别无任何选择！"

"大事完了！"宗罗睺喊了一声，立即领着身边的人马奔逃。

李世民正要率领二千轻骑前去追击宗罗睺，他的舅父窦轨突然上前拉住他的马缰苦苦劝阻，唯恐前面设有埋伏，但是李世民眼看着胜利在望，哪里能接受舅父这怯战保守的建议，于是，他坚定地拒绝窦轨的劝阻，说："这个问题我已考虑很久了。现在我军取胜，应该乘胜穷追猛打，才能不失战机，请舅父不要再说了！"

李世民扬鞭策马，直奔高墌城而去。由于不失时机地穷追猛赶，很快追至高墌城下，拒守住泾水南岸，切断了宗罗睺的回城之路，使他成为一支孤悬之军。

这时候，薛仁果已得到宗罗睺战败的消息，只得在泾水北岸，紧靠高墌城下列阵，如临大敌般地严密注视着李世民大军的一举一动，嚣张的气焰，一落千丈。

李世民召来羌族人首领梁胡郎，对他说道："宗罗睺身边人马不足三千，已是穷途末路了，你去劝说他归顺吧！我会宽待他的，不要再替那个

嗜杀的屠夫卖命了!"

经过一番劝诫,次日,梁胡郎果真领着宗罗睺来见李世民,这位骁勇善战的大将跪伏在地上请罪说:"我有眼不识泰山,迟至今日才来归顺,请求治罪!"

李世民急忙拉他起来,说道:"迟到的醒悟也是好的,欢迎你加入唐军队伍。"立即任宗罗睺为大将军,仍让他带领原来的人马。

宗罗睺激动得热泪直流,又说道:"恨自己有眼无珠,错把屠夫当好人,成为他杀戮老百姓的帮凶。"

李世民笑着规劝道:"来日方长,以后还有立功赎罪的机会。唐朝建国不久,中原还没有统一,英雄大有用武之地,跟着我好好地干吧!"

宗罗睺这才高兴起来,向秦王请示道:"我的部下都是陇山以西的人,他们自小习于骑射,性情剽悍、作战骁勇,在几次战役中失散许多,我想去把他们召集回来。"

李世民当即批准了他的请求,对他说道:"你先去城下向薛仁果说几句话,劝他早日投降。"

宗罗睺便与梁胡郎、钟利俗等原薛军中的将领,来到高墌下向城头的守军喊道:"我们已归顺唐朝,成为秦王麾下的大将了!奉劝你们及早悔悟,别再随着薛仁果一起祸害老百姓,与唐朝作对了!"

薛仁果听说之后,吓得赶忙把部署在泾水北岸的西秦军队召回高墌城内,准备据城而守,继续负隅顽抗。

可是,他的军队内部早已人心混乱,大有分崩离析之势。宗罗睺等人的投降加速了薛军的瓦解。

当晚,天快黑的时候,薛仁果的亲兵队长浑干、翟长孙悄悄地从城上坠下来,向唐军投降。

到了半夜,守城的薛军将士如潮水一般,从高墌城里跑出来,主动投降唐军。

次日黎明,薛仁果本想召集人马拼死一战,但是一看将士已无心再战,正是兵败如山倒,大势已去,无力挽回败局了。

决定之后,薛仁果就下令开城投降,要手下人将自己捆绑起来,亲自来到唐军营中。

李世民宣布接受薛仁果投降,并吩咐把他押回长安,由皇上处置。

接着,西秦治下的其他郡县也随着来降,薛举的次子薛仁越等,带着人马主动投降,还有黄门侍郎褚亮、郝瑗之子郝炎等,都主动归顺了唐朝。

经过这次战役，李世民收编了薛仁果两万多名精兵，获得人口近十万人。

自此，陇右地区已经平定，完全归李渊控制，唐朝政权来自西面的最大威胁解除了，关中局势基本稳固了。

唐高祖李渊接到快马捷报，知道李世民已经平定了西秦政权。薛仁果等已经投降，非常高兴，认为这等于消除了一块心病，便立即派人前去慰劳三军。

在唐军得胜凯旋，返回长安途中，沿途百姓纷纷前来慰问，他们身受薛氏父子之害，都把唐朝的军队当作仁义之师，有的人提着水壶、端着茶水送到将士们手中；有的把蒸熟的馒头、鸡蛋之类塞到将士们手中，情景极为感人。

当百姓们看到囚车中的薛仁果时，顿时叫骂起来："你这杀人不眨眼的暴君，也有今日，这是老天对你的惩罚！"

还有许多身受其害的百姓们，用土块、石子向囚车中的薛仁果砸去，还有人向他吐唾沫，甚至有人要蹿向囚车亲手打死他，吓得这个暴君双手抱头，浑身抖作一团，连看一眼也没有勇气了。

次日，李渊下令，把罪大恶极的薛仁果拉到长安的闹市口斩首示众，这显然就是杀"首犯"以谢天下的舆论宣传之举，其时为唐朝武德元年（618）十一月。

对薛仁果的旧部人员一律交给李世民统辖，这是李渊笼络人心的一贯做法，是刚建立起来的大唐王朝得以经受严峻考验的有效保证。

李渊父子这么做的结果，使唐军的实力大为增长，声势更加强大了。

消灭了陇右地区的薛氏父子，李渊认为关中的西面还有一个潜在的敌人——李轨，不能让他在自己的卧榻之侧酣睡，必须尽早将其消灭。

李轨，字处则，是今天甘肃武威人。隋朝时，武威在当时叫姑臧，是凉州的台所，负责管辖河西走廊地区。

同李渊一样，李轨也是隋朝的旧臣。当时，李轨担任武威鹰扬府的司马。这司马一职，在隋朝位于将军之下，协助府中将军管理军队事务，参与军事计划与活动。

由于李轨本是武威人，家中富有，平生喜好侠义之举，又爱抱打不平，深得府中人士的信赖。

原武威府中的主簿梁硕是一个胸怀大志、谋略过人的人，他与李轨交谊甚厚，两人常在一起饮酒谈心。

一天，梁硕对他说道："朝廷暴政，已引起天下大乱，你我都要做好干大事的准备。"

李轨忙问："我们之间不是外人，不妨明说。"

梁硕告诉他道："自古得人心者得天下，首先当从收拢人心上做起。你家中存粮不下万担，为何不能取出一些来赈济贫民呢？"

李轨点头称是，回家后即开仓济贫，受到当地百姓欢迎，一时间，李轨威信甚高，同僚也更加敬重他。

不久，薛举父子在金城起兵，扬言要攻打凉州，由于他们残忍好杀，老百姓都吓得惊慌失措，盼望有人能出来领导大家阻止薛氏父子的进攻。

梁硕对李轨说："机会来了！我们应该挺身而出。"

他把自己的计谋向李轨说了一遍，李轨笑道："以后你可得帮助我啊！"

梁硕笑道："义不容辞。"

于是，李轨忙派人找来他的那些朋友，其中有曹珍、关瑾、李赟、安修仁、梁硕等，一起商议应变大计。

李轨先说道："薛举父子残暴嗜杀，现已占据了金城，肯定要来攻打武威。咱这武威郡的刺史昏庸胆怯，根本不能担负起保卫郡内安全的责任。只有我们大家同心协力，自己来保卫河西地区不受侵犯。"

梁硕接着说道："事到临头，大家可要看清形势，不可束手就擒，一旦弄得妻离子散，后悔莫及啊！"

众人听二人一说，便把听来的一些关于薛氏父子杀人、抢掠的事情传开，人人都胆战心惊了。

曹珍说："按理说，我们也该起兵夺下这武威城，一起与薛氏父子对抗。"

可是，谁来领头呢？李赟说："蛇无头不行。我们也该选个头出来，依我说，听说现在有图谶说'李氏当王'，今天是李兄为大家谋划大事，我们就让李轨兄做咱们的王！"

众人一听，都表示赞成，于是李轨就做了这支起义军的首领。

三天后，李轨与梁硕、安修仁等一起暗中策划，当晚进入武威内苑城，举起造反大旗，高呼："反了！"

趁着隋朝的守军手忙脚乱之际，李轨把预先埋伏在城下的人马组织起来，一声令下，攻破城门，打进武威城里，把隋朝武威郡的郡丞韦士政、虎贲郎将谢统师一起抓起来，占领了武威城。

此后，李轨以武威为国都，自称皇帝，建元"安乐"，按照隋文帝的官制立他的儿子李伯玉为皇太子，封梁硕为吏部尚书，曹珍为左仆射，关瑾、李赟等均为领兵大将军。

次日，关瑾建议说："我们已经造了隋朝的反，还留着隋朝的官吏做什么？不如杀了吧！"

李轨说："你们要我做皇帝，就得听我的意见。我们起义军本意是救难，如果杀人抢东西，那就是盗贼，是没有前途的，所以要有干大事的样子。"

曹珍也担心地说："只怕那些隋朝的官员与我们不是一条心，若是起来再造咱们的反，怎么办？"

李轨笑道："我待之以礼，他们若是敢于反对我们，再杀他们也不迟。"

后来，李轨果然封谢统师为太仆卿、韦士政为太府卿，并招兵买马、组建军队，声势壮大起来了。

李轨对部下说："我把年号定为'安乐'二字，你们知道是什么用意吗？"

他的部下都不说话，过了一会，李轨又接着说道：

"我是希望这河西能成为一个安居乐业的地方，不希望外界有谁来打扰我们。"

可是，没过几天，薛举就派了一支军队打来了，李轨急忙派遣李赟带领军队前去迎战。

李赟利用地形的优势，在昌松打败了薛举的军队，还俘虏了数百名薛军士卒。

李轨立即下令把俘虏放还，李赟说道："我军伤亡了好几百人才打了胜仗，抓来了这么多俘虏，又轻易地放他们回去，不等于帮助薛举再来攻打我们？依我说，把他们活埋了吧！"

李轨说："你说的不对！如果天命归我，放回去的这些士卒会把薛举捉住，献给我；假若天命不属于我，即使把他们留在凉州，也不会为我所用。"

李赟及众人听了，只得把那数百名俘虏全放了。

自此，薛举不敢再派兵西来，而是去与李渊交战去了。

李轨便利用这机会，派遣李赟、关瑾等带领军队，向西扩展地盘，相继攻占了张掖、敦煌、西平、袍罕，尽取河西五郡之地。

吏部尚书梁硕很有谋略，对理政、理财都有一套本事，不到一年时间，河西五郡又遇上风调雨顺的好年景，百姓真的安居乐业，生活安定富裕起来。

李轨有两个儿子，长子李伯玉是一个跛子，但是按照长子继承王位的习俗，被立为皇太子。

次子李伯任，自小聪明活泼，成人后养成了吃喝玩乐的恶习，整日游手好闲，与一帮酒鬼、赌棍、嫖客混到一块儿，成了一个恶棍地痞。

李轨管不了这个儿子，便经常把他赶出家门，任他在外面去干坏事去了。

如今，李伯任见父亲当了皇帝，哥哥虽是一个瘸子，却当上了皇太子，心中哪里能平衡？便装作认错的样子，回到家中向父亲痛哭流涕，表示愿意痛改前非，决心做个好人，终于骗取了李轨的信任，让他与安修仁一起管理户部的政事。

这位安修仁本是胡人出身，原在武威城里为人治病，因为随着李轨造反有功，被封为户部尚书，自与李伯任混在一起，二人很快成为无话不谈的好朋友。

一天，李伯任在安修仁耳边小声叽咕了一会儿："我当上皇太子，做了皇帝之后，就封你做吏部尚书，军政大权都交给你。"

安修仁笑道："你当皇太子也不难，但必须先把梁硕除了，是他提名让那个跛子当皇太子的。"

李伯仁笑道：

"他若是敬酒不吃，咱们再让他……"

次日，李伯任去梁硕家登门拜访，叙了一会儿闲话之后，他便点到了中心话题，问道："梁大人！自古以来哪有瘸子皇帝？"

梁硕一听，已知他的来意，对李伯任他本没好印象，便针锋相对地答道："人不可貌相，当皇帝关键要看人品。"

李伯任说："什么人品？全是由人吹捧的，比方你梁大人要说我的人品端正，谁敢说个不字？"

梁硕笑道："我哪里有那么大的威信！皇太子是由你父皇定的，你若想当皇太子，还是去找你的父皇去！"李伯任两眼逼视着他问道："看来，梁大人是存心不想帮我这个忙了？"梁硕也不高兴地说道："抱歉！这个忙我实在帮不上！"李伯任又告诫他说："既然你说自己帮不上忙，也希望梁大人不要帮倒忙。"梁硕也软中带硬地说："我自己知道该怎么办，无须别人提醒。"李伯任告辞出门时，又对他说："今天的事到此为止，请梁大人切勿外传。"梁硕心中十分不高兴，没有送他便回到家里去了。而李伯任出了梁家，立刻邀上安修仁一起来见李轨，他先报告道："父皇还被蒙在鼓里，朝廷里出了内奸，若不是我们截获了这封信，薛仁果早就领兵打来了!"

说完,他交给他的父皇一封信,李轨读完,有些生气地自言自语地说:"我待他不错呀!他,他为何要这么做?"

安修仁忙说:"画龙画虎难画骨,知人知面不知心啊!梁硕自恃清高,他何尝不想当皇帝?"

李伯任也说道:"梁硕常在众人面前说父皇无能,说父皇不是做皇帝的胚子……"

李轨本是一个没有政治主见的人,听二人这么一讲,便信以为真了,顺口说道:"他既对我不仁,我也对他不义了!你们先不要把这事说出去,我来对付他!"

安修仁、李伯任见已达目的了,便满怀喜悦地离开了李轨,一起饮酒庆功去了。

两人走后,李轨越想越气,他没有想到这件事情会不会是大臣之间因为争权夺利而引发的?更没有去想应该运用事实来证明安修仁与儿子的报告是否属实,却认为他们两人都是自己身边的心腹,应该没错,于是把梁硕邀来喝酒,毒死了他。

事后,曹珍、关瑾等人来问起梁硕的事情,他只能支支吾吾,没法说清楚。

梁硕一死,李轨就像是少了一支有力的臂膀,到这时他才意识到自己太草率,找来次子李伯任问道:"那个替梁硕送信的人呢?他在哪里?"

李伯任笑道:"早被杀了,梁硕已死,还找那人何用?"

"是啊,梁硕已死,还提起这事做什么?"李轨知道自己上当,错杀了梁硕,后悔也没用了,便迁怒于安修仁。

李轨立刻派人喊来安修仁问道:"你为何要设计陷害梁硕?"

安修仁忙答道:"这是你儿子李伯任的主意,与我无关。"

李轨听后,不好再问下去,安修仁趁机说道:"自古以来,哪里有跛子当皇帝的?"

"这是我的家事,你操什么心?"李轨不耐烦地说。

安修仁接着说:"皇太子就是未来的皇帝,我是大臣,理当操心。"

李轨只得敷衍着说:"此事事关重大,容我好好想一想再说吧。"

安修仁忽然向他说道:"我那里来了一个巫师,说上帝要派一个仙女来辅助你治理天下哩!"

李轨一听,忙问道:"巫师在哪里?快领他来见我。"

安修仁回去领来一个人,对李轨说:"他叫郡学超斯,是从中亚那边来的一个神奇的巫师。"

李轨见那郡学超斯，长条个儿，白皮肤，黄头发，绿眼珠儿，高大的鹰钩鼻子，遂向他问道："你有何巫术？"

那巫师答道："上帝通知我，让你建一座三丈高的灵台，迎接仙女下凡，帮你整治江山，统一天下。你若答应，我就让白鸽飞上天去，向上帝报信去。"

李轨忙问："白鸽真的能去报信吗？"

那位巫师口中答应着，两手在空中乱抓乱舞了一会儿，忽然抓住了一只雪白的鸽子，捧在手中让李轨细看，然后说道："你若答应建筑灵台，我就派这只白鸽去上帝那儿送信去！"

李轨将信将疑地说："真要有仙女来，我就建筑灵台。"

巫师郡学超斯对手中白鸽悄悄说了几句话，便把手向空中伸去，那白鸽顿时飞上天去，一会儿工夫不知去向了。

李轨心中暗想：'那白鸽从哪里来？既然能飞去上帝那里报信，也该能飞回来吧！'

想到这儿，他便问道："去报信的白鸽何时飞回？"

巫师说："快了，一会儿就飞回来了。"

说完之后，只见郡学超斯口中念念有词，两只手又在空中一阵乱抓乱舞，不一会儿，那只雪白的鸽子就飞到他手中，他随即说道："它已向上帝报了信，飞回来了！请皇帝快下令建灵台，只要灵台建好，仙女就会从天而降了。"

李轨听到这句话之后，感觉非常高兴，将巫师郡学超斯的鬼话全都信以为真，哪里知道，他是变戏法让白鸽来回飞的，以此来迷惑这位糊涂的君王。

但是，李轨竟然相信了，立刻下令征调河西五郡的百姓，自带干粮前来修建灵台，用以迎接天上下来的仙女。

由于台高三丈，仅仅是修筑就花费了半年的时间。浪费了大量的劳力和钱财，让河西百姓遭受了巨大的损失。

第二十一章

安氏兄弟反挟主　齐王守要胡非为

第二年，河西地区久旱无雨，庄稼基本上都已经枯萎了，老百姓颗粒无收，发生了严重的荒灾，李轨就把自家的粮食拿出来救济灾民。

没过多久，李轨家的存粮也用完了，便下令停止赈济灾民，弄得民怨沸腾，老百姓对李轨的怨恨越发浓烈。

接着，唐高祖李渊派鸿胪少卿张俟德来到了武威，向李轨宣读了诏书，李渊封他为凉王，任凉州总管，并且赠送给他一个羽葆吹乐队。

此时，李轨已自称大凉皇帝半年多了，面对李渊的封授，他一时又没了主意，便召集臣下说道："李渊是我的堂兄，他已经在长安做了皇帝。一姓的人不应该为了争夺天下而相互残杀，我想去掉帝号，接受唐朝天子的封爵，你们看怎么样？"

谢统师说："自古以来，天命在谁身上，谁就是天子，你愿意投降李渊，接受他的册封，我们做臣子的有什么意见呢？"

可是，曹珍反对说："隋朝丢失了天下，以至于天下人共争帝位，有的人称王，有的人做皇帝，真是乱世英雄竞起，说不清将来这天下最后归谁。李渊在关中称帝，你大凉王在河西称帝，两家都是天子，本不该相互妨碍。如今，你要自去帝号，向李渊称臣受封，决定以小事大，也应该依照梁朝萧詧服从魏朝那种做法吧。"

李轨觉得曹珍的意见甚好，只好改变去帝称臣的打算，派尚书左丞邓晓去长安拜见李渊，送上书信说：

"皇从弟李轨愿在河西称大凉皇帝，而不愿受官……"

李渊读信之后，大怒道："李轨要在河西自立为帝，岂不是国中之国，朝中之朝吗？真是不识时务！"

裴寂说："李轨想在河西当一个偏安小王朝的皇帝，无非仗着河西地势艰险，手中又有些兵力，不过是美梦一场，皇上只要派一支人马前去，李轨必被擒获。"

此时，安兴贵立刻上奏道："启禀皇上！李轨本无多大野心，只是他的部下有人坚持反对他向我大唐称臣，若派卑职前往河西，即可说服李轨来降。"

李渊笑道："你是在说大话吧？李轨依仗军队强大，凭借地形险要，我派兵攻打，尚恐不能尽快取胜，仅靠你一番口舌就能令他来降吗？"

安兴贵却成竹在胸地说："臣本凉州之人，臣之弟安修仁又是李轨手下的户部尚书，深受信任；臣还有十多名子弟在李轨的各个部门中任事。有了这两个有利因素，臣前去劝说李轨，他能听臣的话固然好，如果他不愿归顺大唐，臣就联络一帮人把他……"

听他这么一说，李渊笑道："你一个人去劝降，也许比派两万人马去攻打的效果更好！"

于是，李渊当即派安兴贵前去凉州，又把李轨派来的使者邓晓扣在长安，不放他回凉州去。

安兴贵到了武威，先由兄弟陪着去见李轨，谈了一会儿长安的风土人情和唐朝的一些情况，李轨十分高兴，说道：

"你就别再回长安去了，就留下来在大凉国做官吧，兄弟俩共同辅佐我！"

不等安兴贵答应，李轨就任命他为左右卫大将军，并当即赏赐他一大包珍珠财物。

安兴贵回到弟弟安修仁住处，兄弟俩一计议，对李轨的热情挽留与封官，不予拒绝，安修仁说："你先住下来，我们这位皇帝虽没有多大野心，他从没有统一天下的想法，只是想在这河西地区当个土皇帝就满足了，但是，要想让他归唐，够你劝的！"

安兴贵说："我已在长安夸下了海口，万一劝说不成，咱兄弟俩只能对他下手了！"

安修仁笑道："实际上李轨的心里十分向往老子的'小国寡民'思想；可是，李渊是要统一全国，做一个天上地下唯我独尊的天子！"

"是呀！若不是我来劝降，唐军已经打到凉州来了！"

安兴贵又接着说："大唐皇上已经公开说了，绝不允许出现国中有国、朝中有朝的事实，纵然李轨向他称臣、称弟也不行！"

安修仁劝其兄说："先做两手准备，一边联络人员，一边伺机劝说，实在说不动时我们只好……"

于是安兴贵在武威城里开始了活动，先是去亲戚处走一下，又到朋友那里串一串，向大家介绍关中如何富裕，唐朝怎么强大等，为李渊大肆宣传。不料有人把这情况向李轨报告了，他们说："说不定这个安兴贵是唐朝派到凉州来的间谍！"

不过，李轨对割据一方仍然心存侥幸，于是对安兴贵说道："我凭借着山河的险要，地形的复杂，无论他唐兵如何强大，又能把我怎样？当年的吴濞仅以江左那一点兵力，还能成为东帝；如今，我拥有河西五郡之众，难道当不得这西帝不成？"

安兴贵又继续劝道："陛下！薛氏父子勇悍善战，拥兵三十万之众，仍然被唐军打垮，薛仁果只落得身首异处，这件事刚发生不久呀！"

李轨立即驳斥道："薛仁果嗜杀残忍，四处征讨，杀人抢掠，他兵败身死，是他应得的下场！我于河西不与任何人为敌，只求和平安乐，上天能不佑我吗？"

安兴贵还想再劝说几句，李轨狠狠瞪他一眼，质问道："你从唐朝那里来，难道真是替李渊游说，来凉州当间谍的吗？"

安兴贵急忙否认道："陛下多心了！臣绝不会那样做的。为臣听说，富贵不回乡，就像穿着绫罗绸缎在夜里出去行走，不被人所知一样。臣的全家都在凉州，全都受到陛下的荣禄，理应在家乡风光显赫，怎么肯归附唐朝呢？臣只是想向皇上呈上一点个人的想法，至于怎么决定，当然由陛下圣裁了。"

李轨听了之后，脸色才渐渐温和下来。安兴贵意识到劝说已无用，弄不好会把性命丢掉，便趁着这位一心当安乐皇帝的李轨气色稍平，婉辞退了下去。

安兴贵一走，曹珍立刻说道："我看这安兴贵来者不善，不如把他抓起来再说！"

李轨连忙摆手道："他说的全是实话，不听就是了，何必要加害人家呢？他们安氏一族，不仅有安修仁，还有一帮年轻子弟，弄得不好，会激出乱子来的。"

关瑾也劝说道："皇上以善良之心待人，不过，防人之心不可无啊！正因为安氏一族人多势众，更应该及早深究，以防他们从内部来搞颠覆。"

李轨一边挥手，一边哈哈地笑着，丝毫不经意地说道："我量他们不敢。"

安兴贵匆匆回去，一见他弟弟就说："大事不好，我差一点儿被这个糊涂虫给杀了！"

安修仁急问道："可能是你劝说得不当，激怒了他吧？"

安兴贵笑道："幸亏我及时转风调舵，忙不迭地辩解，好不容易才遮掩过去，不然……"

安修仁立即低声地说：“从现在开始，你我都不能再轻意地出门了，李轨好糊弄，他手下还有曹珍、关瑾几个人哩！别被他们抓住了把柄！”

安兴贵焦急地问：“都不出门，难道坐在家中等他们来抓吗？”

“你别急！一切由我安排。”

不等他兄长说话，安修仁立即将总管袁义叫来，在他耳边轻声嘱咐一番：“要他们今夜三更天一定要到达指定地点！”

袁义走后，安修仁阴笑几声，对其兄说道：“养兵千日，用兵一时啊！这支胡人兵马我整整养活了他们一百二十五天了！直到此时，才用到他们。”

安兴贵问：“今夜动手吗？一切都准备齐全了？我，我没想到你比我还性急！”

安修仁横了他一眼，说：“你哪里知道，那个姓曹的，姓关的，早已对我们怀疑了。这种事情，往往是夜长梦多，要想成功，必须尽早动手。”

“对，先下手为强，后下手遭殃！”安兴贵说。

当天夜里三更时分，安兴贵、安修仁兄弟俩带着胡人军队五千人马，突然包围了武威城。

李轨得知消息，立即带领城内一万人马出城交战，双方正拼杀激烈之时，从城里又忽然冲出一支人马。

为首将领是羌族人奚道宜，他带着这支一千人的羌族队伍赶到阵前，李轨叫道：“快！快把你的队伍带到贼兵的背后去……”

奚道宜听后，不但不听李轨的命令，反而领兵上前，对他大骂道：“你这个言而无信的昏君！我不会再受你的骗了。”

说着，奚道宜把手中大刀一挥，带领他的羌族士卒一齐上前，围攻李轨的人马，与安氏兄弟的胡人军队一起，把李轨的军队围在中间，齐声叫喊着：“别放跑了李轨！要活捉李轨呀！”

这位羌族人首领奚道宜原是薛举的部下，因为不满薛氏父子四处杀人抢劫的行为，便主动投奔李轨，希望受到重用。可是李轨虽曾多次许诺，要封奚道宜去担任张掖的刺史，却迟迟不予兑现，使他怀恨在心，现在有了报复的机会，便立刻带领他的羌族人马，从城里杀出来，与安氏兄弟共击李轨。

曹珍、关瑾等人在城上见李轨被围，慌忙带领军队出城，杀入重围，把李轨救进城去。

安兴贵立即赶至城下，对城上的守军大声说道：“城中的将士们听着！唐朝皇帝派我来诛杀李轨，胆敢援助他的，诛灭三族！主动投降的，既往不咎!"

听到安兴贵假传的这一道"圣旨"之后，城中的守军将士再不愿受到牵连，纷纷出城投降，连曹珍、关瑾等人也主动放下了兵器，打开城门，投降了安氏兄弟。

李轨见大势已去，身边只有妻儿、兄弟，以及一大堆丢弃下来的兵器了，不由得叹息道："人心不归，天要亡我了!"

李轨说完，带领一家老小，登上那个高高的灵台，祷告道："上帝啊!我建了这么一座高台，你老人家该让仙女降下来，快救我离开这里吧!"

无论李轨在台上怎么祈求祷告，上帝始终没有降下仙女来救他。

而安兴贵、安修仁、奚道宜等人都来了，他们捉住了李轨等人，并将他们一起押往长安。

自此，河西地区才全部平定，时值唐高祖武德二年（619）五月。

李轨等被送到长安，李渊立刻下令将其处死。

安兴贵等立了大功，李渊任命他为右武侯大将军，上柱国，凉国公，赐绢帛万段，并命他去守护凉州。

又封安修仁为左武侯大将军，封为申国公，与其兄安兴贵一样，食禄六百户。

又提升奚道宜为大将军，让他协助安兴贵守卫凉州，共同管理凉州五郡的军政大事。

此时，李轨派来的那位使者邓晓仍在长安，听说唐军新得河西之地，杀了李轨等人，便主动向高祖上奏，表示祝贺。

李渊一听，立即恼怒起来，大骂道："你身为大凉国的使臣，知道大凉国灭亡的消息，不但不悲伤哀戚，反而欣喜道贺，来向朕献媚!你既不能忠于李轨，又怎能忠于朕呢?"

邓晓听了，高声说道："鄙人原以为大唐天子宽宏大度，圣心仁慈，没想到你胸怀如此褊狭，令人失望!"

说罢，竟大步走出朝堂使李渊十分尴尬，急忙命人把邓晓叫回来，问道："朕如何令你失望?"

邓晓不卑不亢地说道："来长安之前，卑职曾多次劝告李轨归顺大唐，并向他陈说利害得失，但李轨执意不听，故有今日身死之祸。作为李轨的部下，我已尽忠尽职。大唐得到了河西，解除了来自关西的威胁，自然值得庆贺。皇上若把卑职的诚心道贺看成是献媚邀宠，只怕天下那些智能之士听说此事，也大失所望啊!"

李渊听后，立即转怒为喜，笑道："朕不过是一句戏言罢了!请不要

介意。"

说罢，遂任邓晓为凉州参军知事，随同安兴贵一同回河西去。邓晓这才谢恩告辞，高高兴兴地上任去了。

李渊消灭了陇右地区的薛氏父子，不战而取得河西之地，消除了来自西面的侵扰，初建的大唐王朝根基更加稳固了。

齐王李元吉是唐高祖李渊的第四子，因为他面貌丑陋、性格顽劣，其母窦氏一直不大喜欢他，让他随着奶妈刘氏生活，并对李渊说道："刘氏人好，膝前又无儿女，就让元吉跟她过吧！"

李渊在太原起兵，西进长安时，把防守太原的重任交给了李元吉，当时李元吉十六岁。

在长安登基做了皇帝之后，李渊封李元吉为齐王，并州总管，授十五郡诸军事，镇北大将军，留镇太原，并许以便宜行事之权。

李渊担心儿子太年轻，又替他安排了两个助手，一是窦诞，是窦氏夫人的侄儿，也是李渊的女婿；另一人是宇文歆，他是原先太原留守府的主簿，跟随李渊多年，为人正直勤谨，人品端正，深得李渊信任。

出发前李渊将他们三人喊到一处，嘱咐说：

"太原是我军的根本，王业的基石，我不要求你们扩大战果，只要你们替我守住即可。"

李元吉说："请王帅放心！太原有高大坚固的城墙，又有精兵驻守，孩儿守住它绝无问题！"

李渊告诫李元吉道："小小年纪别说大话，遇事多与两位助手商量，出了事我要与你算账！平日无事时，多读书学习，练习骑射，提高武艺，不得惹是生非。"

李渊又对窦诞、宇文歆说："我把儿子交给你们二人，希望不负所托，协助他守住太原，引导他走正道，出了事我可饶不了你们啊！"

不料李渊一走，李元吉就变了样子，他问道："什么叫便宜从事之权？"

窦诞告诉他说："你想怎么样就怎么样，你是太原府最大的官，这十五郡的生杀大权都由你一人掌管了。"

可是，宇文歆立即说道："不能那么说，官无论大小，都是为朝廷效劳，为百姓办事，不能随心所欲。"

李元吉打断他的话，问："现在杨广死了，还为哪个朝廷效力？"

宇文歆忙对他说："为你父帅效力呀！你父帅进军长安就是建立帝王之业，我们守住太原城，管理好属下十五郡的事情，就是对你父帅的有力支持!"

李元吉渐渐觉得,这个宇文歆每次对自己说话,总是带着教训的口吻,听起来没有窦诞的话中听,心里想:"窦诞毕竟是自己的亲戚呀,而宇文歆到底是外人啊!"

于是,李元吉对表兄窦诞更有好感,有事常向他请教,而对宇文歆便疏远了。

李元吉自小喜欢打猎,有一句话经常挂在口头上:"我宁愿三日不吃饭,也不能一日不打猎!"

他与表兄窦诞商议之后,对宇文歆说:"你守在府中处理日常公事,让窦诞陪我去打猎。"

宇文歆听了,不便拦阻,只好由着他们,领着数十名亲随,每天朝而往、暮而归,以狩猎为乐。

太原城位于山西中部,东有太行山,西有吕梁山,两座山上树木森森,隐藏着各种野生动物,除虎豹熊罴之外,还有野猪、獾狐、麋鹿,其中以狼为最多,往往有狼群出没在林子里。

于是,李元吉今日去太行,明日去吕梁,府中事无大小,一概不问,全都推到宇文歆身上,对他说:"我全权委托你,你就大胆地干吧!"

他说了之后,未等宇文歆回话,早就跑得没影儿了。

宇文歆看着李元吉的背影,只好摇头叹息,由他去了。

有一天,李元吉的打猎队伍在吕梁山上与狼群遭遇上了,双方经过一番搏斗,几只鹰吓飞了,十几条猎狗被狼咬死了,四十名亲随卫队死的死,伤的伤,连李元吉、窦诞也差一点被狼群围住,几乎回不来了。

宇文歆听说之后,赶忙对李元吉说:"齐王!别再去打猎了,一旦你有个好歹,我们如何向皇上交代?何况你一直未读书呀!"

李元吉却说:"你别小看打猎,这可是练习骑射的最好方式,跟狼群斗一斗,既能检验拼杀能力,也是锻炼胆量的极好机会!"

窦诞也帮他说话:"皇上出发前不是要齐王练习骑射,提高武艺吗?这打猎就是……"

宇文歆一听,立即截住他的话警告说:"你整日领着齐王去打猎,也不让他在府里读书学习,皇上知道了,能不怪罪吗?"

可是,李元吉竟说道:"练武的人哪有整日读书的,那不是纸上谈兵吗?"

宇文歆还想再劝几句,李元吉赶忙摆着手吩咐:"别再多说了!难道你就忘了我那句'宁肯三日不吃饭,也不愿一日不打猎'的信条么?今后不但继续打猎，而且我还要……"

说到这里，李元吉忽然把话停了下来，两眼看着宇文歆，换了口气才继续说："明日，我要建立一支正规的打猎队伍。"

宇文歆忙问："什么叫正规的打猎队伍？"

李元吉认真说道："这支打猎的队伍要达到'三多'。"

窦诞接着说："一要人多，至少三百人；二要鹰多，需三十到五十只鹰；三要猎犬多，要有八十到一百条猎犬。"

李元吉很认真地说道："有了这样一支队伍，万一再撞上狼群，我就不怕了！"

宇文歆听后，吃惊地说："这么多的猎犬和鹰，府中怎么容得下。"

李元吉笑道："你别愁，我已计划好了，可以专门建一座三层高的楼房，一楼是'狗馆'，二楼里面盛放猎枪、猎网、火药等，三楼是'鹰舍'。你看怎么样？明天就替我着手办。"

宇文歆赶忙说道："这，这事关重大，不经皇上允准，我，我可不敢办。"

李元吉立即反问道："你真糊涂，父皇已经授我'便宜行事之权'，我连建一座楼房的权力也没有吗？"

窦诞又说道："皇上忙着军旅大事，也顾不得来管我们太原的这点小事呀，你怕什么？这是齐王做主要办的。"

宇文歆不满地说："你整日领着齐王去满山打猎，还替他出点子盖什么狗馆、鹰舍的。"

窦诞也不高兴地驳斥说："你怎么能这么说话？我又没有领着齐王去胡作非为，不就是打猎吗？"

李元吉生气地向宇文歆瞪了一眼："谁要你瞎操心！这事我当家，你去办就是了！"

宇文歆不敢再多嘴了，只得按齐王说的去做。

后来，果然建造了一座三层楼房，里面有专设的"鹰舍"与"狗馆"，为了照管它们，就需要数十人精心护理。

每次打猎，李元吉领着他的庞大队伍，前呼后拥，架着鹰，牵着猎犬，一路吵吵嚷嚷，从太原城里穿街而过时，吓得老百姓都关门闭户，生怕被那些恶狼一般的猎犬咬上一口，无人敢出门看上一眼。

李元吉打猎的劲头越来越大，队伍也从几百人扩展到上千人，仅捕兽用的猎网，就整整装载了三十车。由于人多势众，每次打猎都要践踏庄稼，毁坏果木，老百姓叫苦不迭，只是敢怒而不敢言。

李元吉玩物丧志，在太原独揽大权，为所欲为，越来越肆无忌惮。他不想如何巩固太原基地，扩大战果，只想着如何享乐。

宇文歆经常劝谏他不可放纵自己，对他说道："秦王像你这么大时，已经率领千军万马，去冲锋陷阵了，而齐王你却不务正业，胡作非为……"

李元吉一听，老大不高兴，反而说道："父皇若让我去带兵，也照样能杀敌立功！"

宇文歆还想再说，李元吉竟对他说道："你别多管闲事了，只要替我处理好日常政务，你这个助手就干得不错了，别再多嘴多舌，惹我心烦。"

李元吉不理宇文歆，而与窦诞形影不离。他这个表兄处处迎合他，千方百计地讨好他，与他同流合污，一起去干坏事，两人一道游山玩水，带着众多的随从，任意践踏百姓的庄稼，还放纵爪牙去抢劫百姓的财物，甚至在大街上用箭去射行人，看行人如何躲避箭矢，以此取乐。

白天，李元吉在外面玩够了，回到府中，对身边的那些娇妻美妾们已经玩腻了，逐渐厌烦起来，便把她们当作物品一样，任意赏给自己的部下。

有时候，为了寻求更大的刺激，李元吉竟让他的心腹与她们集体淫乱，他自己坐在旁边观看，高声叫嚷，为他们的丑态和秽形叫好、欢呼。

宇文歆见李元吉越闹越烈，无恶不作，百姓们怨声载道，只好把他的劣迹如实写在一份表章上，向皇上奏报。

李渊见过报告，非常生气，于公元六一九年三月下令罢了李元吉的官职，并在诏书中痛骂了儿子一顿，希望他痛改前非，改恶从善。

不过，在李渊心目中，儿子虽然不肖，但总比其他人可靠一些。长子李建成已做了皇太子，成了储君，必须重点保护，自然不能再离开长安接替李元吉的职务；而次子李世民率领大军，东征西讨，还指望他打江山、创帝业，更不可能来太原坐镇。

于是，李渊决定：最好的办法是把李元吉训斥一顿，让他认识错误，继续负责太原的防务。这样，过了一个多月以后，李元吉来信表示悔过时，李渊又下令让他官复原职，仍在太原留守。

不过，李元吉复职不久，北方的刘武周就勾结突厥人组成联军，开始逼近太原了……

隋炀帝大业十三年（617）二月，刘武周因为与马邑刺史王仁恭的侍妾私通，害怕事泄惹祸，所以先发制人，趁当地农民遇灾害饥饿无食时，扬言王仁恭"闭仓不赈恤"，挑起农民对王仁恭的不满，来煽动他们起来造反。

在当时全国各地都发生农民起义的时候，经刘武周这么一鼓动，众人果然皆发怨愤，当即有许多人响应。他又与同郡人张万岁、刘宏业、石本善、崔友三、孙尚斤等十余人密谋策划，对各乡豪杰说：

"现在官仓里的积粟快要腐烂了，老百姓却没有粮吃，谁有种就跟着我去取粮吧！"

那些豪杰之士早对地方官员不满，立即带着饥饿的农民，随着刘武周去把王仁恭杀了，然后开仓赈济贫苦的百姓，于是刘武周威信大增，兵马一下子扩充到了一万余人，自此刘武周便自称马邑刺史了。

刘武周夺取马邑之后，他的智囊人物张万岁建议道：

"如果朝廷派兵马来了，这点兵力是抵挡不住的，不如派人去与突厥人联合，我们就不怕了。"

石本善却反对说："突厥人本是虎狼之辈，每次骚扰，都要大掠之后才回去，若与他们联合，不等于是引狼入室吗？老百姓也不会支持我们的。"

孙尚斤冷笑道："什么虎狼之辈，有奶就是娘！我们有了突厥人的支持，就可以打败朝廷派来的兵马，你我就可以升官发财了。"

众人都赞成这种说法，刘武周立刻派遣张万岁携带着礼物，去向突厥始毕可汗投降，宣称愿做突厥的臣下，始毕自然答应了。

那个石本善倒是个正派人，他不愿做突厥人的奴才，主动离开了刘武周，跑去向雁门郡的官员报告："刘武周杀了王刺史，造反了，又主动向突厥人投降……"

雁门郡丞陈孝意、虎贲郎将王智辩商议之后，将兵马合在一起，让石本善带路，前往马邑，讨伐刘武周。

此时，刘武周已从突厥引来兵马，在今天的山西雁门关偏西北的桑干镇，刘武周与突厥的联军打败了隋军。王智辩战死，陈孝意逃回雁门（今山西代县），拼死防守。

刘武周又领兵追到雁门，把城四面包围，尽管外无救兵，内无粮草，陈孝意坚持抵抗，不愿投降。

城内有个校尉名叫张树邦，杀死陈孝意，将雁门郡献给刘武周，原想卖主求荣，不料被马邑跑来雁门的石本善截杀。

刘武周乘胜扩大战果，接着又攻下楼烦郡（今山西静乐），定襄郡（今内蒙古和林格尔），大肆掳掠百姓财物，继续送往突厥，向始毕可汗讨好行贿。

于是，始毕可汗封刘武周为"定杨可汗"，并送给他一面狼头的大旗，确认与刘武周的君臣关系。刘武周也妄自尊大，以皇帝自居，封自己的妻子为皇后，改元"天兴"，以卫士杨伏念为尚书左仆射，妹夫苑君璋为内史令，之前跟随他一起造反的张万岁、刘宏业、孙尚斤等，全部任命为将军，这势头已经俨然成为一代王朝了。

第二十一章　安氏兄弟反挟主　齐王守要胡非为

第二十二章

据太原对峙关中　惜良将放虎归山

上谷人宋金刚，本是马匪出身，在河北太行山一带活动比较频繁，后来聚集了一万多人进行起义，最终被窦建德打败，带领残军四千人，逃到山西，归于刘武周的麾下。

刘武周深知宋金刚勇猛善战，非常善于用兵，对于他主动来投，内心自是十分高兴。为了进一步笼络他，当即封他为"宋王"，委以军事重任，并且把自己的家产分给宋金刚一半。

在欢迎宋金刚来投的宴会上，刘武周十分高兴，把宋金刚引入一间雅室，说道："与将领们在一起吵闹得厉害，我听说你喝起酒来量大如海，怕不能让你尽兴，就在这里单设一席，我们兄弟俩来个酒逢知己，一醉方休！"

宋金刚听了，深受感动，说道："我宋金刚当了十几年的马匪，直到今天才遇到明主！"

于是，二人你一碗，我一碗，一连喝了五大碗酒，刘武周说道："前一段时间，我依靠突厥人的骑兵威力，连战连胜，打得隋军望风而逃，但是心中总不踏实，因为这是别人的功劳。现在你来了，我心里真高兴，以后有你掌管军队，我就更放心了。"

宋金刚道："这太原可是山西的心脏啊！咱们得把它夺过来，留作你的国都所在地，岂不更好？"

刘武周说："兄弟！我何尝不想得到太原？只是太原是李渊的地盘，李渊父子也不是等闲之辈啊！"

宋金刚笑道："如今正是夺取太原的极好机会，李渊带着长子李建成、次子李世民去了关中，留下一个十六七岁的毛孩子李元吉守太原，听说这小子不干正事，全太原城的老百姓都在骂他、恨他，我们去攻打太原，不是正当其时吗？"

刘武周高兴地说："好！攻下太原以后，我们就有汾酒喝了！到那时，我们再……"

话未说完，忽听一个娇滴滴的声音传来："哟！什么时候打进太原，俺也想尝一尝汾酒的美味呢！"

二人抬头一看，见是一位十八九岁的女子袅袅婷婷地走了过来，刘武周急忙喊道："来得好，来得太好了！"

说着，站起来介绍道："这是勇冠三军的宋王宋金刚！"

又转脸指着那女子对宋金刚说："她是我妹妹刘武英！"

这位刘武英也很大方，她走到酒桌边上，端起酒杯，斜看了宋金刚一眼，说道："俺与宋王初次相会，让俺先敬宋王一杯！"

宋金刚当马匪十多年，玩过的女人不下数十个，不过，这个女人却将他的整个心都抓起来了，二话没说就端起酒杯，一饮而尽。

刘武周看着宋金刚一直在盯着刘武英的俏脸在看，觉得机会来了，就将刘武英许配给了他，但是刘武英却说："嫁不嫁这件事，不能全由你们说了算，宋王固然是天下最好的人，我本不该有什么苛求的；可是，无论怎样我总是皇帝的妹妹，按名分上说，我该是一位郡主吧？像宋王这样的人，他身边能没有一妻半妾吗？我嫁给他，能让一个郡主去……"

她把话说到这里就把话打住不往下说了，宋金刚听到这里，突然"啊"了一声，表示恍然大悟，冷汗直冒，忙答应回去就将妻子休了。

酒宴一散，宋金刚拉着刘武英，向刘武周挥了挥手，一起走了。

刘武周看着两人的背影，得意地笑了。

原来这刘武英是妻子吴氏的妹妹杏儿，在封吴氏为皇后的第二天，占有了这个小姨子。为了掩人耳目，决定把杏儿——刘武英嫁给宋金刚做妻子。就这样，宋金刚为了加强与刘武周的关系，立即休掉自己的妻子马氏，改娶刘武英，成为刘武周的妹夫。

唐高祖武德二年（619）四月，刘武周任命宋金刚为西南道大行台，率领四万大军与突厥联军攻打太原。

四月十二日，宋金刚的军队进入并州境内（并州即当时的太原郡），并在黄蛇岭驻扎下来。李元吉准备派张达将军带领三千兵马，去黄蛇岭迎战宋金刚。

张达听后，忙说道："齐王！你简直是在开玩笑，不要说领三千兵马，即使把城内的一万兵马全带去了，与宋金刚的四万大军拼杀起来，兵力也太少了！"

李元吉又说："兵不在多，而在精，你别嫌兵少，我们的唐军一向是以一当百，我看打败宋金刚没问题。"

张达再三推辞，嫌兵力太少，不愿出征，但是李元吉刚愎自用，轻视

敌人，硬逼着张达出兵，结果张达的三千人马被宋金刚团团围住，死的死，伤的伤，只有十余人随着张达逃了回来。

李元吉见张达大败而回，挖苦他说："你未出征就怯战怕死，怎能不败？"

张达听后，异常愤怒，一赌气，逃出了太原城，向宋金刚投降了。

次日，李元吉亲自带领三千人马出了城，想去与宋金刚较量一番，不料，兵到芦山洼时就被刘武周的另一名大将尉迟敬德拦住了。

这尉迟敬德名恭，字敬德，朔州善阳（今山西朔州）人，其祖为鲜卑贵族的后代，都是在沙场战死的。

父亲死后，靠母亲郑氏一手抚养成人，尉迟恭自小爱武艺，习骑射，生得膀大腰圆，浓眉大眼，黑脸如墨染一般，络腮胡子又浓又密，加上他性格内向，不苟言笑，令人望而生畏。在妻子秦氏的劝诫下去太行山当起了石匠。

刘武周造反称帝后，非常赏识尉迟恭，遭到拒绝后将他的母亲、妻子一齐掳到突厥去了。然后，刘武周又亲自来到尉迟恭家里探望，答应去突厥为他讨回老母及妻子，不过唯一的条件便是要尉迟恭去他的帐下为将。

刘武周把他的母亲、妻子送回来，尉迟恭本是一个重义气、讲节操、一诺千金的人，便告别了母亲、妻子，去刘武周那里做了一个大将军。

这次攻打太原，刘武周派尉迟恭做金刚的副元帅，带领一万人马，先驻在芦山洼，等候李元吉的军队。

李元吉年轻气盛，好大喜功，自逞唐军气盛，根本不把尉迟恭放在眼里。

次日，两军对阵，尉迟恭立马横鞭，不过五六个回合，李元吉就惨挨了一鞭，差一点栽下马来，急忙大败而逃，退回太原城里去了。

经过这一仗，李元吉方知战场的险恶，立即派人向长安快马传书，请求他的父皇李渊迅速派兵支援太原。

但是，长安的援军尚在途中，刘武周的兵马已于五月中旬又攻占了石州（今山西离石），活捉石州刺史王俭，将其乱箭射死后，割下首级示众多日。

接着，宋金刚的人马又攻占了平遥，对太原形成包围之势，刘武周在平遥犒赏三军，大肆叫嚷道："唐军不堪一击，我们立马可以攻占太原了！"

于是，刘武周在六月初派宋金刚率领三万人马，攻打太原；又派尉迟敬德带领二万军队，去攻打介州（今山西介休县），形成对唐军极大的军事压力。

宋金刚在太原城外天天挑战，喊着李元吉的名字要他出城交战，这位四皇子心知自己不是对手，再也不敢领兵出城了，只是凭险拒守，仗着太原城墙坚固，又有环城的壕沟水深且满，宋金刚的骑兵只好望城兴叹，一时攻城无望。

唐朝守卫介州的刺史名叫王敬礼，此人笃信佛教，尉迟敬德让手下校尉董安扮作僧人，进城与王敬礼以传道为名，伺机挟持这位刺史开城投降，不战而占领了介州。

由于介州地处汾水谷地的南端，地理位置相当重要，李渊的援军要到太原来，必须经过介州。尉迟敬德占领了介州，等于刘武周在汾水谷地给唐朝援军设置了一道重要的关卡。

同时，刘武周又派大将黄子英带领一万人马，作为流动队伍，来往于雀鼠谷（今山西灵石境内）一带，以阻止唐朝的援军前往太原，有意让太原成为一座孤城，逼迫李元吉献城投降。

李渊得知太原被围、介州失陷的消息之后，大惊失色，立即派遣左武卫大将军姜宝谊、行军总管李仲文带领两万人马前去迎战。

这消息早被尉迟敬德得知，立即与黄子英商量道："你用小股兵力只需如此如此，我们准能歼灭李渊派来的这两支援军。"

于是，黄子英只带领一千名轻骑，接连不断地向唐朝的援军进行袭扰似的挑战，而且都是一经接触，便假装失败逃走。

经过三番五次的挑逗、引诱，姜宝谊认为敌军不过就这一点实力，便说道："下次敌军再来挑战，就把它赶尽杀绝，以免老是来袭扰我们。"

行军总管李仲文说："刘武周的兵马像突厥人的队伍一样，来去一阵风，让人捉摸不定，还是对他们小心谨慎一些为妥。"

可是姜宝谊听不进去，坚持率领大军全力追击，很快进入尉迟敬德、黄子英设下的伏击圈内，被分割包围起来，彻底消灭了。

姜宝谊、李仲文全被活捉的消息传到长安，京城上下一片惊恐，李渊急得食不甘味，寝不安枕，只得派遣他的亲信右仆射裴寂为晋州道行军总管，率领两万人马前往山西讨伐刘武周，并且命令军中战事由其全权处置。

九月中旬，裴寂率领大军赶到介州城外，宋金刚对尉迟恭、黄子英等说道："唐军气势很盛，暂不与他交战，我们以逸待劳，据城固守，伺机一举击败裴寂。"

当时，山西天旱无雨，到处缺水，裴寂只好选择在介州城东南方向的

度索原扎营驻军，因为那里靠近一个山涧，是为了全军用水的方便。

宋金刚很快便得知这一情况，召集部下说道："度索原处的山涧之水，是吕梁山里流下来的，我们只要断了唐军的水源，裴寂便会自动退兵了。"

于是，宋金刚立即派部下将山涧的上流堵死，山涧很快就干涸了，唐军没有水喝，时间一长，军心混乱起来。

裴寂只好派人去四处找水，把军营迁移到有水之处，不料宋金刚带领大军乘机袭来，唐军在毫无防备的情况下，只得忍住饥渴出营迎战，哪里抵挡得住如狼似虎的敌兵，结果被打得落花流水，几乎全军覆没。

在仓促出逃中，裴寂生怕被宋金刚捉住，竟连续换乘了几匹快马，又脱掉官服，穿上士卒的衣服，经过一天一夜的狂奔，跑到了晋州（今山西临汾），计点了一下人马，已死伤了五分之四。

在这之前，宋金刚率军围攻介州西北面的浩州（今山西阳县）时，刺史刘赡亲自带领将士守城，坚持抵抗。后来李仲文又带领战败后的残余兵马赶到浩州城，与刘赡共同抵抗，宋金刚见久攻不下，只得退兵。

裴寂兵败之后，晋州以北的城镇，除去位于西河的浩州之外，山西广大地区全被刘武周的军队占领了。

此时的裴寂又惊又怕，这次来山西本是自己上书请求的，没想到被宋金刚打得一败涂地，怎么回朝去见皇上？联想到平日李渊对自己的信任，不由得落下了伤心的泪水。

最后，裴寂只得自动上表请罪，却又非常担心会遭到与刘文静同样的命运，被当了皇帝的李渊一怒之下处死。

因为刘文静已在同月前些时候被皇上以莫须有的罪名处死了。尽管在李渊称帝时，曾公开下诏，认为李世民、裴寂、刘文静三人对太原起兵有功，要饶恕他们三人"二死"。

但是，李渊并没有兑现自己的诺言，不是恕"二死"，而是一次就把刘文静杀了，真是伴君如伴虎啊！

虽然刘文静是自己的政敌，皇上杀了他，裴寂自然幸灾乐祸，但是眼前的遭遇又不能不令他这个朝中占有举足轻重地位的人心惊肉跳，大有朝不保夕之感。

裴寂的表章送到长安，李渊读后，并没有像对待刘文静那样，立即罢他的官职，除了他的名分，并且要治他死罪，反而派人前来温言抚慰，让他重新镇守河东。

这使裴寂大受感动，立即摆上香案，面向关中长安方向，双膝跪下，祷告道："愿皇上春秋鼎盛，万寿无疆！"

刘武周见大军初战告捷，不过半年时间已占领了除浩州以外的所有并州以北的大片土地，立即向宋金刚下令："太原已成孤城，应立即攻占，活捉李元吉！"

宋金刚接到命令，留下尉迟恭守介州，自己领着数万大军，气势汹汹地向太原杀来。

李元吉得到消息，大为惊恐，深感自己不是宋金刚的对手，司马刘德威建议凭险拒守。

可是，李元吉犹如惊弓之鸟，心神不宁，觉得留在太原城里总是不放心，便立即决定：离开太原，回长安去！

九月十六日半夜时分，李元吉真的"出兵"了，他不是去夜袭宋金刚的军队，而是携妻带妾地悄悄出城，像是大难临头一般，仓皇地逃离太原，沿着去长安的大道临阵脱逃了。

说来也真巧，李元吉刚逃离太原，宋金刚的军队就抵达太原城下，刘德威只得带领城内的残兵老弱，登上城头准备与敌军对抗。

但是，李元吉出逃的消息早已传遍城内，一些富商豪绅聚在一起议论道："哪个山上的老虎不吃人？城外要打进来，城内拼命组织人抵抗，日夜不得安稳，还不如……"

大家计议妥当之后，一齐推选富豪薛深为头，拥进太原府里，杀了刘德威，主动献出了太原城，欢迎宋金刚进城，太原变成刘武周的都城了。

占领太原，刘武周立即命令宋金刚、尉迟敬德军乘胜前进，追击唐军，一鼓作气打进了晋州、进逼绛州，直抵龙门，来到了黄河岸边，与关中对峙。

到了十月份，宋金刚的大军已经攻克了浍州，完全占据了整个绛州，气焰更加嚣张。

李渊立即下令：征发关中所有的兵力，组成一支强大的东征大军。在这位唐天子心目中，自己建立的唐朝政权，能否巩固，而统一天下的大业能否实现，似乎都在这一场大战了！

恰好不久前李密部下的名将秦叔宝、程知节在李世勣的鼓动下，主动离开了王世充，随着李世勣一起归附了大唐，李渊让他们领着自己的兵马，一起交给了李世民。

十月二十日，李渊带着满朝文武大臣，驾临华阴，到长春宫为秦王李世民送行。

可以看出李渊对这场战争确实非常重视。

于是秦王李世民率领三万多唐军，沿黄河北上。

李渊传 LIYUANZHUAN

此时，正是十一月份，朔风凛冽，千里黄河已经结冰封冻。李世民身先士卒，踏着坚厚的冰层，从龙门渡过黄河。然后又继续东行，渡过汾水，在绛州城西南的柏壁驻扎下来，与宋金刚的大军对峙列阵。

在这之前，裴寂退回绛州西南的蒲州，因为他怯战畏敌，只知消极防守，不会寻找战机主动出击，多次派出人员去催促百姓迁入城内居住，怎奈老百姓都有"恋土难移"的思想，不愿离开故土。裴寂一生气，便令人放火焚烧了他们的房子，百姓一怒之下，又纷纷起义造反了。

夏县人吕崇茂首先率众起义，占据夏县之后，自称"魏王"，派人与刘武周联络，共同对付唐朝。

裴寂听说之后，派兵前去镇压，反被吕崇茂打得大败而回，只好又向长安上表求救。

李渊接到表章一看，生气地说："这个裴寂真是无能，既挡不住刘武周，也打不过吕崇茂！"

李渊只好派从弟永安王李孝基、表弟独孤怀恩、陕州总管于筠、内史侍郎唐俭等人带兵前去镇压吕崇茂。

河东各州郡县连遭刘武周大军的抢劫，又遭裴寂的骚扰，已是库无粒粮，地无根草，百姓们躲藏在城堡之中，惶惶不可终日。

李世民得知这一情况之后，立即张贴安民告示，并召集当地富豪大户，安抚他们，希望他们支持唐军攻打刘武周。

老百姓听说秦王李世民亲率大军前来，无不欢欣鼓舞，兴奋地相互传告说："这一下子好了！秦王亲自带领大军前来，准能打败刘武周，赶走这个突厥人的儿皇帝！"

于是，纷纷前来投军，唐军人数大增，一些富商大户也主动献粮献钱，军粮的困难也解决了，军心也稳定下来。

为了打败刘武周，李世民召集部将开会，他首先说道："刘武周的大军都是来自北部边塞的骁勇牧民，精骑善射，战斗力很强。宋金刚、尉迟恭等人又都是剽悍勇猛、能征善战的劲敌。他们背后又有突厥人的支持，真是如虎添翼。半年多来，这些人屡战屡胜，气焰极为旺盛，现在正处在旺盛的顶峰。这就是我们对手的情况。"说到这里，李世民看了一眼手下的将领，又接着说："孙子说：知彼知己，百战不殆。刚才说的敌情是刘武周有利的一面，刘武周的大军也有不利的一面，想请众将们议论一下，来个集思广益！"

李世勣先说道："刘武周的背后是突厥人，对他有利也有害，突厥人每到一地都要大肆抢劫一番，这个习惯也被刘武周的队伍学会了，这抢劫之风最不得人心，老百姓不会真心支持他们的，老百姓的心还是向着我们的。"

行军总管刘弘基说："刘武周的大军深入河东地区，由于他们到处抢掠，得不到老百姓的支持，军队粮草不能就地解决，需要从太原运来，途中道路狭窄，全是山道险要之处，运输极为困难，因此他们最怕久战，这是刘武周的最大不利。"

将领们听了，纷纷议论，都说打败刘武周的最好办法，还是在粮草上做文章，坚持跟他们久战，就可以拖垮他们。

程知节说："既然刘武周运粮困难，又是山路艰险，我们可以带领少量轻骑，袭击他们的运粮队伍，让刘武周的军队缺粮吃，士气就不会高了。到那时，我们就可以一举打垮他们。"

李世民听得非常认真，不断地点头赞叹，以为他们分析入理，他见秦琼一直不说话，知道他是一员虎将，便对他说："叔宝大将军有何高见，请不吝指教！"

秦叔宝只得说道："我以为无论是守、是攻，都不能怯敌怕战，刘武周卖身投靠突厥人，必然不得人心，最终是要失败的。卑职听说薛举父子也是相当勇猛善战，终被秦王打败，因为他们不得人心呀！"

李世民高兴地说："好！我们这一次仍然实行对付薛仁果的战略，主力坚壁不战，避敌锋锐，厉兵秣马，以逸待劳，跟刘武周打一场持久战！"

其实，唐军长期控制着河东广大地区，与当地势力有着较为密切的关系，无疑能够得到老百姓的大力支持。而李渊在这里长期实行比较优厚的抚民政策，大封官吏，是深得人心的。

刘武周劳师袭远，初来乍到，又四处抢掠，根本没有统治基础，又做了一些不得人心的扰民坏事，怎能与唐军严明的纪律相比拟。

李世民与将士们同心协力，坚持防守相持的战略，又派程知节等人带领轻骑，分期分批地寻机袭击刘武周的运粮队伍，或是对宋金刚进行战术上的袭扰，使防守之中有进攻的主动权，仗打得十分灵活主动，扭转了唐军在前一段时间被动挨打的局面。

十二月份，在夏县的于筠劝告永安王李孝基抓住时机进攻吕崇茂。但是，独孤怀恩仗着自己是皇上的表弟，坚持说道："不准备好攻城的器械，如何进攻？"

于筠说："只怕是夜长梦多，吕崇茂一旦与刘武周勾结起来，我军将受到两面夹击。"

可是，李孝基一心接受独孤怀恩的建议，等攻城的器械造好之后，才

第二十二章　据太原对峙关中　惜良将放虎归山

开始攻打夏县。

不久，果不出于筠所料，吕崇茂向宋金刚求援，尉迟恭和寻相二人领着一万人马，赶到夏县援助吕崇茂，使李孝基的唐军人马腹背受敌，全军覆没，李孝基、于筠、独孤怀恩、唐俭一齐被尉迟恭、寻相活捉。

尉迟敬德、寻相援救了夏县的吕崇茂，领着人马一路意气扬扬地向浍州回师，没有把驻扎在柏壁的唐军放在眼里。

李世民得到探马的确报之后，立即派遣殷开山、秦叔宝、程知节等人，率军在夏县以北的美良川埋伏。

出发前，李世民一再嘱咐道："听说尉迟恭为人重情重义，最好能将他生俘过来。"

尉迟恭与寻相带领人马进入美良川，做梦也没有想到会有唐军埋伏在那里，一时毫无防备，遭到唐军突然包围，只好仓促应战，奋力拼杀。

尉迟恭仗着自己勇力过人，又有水磨钢鞭的神威，以为唐军中无人是自己的对手，便向寻相大声喊道："我在前面开路，你负责断后，咱们一定要突破唐军的包围，冲出去！"

说罢，尉迟恭拍马向前，手舞钢鞭，打得唐军中的士卒纷纷逃避，不得不给他让开一条大路。

正当尉迟恭得意之时，忽听前面一人大声喝道："尉迟恭听着！有我秦琼在此，你休想逃出去！"

听说秦琼二字，尉迟恭不禁心中一惊，他早已知道这位手使双铜的秦琼的本领，抬头一看，见那秦琼身高体壮，红脸黄须，骑在一匹枣红马上，威风凛凛，虎视着自己，不由得说道："你若能赢了我手中这条钢鞭，才算是好汉哩！"

秦琼只说了声："休说大话，看铜！"

秦琼手舞双铜劈了过来，尉迟恭不敢大意，急忙挥起钢鞭迎上去。

秦琼与尉迟恭战到一处，二人铜来鞭往，打得难解难分，可苦了给他断后的寻相，他见兵马被唐军围得水泄不通，眼看着被杀得越来越少，自己也被几员唐将围着厮杀，再冲不出去，必然全军覆没。

于是，寻相边杀边向前猛冲，突然瞧见尉迟恭正与唐军中的一员红脸大将打得不可开交，他上前大叫道："尉迟将军，别与他争高下了，赶快突围，冲出去吧！"

这工夫，尉迟恭与秦叔宝正杀得兴起，不由说道："别急，等我打败了秦琼，再突围不迟！"

秦琼冷笑道："想打败我比登天还难！我非活捉你不可！"

二人斗着嘴，手中的兵器撞击得叮当作响，寻相只得又催促道："我们只剩数十人了，再不冲出去，必被唐军捉住！"

尉迟恭听了这话，才不由得紧张起来，忙向秦琼说道："我们打一个平手，下次遇着你时，我一定要打败你！"

说罢，向寻相大叫道："快，快随我突围去！"

尉迟恭突然将手中钢鞭一放，弃下秦琼，与寻相往外冲去，秦琼哪里肯舍，也拍马追过来，喊道：

"尉迟恭休走！看箭——"

秦叔宝话音刚落，弓弦便响了，尉迟恭扭过头来笑道："好一个秦琼！你想用惊弓虚发来骗我，我是不会上你的当的，我要走了！"

说罢，正要拍马突围时，忽听脑后传来了弓弦的响声，心知秦琼这次真射了，忙把身子往前一俯，头一低，便觉得头盔顶上似乎被什么东西轻轻地碰了一下，只见一支箭羽将自己的盔缨子射掉了，不禁暗中思忖道："秦琼果然厉害！我们的兵马所剩无几，赶快走吧！"

想到这里，举起手中钢鞭，向拥过来的唐兵打去，打得他们纷纷闪向两边，突然在前面出现一队弓弩手，正要发射时，唐军中的兵部尚书殷开山大声命令道："秦王有令：不要放箭伤了尉迟将军，让他逃命去吧！"

那队弓弩手听到命令，立即"哗"的一声，向两边退去，中间闪出一条通道，任尉迟恭与寻相从中穿过，逃出美良川。

这一仗，唐军全胜，俘获五千多人，尉迟恭、寻相二人只身逃出，一万人马全都丢在了美良川谷地。

秦王李世民故意放跑了尉迟恭，寻相虽捡了一条性命，却以怨报德，把情况回报给宋金刚，刘武周也很快知道了这件事，对尉迟恭马上产生了怀疑。

尉迟恭一向重视情义，这一仗后对秦琼印象极深，对秦王李世民更有好感，不由对寻相说道："唐军中的能人不少啊！"

一天，秦王李世民亲自率领一支轻骑去侦察敌情，后来所随骑士四处走散，李世民独与一名甲士登丘而睡，竟酣然入梦了。

不料，他们的行动被宋金刚的侦察队伍发现了，于是敌军四面合围而来。正当危急之际，恰逢有一条紫花大蛇追逐一只硕鼠，从那名熟睡中的甲士脸上爬过，将其触醒，甲士惊醒后方才发现敌军正向他们围来，急忙喊醒李世民。

二人急忙上马，奔驰而去，敌军在后紧追不舍，眼看就要追上了，李世民抽出大羽箭来，瞄准敌军头目用力射去，那名敌军将领应弦中箭，栽下马来，敌军一惊，慌忙退去，二人这才驰出敌军围区，安全返回营中。

紫花大蛇追逐硕鼠这件小事，使李世民躲过了一场灾难。

房玄龄听说之后，惊叹道："王者不死，天命使然！"

从此之后，李世民再外出的时候，房玄龄便特别交代随从加倍小心护持，必须寸步不离。

这个时候，裴寂被李渊召回长安，他跪伏在朝堂上请罪说："臣无能，以至于兵败而回，请皇上治罪。"

李渊责备他打了败仗，把他交给大理寺审问了几天，但是不久又释放了他，仍旧让他官复原职，对于他的宠爱有增无减。

很显然，李渊对裴寂的确有些偏袒，至于责备、审问，都不过是做个样子，走过场而已。由此可知，即便是再高明的天子，也有其不公正的一面。

第二十三章

独孤称帝岂能容　尉迟归顺不疑用

半个月之后，宋金刚再一次命令尉迟恭、寻相率领五千人马前往蒲坂城，援救那里的反唐军队。

这个消息很快被唐军得知，李世民亲自率领五千人马，并派秦叔宝、程知节带领三千骑兵从小道连夜赶往安邑，截住了尉迟敬德和寻相的军队。

双方展开大战，程知节大战尉迟恭，寻相与秦叔宝交手，刚斗了七八个回合，就挨了一锏，差一点丢了性命，仓皇逃窜了。

尉迟恭一见寻相败走，也只得只身逃去，李世民也不追赶，收俘尉迟恭、寻相的全部人马，领军回驻地柏壁，继续与浍州的宋金刚对峙。

在唐军连续取胜的情况下，一些将士纷纷请求与宋金刚决战，李世民对他的部下劝说道："时机还未成熟啊！"

接着，李世勣也说："宋金刚盼的就是速战，而秦王却针锋相对地以'闭营养锐而挫其锋'，待敌粮尽计穷时，自当遁走，那时再乘机歼敌，必然取胜。"

众将听了，无不钦服。

但是，李世民并不被动死守，在两次击败尉迟恭之后，又派小股兵力进攻汾州、隰州，去袭扰刘武周的战略要地，使其分兵防守，不得不穷于应付。

李世勣向众将解释说："这样坚持下去，宋金刚的兵力逐渐分化减少，最终将陷入孤军无援、粮草供应困难的境地，军队的士气必然一落千丈了。"

就在这时，唐朝内部发生了一起流产政变。

唐武德三年（620）正月，李渊派他的表弟、工部尚书独孤怀恩领兵攻打蒲坂城，因久攻不克，损兵折将比较严重，李渊十分生气，便多次发敕书去责备他，说他办事不力，有负"圣望"。

独孤怀恩受到责骂，心中不服，牢骚满腹地说："蒲坂城坚墙高，没有攻城器械，如何能够攻下？身为皇上，不察下情，才是不负众望哩！"

因为独孤怀恩与李渊是姑表兄弟，有一次两人单独在一起时，李渊曾和他开玩笑说："你姑姑的儿子全都做了皇帝，下面是否该轮到我舅舅的儿子当皇帝了？"

自这之后，独孤怀恩颇以此自负，常在朝臣中自我标榜，借以抬高身份，有时也惋惜地说："难道我们独孤家只有女人才尊贵吗？"

后来，他越想越觉得不服气，有一次竟然公开说："俗话说：皇帝轮流做，明日到我家。我就不信，我们独孤家的坟头不能长出参天大树来？"

于是，他便和手下的元君宝等商量着如何也能拉一支队伍出去，打自己的江山，过一过当皇帝的瘾。

后来，独孤怀恩与元君宝、唐俭、刘士让等人受李渊指派，领兵去攻打夏县的途中，被尉迟敬德打败，并一同做了俘虏。

在被关押期间，元君宝与唐俭在一起叙话时，发牢骚说："独孤尚书本来在谋划一件大事，如果他早些做了决定，我们就不会受如今这番屈辱了！"

唐俭听得莫名其妙，忙问道："独孤怀恩在谋划一件什么大事？"

元君宝便把独孤怀恩想拉一支军队出去单独建立朝代、自己做皇帝的情况叙述一遍，唐俭笑道："他也想当皇帝？岂不是癞蛤蟆想吃天鹅肉？哈哈哈……"

过不多久，秦王李世民派秦叔宝等人在美良川设伏，打败尉迟敬德和寻相时，独孤怀恩、唐俭、元宝君、刘士让等趁机逃脱了。

不久，李渊又派独孤怀恩率领三千人马，去攻打蒲坂城，元君宝又感叹道："独孤怀恩终于重握大军，有了称帝机会，真可谓王者不死啊！"

唐俭听后，心中一动，暗中想道："独孤怀恩一旦造反称帝，这可是一件大事啊！知情不报者也是有罪的，得赶快把这件事报告给朝廷！"

想好之后，唐俭立即把情况讲给刘士让听，并要他立即去向皇上报告独孤尚书预备谋反的情况。

此时，蒲坂城守将已降，独孤怀恩早已带领大军驻扎在城内，正在积极准备起兵称帝的大事。

李渊得知后就想方设法将独孤怀恩及其同谋者二十余人一齐处死了，这次叛乱被扼杀在襁褓中。事后，刘士让、唐俭被连提三级，备受重用。

一天，李世勣向秦王建议道："宋金刚多次派兵攻打浩州，因为浩州位置重要，它是太原到晋西南沿汾水西岸行进的必经之路，是他们的生命线啊！"

李世民点头道："正是如此，刘武周依靠这条线，一方面可以援助在南线作战的宋金刚，另一方面也为防备不测，以利防守，是一条好的退路。"

李世勣接着又说："宋金刚的粮草越来越少，说不定他会大举进犯浩州呢！"

李世民说："我明白你的意思，现在我就派刘弘基、张纶带领三千士卒前往浩州，去增援李仲文，防止宋金刚再次攻城。"

果不出李世勣所料，刘武周为了打通那条生命线，想尽快拔掉那颗钉子，又命令他的大将张万岁带领五千精锐部队，前往浩州，连续攻打了三天三夜，最终没有攻占浩州，张万岁的右臂反而中了刘弘基一箭，只得退兵。

到了四月上旬，浩州的刘弘基等得到一个消息：刘武周派遣大将黄子英护送五百石粮食给宋金刚。

经过一番计议，守浩州的李仲文等当机立断：主动出击，不让这五百石粮食送到宋金刚手中！

于是，刘弘基、张纶率领三千人马，出其不意地渡过了汾水，成功地截住了这支送粮队伍，消灭了黄子英的护粮兵马，并且占领了平遥与介州之间的张难堡，切断了刘武周在汾水东岸的运输路线。

李世民得到消息，大加赞赏，立即派人送去大量食品进行慰问，鼓励他们的主动出击是给雪上加霜的宋金刚伤口上又洒了一把盐！

之后，李世民命令各路大军，严密注视宋金刚的动向，及时报告，对延误军情者严惩不贷！

又过了八天，即四月十四日的中午，探马来报："宋金刚带领军队向北撤退了！"

李世民一听，立即高声喊道："全军集合，立即出发，绝不能让宋金刚这条大鱼漏网！"

其实，宋金刚半月前就准备撤兵了，他在浍州城里盼粮不到，候援不来，对刘武周一肚子怨恨，对部下说道："我们现在是粮尽援绝，无力再苦撑下去了，只有撤兵回北方，别无出路。"

但是，部下纷纷进言道："我们一撤，李世民必然追击，唐军士气高涨，对我们不利啊！"

宋金刚笑道："唐军怯战，我军剽悍，谁胜谁负难以预料，请众位领军前行，我率精骑殿后。"

可是，刚走了一天多，宋金刚军中的老弱兵马便落在后面，那些精锐之师早已捷足先登了。

李世民率领大军衔尾紧追，一路消灭了宋金刚数千兵马，但都是老弱残兵，于是命令加速行军，经过一昼夜的猛赶，到达高壁岭（今山西灵石南）时，行军总管刘弘基对李世民劝道："秦王！我军沿路紧追，一直赶到这里，已走了数百里路，功劳已经不小了！大王还要继续穷追，怎能如此不爱惜自己的身体呢？况且将士们也都非常疲惫了，应当在这里扎营休整，等到兵马粮草备齐了，然后再进击也不算晚呀！"

李世民听了，耐心地向他解释说："有一点你要记住：宋金刚是在走投无路的情况下才撤兵逃跑的。因此他的军心已经涣散了！战功难立呀，失败却很容易；战机难得，失去也很容易。如果我军驻扎休整，停下来不追，让宋金刚获得喘息时间，组织防御，就不可能轻易打败他。我已做好竭忠尽智、献身朝廷的准备，哪还顾得自己的性命啊！"

听了秦王的这一段自白，将士们都很感动，一句话也不说了，都决心随着这位少壮英武的二王爷去披荆斩棘，在所不辞。

唐军又追赶了一天一夜，终于在霍县与介州之间的雀鼠谷追上了宋金刚的精锐部队。

两支大军当即展开了血战。李世民亲自上阵，对宋金刚警告说："你的罪恶不大，只要投降，我可以保你富贵终生。"

可是宋金刚充耳不闻，只是冷笑一声说："怎奈我手中这把大刀不答应！"

说罢，他先发制人，挥刀向秦王劈来，未等李世民还手，在他身后的秦叔宝早已举起他那一双金锏迎了上去，口中说道："杀鸡焉用牛刀！看我取这马贼的性命！"

李世民退了下来，只见秦琼双手使锏，与宋金刚战到一块，两人各显其能，刀锏撞在一起，火花四溅，叮当脆响，随着战鼓声、号角声、士卒的呐喊声，汇织到一起，形成一曲十分壮烈激越的交响军乐，在空旷的雀鼠谷上空回旋，鸣响。

秦叔宝手中的那两把镏金熟铜锏，乃祖传的兵器，重达一百三十余斤，没有千斤之力的勇将焉能使得了？但在秦叔宝手中，却像挥舞一根木棒似的，上下左右地翻飞，忽而劈下，忽而前刺，忽而拦截，忽而横削，真是扑朔迷离，变幻万端。宋金刚也不示弱，此人自小在马贼窝里长大，练成一身武艺，手中的那把大刀也是出自名人之手，刀长不过三尺三寸，刀厚仅有三寸三分。那薄薄的刀口细如发丝，锋利无比，一旦挥舞起来，只见闪闪亮光，一片雪白。

二人杀得难解难分，宋金刚虽然骁勇，但是平日酒色过度，精力耗损得厉害，加上秦叔宝金锏的威力，使他渐感吃力了。

宋金刚手下的大将张万岁突然催马上前助战，唐军中程知节一见，也拍马迎了上去，二人也拼杀在一起。

李世勣向秦王悄声说道："我军士气高涨，可以乘势冲杀过去，打下宋金刚的威风来！"

李世民点头赞许，只见这位年轻英俊的少帅高举大刀，向身后将士喊道："冲啊！活捉宋金刚……"

话音未落，他已拍马冲出营门，向宋军阵地杀去！唐军将士一个个如离弦之箭，随着李世民挥刀杀向宋军。

由于人多势众，数万唐军如洪水涌了出去，对宋军包抄、截杀，宋军阵地顿时乱成一团，陷入被动挨打的局面。

宋金刚与秦叔宝打斗下去，渐觉体力不支，又见本阵混乱，不由心中惊慌，手中的刀法便乱了，变得只有招架之功，没有还手之力，觑个机会，抽刀勒马便逃。

秦叔宝大喝一声："马贼！看你哪里逃……"

一边喊着，一边拍马就追，宋金刚的手下大将孙尚斤急忙上前拦住，不过五六个回合，被秦叔宝一锏劈于马下，顿时脑浆迸裂，死于非命。

宋金刚回到营中，大叫道："快拿些吃食来！"

他的侍从慌忙报告："什么吃的都没有了，要不，我替宋王去刺一碗马血来？"

宋金刚苦笑道："好吧！快去。"

此时，他的部下张万岁、刘宏业等都败下阵来，宋金刚对杨伏念说："这内无粮草，外无救兵，兵马越战越少，怎么打下去？"

杨伏念是刘武周原来的一名卫士，因为救过刘武周的命，被封为尚书左仆射。这时候听宋金刚一说，只得苦笑道："太原的粮食运不来，唐军又紧追不舍，只好退回北边再说。"

刘宏业说："尉迟恭和寻相驻守介州与永安，也不来相救，难道他们真的要投唐吗？"

杨伏念说："尉迟恭是个重情义之人，他是不会轻易背叛的，我估计，他是有困难不能前来，或是被唐军在中途拦住了……"

宋金刚却说："人心隔肚皮，尤其在这兵荒马乱年月，难说啊！"

他的侍从端来一碗热气腾腾的马血，宋金刚接在手中，大口喝着，不停地啧着嘴道："有马血喝，是饿不死的，还能照样打败唐军！"

刘宏业对那侍卫说："再去端两碗来，我也饿了！"

侍从走后，杨伏念有些忧虑地说："这样喝下去，战马都死了，还怎么打仗？"

宋金刚说："突厥人就是靠这马血，纵横沙场，杀得中原人望风而逃的；战马都死了，就吃马肉！这个仗一定要打下去，我是不会投唐的。"

杨伏念又说："我军没有粮食，唐军也没有，坚持一段时间再说……"

刘宏业插话道："谁说唐军没有粮食？今天早上来了许多百姓为他们送来了干粮，一篮子一篮子的馒头，还有鸡蛋呢！"

众人听了，都不做声，宋金刚过一会儿才说："这些百姓都是贱货，他们见到唐军人多势众，就去巴结了，一想到这我就恨不能把所有的村子都烧光……"

正说着，侍从进来报告："唐军在营前挑战，叫嚷着要打进来呢！"

宋金刚不禁大怒："打就打，老子从来不服邪！走！跟他们拼去！"

说罢，他向杨伏念看一眼，说道："两军阵前，得真刀真枪地杀啊，别坐山观虎斗！"

宋金刚招呼他手下的部将，再次出营与唐军交战，李世民对李世勣说："你和我各领一支人马，从左右两边夹击宋军，让宋金刚首尾不能相顾。"

李世勣答应一声，便拍马提刀，领着队伍向宋金刚的左侧杀过去。李世民正要出营，程知节和秦叔宝等一齐上前拦住，劝阻他说："秦王不必亲自上阵，你替咱们守着大营，坐镇指挥即可。"

程知节又对秦琼说："上午你与宋金刚大战，这会儿该我老程上阵，让那马贼也尝尝我这大斧的威力！"

说完，便分开众人，打马上阵，高声叫道："马贼听着！快来受死吧，你程爷的大斧是不饶人的！"

宋金刚见左右两侧都有唐将出战，只得分兵两路迎战。从浍州北撤时，宋军八万有余，在北逃途中，被唐军一路追杀，损失了两万多，其中大部分是老弱病残。在雀鼠谷激战半日，死伤惨重，精锐之师损失不少，宋金刚看着黑压压的唐兵，如海潮一般涌来，心中很不是滋味，渐渐滋生出对刘武周的不满情绪，埋怨他在太原城里只顾享乐，既不设法为自己增兵，又不运粮，这样下去，今后还怎么跟他共事。

宋金刚正在胡思乱想，忽听喊杀声震耳欲聋，抬头一看，见自己的兵马又被唐军击败，正在后退。

忽听唐军将领高声叫喊着，要活捉宋金刚，不由大怒，便举起大刀，直向那位唐将杀去，来到近前方知是秦叔宝，不由气泄一半，心知不是他的对手，也只好应战，宋金刚只战了十几个回合，就败下阵去，仗着他那朔方良马的捷足，飞一样逃回营里去了。

两支疲劳饥饿的大军混战在一起，一天之中竟然拼杀了八次。唐军毕竟是追敌之师，士气也高昂得多，加上李世民亲临战阵，将士们更加勇猛，终于打败宋金刚的精骑队伍。

宋金刚在雀鼠谷丢下数万兵马，连夜逃进介州城内去了；唐军俘获宋军士卒两万余人，当夜露宿于雀鼠谷西原。

李世民虽然两日不曾吃饭，三日未尝解甲，但是他还是把军中唯一的一只羊杀了，与全军将士分而食之。

能与士卒同甘共苦的统帅，必然能得到将士的拥护，这正是李世民能够屡战屡胜的重要原因之一。

次日，李世民又率领大军向介州进发。

宋金刚仅有军队两万人，出西门，背对介州城排列战阵，南北长达七里。

李世民远远望见宋军的布阵情况，对将士们说："宋金刚准备做最后的决战了！我们必须坚决消灭他在介州城下！"

李世民立即命令李世勣、秦叔宝、程知节等攻其北翼；瞿长孙、秦武通、刘弘基等攻其南翼；然后令这两支队伍稍战即退，诱使宋金刚追来，再将其围歼。

开战之后，宋军果然拉出拼命架势，李世勣等战斗不久，便故意后退，等宋金刚领军追来后，李世民亲自率领大军出其阵后，对宋军猛攻猛杀，使宋金刚腹背受敌，死伤五千多人，大败而逃。

李世民穷追不舍，连续赶了七十多里，来到张难堡，见到了守堡的两位唐朝官员——浩州行军总管樊伯通、张德政。

两军会合后，欢呼雀跃，相互庆贺胜利。

直至此时，唐军才得到休整之机，得以饱餐一顿。

这时候，唐军已取得决战的胜利，军队数量不但未少，还增加了三万余人；沿途又有许多饥民加入了军队，总数已达十万人之众。

李世民本想率军向北挺进，去收复太原，正要出发时，有探马来报说："刘武周在太原听说宋金刚战败的消息，惊慌失措，连夜收拾行囊，主动放弃太原，逃往突厥去了。"

李世民听说之后，立即命令刘弘基、瞿长孙、秦武通等带领二万兵马，前往太原，收拾残局。

然后召集其余将领开会说："宋金刚虽然败逃而去，介州、永安两城仍由宋金刚手下的大将尉迟恭、寻相二人控制着，后患不除，也不便进军。"

李世勣说："介州、永安已是孤立无援的两座城池了，只要用围而不打之计，不出一月，城里粮尽，必然归降。"

李世民答应了，立即派出秦叔宝、程知节各领一万人，前去包围介州和永安城。次日，齐王李元吉奉高祖李渊之命，带着许多礼品，前来慰问全军将士，兄弟二人见面，自是亲热异常。

秦叔宝带领一万人马，将介州城围个水泄不通，然后在城外向尉迟恭喊话道："尉迟将军！识时务者为俊杰，望你睁眼看看，刘武周已逃往突厥去了，宋金刚也大败而逃，你还坚持什么呢？早日归唐，是你的造化，若等城破之日，你将怎么办？"

尉迟恭却说："刘武周对我有恩，我怎能做忘恩负义之人？"

尉迟恭口中虽然这么坚持，但是心中也实在为难，因为介州等于是一座空城，城内粮食快吃完了，又无援军来救，怎能坚守下去？

于是，尉迟恭登上城头，细察唐军有无薄弱之处，好瞅个机会突围出去。怎奈唐军把介州城围得铁桶一般，不给他半点可乘之机。

城外的秦叔宝早已窥出尉迟恭心中的秘密，忙说道："尉迟将军！不瞒你说，你想突围出城，那是比登天还难了！如果城内有粮吃，你就不妨在城里多住一阵子吧！"

又过了两天，李世民派遣任城王李道宗进城劝降，尉迟恭终于被说动，让手下人把自己绑缚得结结实实，独自走出城来，到唐营投降。

秦琼上前热情欢迎道："咱们不打不相识，尉迟将军果然武艺超群！佩服，佩服！"

尉迟恭急忙说道："秦将军艺高品重，令我钦服。"

这时候，李世民赶忙出来，一见尉迟敬德独自来投，亲自走上来为他松绑，并在秦王大帐中摆下酒宴，为他接风压惊。

正欢饮之间，程知节带着寻相也来投降了，李世民赶忙让二人一同入席饮酒，他高兴地说："今日酒席之上不谈国事，也不谈打仗之事，众位将军一心饮酒就是了。"

于是众将领开怀畅饮，大块地吃肉，大碗地喝酒，似乎要把前几天缺吃少喝欠下的一起补上！

酒宴快要结束时，尉迟敬德又向秦王敬酒，表示感激之情，李世民趁机对他说："明日要奏禀父皇，为将军加官赐赏。"

尉迟敬德忙说："我并不在乎什么封赏，只是，只是有一件事情⋯⋯我、我放心不下！"

李世民见他说话有些吞吞吐吐，忙问道："尉迟将军有话直说，不必见外！"

可是尉迟敬德仍然难为情地低下头，一言不发。

李世勣已看出尉迟敬德定有苦衷，忙向秦王示意，便站起身来，伸手拉着尉迟敬德随着秦王一起，离席走进一间侧室，这才说道：

"尉迟将军！这里再无外人，请你把为难的事说出来，秦王一定会为你做主的！"

尉迟恭听了，立即走到李世民面前，双膝跪下道：

"秦王！当初打太原，齐王与我交战时，曾吃我一鞭，我只怕日后共事时⋯⋯齐王会不会⋯⋯记这、这一鞭之仇呢？"

性情豁达的李世民听了，禁不住哈哈大笑起来，说道："我原以为是什么大事呢？这种小事也值得你记挂着吗？那时候，都是各为其主，岂有因此记仇的道理，我看你就别把它放在心上了。"

李世勣忽然对秦王说："恰好齐王也在这里，不如请齐王过来，让他们二人见个面，沟通一下，来一个握手言欢，岂不更好？"

李世民连连点头："好呀，好呀！这倒是消除隔阂的好办法⋯⋯"

秦王说着，便真的去把齐王李元吉叫过来，要四弟当着自己的面与尉迟敬德和好，这才搬掉了尉迟敬德心上的一块大石头，轻松地对两位王爷说：

"从今往后，我尉迟敬德就是大唐的人了，请秦王、齐王多加关照！"

李世民收降了猛将尉迟恭，高兴异常，当即任命他为右一府统军，让他仍然统领八千旧部，和唐军各营混杂在一起，恰好与秦叔宝的左一府统军相对，李世民对二人说："有了你们两位大将一左一右地护卫着，唐军将横行天下，无人再是唐军的对手！"

尉迟敬德谦虚地说："我怎敢与秦大将军相比？"

秦叔宝客气地说："你我同是秦王的部下，齐心捍卫朝廷的安危，分什么高下？"这时候，站在一旁的程知节突然上前说道："还有我这位威虎大将军，你们可别小看了啊！"

一句话逗得众位将领哄堂大笑，李世民忙说："程大将军上阵，威如猛虎，谁敢轻视？"

李世勣立即说道："程知节十六岁时就曾经劈死两只猛虎呢！"

将领们听了，都向程知节投去敬佩的目光，李世民向大家看了一眼，

趁机说道："宋金刚被我们打败了，向北方逃去，说不定哪一天他还会卷土重来，我们应该乘胜追击，彻底歼灭刘武周、宋金刚的残余势力。

大军出发前，兵部尚书殷开山十分担心地对秦王说："尉迟恭刚归唐就手握重兵，一旦反叛而去，不光是损害唐军，也会危及主帅的安全。"

李世民笑道："我看尉迟恭不会反唐的。"

之后，行军总管刘弘基也提到了这件事情，但是李世民依旧不听，对尉迟恭依旧十分信任，照用不疑。

房玄龄劝慰殷开山等人说："秦王一向慧眼识英才，大胆用人，并且一直坚持着用人不疑、疑人不用的原则，所以这件事以后就不要再提了。"

第二十四章

新降猛将是非多　高祖赞歌奏凯旋

五月中旬，秦王李世民和齐王李元吉，分兵两路，各带领兵马沿着汾水岸边，向太原进军。

要说尉迟敬德担心李元吉记他一鞭之仇，还真是让他说准了呢！

大军出发之后，李元吉便把自己的心腹——段志全找来，一边行军，一边悄声商议如何除去尉迟敬德的计策。

当天晚上，大军驻扎下来之后，李元吉便借故喊来尉迟敬德，三言两语之后，立刻脸色一变质问道："好一个尉迟恭，你投降我大唐才几天，就阴谋反唐，真是胆大包天！两边的卫士，快替我拿下！"

尉迟恭一听，立即气得暴跳如雷，高声分辩道："无凭无据，怎能认定我反唐？请齐王拿出证据来，我尉迟恭堂堂一条汉子，从不干偷偷摸摸的苟且之事。"

李元吉大声命令道："大胆的尉迟恭，还敢嘴硬，把他捆紧些，别让他跑了，明天要在将士们面前处置他！"

说完之后，不容尉迟恭分辩，把他关押起来，并令七八个贴心的士卒看着他，生怕他跑了。

李世勣听说这事之后，立即断定：这是气量狭小的李元吉为了那一鞭之仇，开始对尉迟恭进行报复了！而且必将进一步加害于他，甚至会借机处死他！

想到这里，李世勣也顾不上别的，带了几名侍从，连夜骑了匹快马，前去汾水西岸追赶秦王李世民。

大约在半夜时分，李世勣才赶到秦王驻地，把齐王加害尉迟恭的情况叙述了一遍，要他赶去搭救。

李世民听了，气愤地说："怎么能这样做呢？"

说完这句话，立即把军中之事向秦叔宝、房玄龄交代一番，当即上马，随李世勣一道，向李元吉驻地赶去。

天亮时，李世民与李世勣终于赶到，他先找到李元吉详问事件的情

由，这位心胸狭隘的齐王依照与段志全商定的谎言说一遍，他激动地对秦王二哥说："前天夜里三更时分，尉迟恭带领本部人马叛逃，被我赶了十几里路才追上，他妄想对我动武时，被我一怒之下，打落他的钢鞭，才把他擒住，抓了回来，就等着二哥你来处置了。"

李世民听完之后，急忙赶到关押尉迟恭的地方，将他请出来，亲手替他解下绳索，便照着李元吉的话去问他。

尉迟恭悲愤地说："齐王无凭无据，硬是编造了一道谎言，诬陷我叛唐，这是他记仇害我，请秦王为我做主！"

李世民听后，沉思默想了一会儿，觉得这件事倒很棘手，一方是同胞兄弟，一方是自己的爱将，弄不好不是伤了兄弟和气，便是冤枉了新降的尉迟恭！

拿定主意之后，李世民不去细究是非曲直，立即吩咐摆下一桌酒宴，要为新降的这位大将饯行。

酒宴一开始，李世民向尉迟敬德递上一杯酒，说道："尉迟将军！我有一句肺腑之言，如果你在唐军中有不称意处，完全可以离去，我绝不勉强。"

说罢之后，立刻命令侍从把一盘黄金端了上来，李世民又手指那一盘黄金对尉迟敬德说："这是我赠送给将军的一点路费，请笑纳。"

酒宴上在座的人都吃了一惊，李元吉没想到他的二哥会这么做，而尉迟敬德更是目瞪口呆，一时没了主意。

尉迟敬德愣了一会儿，觉得十分伤心，自降唐以来，从无二心，见秦王如此有情有义，真是左右为难：留则说不清李元吉所加的罪名，去则对不住李世民的厚待。耿直诚实的尉迟敬德想来想去，只觉得命里该休了，口中连声大呼："罢了！罢了！"

喊完之后，一头就向门口的石台上撞去！

多亏李世勣上前，一把拦住，劝道："尉迟将军！要冷静啊，不能做傻事！"

李世民也急忙劝道："尉迟将军，何苦要这样？"

李世勣见尉迟敬德要用死来为自己辩白，实在不忍让这么一位热血肝肠的人背上叛逃的黑锅，但又明白作为主帅的李世民又不便亲自揭穿四弟李元吉的假话，他眉头紧皱，终于想出了一条计策，便说道："卑职提议让齐王与尉迟敬德当众比试一番，看一下齐王是否真能单枪匹马抓住他！"

为了能使尉迟敬德日后畅畅快快地为大唐效力，同时又不伤自己和四弟的和气，李世民马上接口说道："茂公的建议甚好，那就比试一下。"

尉迟敬德听了，自然乐意，立即表示赞同。

　　齐王李元吉心中不高兴，暗中连骂这李世勣不是个好东西，不是有意让我当众出丑么？

　　但是，一向死要面子的这位齐王，口中又不愿示弱，只得强打着精神说："比试就比试，难道我会惧他？"

　　李世民领着一行人来到场地上，众人落座后，都想亲眼看一看二人的追打情况。

　　比试开始了！只见尉迟敬德骑马先行，李元吉横槊后追。当渐渐追上时，李元吉突然挺槊向前一刺，就被尉迟敬德反身夺过，跌下马来。

　　围观的人都用手捂住自己的嘴巴，以免笑出声来。

　　而出尽洋相的李元吉，羞愧难当，涨红了脸，口中还不停地说："今天我肚子疼得厉害，怎么能使得出力气呢？哎哟！肚子又疼了，我得回到营帐里去休息！"

　　事后，李世民又把两人找到一块儿，好言劝慰他们，希望他们弃却前嫌，同为大唐建功立业。

　　在群雄逐鹿的当时，你争我夺，军情瞬息万变，李世民刚把李元吉和尉迟敬德的旧怨暂时调和，就有探马来营中报告：

　　"宋金刚的儿子宋家宝领了数千人马，驻扎在太谷地区，扬言要和唐军拼个鱼死网破！"

　　李世民听了，忙向尉迟敬德问道："没听说宋金刚还有个儿子宋家宝，此人多大年龄？"

　　尉迟敬德答道："这宋家宝确是宋金刚的儿子，其父投奔刘武周时，他仍在太行山西边当马贼，听说他武艺超过他老子宋金刚，年龄不过二十岁左右。"

　　李世民当即说道："我要回西路军去，让宗罗睺领三千人马随我一起走，路过太谷时把这个宋家宝解决了，以免留下祸害！"

　　尉迟敬德听后，忙劝阻道："秦王！只让宗罗睺大将军一人去，似有不妥，那个宋家宝使一根一百二十斤重的大铁棍，甚是厉害，切莫小看他！"

　　秦王李世民是个英才盖世的人物，能文能武，岂愿长他人志气，灭自己威风，坚持只要宗罗睺一人随去，带着三千人马出发了。

　　李世民走后，李世勣与尉迟敬德又计议一番，总是放心不下，两人便点了人马随后接应，让齐王李元吉断后。

　　李元吉对尉迟敬德总有解不开的疙瘩，心中还在打着小算盘，自己没能力上阵杀敌，却老想着在这次战役中抓住尉迟敬德的差错，再与他算账。

李世民与宗罗睺带领三千人马行路，想着李世勣用比试的妙计，解决了四弟元吉与尉迟将军的旧怨，不胜叹服，认为此人确是一个智能之士，是不可多得的人才。次日，两军在太谷以西的一片河滩上相遇，李世民见那宋家宝的面貌，果然与宋金刚长得十分相像。

他催马上前对宋家宝说道："令父的兵马已败在我的手下，你这数千兵力，怎敢与大唐对抗？你年轻有为，何不归顺唐朝，为国家效力呢？"

宋家宝冷笑道："兵不在多，而在将勇，你能挡得住我手中这根铁棒吗？"

李世民一听，哈哈大笑道："你把话说错了！应该是'兵不在多，而在精；将不在勇，而在谋'，可见你空有一腔热血之勇。"

宋家宝不耐烦了举起铁棒向李世民打来，宗罗睺急忙上前用刀顶住，只听"当啷"一声响，两件兵器撞在一起，宗罗睺不禁惊叫一声："这小子贼力不小哇！"

宋家宝冷笑道："你哪是我的对手，快去换一个有本事的来！"

说罢，他在马上将那根一百多斤重的铁棒抡得风车一般，不留一丝破绽，令宗罗睺眼花缭乱，近身不得，稍一近前，差一点被那铁棒扫着。

这宗罗睺原是薛仁果的一员大将，没想到人外有人，今天遇上力大无比的宋家宝，竟然没有还手的能力。

此时，李世民正在一旁看宋家宝抡槊，煞是精彩，心想若能把这人收降过来，强似俘虏三千人马呢！

只见宗罗睺败下阵去，宋家宝提着那根大铁棒朝自己冲过来，便慌忙策马向左边退去。而身后不远处正好有一片榆树林子，李世民两腿一夹坐骑，闪进林子里去了。

尉迟敬德怕秦王万一有个闪失，那还得了？就在这关键时刻，他单骑赶到了，一见宋家宝正拍马追赶秦王，便催马上前，等宋家宝来到面前，便张口招呼："少将军一向可好？"

宋家宝一见尉迟敬德，立即露出不满的脸色，说道："我好与不好，无须你问候，你现在是我仇人的部下，我们没有话说，各走各的路。"

尉迟敬德见他要走，忙又拦住他的马头，对他说："请少将军听我一言，令父八万大军都败了，你一人领着这点人马，又有何用？大唐天子上应天命，下顺人心，这位秦王李世民便是一个好人。"

"别说了！我烦听这一套！"宋家宝瞪了尉迟敬德一眼，接着挖苦他说："你现在是唐朝的大将，自然替唐朝说话，你贪图升官发财，却忘恩负义，是个背主求荣的叛臣！"

尉迟敬德耐着性子劝道："你年轻不懂事，骂我几句，我也能容你，可是，我不能眼看着你往死路上走，因为我和你父亲毕竟是……"

没等尉迟敬德说完，宋家宝两眼怒视着他说："我们的事不要你管！你升官发财去吧！"

说到这里，用手中的大铁棒往尉迟敬德的马屁股上猛然戳了一下，那战马又惊又痛，突然蹿跳起来，差一点把它的主人摔下马。

趁这工夫，宋家宝拍马向前，又朝远处的李世民追去。

尉迟敬德定了定神，急忙对李世民大叫一声："秦王莫慌，末将前来助你！"

李世民射得一手好箭，素有"神射"之称。

这时候，他见宋家宝又跨马向自己追来，便拉了个满弓等着。宋家宝一见，知道弓满箭劲的道理，便勒紧马的缰绳，放慢坐骑的脚步。

可是等了半天，李世民只是引而不发，宋家宝好生奇怪，由于他年轻，眼力极好，仔细一瞅，看出李世民手中有弓无箭，箭袋中的箭枚也早已在先前的急奔中抖落干净。

宋家宝一时兴奋，不由想道："这是你李世民活该命绝！"

只见他一松缰绳，那匹黑骝千里追风驹闪电一般向前冲去。

说时迟，那时快，眼见宋家宝的马头就要撞着李世民的马尾，忽然一声霹雳炸响："小小宋家宝，休得伤害秦王！"

一员大将的伟岸身影也随声赶到。来者并非他人，乃是刚对宋家宝苦苦劝降的尉迟敬德。

他人还没有来得及赶到近前，那条出神入化的水磨钢鞭早已横截住宋家宝的那根大铁棒了。

宋家宝一见，气得满脸通红，大喝一声："来得好！看我替家父来惩办你这个背主求荣之徒！"

尉迟敬德早对这个"少将军"憋着一肚子的火气，听到他的谩骂，不禁愤慨地说："不自量力的东西！你有何能耐，都使出来吧！"

说罢，手提钢鞭等宋家宝出招，一见铁棒举在空中，他也挥起钢鞭迎了上去，这一钢一铁撞击在一起时，立即发出"咣当"一声，溅出一串火星。

宋家宝不禁脱口说道："钢鞭果然厉害，不过今天你撞在我手里，必死无疑。"

第二十四章　新降猛将是非多　高祖赞歌奏凯旋

尉迟敬德听了，暗自冷笑道："你高兴得太早了！老子只用了三分力气，还有七分未用哩！"

于是，抡起钢鞭一路打过去，手法不断变化着，而且越打越重，越打越快，宋家宝只得东挡西堵，不敢有一点疏忽。

只见二人鞭棒交接，声动林木，震得那榆树枝头的叶子纷纷坠落，铁棒风驰电掣，钢鞭迅若蛟龙，连续打斗了二十多个回合，宋家宝仍不能占上风，急得浑身冒汗，恨不能一棒将尉迟敬德打死。

站在一边观战的李世民不住地在心中叫绝，但是他看得出来，尉迟敬德越战越勇，钢鞭挥得更快，更有力！

又斗了几个回合，宋家宝已明显招架不住了，口中在呼哧呼哧地大口喘气，手中的铁棒稍一慢了，被尉迟敬德一鞭打去："咣——哨"一声，火星飞溅，宋家宝手中的大铁棒被打落在地，人也差一点被摔下马来。

尉迟敬德收起钢鞭对他说："快把你的兵器捡起来！若是不服，上马再战！"宋家宝羞红了脸，不说一句话，便下了马，拾起他的大铁棒，翻身上马，咬牙切齿地瞪住尉迟敬德说："他日必报此仇！"

尉迟敬德冷笑一声，大喝道："想得倒美！今日你只有两条道可走：要么，投降大唐；要么，下马受死！"

宋家宝听了，竟昂然不理，鼻子里"哼"了一声，便拍马回营而去。

尉迟敬德不紧不慢地弯弓搭箭，忽听"嗖"的一声，那支强劲的箭羽正中宋家宝的后心，穿胸而过，当即栽下马来，一命呜呼！

李世民与宗罗睺指挥兵马将宋家宝带来的数千人围起来，告诉他们说："愿意回乡的，即刻散去；愿加入唐军的，可以留下。"

于是，李世民又收集了两千多人马，大胜而回。

尉迟敬德牵着宋家宝的那匹黑骝千里追风驹，回到营里，献给齐王李元吉，说道："不成敬意，请留下这匹坐骑。"

李元吉本想伺机找尉迟敬德的错儿，未曾料到他打胜了宋家宝，威风凛凛地得胜归来，又送给自己一匹宝马，不禁赧然自愧，不得不上前致谢。

李世民趁机说道："古书上说，黑鬃黑尾巴的红马，是宝马，又叫千里马。看来，这匹黑骝千里追风驹就是名副其实的宝马呀！"

尉迟敬德笑道："这匹黑骝一旦跑起来，什么马也追不上它的。"

李元吉站在马前，一边看着这匹宝马的黑鬃、黑尾巴、浑身红得发亮的毛色，不禁脱口说道："我来骑上它，跑一圈试试它的脚力。"

说罢，拉过缰绳，翻身上马，只见那马一跑起来，乌黑的长鬃迎风飘洒,与身后的黑色长尾相互映衬,中间是一段红彤彤的身子,远远望过去,活像是一条乌龙飞腾在一块红云上面,倏然而逝!

为了庆贺胜利,营中早已摆下一桌宴席,就等着为尉迟敬德贺喜庆功,齐王李元吉也特别高兴,满口称赞那匹黑骝千里追风驹,他说:"骑上去,一跑起来,只觉得耳边风声呼啸而过,好像是驾着云彩在空中飞腾一般。"

秦王李世民带头鼓掌道:"自古以来,人才难得。有句话说:千军易得,一将难求!"

说到这里,秦王十分欣喜地看着尉迟敬德,端起了酒杯,对大家说:"这次,我得到了尉迟将军,胜过收集三千人马呀!为此,请大家干杯!"

于是,大家都端起酒杯一饮而尽,尉迟敬德激动得一时说不出话来,过了好一会儿才站起来,眼含着热泪,向秦王李世民,也等于对大家发誓一般地说:"自今而后,我尉迟恭活是大唐的人,死是大唐的鬼,誓为大唐献出毕生的精力!"

秦王李世民、齐王李元吉等人听了,都很受感动,一齐鼓掌,李世勣也趁机说道:"我提议,为齐王喜得千里马——干杯!"

李世民、李元吉等都非常高兴,自得宝马之后,李元吉与尉迟敬德的关系也渐渐融洽起来。

尉迟敬德对唐,尤其对秦王李世民更加忠心不二了。

宋金刚在雀鼠谷大败后,带着残兵败将两千多,逃到榆次时,听说刘武周已主动放弃太原,逃往突厥去了。

他部下的将领纷纷埋怨,连刘武周的亲信杨伏念也深为不满地说:"太原城有兵有粮,主动撤走,岂不是有始无终,自毁帝业吗?"

大将张万岁带着失望的语气道:"我们打了败仗,还没有泄气,可他身为皇帝,竟然不战而逃,太令人寒心,我们还怎么再为他去拼命呢?"

宋金刚一直没有说话,听了他们的言论,心中更加烦乱,过后才开口说:"无论怎样,我决不领着你们去投降大唐,先回马邑再说吧!"

部下将士只好接受了这个决定,随着宋金刚回到刘武周的"天兴"王朝根据地——马邑。

此时,刘武周的妹夫,被封为内史令的苑君璋仍在马邑驻守,尚有五千人马。

当初,刘武周采纳宋金刚的建议,要带领军队进攻河东各州县,向太原进军时,苑君璋曾经劝阻他说:"李渊以一个州的兵力,攻占了长安,所向无敌,这是上天帮助,也不完全是人力的功劳。太原以南,道路险要

狭窄，孤军深入，后无援军，假如攻战不利，到时候如何回师？"

刘武周仍然坚持向太原用兵，还说："李渊忙于关中用兵，太原空虚，一旦占领了太原，唐朝未必敢派兵来救。"

苑君璋又劝他说："听说李渊父子并非等闲之人，何必去招惹他们？不如北面结交突厥，南面联合唐朝，在此称霸一方，有何不好？"

刘武周听信宋金刚的话，坚持认为："李元吉年轻无知，太原防守薄弱，可以轻易地夺过来。"

不久前，刘武周从太原主动撤退，逃往突厥，路过马邑时，才流着眼泪后悔地说："我没有听从你的意见，才招致今日之败。"

宋金刚回到马邑之后，就质问苑君璋道："你身为朝廷大臣，又是皇上的亲戚，为何不阻止皇上逃往突厥？"

苑君璋也不示弱，反击道："我劝说皇上就能听吗？当初，进军太原之前我也曾劝阻过，但是大军还不是去了？不然，怎么能有今日之败？"

宋金刚无话可说，只得收集残余兵马，准备再南下太原与李世民决战，可是部下将领一听，纷纷反对，有人甚至说："皇上都带头逃跑了，我们还值得去为他打江山么？"

恰巧他儿子宋家宝战死的消息传到了马邑，宋金刚立即心灰意冷，彻底绝望了，他在痛哭一场之后，说道："天不助我……无力回天。"只好带着一百多名亲随逃往突厥去了。

此时的突厥，始毕可汗已经死去一年多了，其子什钵苾年幼，不够当可汗的年龄，便由始毕的弟弟俟利弗设继任可汗，为处罗可汗。

刘武周战败逃到突厥之后，处罗可汗非常不高兴，甚至不愿见他，派手下大臣窝波罗把他安置在一座院落里住着，派兵守着他，不准他随便出入，等于把他软禁起来了。

后来，宋金刚也逃到了突厥，处罗可汗让他俩住在一起。二人经过一番策划，想回到马邑，重新收拾兵马，东山再起，处罗可汗坚决不答应。

过了一段时间，宋金刚杀了看守他们的突厥士卒，连夜逃出了突厥人的防区，可到达了上谷地区，就被突厥追兵赶上了，杀死之后，又将其尸体扔到山谷中喂狼了。

处罗可汗把刘武周扣留在突厥，又过了一段时间，由于找到了另一个更合适的代理人——隋炀帝的孙子杨政道，觉得再留下刘武周这条走狗，已没有多大用处了，便将其杀死。

至此，刘武周的势力基本肃清，由突厥人一手扶植起来的"天兴"王朝，自公元六一七年三月开始，至公元六二〇年的五月，被李世民的大军全部消灭了。

唐军进入太原之后，曾被刘武周先后占领的所有州县，又全部处于大唐政权的控制之下。

这样一来，唐高祖李渊既可以东行无阻，为攻取洛阳扫清了道路；同时，也使秦（陕西）、晋（山西）连成一片，扩大了统一全国的根据地。

因此，李渊在长安听说唐军打败了宋金刚，平定了并州，收复了太原，非常高兴，连声说道："好，好！消灭了刘武周，收复了河东，巩固了关中，世民之功也！"

这时候，李纲说道："启禀陛下！听说秦王为了追击宋金刚的贼兵，曾带领大军人不下马，马不卸鞍，两天不吃饭，三天不脱衣甲，一直追到雀鼠谷，打败了宋金刚之后，才吃了一顿饱饭，真是劳苦功高哇！"

李世民的舅父窦琏奏道："秦王的战斗作风历来如此，前年打薛仁果时，也是穷追不舍，打到关键时刻，把吃饭休息全都抛到了脑后。说来也有意思，他的部下将士不但没有怨言，反而争着抢着去拼命杀敌，真是有其帅必有其将士啊！"

裴寂也提到一条事例，他说："陛下！臣听说一件千真万确的事情：秦王带领大军追赶宋金刚，两天不吃饭，三天不卸甲，追到了雀鼠谷，打败了宋金刚的军队之后，唐军中只剩下了一只羊。秦王立即下令：把羊杀了，与全军将士分而食之！"大臣们听了这事之后，一片唏嘘赞叹之声，把皇上也激动得差一点落下了眼泪，不由得颤声说道："这、这次出征河东，幸亏有世民，他、他出来挑这副重担啊！真、真是擎天一柱！"

满朝文武大臣都在交头接耳地议论，有的说秦王西讨薛仁果，东征刘武周，为大唐立下不朽功勋，是朝廷一等功臣！

大臣们议论纷纷，李渊听了，心中也很高兴，只有太子李建成听了，心中不是滋味，见大臣们无不众口一词夸赞二弟世民，担心这样突出世民的功绩，随着势力的膨胀，会不会危及自己的太子地位？

想到这里，他再也沉不住气了，便大声说道："安静了，在这庄严的朝堂之上，一片喧嚷吵闹之声，岂不是对圣上的亵渎？"李渊一听，似乎有所觉察，便哈哈一笑道："平定了河东，是朝廷中的一大喜事，应该热烈地庆贺一番，大臣们为此高兴也是可以理解的。"

说到这里，他立即对萧瑀吩咐道："在世民和全军将士回到长安之前，你要认真准备犒赏三军的物品。"

第二天，李渊又命窦瑀去准备欢迎仪式，要求在李世民率领大军回城时，长安城里都要张灯结彩、敲锣打鼓地夹道欢迎。

又过了两天，李渊突然决定编制一部乐舞，借以表彰李世民艰苦创业的精神。并要求这部《秦王破阵乐》在表演时，舞者要手持兵器，在舞台上往来突刺，以求再现战争场面。

甚至还亲自写了一首《赞歌》，命乐师谱上曲调，教会合唱队员，令其人人会唱。

其《赞歌》的歌词如下：

> 滔滔黄河水，波涌浪翻；
> 巍巍太行山，叠嶂重峦！
> 关塞迭险哟，肠道望断。
> 霜风道劲哟，征尘迷暗。
> 贼势猖獗呀，黎庶饥寒。
> 对萧萧暮雨洒河东，
> 处处红衰翠减，
> 阵阵烽火频传，
> 道道鼙鼓报长安！
> 滔滔黄河水，波涌浪翻；
> 巍巍太行山，叠嶂重峦！
> 关中少年侠气哟，
> 自请长缨出战！
> 系紧腰间刀、囊中箭，
> 一诺千金重哟，
> 誓斩敌酋顽，
> 壮志餐虏肉，
> 笑谈饮胡血，
> 狼奔豕突走狗窜！
> 收复江山一片啊！
> 功高万口传！

为了庆贺这次战争的胜利，高祖李渊投注极大的精力，朝廷上下一片忙碌。长安城里，到处洋溢着喜庆的气氛，整个关中大地都处在欢乐的海洋之中。

这时候，李世民也已接到他父皇的诏书，要他带领大军回长安，于是，他留下行军总管李仲文守太原，自己率领大军高唱着凯旋战歌，回到了长安。

大军一进潼关，便受到太子李建成领着的皇族队伍的热烈欢迎，秦王李世民抬头一看，站在欢迎队伍中的人们，全是李氏宗族皇亲国戚，他们是平原王李伯驹、永安王李孝基、长平王李叔良、永康王李神通、襄邑王李神符、新兴王李德良，这是李世民伯叔一辈的人物。

后面是李世民堂兄弟行的人，他们是淮阳王李道炫、陇西王李博义、渤海王李奉慈等。

再后面便是李世民的姐姐平阳公主李凤娇，姐夫柴绍；妹妹李凤仪，妹夫段纶；小妹李凤英，妹夫窦诞等。

李世民急忙下马，一一相见，互致问候。

太子李建成令人捧着御盘，亲斟御酒三杯，来到李世民面前说："父皇命我代表朝廷敬你御酒三杯，以示慰问。"

李世民先向长安方向跪拜谢恩，又向太子李建成施了礼，饮完三杯御酒后，与兄长李建成执手交谈，随后各自上马，并辔回行，走在欢迎队伍的最前面。

此时，自潼关通长安的大道上，人马不绝，百姓夹道欢呼，争相观睹秦王李世民的英姿丰采，不断发出赞叹的掌声、叫声，与喧闹热烈的锣鼓声交织在一起，汇成一股巨大的声浪，在潼关与长安之间的大道上空回响着。

大军浩浩荡荡的进入了长安城，欢迎的气氛显得那样热烈。大街小巷，张灯结彩，敲锣打鼓，城里的老百姓，扶老携幼，夹道欢呼。

在大道两旁的空地上，还有龙灯、狮子舞蹈的表演，以及旱船、高跷等民间艺术的亮相，显示出盛大的节日气象，整个长安城沉浸在一片欢乐氛围中。

第二十四章　新降猛将是非多　高祖赞歌奏凯旋

第二十五章

功宴陡成动员会　起兵怒讨吃人魔

唐高祖李渊亲自率领着满朝的文武大臣，来到玄武门迎接这次凯旋，这是有史以来最高规格的礼遇了。

李世民见到这样的情景，远远地下了马，在李建成的陪同下，一起来到李渊面前，伏地跪下，齐声叫道："父皇！"

父子相见，竟然激动地相顾无言。

按照李渊的命令，在太极殿外大设宴，为李世民请功，高祖李渊居中落座。

李世民由太子李建成陪着，紧挨李渊的旁边坐下。

唐军主要将佐坐在秦王一边，他们是李世勣、秦叔宝、程知节、尉迟恭、刘弘基、宗罗睺等一百余人。

另一边是以齐王李元吉为首的一班文武大臣，裴寂、李纲、陈叔达、萧瑀、魏征、李涛等八十多人。

庆功宴一开始，李渊先向秦王李世民敬酒，感谢儿子为大唐立下汗马功劳，因为他已察觉李建成露出疑忌之心，所以在称赞李世民时，适当注意一下遣词造句，他说："……用这么短的时间，就消灭了刘武周的势力，完全收复了河东的土地，拯救了百姓，巩固了关中，确是劳苦功高！"

李渊向李世民敬酒之后，又热情慰劳那些功劳卓著的唐军将领，又特别点到归唐的猛将尉迟敬德，勉励他为大唐继续效力建功。

接着，李渊要大家一边喝酒，一边观赏由他亲自指导编制的大型乐舞《秦王破阵乐》。

表演开始了，一百多人的庞大乐队奏起了雄壮的龟兹乐曲，舞蹈演员手持兵器，随着音乐的节拍，在舞台上奔驰跳跃，往来突刺，活灵活现地再现了战争场景，十分逼真。

秦王李世民更是欣喜万分，他万万没有料到父皇会用这种形式来庆贺胜利。突然，歌声响起来了，一百多人那激越雄浑的歌声，深深地吸引着酒宴上的唐军将领。

李渊对儿子世民说："你可听得清楚，那歌词是朕亲自为你拟写的呢！"

秦王李世民激动地看着他的父皇，不禁谢道："父皇！儿臣实在没有想到——"

那《赞歌》中的每一句歌词，都十分清晰地被合唱演员以嘹亮清脆的声音唱着。

听着浑厚嘹亮的赞歌，面对舞台上再现的战争场面，秦王李世民不由得热血沸腾，仿佛又回到不久前策马追击宋金刚逃军的那紧张难忘的日日夜夜里……

李渊对他说道："世民！这种战争场面，用雄壮的歌舞乐曲展示在舞台上，很能表现出生入死、艰苦创业的奋斗精神。"

李世民听了，忙说道："父皇！这部破阵乐好是好，只是用'秦王'二字在前，恐怕不太合适吧？"

李渊听他这么一说，立即放声大笑起来，然后说："有什么不合适？这部《秦王破阵乐》就是为你编制的，朕花了一整夜的时间才想出用这种表彰方式，把你带领大军追击宋金刚，曾经两天不吃饭，三天不脱衣甲的忘我战斗精神表现出来，用它教育满朝文武大臣，让这种奋斗精神得到发扬光大！"

听了皇上的这段话，满座的文武大臣以及唐军将领，都一齐欢呼、叫好，宴会上的气氛更加热烈、活跃起来。

随后，李渊乘着酒酣饭足，对大家说道："……各位共同的辅佐和拥戴，使朕成就了帝王之业，假如天下能最终太平，归于一统，大家都可以共享富贵，可是，千万不要忘记，如果让王世充这样的小人得志，各位还能有身家性命吗？像薛仁果、刘武周、宋金刚之流，怎么可以不作为前车之鉴呢？"

李渊的话含意很明白，西面的薛仁果、北面的刘武周全被消灭了，东面的王世充就成为唐朝当前最大的敌人！因此，各位还要鼓足干劲，再接再厉，只有把王世充这小子也给消灭了，大家才能稍微轻松一下！

因此，这次庆功宴会，又变成了走向下一个进攻目标的动员会了……

早在李渊进军关中，攻占长安时，崤山以南就有一股强大的势力，常常越过商洛山地区，威胁大唐新生政权的安全，成为李渊的一块心病。

不久，李渊就开始实施他统一中国的计划。

他攻击的首要目标是陇西地区的薛氏父子的西秦政权，其次又向关东和山南派出两支军队。

这支进军山南的部队，李渊派遣他的侄儿左光禄大夫李孝恭率领，进攻崤山以南以朱粲为首的那股强大势力，而终于发展成为大唐王朝统一长江中、上游地区的一支前哨队伍。

　　这位朱粲，在崤山以南的广大地区，名气大得很，真是如雷贯耳，可是声誉不佳。

　　他的军队不仅攻击隋朝的官军，还严重地骚扰平民百姓，朱粲自称为"迦楼罗耶王"，可当时的老百姓都称他的军队为"可达寒咤贼"。

　　在突厥人中，"可达寒咤贼"是罪恶的象征，而"迦楼罗耶王"则是为民除害的"大救星"。

　　隋朝大业十一年（615）炀帝东征时，朱粲被征召入伍，他纠集数十人逃亡，借着反隋的旗号，聚众起义，很快发展成一支数万人的队伍。

　　有一天，一个穿着一身破旧衣服的读书人到军营求见朱粲，他正想招揽人才，听说来了个读书人，便很高兴地接见了他。

　　这个读书人名叫张树榜，从小家里很贫穷，靠卖藤筐生活，但是挺喜欢读书，竟学得满肚子学问。当地一些土豪嫌他出身低微，瞧不起他，张树榜暗道："有朝一日，我会让你们跪在地上求我！"

　　这次听说朱粲带兵来到，便特地前来投奔。

　　朱粲想试一试张树榜的学识才能，便对他说："你对当今天下的形势有何看法？"

　　张树榜立刻侃侃而谈："当今皇帝无道，天下大乱，今日你称王，明日他称帝，靠的是什么？"

　　说到这里，他故意停下来，喝了一口茶，看着朱粲，卖个关子，然后接着说下去："只要有军队，有刀枪，谁都可以称王称帝，过一过当皇帝的瘾！当年的刘邦，不过是一个亭长罢了！正如陈涉说的：'王侯将相宁有种乎？'而你朱大将军，论职位你是一个县佐史出身，至少也是一个地方官呀，为何不可以称王呢？"

　　朱粲听到这里，不由兴奋得跳起来："是呀，大小我也是一个县佐史，总比那亭长大吧？"

　　张树榜一见他认卯了，便又鼓起如簧之舌，继续说："凭着你朱大王的本领，手中又掌握了这么多的军队，只要占据一块风水宝地，何愁不能称王称帝？"

　　朱粲听他说得头头是道，不禁暗暗佩服，又见他一面谈，一面把手伸进衣襟里摸虱子出来，放进口中先是咬得"嘎巴"一声，然后再细细嚼着，像在品尝一种十分有味道的食品似的。

朱粲左右的士卒们见了，差一点笑出来，而张树榜竟然旁若无人，照样跟朱粲谈得口若悬河一般，仍然不停地去怀中摸出虱子来慢慢地嚼着。

过了一会儿，朱粲实在忍不住了，便问道："请问树榜先生，你非常喜欢吃虱子吗？"

张树榜连连点头道："不瞒你朱大王说，虱子是喝人血的东西，我自小就痛恨人世间喝人血的那些权贵富人们，恨不能饮其血，吃其肉，但我无权无势，只能借身上的虱子来发泄心中的愤懑，以致养成了这个习惯。"

朱粲听后，也不介意，便向他请教道："这次我带了大军来到这荆州一带，但是当地的豪杰之士都躲起来，不主动出来见我，不知这是什么原因？"

张树榜听后，淡淡一笑说："朱大王！难道你忘了'威信'二字吗？信与不信，全都在威风之后啊！"

朱粲恍然大悟似的"啊"了一声，笑道："我懂了！"

朱粲认为张树榜是个难得的人才，便将他留在身边，任命他为军中的参军，让他帮助自己出谋划策。

次日，张树榜拟了一个告示，命令当地的豪绅富户前来议事，不来者，重责不饶！

可是，告示贴出去整整一天，无一人前来，张树榜对朱粲说："明天开始，让我替朱大王抖一抖威风！"

张树榜说到做到，第二天他领着一支人马，一口气抓来二十多个当地富商豪绅，令人在广场上架起十口大铁锅，放进半锅水，架起柴火烧起来。

等到铁锅里的水都烧开了，张树榜从那二十多个被捉来的富豪中间，挑出身体比较肥胖的十个人，命士卒脱去他们的衣裤，将他们一一投进沸腾的铁锅中。余下的十几个富豪吓得一个个伏在地上，连连磕头求饶，口中不停地哀告道："以后再不敢违抗大王的军令，一定随叫随到……"

张树榜对富豪们说："我们大王带领军队远道而来，替你们赶走了隋朝的官吏，废除了杨广的暴政，解除了你们的痛苦，你们应该送来礼品，好好地孝顺大王，向大王表示敬意才对。"

那些富豪听后，又急忙磕头说："今后保证招之即来，老老实实孝顺大王。"

张树榜命令道："快些回去准备礼品，送到大王军中，不得拖延！"

那些富豪走后，张树榜对朱粲道："大王！这威风说来就来，说有就有了！"

朱粲笑道："对付这些人，也只有用你这手段才有效！"

张树榜说："这才是个开端，坚持下去，谁敢违抗大王的命令？"

说罢，他对朱粲说："大王！肉煮烂了，咱们去品尝一下这人间最珍贵的美味吧！"

朱粲一惊，问道："你是说，那，那人肉好吃？"

张树榜有意渲染着说："什么山珍海味、飞禽走兽，全没有这人肉美味可口！请大王现在就去品尝吧！"

张树榜说着，先从那大锅中捞出一只手臂，歪头啃起来，口中还不停地称赞："鲜嫩无比，美味可口，难得，难得……"

朱粲见他吃得有滋有味，不禁涎水直流，也禁不住上前去捞了一只手臂吃起来……

从此，朱粲和张树榜一起，吃人肉上了瘾，他的部下也跟着吃起来，这支军队成为远近闻名的吃人的队伍。

不久，朱粲在张树榜怂恿之下，指挥大军向关中打过来。每到一地，把抢劫来的财物全都赏给军中将士，让他们更加死心塌地为自己拼命。

尽管朱粲的军队多至十万人之众，由于缺乏管理与训练，内部复杂而混乱，因此战斗力极差。军中的将士有的来自隋朝的旧军队和地方官吏，士卒中多是饥饿的贫民，混杂一些土匪、马贼。抢掠百姓的财物时，他们都是内行，拼命上前；打起仗来一哄而散的多，这样的军队其实是一伙暴徒罢了。

因此，李孝恭的唐军与朱粲一交锋，很快就打败了他，一下子俘虏了一万余人。李渊早就为实现统一天下的政治目标实行明智的安抚政策，收罗那些反隋的农民、正直的隋军将士，让他们拥护自己，成为自己打败对手的工具。

接着，李渊又派云阳令詹俊、武功县正李仲衮率军队越过终南山，攻打巴蜀一带的隋军和起义军，扩大了唐朝的领地。

朱粲的军队虽被李孝恭打败，却远未被消灭，他带着残余人马逃往河南的邓州、南阳一带，继续为害当地的百姓。

南阳郡丞吕子臧坚守城池，坚决对抗朱粲的进攻。李渊立即令左司马马元规派使者向吕子臧劝降，这位隋朝的官员忠于隋朝，杀了唐朝的劝降使者，以显示不投降的决心。

由于南阳、邓州地处南北要冲，李渊又派太常卿郑元寿领兵自商洛地区，进攻南阳郡，与马元规的军队形成掎角之势。

隋炀帝被宇文化及杀死之后，吕子臧才向唐朝投降，李渊又把自己的势力向山南地区推进一步。

武德元年（618）十月上旬，朱粲又集结了八万多兵马，向南阳进攻，扬言要抢掠这座古城。

李渊立即诏令新任的邓州刺史吕子臧和朝廷的抚慰大使马元规共同守卫南阳，击败朱粲。

两人经过一番策划之后，吕子臧自领三千人马迎战朱粲，让马元规带领五千兵马埋伏在城南卧龙岗旁。

朱粲的队伍人多势众，打起仗来一向是蜂拥上前，如洪水一般冲过去，毫无章法可言。

吕子臧与朱粲刚一交锋，便回马逃走，领着他的三千轻骑向卧龙岗旁驰去。朱粲一见，哪里肯舍，便与张树榜等一起，指挥他的队伍随后赶去，追到卧龙岗旁的一片林子边上，却不见唐军的影子，正在东张西望，忽见岗下一片洼地里有唐军的旗帜在缓缓地摇动，朱粲忙向部下命令道："唐军在那里，快追过去，消灭他们！"

张树榜急忙说道："大王！那片洼地四面临岗，只有一个小小的进出口，里面败草丛生，一旦有唐军在岗上埋伏，堵住出口，我军怎么办？"

朱粲听后，不由后悔道："是啊，我倒没想到这一层哩！你看，大军已经冲过去了，只好走一步，看一步吧。"

张树榜见朱军将士一齐涌向那块岗下的洼地，也只好尾随在队后，心中暗想："一旦有唐军的伏兵出现，我就掉转马头先逃出去。"

过不多久，吕子臧的人马已经拦住那个出口，岗上伏军随着马元规一声令下，万弩齐发，岗下的朱军纷纷倒地，眨眼之间，死伤无数。

本来混乱的朱军，这一下乱得更加厉害，七八万人拥挤在一块低洼的狭小地面，四面高岗上有唐军狙击，出口又被严密地堵死，急得朱粲两眼血红，大声叫骂着，命令全军突围，可是四面都有唐军把守，从哪里冲出去呢？

还是张树榜脑子好使，急忙指挥士兵用洼地上的败草，扎成草把，组成一支百人火把队，燃着后，张树榜也手持火把，身先士卒，领着那支火把队伍在前面开路，指挥朱军突围。

马元规一见敌军手举火把冲过来，不由一惊，座下的战马见到大火，更是吓得咴咴乱叫，向旁边闪过去。

张树榜趁机带着朱粲突出重围，向南逃去。

马元规、吕子臧又在后面追击，杀得敌军尸横遍地，沿路一片哀号之声。

这一仗朱粲吃了大亏，死伤了三千多人，其余大部分逃散了，身边的残余兵马只有七八千人了。

朱粲气得大骂道："这座南阳古城，老子非打进去不可！"

遂与张树榜又率领着队伍去收集余部，伺机攻占了冠县，朱粲说："人的一生不过富贵二字，我何不也做几天皇帝，在青史上留个名哩！"

张树榜忙支持道："大王人多势众，纵横数千里地，早该登基了！"

于是，朱粲在冠县自称"大楚皇帝"，改年号为"昌达"。自起义以来，朱粲带着军队总是打来打去，没有一个固定的居所，连一个正式的妻子都未娶，他对部下说："这次登基做皇帝了，我也要有三宫六院七十二妃，你们快去替我选妃子去！"

朱粲在冠县城里忙着称帝选妃，这消息很快传到南阳城，吕子臧立刻对马元规建议说："朱粲刚被我们打败，军队的元气还未恢复，现在又称皇帝又选妃，闹得一塌糊涂，我们应该趁机去攻打冠县，这是歼灭朱粲的最好时机。"

马元规却不答应，他说："我军刚打了胜仗，也该休整一下，朱粲新败，古人说：'穷寇莫追'，何必那么性急？朱粲正在高兴头上，他不过是秋后的蚂蚱，蹦跶不了几天啦！"

吕子臧又说道："如果我军不及时前去攻打，朱粲的军队重新收拢起来，等到力量强大而粮食吃光时，他们就会狗急跳墙，来与我们拼命的，到那时我们就不容易一举歼灭他了！"

马元规仍然不答应出兵，吕子臧见左说右说都不行。果然不出吕子臧所料，朱粲不久忙完了他做皇帝的事情之后，便集合余部，率军进攻南阳。准备要报卧龙岗被围之仇了。

吕子臧面对城外的朱粲大军，气愤地对马元规说："若是早听我的话，眼前怎么会被困？"

马元规仍不服气地说："兵来将挡，我先领兵出城，与朱粲打一仗，试探一下他的虚实再说。"

不料，朱粲兵马众多，马元规刚领兵出城，便被朱军团团围住，若不是奋力拼杀，很有可能被朱粲活捉了。

回到城内，马元规后悔地说："早听你的劝告，绝无今日之败，看来只有固守城池了！"

吕子臧不无忧虑地说："你哪里知道，这南阳城是一座古城，修建于东汉时期，距今七百余年，由于年久失修，加上风雨侵蚀，城墙早已四处倾颓，还怎么固守？"马元规一听，不满地问道："那你说怎么办？不坚持固守，难道向朱粲投降吗？"

吕子臧也不高兴地说："我不是要你去投降，我认为，固守只能是暂时的，应该向长安求援才行，没有救兵来援助，这座城是固守不住的。"

马元规却说："求援有什么用？朝廷的主要兵力正在与陇右地区的薛氏父子大战，哪里能有军队派来？"

吕子臧听了，气得一时无话，料定自己终难逃脱这一劫了，于是捶着胸脯对马元规吼道："老夫这一次非把命丢在你身上不可！"

马元规耸了耸肩头，无可奈何地说："你埋怨我，我又怪谁呢？咱们还是合力守城吧！"

二人正说着泄气话，士卒跑来报告："朱粲开始攻城了，攻势还猛得很哩！"

吕子臧立即建议道："要命令全城的年轻百姓都一齐守城，要求每人自带滚木十根、镭石十担，只有增强城上的防守力量，才能制止朱军的攻势。"

马元规听后，对身后的书佐官说："快去起草文告，就依照刺史大人的意见办！"吕子臧听后，苦笑道："这次接受意见好快，早听我的建议，朱粲说不定已被我们歼灭了！"

俗话说："天有不测风云，人有旦夕祸福。"正当南阳城里的百姓被动员起来，纷纷投入守城战斗之时，天公却不作美，连日降下大雨，一夜工夫，城墙多处被雨水冲倒，朱粲一见，冒着大雨指挥他的军队冲进了南阳城。

吕子臧对马元规大声斥责道："你一意孤行，贻误了战机，不仅害得你我活不成，南阳城里的老百姓都要遭殃了！"

说罢，带着他自己的队伍前去与朱粲的军队进行巷战，直至战死，吕子臧的事情后被李渊听说，受到这位高祖皇帝的大力赞叹，立即诏令部下说："吕子臧是一位忠臣，要好好抚恤其妻子儿女，以示嘉奖！"

马元规无端地怀疑吕子臧，造成兵败城陷，自己也搭上了一条性命，更使南阳城里数万百姓遭受朱粲大军的摧残与蹂躏，南阳古城几乎变成了一片废墟。

七月下旬，朱粲对南阳实行屠城之后，又向西面的淅川逼近，企图攻占淅川，然后再侵扰关中。

李渊得报大惊："马元规无能，使大唐兵败将亡，丢城失地，给朱粲以可乘之机！"

便诏令李孝恭、郑元寿速领一万兵马，前去淅川抵御朱粲的大军西

上，更不准朱军进入关中。

李孝恭接到诏命之后，带领兵马乘船沿汉水顺流东下，经旬阳、白河，在紫荆关与来自商、洛地区的郑元寿合兵一处，急奔淅川而去。

朱粲的兵马遭到夹击，很快溃败了，向东逃去。

由于朱粲大军所到之处，实行的是掠劫、焦土的害民政策，在他治下的老百姓无粮可吃，到处是饿死的尸体，说是"尸积如山"，毫不夸张。

这样一来，朱粲的军队也没有什么东西可以掠夺了，军中乏粮，怎么办？朱粲与张树榜商量之后，就让士卒去把妇女、小孩抓来煮着吃，并且赞叹说："人世间没有比人肉更好吃的了。只要城镇里有人，何必担心会挨饿呢？"

在攻占南阳期间，原隋朝的著作佐郎陆从典、通事舍人颜愍楚两人，因事被隋炀帝贬到南阳，被朱粲俘虏后，留他们在身边，让两人每日轮流说故事给他听，以解烦闷。

一日，陆从典正在讲故事，朱粲突然问道："你每天吃了什么好东西，把身体保养得白白胖胖？"

陆从典不知如何回答，只得说："心宽才体胖。"

朱粲又盯着他看了一会儿，然后问道："颜愍楚为什么那么瘦呢？"

陆从典不敢乱说，只好敷衍道："也许他吃得太少了吧！"

不料，朱粲竟又问道："不知道胖子瘦子身上的肉吃起来，有没有什么差别？"

陆从典听了，恍然悟出他话中的意思，吓得浑身抖作一团，跪在地上哀求道："大王如何处置我都可以，千万不要把我煮了吃。"

说罢，哭得呜呜咽咽，朱粲不由哈哈大笑道："好吧！先吃瘦子，然后再品尝胖子的味道！"

结果陆从典与颜愍楚两家都被朱粲煮吃了。他吃完了一方的妇女儿童后，又派人去周围的城镇征集妇女、小孩当作军粮……

朱粲如此残忍，毫无人性地害人吃肉，在他辖下的城镇纷纷背叛，自发地起来反抗他的暴行。

邓州东边的淮安郡内，有个豪绅杨士林，生性豪爽正直，听说朱粲如此残害百姓，便联络他的朋友田万生道："朱粲如此可恶，谁还能活下去呢？"

田万生也是一个血性男儿，忙说道："朱粲并无能耐，不过一个野蛮的畜类！只要你我弟兄戮力同心，邀集三五千人，足可击败他！"

"好！有了你这句话，我就放心了！"杨士林兴奋地说，"人马由我召集，指挥军队，全仗你了！我们说干就干，怎么样？"

二人立即分头行事，派人四处号召，招兵买马，聚草屯粮，决心讨伐这个杀人吃肉的魔王！

不过一月有余，邓州附近各州县纷纷响应，百姓归附若水之归海，都争着来参加他们的正义行动。

有的人不仅自己来了，连家兵家将也带来了；还有许多人牵着马，载着满驮的财物，赶来投奔。

杨士林说："足见朱粲不得人心啊！我们这是为民除害、替天行道！"

几天后，杨士林与田万生一起领着他们的五千正义之师，在信阳西北的淮源镇上，与朱粲的大军交锋，毕竟是一支不得人心的队伍，双方拼杀之中，淮源镇上的老百姓也纷纷拿起兵器参战，内外夹攻，朱粲大败而逃，带着他的数千名残兵败将躲进一片果林里面。

这果园主人一听说他们是那支吃人肉的朱粲的军队，立即吩咐他的佣工们，打开数百箱蜜蜂，让小小的蜜蜂参战，去叮蜇这帮不义之徒。

正当朱粲的残兵躲在果园里大吃大嚼那些半生不熟的水果时，忽然飞来了成百上千的蜜蜂，向他们的头上、脸上……狠狠地蜇去！

眨眼之间，那些杀人吃肉的匪徒，一个个被蜇得哭爹喊娘，抱着头四下里逃去！朱粲的脸上被蜇了两处，他狡猾地用衣服把头脸裹起来，只露出两只眼睛，带着少数亲军逃出了果园。

最苦的是那个爱吃虱子的张树榜，因为腿上中了箭，跑不动，竟被一窝蜂围住，活活地蜇死在果园里。

朱粲逃到了菊潭，老百姓组织起了自卫的队伍，与他对抗，使这吃人肉的魔王变成一只过街的老鼠，人人见而打之。

朱粲在菊潭过了几天，由于找不到吃的，终于苦撑不住了，只得于唐朝武德二年（619）闰二月向李渊投降。

在这之前，杨士林、田万生等打败了朱粲之后，率领汉东四郡一起归附唐朝。

李渊大喜，立即任命杨士林为显州行台，田万生为长史。

杨士林等上表请求皇帝处死朱粲，李渊立即派散骑常侍段确为慰劳大使，先向杨士林等传达了圣上口谕："对朱粲暂不处置，还要封他高官，以稳住他，等机会到来时再杀他也不迟。"段确来到朱粲军中，向他宣布唐高祖封他为楚王，并听凭他自己设立官属，全权处理一切政事。

朱粲高兴地对部下道："早知李渊这么宽厚，我早就归附唐朝了，免

得东跑西窜，整日提心吊胆的，还差一点被蜜蜂蜇死！"

当天，朱粲大摆酒宴，招待李渊派来的慰劳使段确。

不料，段确嗜酒如命，而且一喝酒准要喝醉。俗话说：酒后吐真言。段确果然因酒招来了杀身之祸。

段确喝醉之后，趁着酒醉壮大了胆量，带着轻视的表情，向朱粲问道："听说你爱吃人肉，人肉到底是什么滋味呀？"

听了这话，朱粲这个杀人吃肉的屠夫，如何能忍下这口气，立即把两眼一瞪，回敬他道："好吧，我告诉你：吃醉鬼的肉，就像吃酒糟猪肉！"

段确听了这话，自恃是皇上派来的慰劳大使，酒劲儿又直冲脑门，高声大骂道："你这个吃人的屠夫，虽然入朝封王，也不过是个奴仆头儿罢了！早晚也得斩你一刀，看你今后还能吃人肉吗？"

朱粲大怒道："老子今天就要吃人肉，而且就从你开始！"

说罢，当即命手下亲兵把段确和他带来的几十名随从在席间一齐捆住，然后向段确说道："你别仗着李渊的势力来吓唬人，老子不吃这一套！"

段确借着酒劲儿，仍然骂不绝口："你这个吃人肉的狂徒，你杀了我，大唐皇帝能饶了你吗？"

朱粲听了，却哈哈大笑道："实话告诉你吧！即使明日李渊来砍老子的头，今日老子也要吃你的肉！"

说完，立即命人将段确和他的随行人员全都煮了，分给手下人吃。大嚼人肉之后，朱粲冷笑道："一不做，二不休，把菊潭不驯服的百姓，全都给我杀了，再把屋子燃着，咱们一起投奔东都去！"

次日，朱粲领着残余兵马三四千人，去东都投降了王世充，并献上了许多古玩珍品，这全是他从古城南阳劫掠来的。

王世充知道这个吃人肉的朱粲名声不佳，不愿留他在东都城里，便派他去攻打罗士信。

朱粲哪里是罗士信的对手，结果兵败被擒，罗士信向他问道："你还想吃人肉吗？"

朱粲答道："那是当然的了，要知道，人肉的味道，那简直是美味可口呢！"

罗士信让人在朱粲的身上割下一块肉，递给他说："来吧，尽情地吃吧，这个，就是你最喜欢吃的美味！"

接着，罗士信又对他说道："你的双手满是鲜血，吃了那么多的人肉，还没有尝过被吃的滋味吧，今天，我就让你体验一下这个滋味!"

　　说完，就命人将朱粲丢到了一群野狗中间，几声惨叫之后，朱粲就成为了这群野狗腹中的美食……

第二十五章　功宴陡成动员会　起兵怒讨吃人魔

第二十六章
政权纷起萧称帝　叛心被揭献长沙

　　消灭了这个吃人的恶魔朱粲之后，李渊的征讨目标落在了雄踞江陵的萧铣身上。

　　萧铣是后梁宣帝萧詧的曾孙。祖父萧岩在后梁破灭的时候，仓惶逃到了陈朝，隋朝开皇九年（589）隋灭陈，萧岩被隋文帝斩首于长安。隋炀帝执政后，因为娶了萧家一个女子为妃，也就是后来的萧后，而成了国戚，被杨广任命为罗县（今湖南湘阴）令。

　　隋朝大业十三年（617），农民起义的烽火遍地燃烧，隋朝的地方官吏也伺机而起，纷纷割据一方，称王称帝。当时，北方有李轨、薛举、李渊、刘武周、窦建德、李密等割据称雄；南方有杜伏威与辅公祏、李子通、林士弘、张善安等强劲之师。

　　不久，巴陵郡（今湖南岳阳）校尉董景珍、雷世猛，领兵统帅郑文秀、许玄彻、万瓒、徐德基、郭华，以及张绣等人，看到隋朝的灭亡已是指日可待了，于是在一起策划占据巴陵郡，背叛隋朝。

　　最初，他们推举董景珍为首领，但是董景珍非常谦虚地说："我这个人一向贫寒微贱，不能被人信服，不是举大事的人。不过，我可以向各位保举一人！"

　　众人问道："请直说无妨，他若是果有能耐，我们定然推他为首。"

　　董景珍说："罗县令萧铣是梁朝王室之后，而且他宽仁大度，请大家推举他为首领，定能深孚众望。"

　　众人一听，自然答应，董景珍立刻通知了萧铣，向他详细介绍了这些情况。萧铣喜出望外，他立即说道："隋朝灭了后梁，杀了我祖父，我无时无刻不痛心疾首，从来也没有忘记复仇雪耻啊！"

　　萧铣又当即表示说："只要各位信得过我，鼎力助我，等到夺取天下之后，我保证让你们富贵终生，子孙沿袭。"

　　于是，萧铣随即打出讨贼大旗，招募了数千人马，公开反隋，恢复梁朝江山，把军队的服色旗帜全改成原来梁的模样，又自称"梁王"，改年号为"鸣凤"。

公元618年，萧铣派宋王杨道生领兵攻下南郡后，便自己做了皇帝，设置百官，完全按照梁朝的制度设置官吏，封董景珍等七位功臣为王，随后又迁都到了江陵。自此，梁政权便以江陵为中心，向四周郡县扩张自己的势力，称雄于长江中游地区。

不久，萧铣又派鲁王张绣带兵进攻岭南。

隋朝守卫岭南的大将张镇周、王仁寿一开始还坚决抵抗；张绣派人前去劝说道："杨广已死，乱世称王，萧铣本是梁朝的后裔，理应恢复梁朝政权，这是大势所趋，你们为何不识时务呢？"

张镇周与王仁寿商议之后，便一起投降了萧铣。

接着钦州刺史宁长真也主动献出郁林郡、始安郡等地区，一起归附了萧铣。

此时，林士弘也开始称帝建楚。

林士弘，是江西鄱阳人，在隋朝大业十二年（616）十月，他跟随同乡操师乞起义反隋，被任命为大将军。

不久，操师乞自称"元兴王"，改年号为"始兴"，在攻占豫章（今江西南昌）郡之后，当做国都。

后来，隋炀帝派御史刘子翊率军镇压，操师乞领军迎战，两军拼杀时，操师乞中流矢而死。

林士弘就代他做了义军首领，率领大军重与刘子翊大战于鄱阳湖，杀死隋军无数，刘子翊兵败被杀，于是林士弘兵势大振，很快发展到十几万人。

同年十二月，林士弘在虔州（今江西赣州）称帝，国号"楚"，改年号"太平"。接着，林士弘率领大军攻取了九江、临川（江西抚州）、南康、宜春等地，其他不少郡县的地方官吏纷纷杀了隋朝官吏，一齐投降了林士弘。

不到半年时间，北自九江，南到番禺（今广州）的广大地区，都为林士弘所占据。

唐武德元年（618）四月，隋朝的汉阳刺史冯盎，把他管辖的苍梧郡（广西梧州）、高凉郡（广东阳江）、珠崖郡（海南海口）等地全都献给了林士弘。

随后，萧铣和林士弘都派人去招降交趾郡的隋朝刺史丘和，丘和对使者说："我是隋朝的刺史，怎能与你们为伍？"

不久，隋炀帝已死的消息传到了交趾郡，丘和只得归附了萧铣。林士

弘很生气，便派兵坐船从海上攻打交趾郡，被丘和的水军打得全军覆没。

两个月之后，萧铣又领军攻下始安（今广西桂林）全境，至此，东到九江，西到三峡，南到交趾，北至汉川（今陕西汉中）的广大地区都被萧铣占据。

武德二年（619）闰二月，李渊幼年时的学友、如今的夷陵郡（今湖北宜昌西北）的郡丞许绍，听说李渊在长安称帝，便带着黔安郡（今四川彭水东）、武陵郡（湖南常德）、澧阳郡（今湖南津市）的地方官员一起投奔了唐朝，李渊下诏任命许绍为峡州刺史、赐爵安陆公。

萧铣占据着广阔的地区，一心想恢复梁朝的天下，统领着四十万大军，准备向西扩展。

这一年的秋天，萧铣派大将杨道生进攻峡州（今湖北宜昌），担任峡州刺史的许绍，急忙写表向长安送信，一面与儿子许智仁带领将士御敌。

许绍向其部下说道："夷陵历来被称为川鄂的咽喉，绝不能让梁军攻占，否则巴蜀之地便难以防守了。"

他儿子许智仁建议道："趁杨道生的大军刚到，今夜先烧梁军的粮草，断其给养，不出三日，其军心自乱了。然后再攻击他，杨道生必败无疑！"

许绍手下大将吴有义立即说道："少将军之计甚妙，末将愿与少将军今夜就行动。"

许绍大喜道："我儿能有大将军相助，我就放心了！"

遂拨给兵马三千人，吴有义忙说："这是夜间行动，只需轻骑一千足矣。"

当晚，许智仁与吴有义带领一千骁健骑兵，悄悄出发，赶到梁军的辎重粮草驻扎地时，忽听看守士卒埋怨道："这里山连着山，水连着水，行军真不容易，人累得不轻，马也累得够呛！"

另一个人提议说："快半夜了，唐军不会来的，咱们躺一会儿吧！"

于是，守卫粮草的梁军士卒便躺下休息了。

许智仁、吴有义便放心大胆地行动起来，放上一把大火，将杨道生的粮草、辎重烧得干干净净。

次日，许绍和吴有义又领着五千人马，前往梁军营前挑战，杨道生刚一出阵，许绍便拍马上前道："你的粮草已被我焚毁，还能久战吗？不如下马投降，大唐皇帝不会亏待你的。"

杨道生大怒："你偷偷地去烧我军的粮草，算什么本领？有种的话咱们到战场上较量一番！"

许绍笑道："兵不厌诈你懂吗？打仗要知道用谋略，只有蠢才在战场上硬拼！"

杨道生十分生气，正要举刀向许绍砍来，只见许绍举起马鞭向两边一指，道："杨道生休走，待我大军上前活捉你！"

许绍话音刚落，忽听"哗啦啦"一声响，左右两支人马，飞一般驰过来，把杨道生及其军队围在中间，高声大叫道："杨道生下马投降！"

五千唐军齐声高叫的声音如雷响起，吓得梁军胆战心惊，杨道生慌忙指挥兵马突围，经过一阵拼杀之后，杨道生只带着数十名士卒逃走，三千人马几乎全军覆没。逃回江陵，杨道生对萧铣说："许绍父子用兵如神，我等不是他的对手，幸亏我的战马跑得快，不然就回不来了！"

萧铣一听，大惊道："许绍有这么厉害吗？"

有些大臣说："许绍之子许智仁足智多谋，人称'小诸葛'，不可小看，不如派人去劝其来降吧！"

萧铣手下大将陈普环听了，很不服气，说："别长敌人志气，灭自己威风。请圣上容我领一支水军前去，定能打败许绍父子！"

萧铣听了，忙说："用水军去打峡州，可是要逆水行船，困难也不小啊！"

陈普环又说："如无困难，怎么能显示我军将士的英武呢？请皇上放心，这次我一定活捉许绍父子回来见你！"

萧铣大喜道："好！快取酒来，我要亲自给陈大将军敬酒，以壮其行！"

陈普环饮了萧铣的壮行酒后，带领四十艘战船，两千多水军，逆江而上，进攻峡州，准备攻取巴蜀地区。

消息传到峡州，许绍召集部下道："萧铣仍然不甘心，这次又派来四十艘战船，听说这位陈普环是他自己请缨而来的。"

大将吴有义补充说："陈普环的攻打目标不只是峡州，他还扬言要占领整个巴蜀之地呢！"

许智仁冷笑道："陈普环的胃口虽大，只怕他的肚子太小，未必能把偌大的巴蜀之地全吞进去！"

录事参军李弘节建议道："我以为，陈普环的进攻目标既然是巴蜀之地，不如将计就计，放他进入三峡，然后我军可以关门打狗，生擒陈普环。"

吴有义说："梁军的战船大，江水流急，逆水更慢，我军可以用又快又灵活的小船诱他深入，在西陵峡歼灭他最为有利！"

许绍说："两位的计策甚好，一旦陈普环的船队进入西陵峡，我军从

两岸就可以截住他们，让梁军一个也逃不掉！"

许绍遂命令吴有义率领十艘小船迎战，引诱陈普环的战船进入三峡中的第一峡——西陵峡。

又吩咐许智仁、李弘节各带一千弓弩手，埋伏在西陵峡两岸，等待袭击梁朝的水军。

布置完之后，许绍对校尉姜万民说："你再去准备十艘大船，战斗结束后，我们好去收容梁军的俘虏与辎重。"

姜万民高兴地说："刺史大人说得对，陈普环带来那么多水军，辎重、粮食不会少的，船小了还装不下哩！"

三天后，陈普环的庞大船队临近峡州了，吴有义从军中挑选出八百名善识水性的士卒，登上十艘小船，隐伏在峡州附近的江面上，窥伺着梁朝水军的到来。

不久，陈普环的战船出现了，未等他们靠岸，吴有义的小船突然冲了上去，迎头就攻，对准船上万箭齐发，梁朝水军措手不及，顿时被射杀一大片。

陈普环急忙指挥战船迎战，向小船反攻，吴有义一看战船追过来，急忙一声"忽哨"，掉转船头，向上游逃去，把战船远远地抛在后面。

长江过了峡州之后，江水流势湍急，陈普环的战船上人多载重，又是逆流而行，自然走得慢，他便催促船工用力划船，拼命追赶前面的小船。

陈普环求胜心切，命令水军加紧追击，吴有义指挥小船在前面若即若离，很快进入西陵峡内，埋伏在两岸的许智仁、李弘节两支弓弩手队伍，一声呐喊，万箭齐发，一齐向梁朝水军射去，战船上的水军纷纷落水。

吴有义也回转船头，指挥小船一起向梁军进攻，打得陈普环的战船乱了阵式。由于江流湍急，战船无人驾驶，一连翻了几艘，其余的战船便想逃走。

许智仁、李弘节一见陈普环妄想突围，便带领唐军将士纷纷跳上战船，迫使船上的水军乖乖地当了俘虏。

战斗结束后，陈普环被活捉，四十艘战船被缴获了三十一艘，其余九艘有的撞毁了，有的翻入江中；两千多水军被俘获一千四百多人。

许智仁、李弘节、吴有义领着得胜之军，回到峡州，许绍从俘获的水军中选出一人，派他去向萧铣送信说："陈普环带领的船队，我部已如数收讫，水军已全部遣散回乡去了，阁下若不服气，仍可以继续派遣大军前来，无论是从陆地，或是从江上来，都将热情欢迎，全部照收！"

萧铣读信之后，气得大骂不止，仍想再派军队攻打峡州，由于部下纷纷劝阻，才不得不把进攻改为防御，而且李渊向峡州派来大军的消息，也已传到萧铣这里了，他只好派出重兵把守安蜀城和荆门城。

安蜀和荆门两座城池，分别位于峡州的西北和东南两个方向，成为守护萧铣地盘的两个战略据点。

与此同时，萧铣立即招兵买马，整军备战，积蓄力量，准备长期割据长江中游这一片地区，与李渊对抗。

唐武德二年（619），李渊任命李孝恭为信州（今四川奉节）总管，鼓励他继续扩大唐朝在巴蜀的辖地，坚决顶住萧铣的西进大军。

朝中大臣陈叔达向李渊荐举李靖是个人才，他上奏道："千军易得，一将难求。

李靖足智多谋，深通兵法，并且弓马娴熟，是个能文能武的人才。陛下何不派他去山西协助李总管征服萧铣呢？"

李渊向李纲征求对李靖的看法，李纲说："此人在年少时就已很有名气了，听说他的舅父韩擒虎常与他谈论兵法，赞叹道：'可与谈孙武者，非此子而谁？'可见李靖确是一个人才！"

李渊说："这两年，李靖在陇州一带驻守，西北广大地区都得到了发展，百姓安居乐业，显示出此人确是一能干的人。"

李纲道："陛下有所不知，李靖守卫着陇西地区，对阻止突厥人的南进也起到积极作用，听说李靖通过观察研究，又与突厥人接触之后，曾写出一本专门介绍突厥人的书，对今后朝廷与突厥人的交往，提出极有价值的建议，可见此人确是一个有能力的人呢！"

不久，李渊调李靖回朝，与他交谈了很长时间，对突厥人的情况，正如李纲所说，李靖确有精到的研究，他对李渊说："当前，大唐初建不久，国力衰弱，天下未能统一，对突厥人皇上用怀柔、安抚之计，这是英明决策；若采用对抗办法，那就不合时宜了。"

李渊问道："听说你曾写出一本有关突厥人的书籍？"

李靖只得奏道："那是臣在陇州地区时，写下的对付突厥人的一些做法与感受，谈不上是书籍。"

说着，李靖便从怀中取出那本书，递给李渊道："皇上对付突厥的政策确实高明，臣不过是讲些认识罢了！"

通过这次谈话之后，李渊对李靖逐渐有了好感，准备派他去崤山以南，帮助李孝恭收复巴蜀地区，征讨萧铣、林士弘等割据势力，以统一长江中上游地区。

李渊召来李靖，开门见山地问道："山南的萧铣、林士弘活动猖獗，

时时想进犯关中，你认为如何去征服他们？"

李靖回答道："启禀陛下！北方用兵，需要战马；山南作战得靠战船，听说割据南方的萧铣和林士弘两大势力，都拥有很多战船。"

李渊道："是啊，当年曹操征讨东吴时，就曾花费半年多的时间造船，又用半年多的时间训练水军，结果反而打了败仗！"

李靖说："启禀陛下！南方多异族人，要征讨南方，除去造船、训练水军之外，还要像诸葛亮征服孟获那样，运用武力与安抚相结合的策略。"

李渊听了很高兴，便对他说："朝廷准备派你去山南一带，收服巴蜀之地，征讨萧铣、林士弘两股势力，统一南方地区，怎么样？"

李靖忙答应说："感谢皇上对臣的信任，不过，臣已听说信州李总管正在大造战船，训练水军哩！"

李渊笑道："确有此事，派你带兵前去的主要任务是征讨萧铣、林士弘，指挥军队、用兵打仗的事全由你做主，望你与李孝恭、许绍处理好关系，同心协力，完成这次统一长江中上游地区的任务。"

于是李靖被李渊第一次任命为领军主帅，派往山南去对付萧铣与林士弘。到了峡州，李靖与许绍一见如故，谈得相当投机，特别是他的儿子许智仁，对李靖的满腹经纶十分佩服，对征讨萧铣、林士弘的策略，两人认识完全一致。

李靖说："听说萧铣内部出了问题，很快就会出现内讧。如果我军向他展开进攻，反而促使其内部统一，一致对付我们了。不如静观其变，伺机而动。"

刺史许绍认为李靖能把握形势，决断正确，遂让儿子许智仁和李靖一起训练水军，早晚在一起谈论兵法，研究战阵，十分融洽。

武德三年（620）三月份，信州总管李孝恭得罪了辖区内的苗族人的首领冉肇则，引起了当地数万苗人的反抗，李孝恭只得率军前往镇压。

由于苗人利用有利的地形，加上人多势众，打得李孝恭大败而逃；冉肇则扬言要攻进信州城，杀尽城内的汉人。

李孝恭失利的消息传到峡州，李靖与许智仁带领八百骑兵，日夜兼程，赶到信州，运用调虎离山计，把冉肇则诱出苗寨杀死，一举俘虏苗兵五千余人。

李靖说："自古以来，对异族百姓都是镇压容易占领困难，这说明了一个道理：压服不如说服，征服更要心服！因此，光靠武力镇压是不行的。"

李孝恭听他说得有道理，忙问："请不吝赐教，愿听其详。"

李靖谦逊地说："岂敢，我只是从诸葛亮当年出祁山、擒孟获的史实中得到启发的。"

李孝恭忽然领悟道："李药师不愧是个胸怀古今的将才！难怪皇上反复叮嘱我们在运用武力的同时，还要重视安抚的政策呢！"

李靖说："唐军入关后，势力迅速发展壮大，其主要原因就是皇上执行了一条宽厚仁慈的安抚政策！"

经过这次谈话，李孝恭对李靖的才能更加赞赏，也认真改变了过去歧视异族的错误民族政策，终于处理好了辖区内的汉族与苗人的关系，使苗人安定下来，减少了许多麻烦。

后来，李渊见李靖来到峡州半年多，按兵不动，对萧铣没有用过一次兵，不禁怀疑、恼怒起来，密令许绍道："李靖迟迟不对萧铣用兵，是否心生异心，望查清事实，可以先斩后奏。"

许绍接到密令之后，不禁替李靖捏了一把汗，急忙向李渊上表，认为李靖是难得的将才，且忠心为了大唐；未及时向萧铣用兵，是因为萧铣内部不和，拟在发生内讧后再击之，由于许绍在表中竭力为李靖解脱罪责，李靖才免于一死。

武德四年（621）正月，李靖向李孝恭提出了平定萧铣的十条策略。李孝恭认为很好，遂派人转呈朝廷，李渊读后，也颇为欣赏，便以李孝恭未经战阵为由，任命李靖为行军总管，兼李孝恭军长史，这才名副其实地委以军事重任。

这一年的九月，李渊又下诏命令巴蜀唐兵东下，以李孝恭为荆湘道行军总管，李靖为行军长史，统帅十二总管，自夔州顺流东下；以庐江王李瑗为荆郢道行军元帅，黔州刺史田世康出辰州道（今湖南沅陵），黄州总管周法明出夏口道（今湖北汉口），共同围攻萧铣。

在这之前，李靖已经收复信州西边的开州（今四川开县）和通州（今四川达县），为大军东下扫除了后顾之忧。

萧铣为了挑拨巴蜀地区的土著与唐朝的关系，派遣他手下的东平王阁提，亲自去土著人中不惜用造谣、毁谤，以至用金钱收买、封官许愿等手段，竭力败坏大唐的形象，煽动异族人起来反抗唐朝的控制，而投靠萧铣。

李靖立刻派兵把阁提捉住，公开揭露其野心后，当众斩首，然后根据李渊的命令，与李孝恭一起录用当地一些豪绅、权势人家的子弟出来做官，对他们量才使用，放在身边管理。

这样做，表面上是任命他们官职，实质上是把他们当作人质，使他们的父兄亲属不敢背叛唐朝，这是李渊一贯的治民任官之道。

正当李孝恭、李靖准备率领兵船大举东下之时，萧铣内部已闹得不可开交了。

萧铣手下的主要将领有七大王、八大将，下面还有八十多名校尉全属于上面的"七王八将"。

七个大王各自居功自傲，自己掌握一支人马，相互争权夺利，各不相让，甚至连萧铣都不放在眼里，遇到一些事情，竟然不向萧铣禀报，就擅自处理了。

对这种"尾大不掉"的情况，萧铣越来越觉得不安，左思右想，决心采取措施。一天，萧铣找左仆射郑文秀单独谈话，问他道："如今，我们的七王八将之间经常闹纠纷，互相攻击，连我也不放在眼里，这到底是因为什么？"

郑文秀说："道理很简单，朝中混乱，毛病就出在七大王、八大将的身上，他们手中的权力太大了！如果把兵权都集中到朝廷，或是把军队的数量裁减一些，天下自然就太平无事了。"

萧铣说："现在，我们梁朝有四十万军队，若是裁掉三十万人，让他们回乡去种田兴农，那该多好！"

郑文秀道："裁军兴农，是自古以来富国强民的好办法，不过，关中的李渊时刻想着统一天下，若是唐兵打来，军队裁了，怎么去迎敌呀！"

萧铣却说道："这个我倒不担心，一旦唐兵犯境，有十万兵马守卫住几个重要据点就可以了。我最担心的，倒是朝廷内部手握重兵的将领们，他们一旦闹起事来，我这帝位还能坐得稳吗？"

郑文秀这才听出话音来了，只得敷衍说："圣上既然认为裁军兴农有利于朝廷，那就向大臣们宣布执行就是了，谁敢不答应呢？"

第二天朝会时，萧铣扶了扶皇冠，直了直腰，向大臣们说道："要不是有你们帮助，我也不会有现在的地位。可是，你们哪里知道，做皇帝也有很大的难处，还不如做个大臣自在。不瞒各位说，这半年多来，我就没有睡个安稳觉。"

七王八将们听了，十分惊奇，连忙问道："皇上有什么事情这么忧虑？"

萧铣说："这还不明白？国家军队四十多万，这么多的人吃闲饭，地里庄稼无人管理，农业不收，再过两年，国家还不灭亡吗？"

大臣们听了，都觉得皇上忧国忧民，真是一个好皇帝呀！但是没有军队，国家能安全吗？

七大王之一的张绣说："皇上既然这么忧虑，一定想出了解决办法，那就宣布出来吧，大臣们都会竭力支持的。"

　　萧铣当即宣布了裁军三十万的决定，那些手握重兵的七王八将们，立即被剥夺了兵权。

　　次日朝会时，大司马董景珍的弟弟董景华首先向萧铣质问道："军队减少这么多，唐朝的军队打来了怎么办？我这个国都的禁军头目，手下只有几个人，能够御敌吗？"

　　大将军房世运也不满地说："没有军队了，还要大将军有什么用？我们这些人也去田里种庄稼去吧！"

　　萧铣听了他们的牢骚，担心其他人也跟着附和起来，便一拍御案，大怒道："裁军兴农是富国强民的办法，谁敢反对，谁就是无视朝廷的威严，我就下令严办他！"大臣们听了，没有人再敢说话了，董景华与房世运都碰了一鼻子灰，各自下朝回府去了。

　　当晚，董景华派人去把房世运找到自己家里，二人一见面，各自诉起了苦衷。董景华愤愤不平地说："这明明是借着兴农的旗号，来剥夺我们手中的兵权，算什么忧国忧民？"

　　房世运也不满地说："这是对我们这些带兵的将领，心存疑忌，是不信任的表现，我们还替他卖什么命？"

　　两个人发了一通牢骚，董景华建议："你我明日分头去联络八大将领，大家一哄而起，把萧铣废了，另立新君吧！"

　　房世运立刻赞成，忙点头道："好主意，这种人心地不光明，怎么能当皇帝？也该把他废了！"

　　两人计议好之后，次日果然分头去八大将处游说。这些带兵的人一朝被夺去了既得利益，个个都是心怀怨恨，几乎众口一词地说："废了萧铣！大家一起干吧！"也许是董景华、房世运的行动过于张扬的原因，他们的叛乱阴谋被萧铣发觉了，当即领着兵马将两人的府第围起来，以谋叛罪把两人杀了。

　　董景华的哥哥董景珍不在京师，他镇守着长沙，萧铣害怕他跟着造反，连忙下诏赦免了他的死罪，命令他回到江陵来。

　　接到诏命之后，董景珍心里面万分害怕，暗自在心中想道："回江陵那不就是等于自投罗网吗？明知是凶多吉少的一条路，为什么还要去呢，还不如自找活路呢。"

　　于是，董景珍派人向许绍投降，将长沙城拱手献给了大唐。

第二十七章

杀功臣人皆欲叛 祭先投降唐兵劫

还没有等到李渊的诏封到来，萧铣帐下的齐王张绣就已经率领大军来到了长沙，把长沙城围了个水泄不通。这两个昔日的战友见面了，董景珍在城头上说道：

"你没听说过汉刘邦斩杀韩信的事情吗？我们作为好朋友，为什么非得走上这条互相残杀的路呢？"

张绣回答道："我们是好朋友，那只是在当年，如今你弃友背主，我怎么能容忍呢？"

董景珍说："萧铣并不是一个值得效忠的人，如今，李渊的唐兵已经直逼峡州，你还是为自己寻找一条后路，望你三思而行！"

张绣根本听不进去这些话，听了这些，立刻命令将士攻城，董景珍被自己的校尉斩杀，张绣很轻松就占领了长沙城，并割下董景珍的人头献给萧铣。

这时，亲兵校尉对张绣说："皇上曾说过，'只要杀死董景珍，一定重赏！'现在看皇上如何重赏了。"

张绣心中早有了主意，他听说萧铣的女儿芳芳公主长得美貌无比，这次无论如何要把她讨过来，别的什么东西也不要。

哪知萧铣只是提拔他当了一个尚书令，就没有下文了，这令张绣大失所望。

张绣回到府里，越想越气，他的部下、亲兵随从们也大为不满，有人竟说道："连皇上说话都是站着翻身，今后谁去替他卖命？"

还有人竭力怂恿张绣去向皇上当面提出，迫使他不得不答应请求。后来，张绣自恃功劳大，便真的进宫去找萧铣了。

张绣见到萧铣之后，直截了当地说："皇上，有一件事，我想……请皇上答应我！"

萧铣见他说话吞吞吐吐的，忙问："什么事情？你说吧，我会尽量满足你的。"

张绣本想说出自己想要他的芳芳公主，但是，张了几次嘴总是说不出口，不禁灵机一动，绕个弯子说道：

"皇上！这次去攻打长沙，我可是费了九牛二虎之力啊！在攻城时，我差一点儿被流矢射中。出发前皇上曾亲口说过，只要完成任务，一定重赏我，是吧？"

萧铣只得说道："是啊，我是说过这话，不是任你为尚书令，重赏你了吗？"

张绣听后，忙把大手连连摆了几下，说道："皇上！我不要那个尚书令，我只是想……"

"你想什么？快说吧！"萧铣又催他说。

"我，我不要尚书令，也不要别的什么珍贵财物，只是想，想要……"

萧铣见他欲言又止的样子，耐心地问道："你说呀，你不要高官，也不要财物，到底想要什么？"

张绣见萧铣一片真诚地催着自己，胆子也就壮起来，便直爽地说道："我什么也不想要，只是想，想要皇上的芳芳公主！"

"啊？你，你想要我的芳芳公主！"萧铣听后，觉得太出乎意料了，心中虽然有些不高兴，但又不便发作，只好婉转地推辞说："这，这不太合适吧？因为，因为芳芳公主年仅十五岁呀！而你已经过了知天命之年，这，这实在不行！"

张绣一听，忙分辩道："皇上，十五岁已是及笄的年龄，去年皇上立的姚贵妃，只有十四岁嘛！"

萧铣一脸的不高兴，便向他说道："你先回去，这事情以后再说吧！"

张绣一听这话，有些急了："皇上！你可不能言而无信啊！你曾亲口说要重赏的，现在却……"

萧铣不想再与他纠缠了，甚至有些恼怒地朝他连续挥了挥手，暗示他说："走吧，你快些走吧！"

张绣对萧铣极为不满，在大臣中间四处游说，郑文秀向萧铣劝说道："皇上！为了公主的婚事，得罪了有功之臣，很不值得呀！"

萧铣勃然大怒道："张绣居功自傲，越来越骄纵，并以此要挟我，太霸道了！"

郑文秀又劝道："皇上答应了这门亲事，不就平安无事了吗？何必因小失大！"

可是，萧铣坚持不答应，并把张绣骗进宫中，诱杀了他，方才泄了心头之恨。

第二十七章　杀功臣人皆欲叛　祭先投降唐兵劫

这样一来，梁朝的功臣及众位将领都觉得人人自危，许多人都产生了离去的念头，萧铣的势力也因此而日益薄弱下去。

唐武德四年（621）正月，黔州刺史田世康，主动进攻梁国，攻占了萧铣五个州、四个镇。

五月，梁国大将周法明向唐投降，并领兵攻占湖北的黄梅县、安陆郡，在攻打沔阳郡时，俘虏了梁国战船四十艘，水军两千人。

李渊得到消息说："天助我也！有船，有兵，又有指挥的大将，何愁萧铣不能制服！"

遂立即下诏任命周法明为黄州总管，让他向安州进军。

七月，李渊任命左武侯大将军张镇周为淮南道行军总管，大将军陈智略为岭南道行军总管，镇守并安抚淮南和岭南地区，为平定长江中游一带扫除背后势力。九月，李孝恭、李靖率领三路大军，联合行动，从夔州出发，会同攻打盘踞在江陵一带的萧铣。

当时，恰遇长江水涨，不少将领主张等水落后再进军，李孝恭不置可否，李靖却持相反意见，他向诸将说："兵贵神速。现在我军兵力刚刚调集，萧铣还不知道。如果我军趁江水暴涨之时，顺流东下，可以迅速抵达江陵，攻其不备，一定能打败梁军！这是天赐的良机，不可错失啊！"

诸将听了，不再反对。李孝恭也觉得他说得很有道理，便与李靖一起，率领两千多艘战船，沿江而下，声势浩大，威风凛凛，气势逼人。

萧铣果然以为长江正在涨水，毫无一点戒备。

十月初，李孝恭、李靖大军顺利地攻下梁国的荆门，宜都（今湖北枝城）二镇，兵至夷陵（今湖北宜昌）。

萧铣慌忙命令大将文士弘率领数万精兵，进驻清江一线，迎战唐军。

李靖带领兵船逆流而上，击败了文士弘，缴获了三百多艘战船；他又领军继续追击，一直赶到百里洲，文士弘又收拾残部向唐军反扑，李靖再次打败了他。

随后，唐军乘胜进入北江（长江在此处被百里洲分成南北两条航道），继续向江陵挺进。

当初，萧铣在采取裁减军队、经营农业时，只留下四千多名士卒在江陵担任警卫。那个禁军头目董景华还因此而被杀，如今果被他言中，这几千人如何能守住江陵？

萧铣一听说唐军如天兵天将下凡那样，突然地兵临城下，文士弘在清江被唐军打败，大为惊慌，心乱如麻，立即下令重新征兵。

郑文秀说："在这仓促之间，哪里能轻而易举地就把大量军队召集起来？何况所征之兵大部分都在长江、五岭以南，正是山高路远，根本不可能马上把军队集拢而来！”

萧铣着急地说："依你这么说，征兵之令下也无用了？"

未等郑文秀答话，大臣中的领兵校尉雷世猛气愤地说："有什么用？那叫作远水解近渴！征集的兵马未到，江陵就很有可能被唐军攻破了！"

萧铣后悔地说："这是我错在当初呀！难道上天要灭梁国不成？"

雷世猛又顶撞他几句："不是上天要灭梁国，而是你自己异想天开，胡乱折腾，弄得国力削弱，将士离心……"

"你！你竟敢这么对我说话！"萧铣气得满脸血红地瞪着这位手下的部将，恨不能杀了他。

雷世猛并不害怕，却冷笑道："怎么？你还想杀我吗？再把我杀了，还有谁再去守城、与唐军拼杀？"

郑文秀忙过来劝说道："大敌当前，别再争吵了，还是想办法合力守城，争取援军早日到来吧！"

雷世猛又对萧铣挖苦道："你以为当了皇帝就了不起了，是不是？还不是当初我们七个人把你捧上台的吗？"

郑文秀等一起上前，把雷世猛拉走，让他去马上组织军队守城，然后派人到城内号召百姓立即行动起来，投入卫城护家的战斗。

萧铣只得咽下那口气，与大臣们一起利用城内的有限兵力，登上城头与唐军决战。

李孝恭见到梁军势力薄弱，便想立即开始攻城。

李靖劝阻道："敌人不可能预先制订计划，他们的威猛势头也不可能持久。我军应该暂时停泊在南岸，缓一天进攻江陵。这样一来，他们必然以为赢得了时间，认为我军怯战，而轻视我军，就会分散兵力。于是，留下一部分来阻挡我军，让另一部分返回江陵城驻守。等敌军兵力一分散，我军就可以乘敌军松懈之机，向它发动突然进攻，必胜无疑。如果现在就急着开战的话，敌军会拼着性命死战，成为困兽之斗；何况梁兵向来剽悍勇猛，一旦交锋，我军很难抵挡他们的攻势，这对我军是很不利的，请稍安勿躁吧！"

听了李靖的精辟分析，田世康、周法明都认为有理，可是李孝恭坚要向梁军进攻，荆郢道行军元帅李瑗说："皇上把军事重任交给李总管全权负责，你却固执己见！"

李靖笑道："这倒没有什么关系，只要求大同、存小异即可。这个'大同'，就是共同效忠于大唐；所谓'小异'，就是指具体作战方法，可以机动灵活一些。"

李孝恭听了，却认真地说："这次我一定要去打这一仗，若是失利，从今往后我将全听李总管指挥，绝不再自作主张了！"

说完，遂与李靖告辞，要他留守大营，自带精锐部队出战。

果不出李靖所料，两军一交锋，李孝恭就觉得梁军将士气势逼人，摆出一副拼命的架势，骁勇异常。

经过一个多时辰的厮杀，梁军越战越勇，士气不减；而唐军渐渐支持不住，李孝恭一看形势不妙，赶忙指挥队伍退向长江南岸，在仓促逃跑之中，因为敌军紧追不舍，被迫把战略物资弃下，才得以逃脱。

梁军将士见唐军丢下许多战略物资，纷纷过来捡拾，有许多人竟弃船跳水去捞取辎重，还有为夺取战利品而争吵不休的，弄得人人负重，江上一片混乱，叫嚷之声早已传到对岸去了。

这时候，留守唐军大营的李靖、许智仁等，见到萧铣的军队如此表现，相互一笑，立即抓住这个极好时机，准备领军出击。

李靖指着梁军的左翼说："我从左边攻击！"

许智仁说："我从右边攻击！"

李瑷、周法明等率领船队，从中路进军，一齐向混乱不堪的梁军发起进攻，打得梁军措手不及，大败而逃，唐军乘胜直抵江陵，进入江陵的外城。

败逃在对岸的李孝恭，看见梁军被李靖等打败，也趁机回军，参加追击逃敌的战斗。

不久，唐军攻占梁国的水城——军港，缴获了萧铣的大批战船，俘虏水军近万人。

看到缴获的一艘艘战船，有的将士说道："这一下我军的战船更多了！"

李靖听后，立即向李孝恭建议："敌军的这些战船，我们一艘也不能留下，必须把它们全部弃散在长江中。"

李孝恭听后，还未来得及询问这样做的原因，其他将领已经纷纷议论起来了，有的说："打败了梁军，缴获了敌人这么多战船，我军应当利用起来，怎么可以轻易地弃到江里，那不是又还给敌人了吗？"

听了诸将的意见，李靖并不生气，却耐心地说出他那独到的见解："请各位想一想，萧铣的管辖地区一直延伸到五岭以南，直到洞庭湖一带。再说，我军的这次行动实际上是孤军深入，如果攻不下江陵，萧铣分散在各地的援军一旦从四面八方赶来，我们将会腹背受敌，进退两难，到那时候，即使有再多的战船又有何用？”诸将还没有彻底明白，有人又说：

“如果真是那样，为什么不把这些船全都毁了？也可以避免被梁军捞去，再次用来攻打我军呀！”

李靖又耐心地说出自己的理由：“何必要把这些船毁了呢？一来我军没有那么多的时间和力量一下子毁掉那么多的战船，二来确实没有那个必要，因为这些战船可以去为我军立大功呢？”

诸将听了，越发莫名其妙起来，连李孝恭也不由问道：“让这些船去为我军立功？怎么个立法呀？”

李靖接着向众位说明他的诱敌之计：“我们只要把这些战船丢弃在江中，让它们塞满长江，顺流而下，就可以了！因为敌人的各路援军见到这些战船，必然以为他们的国都江陵城已经被我军攻陷，于是就不敢再轻意进军，而是要先派人前来侦察。这样一耽搁，至少需要十天半个月，这样我军就有足够的时间，一举攻占江陵城了！”

许智仁说：“这是李大总管使用的诱兵之计，我们只要听从将令，定能打败梁军，攻陷江陵，活捉萧铣的。”

诸将终于明白了这弃船诱敌的妙处，遂依李靖之言行动。

接着，李孝恭与李靖便指挥唐军，把江陵城包围起来，吩咐专人不断地向城里劝降，争取梁军献城。

事实证明，李靖的估计完全正确，萧铣那些千里迢迢奔赴而来的援军，看到江中漂流的那些凌乱不堪、无人驾驶的战船，疑念顿生，不敢再前进了。

那些援军将士很快便意识到：梁军准是被唐朝的军队打败了，不然，战船怎么会在江中随意漂流，而且数量又是这样多呢？

那些援军又相互传告，把事实又渲染一番，说唐军作战如何勇敢，李靖用兵如神等；说梁军败得很惨，江陵城已被攻陷了……

于是，萧铣的交州刺史丘和、长史高士廉、司马杜之松等人，原来都准备援助江陵，听说了这些消息，又在江中亲眼看到了那随波逐流的一艘艘战船，都把战船停下来了。

丘和说：“既然江陵失守，我们还去做什么？”

高士廉说：“李渊已经消灭了薛举父子，打败了刘武周，现在攻打洛阳的战争也快取得胜利了，我们更不是唐军的对手，不如早日向李靖投降吧！”

杜之松也说：“看来，这天下肯定是李渊的了，我们何不顺应潮流，主动归附李渊，也算是有了归宿！”

三人计议已定，便指挥船队，一齐来到唐军阵前，向李孝恭、李靖投降了。

第二天，梁国的这三位大将方知江陵还未被唐军攻占，正在觉得尴尬之时，李孝恭、李靖一齐来看望他们，向他们劝说道："江陵不日即可攻占，归附大唐是你们的正确抉择，全国将要统一，小小的梁朝如何能够偏安下去呢？萧铣对抗下去，绝没有好下场！"

李孝恭代表大唐朝廷热情欢迎他们主动归附，并告诉他们仍然担任原职，并带领本部人马，回到原地驻守，维护好本地社会安定。

李靖又补充道："等到攻克江陵、统一梁地之后，回朝上报皇帝，定会对三位大人另加封赏和重用的。"

不久，又有几个郡、镇的地方官员主动来向唐军投降，却没有见到有一支援助江陵的军队到来。

唐军将士无不钦服李靖的料敌如神、胸怀韬略的大将之才，连李孝恭也不得不对着李靖树起了大拇指，称赞他说："这一次我真是亲眼见到了一位谋略过人、有勇有谋的将领了！今后，我军的一切行动，全由你李大总管一人决断，我全听你的！"

李靖却谦逊地说："不能这么说，智者千虑，必有一失啊！何况我并不敢认为自己就是一个智者，我们两人一直配合得很好嘛。今后，我们还要像往日一样，相互支持，取长补短，才能取得胜利，共同为大唐的统一大业献出我们的聪明才智！"

李孝恭也是一个正直忠厚的人，听了李靖的这一席话，联系他往日的为人处事，尤其是用兵以谋的指挥本领，深感李靖确是一个非凡的人才。

第二天，李孝恭与许智仁在一起时，不由说道："这次来征讨山南的萧铣，能与李靖一起来，真是幸运啊！"

许智仁也说："我早就有了一种感受，跟着李大总管行军打仗，能学到许许多多东西，不只是军事上的知识，还有做人处事方面的学问。"

二人正在赞扬着李靖的为人、才能，忽见李靖兴冲冲地走来，对他们说："萧铣准备投降了，城上的守军已经传出这个信息！"

"太好了！这次攻打萧铣的胜利，主要功劳应归于李大总管！"

李靖急忙分辩道："可不能那么说呀，功劳是全军将士的，我一个人能有多大的作为呢？"

许智仁说："无论怎样，没有李大总管的指挥，这次攻占江陵的胜利绝不会来得这么快的……"

"好了，别再议论这个无关紧要的事情了，当前应该做好受降的一切准备工作，我军马上要进城了！"李靖看着两人说，之后他们便一起商量受降的事情。

江陵城里确实在准备向唐军投降了。

因为援军久久不来，萧铣见唐军把江陵围得水泄不通，内外的消息全断绝了，苦思无计，他便向中书侍郎岑文本问道：

"江陵城变为一座孤城了，下一步怎么办呢？"

岑文本只得说道："城外的援军不来，大概有好几种情形：有的援军来了，被唐军截住，打败或是歼灭了；有的郡县可能主动投奔唐朝，以致没有派援军来；还有的郡县，由于路途遥远，得不到消息，所以也未派援军来。不过，这么长时间了，城外无援，一旦粮食短缺，怎么办呢？"

萧铣说："江陵的城墙固然坚固，城内的将士也有近万人，若是坚持与唐军硬拼，即使突围出城，又能逃往何处呢？"

岑文本说："突围逃跑，这不是好办法，即使逃出去了，也还是要被唐军消灭的，依我说……"

他说到这里突然停了下来，两眼看着萧铣不敢往下说了，担心自己一旦说出来，会不会招来杀身之祸呢？于是，他故意把话打住，看着这位即将丢掉皇位的人。萧铣已是穷途末路了，见他把话打住，忙催道："说呀，说下去呀！眼下已是国难当头，我也不会怪你的。"

就在这时，忽听门外一阵脚步声传来，二人抬头向门口看去，见是郑文秀和雷世猛一起走了进来，萧铣忙问："怎么，发生了什么事情？"

雷世猛首先说道："还要发生什么大事？唐军围城多日，援军不来，将士都不想守城了，到底是战，还是降，总得拿个主意呀！"萧铣说："你们来得正好，我正为这事着急，你们以为怎么办才好呢？"

岑文本立即说道："既然这样，我们干脆打开城门主动归附唐朝吧，说不定李渊会宽恕你呢！"

萧铣叹了口气，又看着郑文秀和雷世猛问道："你们呢？也表示一下意见吧！"雷世猛见郑文秀不吱声，便说道："将士们都寒心了，谁还愿意再去与唐军拼命呢！依我说，就主动降了吧，对大家都有利！"

萧铣听了，不由冲口说道："这倒是一句实话！你们投降之后，都还能任个地方官员，而我这个亡国之君，恐怕连性命也未必能保住。"

说到这里，泪水扑簌簌地从脸上滚落下来……

接着，梁朝的大臣们被召集到一起，萧铣对他们说："看来，上天不保佑梁朝，我们不能也不应再支撑下去了。如果一定要等到力尽粮绝的那一天，城内的老百姓就会蒙受灾难。我苦思之后，终于决定，不能为了我

一个人的缘故，造成城毁人亡，生灵涂炭了！"

之后，萧铣又用牛、羊、猪三牲在太庙祭告了祖先，随后下令开城投降。

打开城门之后，萧铣穿着丧服，带着手下来到唐军营门前，说道："是我萧铣一个人该死，和百姓并没有关系，也不是将士的过错，希望你们不要再屠杀抢掠了。"

李孝恭、李靖率领唐军进入江陵城。

当晚，唐军中的一些将士难以抵制诱惑，竟然溜出去对城中百姓抢掠去了。

第二十八章

梁王斩亡败为寇　惺惺相惜终友好

　　岑文本听说之后立即向李孝恭报告了这件事，说："江南的百姓，从隋末开始，就受到了残暴的统治，再加上群雄纷争，剩下来的从刀枪下面捡回来的性命，他们一天天苦苦盼望着，有一天能有一个明主到来。萧氏君臣，以及江陵父老归顺唐朝，是因为他们认为，这下一定就可以有安稳的日子过了。如果现在放纵军队烧杀抢掠，恐怕江陵的人们再也不会有归顺的心了！"

　　李孝恭、李靖听了，认为他的意见很正确，立即召集全军将士，下令禁止抢掠。

　　李靖对部将们说道："皇上历来以宽厚为本，对归附的臣民总是实行安抚的政策。这次军令发出开始，有人违犯禁令，再去抢掠百姓财物者，严惩不贷！"

　　有的将领提出意见道："梁朝将帅中，有抵抗唐军而死的，其罪恶深重，应该抄没他们的家产，用来赏赐我军将士。"

　　李靖认为这意见不对，他说："王者之师，应该以仁义为先声，那些梁将都是为自己的君主战斗而死的，他们都是忠臣，怎么能与叛逆罪一样籍没其家产呢？"

　　李靖与李孝恭商议之后，查抄了梁国的府库，把库中的财物取出来，论功行赏，凡有功的将士每人都得到一份。

　　这样一来，唐军将士无人再去抢掠了，江陵城中秩序井然，秋毫无犯，百姓们都称赞唐军是王者之师，是行仁义的军队。

　　不久，南方的各州县闻讯，都纷纷前来归顺，还有一支万人的部队来自洞庭湖边，他们是来援助国都江陵城的。未料到江陵已经投降，带军的将领也主动向唐军投降了。

　　攻陷江陵，平定萧铣的梁政权之后，李孝恭、李靖能够严明军纪，严禁抢掠，对降者采用安抚政策，这对稳定长江中游和岭南一带都起到了积极作用。

后来，萧铣被送到了长安，李渊问萧瑀道："你看，对萧铣应如何处置？"

萧瑀道："启禀陛下！萧铣之罪不在称帝，而在唐军征讨时坚持对抗，妄图长期割据，偏安于江陵，直到兵围技穷方才归附大唐，至于如何处置他，已有先例，臣无需明言了。"

李渊笑道："卿果真是正人君子啊！"

其后，李渊当面历数萧铣的罪过时问他道："你知罪吗？"

萧铣说："隋炀帝因为残暴而失去了天下，当时，烽烟四起，乱世为王，我作为梁朝的后裔也不甘寂寞，被众人推为梁帝，只是因为没有老天爷的照应，才到了今天的这种境地。如果一定要以这个来定罪，那我只有死路一条了！"

从萧铣的申辩中，李渊已听出了隐隐的讽刺之意，不由怒道："胡说八道！你把自己的失败全推到老天爷身上，这不是亵渎神灵吗？你在江陵借着什么'裁军兴农'之名，滥杀臣下，这也是老天爷让你干的吗？"

萧铣只得分辩道："每个执政者为了巩固他手中的权力，总要把那些妨碍自己集中权力的对手、异己清除掉；如果以此作为杀我的理由，我只有含冤于九泉之下了！"

李渊听了，更加生气，以为萧铣不仅在为自己辩解，而是含沙射影，以守为攻，不禁又质问道："你占据着江陵一带，多次派兵侵犯唐军，涂炭生灵；这次兵临江陵城下，还负隅顽抗，罪在不赦，你还有何话说！"

萧铣听了，仍然不服气地说："在这群雄争斗不休的今天，谁不想打倒对方，吞并敌国？弱肉强食，物竞天择，自古乃然。不过，最终我还是开城献降，也可谓迷途知返了。如果对主动投附的王者，也不能宽宥他的死罪，那我只好当一个因为主动投降而犯下死罪的王者！"

李渊更加恼恨，对萧铣的桀骜不驯十分愤怒，为了做到斩草除根，防止死灰复燃，也想借机惩戒、恫吓那些欲图不轨的人，终于决定把萧铣送上了长安闹市中的断头台。

临刑前，萧铣仍然口若悬河地争辩说："你李渊本和我萧铣一样，都是为了争夺隋朝的天下，你没有指责我的权力。如果因为失败了，就是罪过，那我只好俯身就死。这恰好应验了一句俗语：成者为王，败者为寇。不正是这样吗？"

萧铣被杀不久，他的部下原黄门侍郎刘洎，曾奉命向岭南发展势力，连续在岭南夺取五十多座城池；当刘洎得知梁朝被灭之后，便以岭南之地尽降于唐。

同年十一月，萧铣的桂州（今广西桂林）总管李袭志也主动投降，李孝恭任命他仍然担任桂州总管。

　　同时，李渊下诏任命李靖为岭南抚慰大使，这位有勇有谋的大将自率军翻越五岭山脉，派人去各地招降劝服，使各州诸郡纷纷披靡，连下九十六州、六十余万户，使岭南西部广大地区并入唐朝版图。

　　在平定了山南的萧铣政权之后，李渊听说岑文本和刘洎是梁国很有才干的名人，便将二人召进长安。

　　岑文本是南阳人，自小聪明，博览群书，勤于治学，史载他"博考经史，多所贯综，美谈论，善属文"，是一位大学问家。

　　萧铣在江陵称帝后，把岑文本诏去任为中书侍郎，让他住在内庭，帮助朝廷起草文章，制定规章，以及发布官员的任免文书等事宜，深得萧铣信任。

　　那时候，梁朝刚建，事务繁忙，四面八方送来的文书，从早到晚没有间歇的时候。萧铣命令把收到的文书，一律先送给岑文本拆看，有特别紧要的，才自己看。当时连宫门的钥匙也交由岑文本掌管。他忙得连饭也顾不上吃，觉也不能好好睡。萧铣更加信任他，朝中大小事情，全都跟他商量。凡是他提出的建议，萧铣没有不听从的。

　　见到岑文本才能出众，人品又好，萧铣想封他行军长史的官职，他却推辞道：

　　"陛下待我像知心朋友一样，何必非要我挂个官名不可呢？"

　　萧铣见他不答应也就算了。

　　有一次，萧铣让岑文本陪着他一起巡视军队，两人骑在马上从军队前走过时，将士们在身后指指点点地说："那个穿黄袍的是皇上，旁边那个穿布袍的叫岑文本，他可是皇上身边的大红人呢！"

　　巡视回来之后，岑文本总是忘不掉那句"皇上身边的大红人"的背后议论，又见到朝中"七大王"横行霸道的作风，借口"脚病发作，不能行路"为由，长期躲在府中"养病"了。

　　直到董景珍、张绣之事发生以后，岑文本才被萧铣强令出来任事，他马上提出"取消帝号，归附唐朝"的建议，遭到萧铣的拒绝。

　　李渊是个爱惜人才的皇帝，他知道岑文本的事情之后，便把他召到长安，任他为中书侍郎。

　　梁朝还有一位不畏强暴的刘洎，也被李渊召进长安，委以重任，成为大唐统治集团中的一位重要人物。

　　刘洎是湖北江陵人，被萧铣任为黄门侍郎，此人耿直、多智，敢于陈述个人建议，敢于顶撞邪恶势力。

在萧铣手下任黄门侍郎时，朝廷"七大王"之一的徐德基，后来又将女儿嫁与萧铣，成为"贵妃娘娘"，徐德基的势力因此而更加显赫，其子徐世银带兵驻守荆门城时，自恃后台强硬，纵容手下将士胡作非为，有的士卒在外面欺侮百姓，抢劫财物，他都装作不知道。

于是，荆门城内有些地痞无赖之徒，觉得在徐世银的军中能当个兵，既不受约束，又有个靠山，就纷纷找熟识的士卒，到徐世银军中挂个名，穿上士卒的服装。这批流氓与士卒勾结起来，大白天成群结队在荆门街上为非作歹，遇上他们看不上眼的人就拳打脚踢，甚至把人打伤打死，也无人敢过问。

消息传到朝廷里，无人敢问，刘泊寻到一个机会，来到荆门城，先去拜访刺史白方波，直截了当地说："白大人受朝廷的托付，治理这块地方，现在荆门城内弄得乱七八糟，你倒若无其事，这样下去，不是让老百姓受祸害吗！"

白方波知道刘泊胆识过人，只得向他说了实话："我惹得起徐世银吗？"

刘泊一拍胸脯说："我来捅这个马蜂窝！大不了我不做这个黄门侍郎了。"

白方波拍手叫道："好啊，只要你敢干，我的军队你需要多少，尽管带去！"

二人计议妥当，正要休息时，有人来报告："徐世银的军中有二十多人在酒馆里闹事，老板被他们用刀砍伤，还把馆里的酒桶全部打翻，让酒全都流到水沟里去！"

刘泊听后，也不搭话，立即向白方波讨了一支百人的队伍，赶到那家酒馆，把二十四名酗酒闹事的士卒统统逮住，拉到街上，就地斩杀！

老百姓看到这批害人的兵痞受到惩罚，个个拍手称快，但是也为这位刘侍郎捏着一把汗。

这消息传到徐世银军中，将士们一听到有人居然敢杀徐军里的人，都大叫大嚷起来，急急忙忙穿好盔甲，把箭袋装满箭矢，只等徐世银一声号令，就要去白方波府里拼命。

白方波与刘泊一商量，觉得这个马蜂窝已经捅了，就不能害怕，刘泊说："这件事是我惹起来的，还是让我前去对付！"

说罢，他就准备去徐世银军中，白方波急忙摆手道："那不成！你得带些人马去！"

"干什么？我又不是去与徐世银打仗，"刘洎冷笑道，"我是去与他评理，他未必敢对我怎样。"

说罢，刘洎竟然解下腰间的佩刀，挑选了一个身体瘦弱的老兵，让他替自己拉住马，一起去了徐世银的军营。

不料徐世银的卫兵，一个个全身盔甲，正杀气腾腾地拦住营门，等待刘洎的到来。

刘洎一面笑，一面很随和地走进军营，说："杀一个老兵，还用得着摆这个架势！我把自己的人头送来了，叫你们的大将出来吧！"

那些卫兵一看刘洎的泰然态度，惊呆了，慌忙去向徐世银报告。

不一会儿，只见徐世银走了出来，刘洎上前作了一个揖，说："令父徐王爷对你寄予厚望，皇上对你又十分信任，满朝的官员对你也非常敬仰，你却在这荆门城纵容手下的士卒横行不法！这样胡闹下去，一旦激起民变，令尊保不了你，朝廷能饶了你吗？"

徐世银听了，头上直冒冷汗，立刻道歉说："刘大人指教得对！"

他一面说，一面回过头去对左右的士卒说道："快去传达我的命令，全军将士一律卸下盔甲，回营房里去，今后，再敢出去胡作非为，全部处死！"

刘洎被诏至长安以后，李渊对他说："你仍当你的黄门侍郎，如果唐国里也有徐世银那一类的人，你也可以去大胆地整治他们，朝廷会全力支持你的。"

在李孝恭和李靖的联合大军攻占江陵、消灭萧铣王朝的时候，在梁国东面的农民起义军首领林士弘，早在隋炀帝大业十二年（616），于江西的豫章郡（今南昌）建立楚国，自称皇帝。

武德四年（621），萧铣的梁国败亡，他的军队溃散之后，有许多归附了林士弘，壮大了林士弘的楚军队伍，一时人马竟多达二十万人之众。

不过，林士弘在与张善安起义军的几年交战中，确实耗费了不少力量，使他的兵力逐渐削弱下来。

张善安是安徽合肥人，原是乡下一个塾师，可是此人知识渊博，才华横溢，不仅能文，而且武功造诣也极深。

更特别的是张善安的教书方法与众不同，他白天教读古文，夜晚传授武术。

张善安说："学生白天整日坐着读书写字，不活动活动身体就容易生病。晚间练练拳脚，既可防身，又能增强体质，对读书大有益处。"

这样一来，要求到他私塾读书的人，越来越多。谁知竟然触怒了当地专教武艺的一位拳师。

此人姓王名国胜，本是庐江一位著名的武师，门下徒弟众多，收入颇丰。但是，自从张善安来到庐江后，他的学徒纷纷离去，眼看自己的饭碗被砸了，王拳师怀恨在心，总想找机会把张善安赶跑。

一天，王国胜对留在身边的六个得意门生说："张善安不走，我连饭也吃不上了。今天，你们几个去会会他，给他一点颜色瞧瞧，万一你们对付不了，我会前去接应你们的。"

那六个徒弟都是十八九岁的年轻后生，没见过什么世面，自恃学得一些本领，哪里知道"天外有天，人外有人"的道理？他们奉师父之命，便贸然跑到张善安塾舍里来了。

那天，张善安正教完《左传》中的"晋楚城濮之战"，嘱咐学生自习后，便信步走出课堂，迎面遇着那六个前来闹事的青年。

六个年轻人冲张善安问道："你就是张善安吗？"

一看来势，他便知道是有意来找麻烦的，他微微一笑说："张善安是我老师，找他有事吗？"

六位青年中有一个大个子抢先说道："我们是来找他领教的！他到哪里去了？"

张善安顺口答道："他出门去了，一个月后才能回来。你们几位既然想显露一下武艺，我愿意陪你们玩一玩，怎样？"

还是那位大个子青年问道："如何玩法？"

张善安用手指着对面的青山说："你们六个人，同我到对面山上去，你们如能将我抓住，就算是你们胜了。"

六个青年人在一起商量说："我们六个人抓他一个人，怎么会抓不到呢？他就算是一头猛虎，我们也能抓住啊！"

经过一番交头接耳，议论了一阵，还是那位大个子发话道："行，我们同你上山！"

当时，张善安还穿着很厚的棉衣棉裤，便带着六个青年人，大步流星地朝对面青山走去。

说也奇怪，刚一进山，张善安就不见了。

六个青年立刻傻了眼，后来经过商量，定出了一个计划，两个人一组，分成三组去山上寻找。

可是，四面八方，全都找遍了，就是见不到张善安的影子，他们一时泄气了，正准备出山时，张善安却站在一处高高的山岗上喊道："我在这里呀，你们快些来吧！不然，我又要走了！"

六个年轻人一见，急忙向那山岗飞奔而去，口中还大声叫嚷着："快追过去，别让他再跑了！"

等到他们跑上山岗，周围却不见人影，张善安又不知藏到哪里去了。

之后，张善安时而出现在树杈上，时而又在一块大石头上露面，时而在他们前面，时而又出现在他们背后，就是始终抓不到他。

六个身强体壮的小青年，在高低不平的山上，来回奔跑了几个时辰，累得大汗淋漓，腰酸腿胀，一个个气喘吁吁，被张善安折腾得连说话的力气也没有了。

他们相互交换一下眼色，只好坐在山上休息了大半个时辰，仍然打不起精神，只得相互搀扶着出山，灰溜溜地回去了。

六个人刚到山下，却发现张善安已站在路口等着他们了。张善安问道："我回来这么久了，你们怎么这么晚了才下山？"

六个青年知道自己上当了，但又不敢说什么，心知不是他的对手，只好对张善安说："你师父回来以后，请你转告一声，就说我们六人是奉王拳师之命，前来看他的！"

说毕，一个个扭头便走，连头也不敢回了。

六个年轻人回去，将所见所闻，一五一十地向师父说了一遍，最后他们说："张善安的徒弟都这么厉害，恐怕他本人的功夫就更不用说了！"

王国胜这才明白张善安真是一个文武双全的人，自知也不是他的对手，不如早日卷起铺盖远走他乡吧！

次日，正当王国胜准备解散徒弟，关门走人时，张善安却打发学生送了一封书信来，请王拳师亲自拆阅。

王国胜大吃一惊，以为是张善安来约他比试武艺，脸都吓白了。

王拳师拆开那封书信，硬着头皮一看，脸色才渐渐恢复了常态。

原来，张善安的书信是这么写的：

王拳师台鉴：

你我虽然素不相识，但既是同道中人，理应相互尊重。尔后，你教你的拳，我教我的书，各不相犯。

劝你不要离去，如有困难，愿助一臂之力。顺颂教安。

张善安再拜上
二月二日

第二十八章　梁王斩亡败为寇　惺惺相惜终友好

读完这封信，王国胜静坐良久，心中无限感慨，缓缓地说到："没想到张善安竟然有如此宽阔的胸怀，是个重情义的好儿郎，这样的人不结交，我还算是一个人吗？"

于是，王国胜带上礼物，携带自己的弟子前去拜访张善安，互结终生友好！

第二十九章

善安率部投李渊　李靖忆起当年事

宇文化及杀了隋炀帝后，天下大乱，烽烟四起，张善安与王国胜都认为到了一展抱负的时候了。

张善安说："常言道：太平盛世考的是文治，现在乱世纷争，则必须靠武功！你我是时候出山了！"

王国胜应道："只要你一句话，我必定鞍前马后，终生追随！"

于是，二人把各自的学生、徒弟们召集起来，宣布起义，并很快占领了庐江郡，时为隋义宁元年（617）十二月。

半年后，张善安的起义队伍已经发展到三万余人，清一色的江淮兵；军队的骨干人员全是两人的学生、徒弟。

因为张善安毕竟是一个读书人出身，对"造反"这两个字理解极深，总把它与"叛逆"联系在一起。在他的思想深处，总以为自古以来，造反者的下场往往是可悲的，于是总不想承担其"后果"。

一天，张善安对王国胜说："听说江南豫章郡的林士弘势力很大，我们去投奔他，也算是找一个遮风挡雨的处所，怎么样啊？"

王国胜说："大哥说好就好，我全听大哥的！"

两人遂领着队伍渡江南下，在豫章归附了林士弘。

张善安归顺林士弘之后，不但没有被林士弘重用，反而惹来林士弘的弟弟林士聪等人的怀疑。林士弘为了试探张善安就派他的部队去攻打赣西的义宁城，非但不给兵马，还不给粮草，同时还派一个监军时刻关注他们的动静，并离间张善安的部队，引来了张善安、王国胜等人的不满。最终张善安等人决定投靠李渊。于是在林士弘等人准备消灭张善安部队之际，先发制人，利用妙计将林士弘的队伍打败，一路追杀林士弘的残余部队。

武德四年初（621），萧铣已被李渊消灭，败散了的梁军有很多归附了林士弘，使楚军又重新壮大起来。

但是，据守在赣州的张善安时常派兵攻打，林士弘只得逃往安康，整顿兵马，想积蓄力量，重振雄风。

武德五年（622）二月，被李渊任命为岭南抚慰大使的李靖，正领兵东来，张善安毅然率领大军附唐并把他所占据的虔州、吉州、抚州、豫章郡等五个川郡一起献给李渊，使大唐王朝不战而取得江西广大地区，李渊当即任命张善安为洪州总管，王国胜为行军元帅，命两人一起驻守在豫章城里。

出发前，李靖与张善安谈了半夜，两人一见如故，谈兵议政，意气相投，真是惺惺相惜，相见恨晚。

李靖嘱咐他说："皇上派你驻守在洪州（南昌），不仅要你镇住赣中广大地区，还要阻止江淮方面割据势力的西上，重任在肩啊！"

张善安说："如今中原已定，巴蜀、岭南也已安抚，只有江淮一带尚有割据势力，林士弘不久将被大使阁下消灭了。"

李靖送张善安、王国胜去了洪州，立即派人向汉阳刺史冯盎送去了劝降檄文，要他尽快归唐。

这位冯盎为福建邵武人，深谙韬略，能文能武，隋炀帝死后，许多起义军首领劝他归附，均遭冯盎拒绝。

他向部下说："在这乱世为王的今天，鱼龙混杂，泥沙俱下，一时分辨不清真伪，只好登山观海，等到真主出现时，再举兵归附之。"

在这之前，萧铣、林士弘都曾派兵攻打汉阳，均被冯盎击败，他坚持以守为攻的策略，终于使自己立于不败之地。

这次，李靖的劝降檄文一到，冯盎立即召集部下宣布："天下将为李唐所有，我们终于有了归宿。"

冯盎归附唐朝之后，岭南地区全部并入唐朝版图。

林士弘拒绝向李靖投降，反而组织兵力，派遣其弟林士聪带领二万人马进攻循州（今广东惠州），想变被动防御为主动进攻，以扭转濒临失败的局面。

李靖立即命令循州刺史杨略迎战，自己带领五千轻骑直接攻袭林士弘的大营，吓得这位楚王惊慌失措，匆匆逃往江西安城以南的崇山峻岭中躲藏起来。

不久，林士聪的队伍被杨略击败，逃亡中被老百姓捉住，问他："你是什么人？"

"我是鄱阳王林士聪。"他回答。

"你是唐国，还是楚国？"一老百姓又问。

林士聪不敢承认是楚国，只好扯个谎道："我是唐朝。"

老百姓一听说他是唐朝的"鄱阳王"，就准备放了他，可是，有个老百姓忽然问他："我们循州地区早已归属唐朝了，你既然是唐朝的'鄱阳王'，还怎么领兵来打惠州呢？"

林士聪无言以对，只好说："你们别多管闲事，只要放了我，准能让你们富贵！"说罢，林士聪急忙从马鞍下面取出一条布袋，倒出一堆闪着亮光的金银珠宝，说："你们把这些珍宝拿去，各自分了。"

周围的老百姓不少人都动心了，突然有一个年轻人上前，从那堆珍宝中取出一副金项圈，左右审视了一会儿，忽然大叫道："这是我从小戴的金项圈，被林士弘的队伍抢去已经两年了，为了它，我的父母亲全被你们杀死，你，你这个强盗！"

那年轻人说着，便上前把林士聪捆了起来，然后对众人说："不能放了他！我要把他送到杨刺史那里去！"

林士聪最终没有逃脱掉，被杨略斩杀。

此时，逃进安成（今江西安福）山中的林士弘，派出部下四处召集被打散了的将士，又在山中聚集一些穷困的山民，重新组建一支万人队伍，准备继续与唐军对抗。李靖得知情况之后，也不急于带兵进山围剿，却令周围郡县地区官员，严密封锁各个山口，先断绝山中的运粮通道，使林士弘的残余兵马被孤立于荒僻的山野之中，不到半个月，林士弘的部下陶化山便领着一千多人，主动出山投降。接着，李靖便领兵进山，让陶化山四处去劝降，不过几天工夫，林士弘手下的军队已大部分投降了。

林士弘藏在山洞中据守，每日靠野菜度日，在他身边却放着一堆一堆的金银珠宝，不久便死去。

林士弘这支起义队伍，在坚持了六年之后，终于兵败身亡，他所占据的长江中游和岭南一带，都统一在唐朝的势力范围之内。

李靖平定了山南的萧铣、林士弘两股割据势力，回到了长安，李渊见到他，"龙颜大悦"，对他说："难怪都称赞你胸怀韬略，用兵如神，这次平定山南，你替朝廷立了大功了！"

李靖说："陛下过奖了！平定山南之功，全在将士，臣不过是借着大唐的天威，尽一番招抚之力罢了！"

李渊听了，又称许他说："讲得好，果然是虚怀若谷，许绍父子、李孝恭都夸赞你人品好，会处事，宽厚仁爱，是个谦谦君子，一身儒将风范！"

李靖听后，不知皇上是褒是贬，惊惧之下竟出了一身冷汗，然后才小心谨慎地说："启禀陛下！微臣只知效忠朝廷，别无奢望，虽有一点雕虫小技，也从不敢妄自卖弄，唯愿尽心尽力于大唐统一事业！"

李渊见他一片诚惶诚恐的样子，不禁怜惜地说："这才是忠臣的本色，难得你有胆有识，又有一颗忠心！不过，朕听说你年轻时曾在梦中得到过仙人的指点，并受兵书一册，不知果有此事吗？"

李靖听后，惴惴的心方才放了下来，只好向李渊叙说年轻时候的一段往事——

当时他才二十多岁，一日，偶因访友于渭南，寓居旅舍，乘着闲暇，独自骑马，到郊外射猎游戏。

时值春末夏初，见农夫在田间耕作，却因久旱，田土干硬，甚是吃力。而田中禾苗，又枯又黄，十分可怜。

李靖正放马游缰地走着，忽见地边一位老者晕倒，周围无一人在侧，便急忙下马，扶起老人一看，见他唇焦口干，不由暗自思忖："难道是饥渴而昏？"

他拿起老者的水壶一看，内无一滴水，抬眼向周围看去，并无水塘沟壑。正在焦虑无计之时，忽然想起西北游牧民族的生活习俗，便决定用那种办法来搭救这位老人，李靖把老人慢慢地放下来躺着，取下佩刀，一手提着那只无水的壶，一手在马的胯下刺了一刀，让殷红的马血流进水壶，然后从地上抓了一把泥土，封住战马胯下的伤口。

这刺马取血的事情，李靖虽然是第一次做，却干得十分成功，丝毫不比那些突厥人逊色。

李靖又重新抱起老人，把水壶里的马血一滴一滴地倒进老人口中，不一会儿，老人奇迹般地苏醒过来。

后来，李靖辞别了老人，又上马前行，忽见山岩下窜出一只兔子，便纵马追去。那兔子东跑西跳，一直在前面，李靖却赶不上它。

追了一会儿，惹得李靖兴起，取出弓来射它一箭，不料那兔子竟带着箭矢继续向前狂奔。

李靖只顾随后追赶，不记得赶过了多少路，突然兔子不见了。再回马一看，也不记得来路，只好信马而行。

此时，他觉得自己十分疲乏，便下马靠在一棵大树上，迷迷糊糊地睡去。

过了一会儿，李靖眼看着日头西沉，心中焦急道："这真是日暮途穷，到哪里住一宿呢？"

李靖举目四望，遥见前面林子里有一片高宅大院，不禁自语道："林子里既有人家，不妨去投宿一晚。"

他策马来到门前，仔细一看，乃是一所大宅院。

此时已是掌灯时分，其门已闭，李靖只好下马敲门。有个老头挤出来，问道："你敲门为何事？"

李靖说："在山上走迷了路，天晚了，想借宿一夜。"

那老头儿对他说："我家庄主外出未归，只有老夫人在家，等我回去禀报，肯留才能留你。"

李靖把马拴在门旁的一棵树上，站在门外等着。不一会儿，老头儿回来说："老夫人请你进去。"

于是，老头儿在前带路，李靖随后走到院里，只见院内灯火通明，竟是一个大院子。

进入客厅，见那老夫人五十余岁，一身淡妆，举止端雅，坐在椅子上面，李靖急忙上前作揖请安。

老夫人从容答礼，问道："请问年轻人高姓大名。"

李靖便自报名姓，又述迷路、冒昧投宿之意。

老夫人听后，只好说道："今日，庄主外出未归，本来不当留客，但是，你既迷路来投，若不相留，这黑更半夜的要你往哪里去？"

说完，便对老头儿说："先让这位年轻人去吃点便饭，然后领他到左厢安寝吧！"

李靖只好来个客随主便，跟着那老头儿去吃饭，不料酒菜早已摆上了桌子，又十分丰盛，便坐下就餐，他担心酒后失礼，只饮几杯，便起身告退。

老头儿领李靖来到左厢卧室，见床上被褥也极为整洁，遂关门上床，只见墙角书架上堆满了书籍，便去书架前一看，原来尽是世间少见的书籍！

李靖随手取过一本《行军要诀》，展开一看，乃是记录孙武、吴起、孙膑、韩信等名家的用兵谋略，不由靠在床头秉烛阅读起来……

当他一觉醒来时，已是次日黎明了，他慌忙向四周一看，自己仍然靠在那棵树下，而那本《行军要诀》还在手中拿着，心中又惊又疑，不知自己到底是在梦中，还是醒后又回到了人间？

忽然，在离他不远的地方，李靖看到了那只熟悉的水壶，便急忙站起来提起那水壶时，见里面装满一壶清清亮亮的茶水，正在口干舌燥的李靖，并未多想，举起水壶便喝，那甘甜可口的茶水使李靖的头脑顿时清醒起来，便抬头向四周看去，却不见那位老农的影子。

后来，李靖把那本《行军要诀》揣在怀中，提起水壶上马，又循着原路回去。说完这段经历之后，李靖从怀中掏出那本《行军要诀》，双手捧着，恭恭敬敬地对李渊奏道："启禀陛下！这本书微臣已珍藏了二十年。"

李渊接过书一看，不由喟然叹道："梦想成真，真是梦想成真啊！"

他飞快地浏览了一遍，对李靖说："了不起，这是一本天书啊！看来，这书是那老农赠给你的了！"

在座的李纲插话道："如果是老农所赠，那梦中的经历应如何解释？"

李渊又问道："以后你又见过那位老农吗？"

李靖忙答道："臣自那次之后，至今未见过那位老人，甚至连那块地方也找不到了。"

自这次谈话之后，李渊对李靖更加有了好感，并且日益信任了。

杀了窦建德之后，李渊为了稳定江山，决心彻底消灭河北农民起义军中的骨干力量，便发出诏书，命令地方官员到处搜捕曾经参加过窦建德起义军的将领。面对大唐朝廷的镇压政策，窦建德的旧部将们都觉得惊惧不安，个个如惊弓之鸟，吓得东藏西躲，以逃避地方官员的大肆搜捕。

这时候，高雅贤、王小胡的家在洺州，他们准备举家逃跑，消息却被唐朝的地方官吏知道了，加紧对他们进行追捕。

经过连续几天的奔波，高雅贤等好不容易才逃到贝州（今河北清河西北）躲了起来。

不久，李渊的敕书来到贝州，文中征召窦建德的旧部范愿、董康买、曹湛以及高雅贤等人，要他们立即应诏，主动去当地官员那里报到，否则将以违抗圣命论处。范愿等人得到此信，立即凑到一块，商议对策。他先说道："王世充以洛阳降唐，他的将相大臣们如段达、王隆、孟孝义、单雄信等十余人，都被满门抄斩。我们如果应诏去长安，肯定也难逃活命。唉！天下之大，我们已无立足之地，怎么办呢？"

高雅贤激动地说："自从大业十年以来，我们这些人谁个不是身经百战、九死一生？其实，我们杀的人也不少了，按说也早就该死了。而为什么现在反而还要吝惜余生呢？依我说，我们为何不用这有生之年干一番大事业？"

曹湛听了之后，更加激愤地说："对李渊的所作所为我早就痛恨万分！当初，我们的夏王抓住唐朝的淮安王李神通，用宾客之礼对待他，每日好酒好菜地招待他，可是，夏王被他们捉住之后，却立刻被杀。这实在太不公平了！我们这些人都受到夏王的厚待，现在不替他报仇，以后何以面对天下？"

范愿接着说："是呀，有仇不报非君子！况且我们已被李渊逼得无路可走，与其让他杀了，不如跟他拼了！"

于是，他们一致决定东山再起，立即准备起兵反唐，为死去的夏王窦建德报仇。

　　在范愿的提议下，他们进行了占卜，结果是以刘姓的人为首领最吉利。

　　高雅贤立即建议道："刘雅为人宽厚，处事和平，可以担当我们的首领，不如找他去！"

　　大家立即行动，一同来到漳南县刘雅家中，将起兵的计划告诉了他，盛情邀请他共同起事。

　　没想到刘雅已变得心灰意冷，不愿意复出了，他向这些昔日同僚说："天下方才安定，我只求耕田种桑，做个守本分的老百姓，不想再谈兵事。"

　　众人听了，大失所望，范愿又劝他说："当前的形势你要明白，即使我们愿意过太平日子，李渊能让我们安定吗？我们是被逼无奈，不得不反呀！"

　　高雅贤说："夏王生前待你不薄，他死得多冤啊！难道你就不想为他报仇吗？"

　　刘雅听后，过了好长时间才说道："李渊占据了全国的优势，唐军强大无比，天下无人能敌！这么几个人起兵反抗，岂不是螳臂当车，自取灭亡吗？我奉劝各位赶快打消这个念头，以免招来灭族之祸！"

　　大家再三苦劝，刘雅就是不愿意，反而劝诫众人早日回家，顺从天命，安心做一个顺民！

　　范愿等人满怀希望而来，没想到却是这样一个结局，都很生气，但是又怕他节外生枝，于是就将他杀了，才愤愤离开了漳南县。

　　经过一番计议后，范愿等人决定去找刘黑闼。

第三十章

联袂而起誓反唐　力破长蛇军威震

　　刘黑闼在窦建德败亡之后，就一直隐居在家乡耕地种谷，丝毫不再过问当世的情况。昔日众部来到时，刘黑闼正在田间种菜，一阵感慨之后，就问明来意。

　　范愿等人将研究过的起兵反唐计划做了详细的陈述，但是刘黑闼喟然叹息说："我没有一天不在想着报仇的事情，但是怪我不成器，既然诸位今天登门，我哪里还有不从的道理呢。"

　　说完，这位身高马大的壮汉立即扭转身子，面向河北方向，双膝跪下，沉沉说："夏王！报仇雪耻之日，指日可待啊。"

　　众人见了，也深受感动，便紧挨着刘黑闼跪下来，共同立誓说："愿夏王在天之灵安息！你当年的部下决心起兵反唐，为你伸冤雪耻。"

　　为了表示决心，刘黑闼当即把家中唯一的一头耕牛宰杀了，煮了满满一大锅，与众位战友分享。

　　他们一边大嚼大咽着香喷喷的牛肉，一边议论起兵大计，决心把反唐的战争打到底。

　　不到两天工夫，他们已集合了一百余人，便于唐武德四年（621）七月下旬，刘黑闼正式起兵反唐，随即攻占了漳南县城。

　　起义之后，刘黑闼等四处宣传他们起兵的原因，反复向老百姓说明一个道理："我们这次起义，并不是因为窦建德旧部想从李渊的朝廷大权中分取一部分权力，而完全是被李渊的屠杀政策逼出来的！我们是为了活命而战！我们是为了替冤死的夏王报仇而战！"

　　由于刘黑闼等反复宣传这些道理，本来在河北地区窦建德就很有威望，很快受到广大老百姓的响应，许多人主动来参加起义队伍，使这支起义军迅速发展到数千人。

　　那时的唐朝行政区划制度规定，当地有了战事，便设置行台尚书省，等战事一结束就撤销了。

　　刘黑闼在河北起兵反唐的消息很快传到了长安，李渊不禁龙颜大怒，在朝廷上大动肝火地说："天下已定，四海归一，老百姓要过安定的日子，可是河北的刘黑闼又跳出来闹事了！不久前，朝廷下诏书，征召窦建德的旧部时，有人反对这样做，有人认为没有必要，现在该清醒了吧？像刘黑闼这样的余孽，不能对他们手软，必须消灭他们！正像斩草要除根一样，留下他们，就会有后患……"

李渊立即在洺州设置了山东行台，魏、冀、定、沧等州都设置了总管府；又任命了当年曾被窦建德捉住过的淮安王李神通为山东行台右仆射，让他前往河北，统领各地驻军，镇压刘黑闼的起义军。

刘黑闼得到这消息之后，立即与部下议论道："这次捉住李神通，立即杀掉，用他的人头来祭奠夏王！"

八月份，刘黑闼先派数十人扮作商人模样，进入漳南县南边的鄃县（今山东夏津），然后领兵突然发起攻击，县令吴怀义慌忙领军出战。

两军正在城外拼杀，城门已经大开，范愿领着数百人已经冲入城内，与日前入城的那些"商人"合在一起，杀死了守军，占据了鄃县城。

吴怀义正与刘黑闼交锋，听说城池已经丢失，心中一慌，便被斩于马下，死于非命。

攻克鄃县之后，刘黑闼准备向魏州（今河北大名东北）和贝州（今河北清河西）进攻，未料这两个州的刺史权威和戴元祥早已相互联络，合兵一处，前来镇压了。

高雅贤对刘黑闼说："权威手下的统兵校尉于亮，原是我的部下，只需如此如此，即可打败权威、戴元祥联军。"

刘黑闼听后大喜，忙派人依高雅贤之计行事。

三日后，两军在魏州与贝州之间的丘岗摆开阵式，刚一交锋，于亮便一刀砍死了权威，然后大声说："我们这些人本来都是夏王的部下，现在夏朝又重新恢复了，都随我回归夏朝吧！"

魏州的三千多名将士一起欢呼，倒戈反唐了。

戴元祥见此情形，便想领军撤退，刘黑闼迅速率军将其包围，经过一阵拼杀之后，戴元祥战死，手下的两千多人马一起投降了。

占领了魏州和贝州，刘黑闼命令开官仓，发粮赈济穷苦百姓，重新得到了夏朝的旧部和武器装备，军威大振，军队人数迅速增加。

范愿带头说道："俗话说：蛇无头不行，你这个头也该有个名分了吧？"

有人建议也称他为"夏王"，但刘黑闼坚决不同意，他说道："夏王是你我的恩公窦建德的王号，怎敢冒用，岂不是大不敬吗？何况起兵伊始，兵力尚弱，等到军威重振之时，再议称王之事吧！"

高雅贤说："暂缓称王也好，那就称'大将军'吧，也算是有个名号了！"

于是，刘黑闼变成了"刘大将军"，带领队伍继续向东进军，因为那里是唐军控制松懈的地方。

李渊在长安听说刘黑闼的势力不断发展壮大，又下令调发关中三千步骑，由将军秦武通、定州总管李玄通率领，开赴河北，镇压刘黑闼起义军；同时又下令幽州总管罗艺带兵南下，与秦武通、李玄通配合，共同讨伐刘黑闼。

同月下旬，刘黑闼的队伍兵抵历亭县（今山东武城东），守将为唐朝屯卫将军王行敏。

范愿说："王行敏原是隋炀帝旧将，是个镇压农民军的老手。当年，我曾败在他手下两次，不可轻敌呀！"

刘黑闼说："王行敏有勇无谋，再加上他自以为强大，骄傲狂妄，我们利用他的弱点，保管能打败他！"

第二天，刘黑闼让范愿带一千人，前去城下挑战，并在他耳边嘱咐了几句话，说道："你要败给他，让他追你，你的任务就完成了！"

范愿领兵走后，刘黑闼自己带了三千人马，在历亭城西王家牌坊南面的密林里设下埋伏。

范愿在城下挑战时，王行敏在城头忽然问道："来将何人？快报上名来，老夫不杀无名之辈！"

范愿大声答道："当年夏王驾前护卫大将军范愿！"

王行敏听后，哈哈大笑道："我当是刘黑闼呢，原来是你这个手下败将，你曾两次从老夫刀下逃走，今日又来送死吗？"

范愿故意激他说："十年河东转河西。今日是我来取你的狗命，快出城吧！"

王行敏一听，不屑地说："你不是老夫的对手，快回去吧，换刘黑闼出战，今日老夫要生擒他！"

范愿骂道："你这背主求荣的老贼，怎配与我们的刘大将军交战？今日是你的死期，快快出城受死吧！"

王行敏气得哇哇大叫着，领兵出城。他根本不把这个昔日的手下败将放在眼里，便莽莽撞撞地指挥人马掩杀过来，恨不能一刀宰了范愿。

范愿抵挡了一阵，就假装败退。王行敏口中大叫道："今日不活捉你范愿，老夫誓不回城！"

一边大喊着，一边紧紧追赶，一直追了好几里地，拐过那座王家牌坊，路越来越窄，树越来越密，他的手下劝阻道："不能再向前追了，一旦有埋伏的兵马对我军不利呀！"

王行敏大大咧咧地说："怕什么？这些无名的小辈，有何本事敢与老夫交锋。追！"

王行敏自恃武艺高强，又指挥兵马继续向前追去，便进入了刘黑闼的埋伏圈内。

突然，刘黑闼一声令下，埋伏的三千锐卒一齐杀出，把王行敏的人马团团围住，展开了厮杀。

王行敏虽然勇猛，但是被伏兵层层包围，只见他左冲右突，杀退了一批，又围过来一批，终因年老力弱，身上多处负伤，被起义军乱刀砍死，全军覆没。

经过这一场战斗，刘黑闼在起义军中的威望更高了。他在军中不但号令严明，而且生活朴素，要求自己甚严，像当年窦建德那样，从不贪财爱色，从唐军那里缴获来的钱财，他都分给起义军将士，受到全军的拥戴和信任。

此时，曾经归降唐朝的农民起义军领袖徐圆朗，也主动背叛了唐朝，而接受了刘黑闼起义军的领导。

这位徐圆朗是隋朝鲁郡兖州人，大业十三年他举兵起义，攻占东平县，并占领了周围地区，拥有自琅琊（今山东临沂）以西、东平以南的土地，拥兵两万多。

后来，徐圆朗归附于瓦岗军，李密失败后，又归附于窦建德，窦建德败亡之后，他才投降李渊，被封为鲁郡公，任命为兖州总管。

刘黑闼起兵反唐后，多次派人与徐圆朗进行秘密联络，邀他一同起兵，向李渊讨还血债，推翻唐朝统治。

直到武德四年（621）十月，刘黑闼派人送给徐圆朗美女十人，他才答应起兵响应。

当时，李渊派河南安抚使盛彦师前往任城（今山东济宁）领导当地驻军镇压刘黑闼起义军。

徐圆朗立即派人去向盛彦师说："为支援大军讨贼，我愿献上军粮五万担！不日送到。"

盛彦师大喜，便在任城坐等这位兖州总管亲自送粮来。

不料，徐圆朗用粮袋装满茅草，堆在车上，送往任城，他自己带领五百骑兵，亲自在车队后面押解。

车到任城，盛彦师亲至城门迎接，二人一见面，徐圆朗的部下便一齐上前，擒住了盛彦师，押着这位河南安抚大使进了官衙。

徐圆朗不费一兵一卒占领了任城，又劝说盛彦师投降，盛彦师说："济州守将谢云轩是我的好友，让我前去劝说他一起归附。"

徐圆朗一口答应，立即放了盛彦师，让他单骑去了济州（今山东东阿西北）去劝降。

哪知盛彦师一到济州，便以唐朝安抚使的身份，与守将谢云轩整军备战，想狙击徐圆朗军队北进。

徐圆朗得知自己上当之后，大动肝火，立即领军来攻打济州，扬言定要活捉盛彦师，将其碎尸万段。

可是，济州城墙坚固，城内粮草充足，盛彦师与谢云轩紧闭城门，不予交锋，无论徐圆朗的军队在城外怎么叫阵，他们只是坚守不出。

徐圆朗命令部下从城外面挖地道，想从地道攻城，盛彦师发现之后吩咐将士把城内池水灌入护城河内，使徐圆朗的地道里灌满池水，人不能进，只好打消了攻城的念头。

双方僵持了一段时间，徐圆朗的军中粮食快吃完了，又见攻城无望，只好悻悻地领军撤走。

徐圆朗回到任城，又攻占了周围的滕县、金乡和鱼台等州县，在攻打成武时，身负重伤，回到了他的老巢兖州，闭门养伤。

躺在病床上的徐圆朗，回忆大半生的戎马经历，自起兵后自己一直随侍在别人的鞍前马后，先是瓦岗寨的李密，后是夏朝的窦建德，再后来便是大唐的李渊了。

现如今，连刘黑闼也成了自己的主子，他越想越不服气，不禁自语道："为什么我老是要面北朝王而不能面南称王呢？"

于是，徐圆朗从病床上爬起来，让人扶着召集部下说道："眼前，我们地方百里之外，所占州县数十个，军队人数已超过四万，为何还要受制于人？"

他的部下听了，明白他的意思，便一齐拥护他登基称帝，三呼万岁，徐圆朗趁机说道："登基暂缓，先称王吧！"

徐圆朗随即在任城自称鲁王，大封功臣，并广招兵马，扩充军队。

不久，唐朝的淮安王李神通率领关内兵众到达冀州（今河北冀县），与幽州总管罗艺的军队会师。

李渊又征调邢州（今河北邢台）、沼州（今河北邯郸东北的永年镇）、相州（今河南安阳）、魏州（今河北大名以北）、恒州（今河北正定）、赵州（今河北赵县）等河北各州的兵力，总计在五万人以上，由李神通统领，前去镇压刘黑闼。

而刘黑闼的军队不到两万人，在这兵力悬殊的情况下，双方在饶阳（今河北饶阳）城南各自布下了阵势。

战前，刘黑闼见部下有畏惧心理，急忙召集将士开会说："别看唐军人数众多，但它的成分复杂，是一支庞杂的队伍，是一个草台班子，毫不可怕！临战时，各路军队必然相互观望，相互推诿，谁也不想领头打前锋。我军人心一致，全为夏王报仇而战！只要猛打猛杀，奋力向前，定能击溃唐军。"

平日，刘黑闼治军极有办法，特别是赏罚严明。按照他的规定，"从令者赏，违令者斩"。在战场上，"敢进者为功，退缩者为罪"。因此一打起仗来，他的军队将士都是有进无退，奋力前进，以死相拼。

而李神通的这支联合大军，果然是各自为政的乌合之众，布阵时谁也不想在前，生怕自己的队伍吃亏。对李神通也不够尊重，都知道他曾被窦建德生俘过，纷纷议论他这段不光彩的历史，甚至嘲笑他的无能与弱智，说他不配来当总指挥，

在万般无奈的情况下，李神通只好布下一个长达十几里的"一字长蛇阵"，使各路队伍并列一起，没有前后之分，像一只松开的拳头，五根手指完全暴露在外面，力量全分散了。

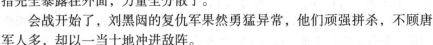

会战开始了，刘黑闼的复仇军果然勇猛异常，他们顽强拼杀，不顾唐军人多，却以一当十地冲进敌阵。

当时，正是十月寒冬的季节，风雪交加，气温极低，唐兵棉衣单薄，在血战之中更增加了几分畏惧心理，不少人连冻带怕地浑身抖个不停，心里盼望着早一些结束这场战斗。

两军拼杀中间，风雪越来越大，由于唐军处于逆风之中，大风挟带着雪花，刮得将士睁不开眼睛，大大削弱了战斗力。

刘黑闼一见自己的队伍处于顺风地位，占了很大的便宜，便拼命大叫道："唐军溃败了！杀呀！"

他的军队听到喊声，都一边奋力拼杀，一边大叫道："唐军溃败了，杀呀！"

李神通的联合大军一听到这喊声，更加无心厮杀，便纷纷败退，各自夺路而逃。

处于顺风之中的刘黑闼军队，乘着风雪之势，呐喊着随后追击，杀得唐军尸横遍地，鲜血把白雪都染红了。

数量上占绝对优势的唐军，被打得溃不成军，各路兵马争着逃命，兵马物资损失大半。

倒是在西线作战的罗艺率领的幽州军队，取得了胜利，他击败了高雅贤的队伍之后，将军队开进了藁城。

次日，刘黑闼又乘胜领军攻打藁城，罗艺见李神通兵败撤走，自知兵力薄弱，未必能敌，也悄悄地从藁城撤退，回幽州去了。

经过这一次大战，刘黑闼的起义军经受了一次严峻锻炼，以少胜多，打了大胜仗，一时军威大振。

在藁城内，刘黑闼论功行赏，大开庆功宴，犒赏全军将士，周围百姓纷纷前来祝贺，士气大振。

十月初，刘黑闼派人去向瀛洲（今河北河间）刺史卢士睿劝降，遭到拒绝后，便领军攻打瀛洲。

卢士睿急忙召集部下商议，记室参军宋长凡献计说："刘黑闼此次乘着打败李神通联合大军的余威，来攻打瀛洲，其锐气是抵挡不住的。不过，我看他的补给线太长，利在速战速决。只要绕道出击，截断他的粮草；这边坚守城池，不与交锋，时间长了，他前进不得，后退不能，一无所获，粮从何来？到那时，出城一战，定能打败他。"

卢士睿本是书生出身，见识迂腐而又固执，平日自诩以仁义统率军队，不主张用兵以谋，反对机诈之策，便不听宋长凡的建议，并说道："自古两军交锋，主要依恃将士的勇气，而勇气生于仁义呀！刘黑闼叛唐谋逆，是背义忘仁之举，焉有不败之理？"

宋长凡听了，暗自叫苦："看来兵败城破，就在目前，我等定做刘黑闼的俘囚了！"

城中的密探把卢士睿不用宋长凡的计策，准备迎战的情况报告刘黑闼，刘黑闼高兴万分，遂令各将领，又授以密计，分头部署去了。

等到半夜时分，全军拔寨起行，给每个将士分一些干粮带着，刘黑闼向全军下达了作战命令："今日去攻打瀛洲，打了胜仗才吃早饭！"

他又挑选出精锐之卒两千人，让范愿带领，并让各自带上军中的旗帜，吩咐说："大军和唐军交战时，我会诈败引他追击，你们一见城内空虚，就趁机杀入城内，砍倒唐军旗帜，换上我军旗帜。"

范愿领军走后，刘黑闼自率兵马前来攻城。卢士睿急忙带着城内的军队，大开城门迎战，并大声说道："叛军听着，快让你们的首领刘黑闼出阵，我有话要问他！"

刘黑闼笑道："这个书呆子！死到临头了，还要说些什么，不妨去听一听吧！"

卢士睿把双手一拱，说："刘大将军请！两军阵前，不得不奉劝你几句话。如今，大唐的天下已定，你还起兵反叛，是逆时而动。况且唐兵强大，以你一人之力，岂可阻挡全国之兵，势必兵败名损，只会落得人亡族灭；如能早日悔悟，尚可……"

未等他的话说完，刘黑闼早已忍不住愤怒，指挥大军扑过来了。

卢士睿只好命令军队迎战，两军顿时厮杀在一起。但是交战不久，刘黑闼下令将士弃甲丢盔，返身脱逃而去。

卢士睿见此情形不禁哈哈大笑道："真是不堪一击！你们背恩忘义，怎是我军的对手？快，给我追！"

他指挥军队向前追击，一边追一边让士卒喊道："只要投降，就可以饶你们不死！赶快放下兵器，主动投降吧！"

唐军在卢士睿带领下，如排山倒海一样，把刘黑闼的军队一直追到城南二十里的滹沱河边上。

刘黑闼返身大叫道："前面是大河，无路可退了，想活命的只有拼命杀退唐军，有不听将令的，立即斩首！"

于是，他指挥起义军回身反扑，奋力厮杀，无不以一当十；后面的唐军遭到狙击，也无法前进。

卢士睿急忙对部下说道："我军乃仁义之师，莫与穷兵相斗！"便下令停止进攻，回城固守。可是，转身一看，遥见城上的旗帜已换，那一面面的旗帜随风飘动，好似朝霞散彩，鲜艳夺目，仔细辨认，分明是刘黑闼的军旗，不由得魂飞魄丧，落泪心惊。

正当卢士睿心慌意乱之时，见刘黑闼的军队已从河边反扑过来，周围又有数不尽的伏军袭来，顿时吓得亡魂丧胆，不知所措，过了好一会儿，才叹惜说："这伙叛逆之徒，真是不可礼遇啊！"

在刘黑闼的四面围攻之下，卢士睿只得指挥队伍奋力拼杀，终因寡不敌众，全军覆没，这位以仁义统军的书生刺史早被乱军砍成一堆肉泥了。

刘黑闼占据了瀛洲。因为节节胜利，深深鼓舞了河北广大地区的平民百姓。观州（今河北东光）城内的老百姓自动起来，捉住唐朝刺史雷德备，以城投奔起义军。

接着，毛州（今河北馆陶）城内的富豪率领百姓杀死唐刺史赵元恺，以城响应刘黑闼的军队。

十二月，刘黑闼又率军攻打定州，起义军的势力已有席卷河北之势。

定州总管李玄通，看到刘黑闼兵势强大，不敢交锋，便一面遣人向长

第三十章　联袂而起誓反唐　力破长蛇军威震

安求救，一面下令据城固守。

刘黑闼兵抵城下，每日令人骂阵，李玄通只是坚闭不出，亲自领军加强防守，日夜巡城不停。

几天后，刘黑闼只好传令将士于城南八里外安下大营，众将士纷纷来献攻城之策。

刘黑闼听后，却说道："定州城坚固异常，且兵多粮足，若是强力攻城，徒然牺牲将士生命，不如慢慢用计破它！"

双方僵持了半个多月，刘黑闼见李玄通坚不出城，便命令范愿领一支兵马去攻打杞州（今河南杞县）。

又过了七八天，刘黑闼命令高雅贤带领一支人马去攻打冀州。接着，他便向部下说道："据说，李玄通乃唐朝善守之将，当前的严寒天气，我自有破敌之计，但要你们严守机密，不得泄露半句。"

随后他向部下小声说出了自己的计策，要他们各自准备去了。

次日，刘黑闼传令军中："唐军既不出战，我们也只好以军营为家，眼前新年已到，除夕之夜大家可以尽情快乐，高歌畅饮，迎接新年。"

从除夕起，刘黑闼军营里解甲休兵，大吹大擂，一连四五天都在饮酒作乐，欢度春节。

城里派出来的探子看到这种情形，便一一向李玄通报告，而且情报天天一样，李玄通听后大笑道："刘黑闼这帮叛逆之徒，既然这般骄傲自满，不可一世，不必再等援军了，可以趁他们神志昏迷，士无斗志之时，一举歼灭他们！"

但是李玄通也不是弱智之辈，口中虽这么说，心里尚有怀疑，深怕情报不实，便把儿子李仁坊喊来，嘱咐道："现在你去叛军营中探听虚实，你拿这封信交给刘黑闼，借口我们要献城投降，且看他们的动静，及时回来报知我。"

李仁坊独自带了降书，出了城径自来到刘黑闼营前，士卒知道是来投降的，也不加阻拦，他直入营中，沿途但闻笙歌聒耳，笑语声喧，好不热闹。

他仔细看去，见将士们都在演戏，装生扮丑，正在台上演古剧哩！而刘黑闼正和部下喝得醉醺醺的，东歪西斜，胡言乱语，一副副丑态百出的样子，令人可笑。

李仁坊看了一会儿，也没有上前施礼，就径直走到刘黑闼面前，拿出书信递了上去。只见刘黑闼展信一看，醉眼朦胧地问道："你……你是什么人？"

李仁坊忙答道："小人是李玄通手下的侍从，是奉命来送信给大将军的。"

刘黑闼放下书信，大笑了一阵，随手递给他一杯酒，问他："你们的李大总管什么时候来投降？"

"明天吧！"李仁坊答道。

突然，刘黑闼两眼瞪住他，大喝道："这李玄通不会是来假投降吧？"

李仁坊吓了一跳，急忙说道："请刘大将军放心，我们的李大总管确实是真心来降，岂会有假？"

刘黑闼非常高兴，大声地向帐中正在饮酒的军中将士宣告说："现在向众位宣布一个好消息，定州总管李玄通投降了！大家应该痛痛快快地宴饮庆贺一番！"

说罢，他又递一杯酒给李仁坊，顺口问道："明天是李总管亲自来？"

"那自然是他亲自来了。"李仁坊回答。

刘黑闼立即又大声宣布说："明天还要增加二十桌筵席，再多宰杀牛羊猪鸡等，热情款待李大总管！"

李仁坊被送出营门后，回到定州城里，把刘黑闼军营里的情况，向他父亲详细报告一番，李玄通听后，兴奋不已，说道："今晚不杀刘黑闼，我这总管也就别当了！"

这一天，正是元月初六日。到了晚上，大约一更时分，李玄通留下儿子李仁坊守城，自己亲率两万兵马，悄悄地出了南城，径直到了刘黑闼营前，向里一看，果然满营士卒尽在熟睡之中，就下令将士不必惊动他们，只要杀死刘黑闼方为大功。

而此时，借着昏暗的灯光，远远地看见刘黑闼正在帐中伏案睡觉呢！

李玄通随即下令大军冲杀过来。不料，士卒们刚一进营，便都纷纷跌落到四丈深的陷坑里去了，在坑底布满了尖钉和利刃，一陷即死。

再仔细一看，那个伏案而睡的刘黑闼，居然是一个草人！

李玄通不由大惊失色，心知中计，急忙下令后退，但是，他的话音未落，忽听杀声骤起，如天崩地裂一般，伏兵齐至，从东、南、北三面密密层层地呐喊着杀将过来。

这时候，只有西面仅有少量的兵马防守，李玄通便下令将士们往西逃去，未想到唐军刚跑出十几丈远，前面竟然横着一道两丈多宽、三丈多深的壕沟，将士们逃到沟边，因为光线昏暗，一时停不下来，纷纷跌进壕沟里面，死者不计其数，李玄通在亲兵护持下，只好踩着部下的尸体逃了过去。

不久，天色已亮，李玄通正逃到半途，忽见一支人马挡住去路，为首的将领高声喝道："李玄通还不下马投降，却要找死吗？"

说罢，那人指挥身后的队伍冲杀过来。

李玄通不敢恋战，带领亲兵拼命杀出重围，向定州城逃去，快到城下时，忽见城头上旗甲鲜明，都是叛军刘黑闼的旗号；又见一根高高的竹竿上，悬挂着儿子李仁坊的首级，眼见进退无路，李玄通大叫一声，昏迷过去……

不知过了多长时间，李玄通醒来，听到有人说："李大总管醒来了！"

刘黑闼急忙走过来，双手一拱，笑道："李大总管！刘某多有得罪，万望原宥！"

李玄通坐起来，头脑里清醒了许多，回想起刚过去的经历，心知自己已被叛军所俘，看着面前的刘黑闼说道："要杀要剐，请随便吧！"

刘黑闼早已听说李玄通的名望，深为爱惜他的才能，便想劝他归附自己，听他这么说，忙劝道："李大总管说到哪里去了，我正准备任命你为军中的大将，今后你我将在一起共谋大事，共享富贵呢！"

李玄通冷笑道："我劝你早死了这份心吧！我李玄通生是唐朝的总管，死了也是唐朝的鬼，绝对不会与你这个叛逆之人搅在一起的。还是早把我拉出去杀了吧，以免白费唇舌。"

刘黑闼并不死心，仍然劝他说："唐朝又怎样？我起兵不到半年，如今已占据大半个河北，数十个州县全为我所有。自古以来，识时务者为俊杰，李大总管又何必太死心眼呢？"

李玄通摇了摇头，对他说道："我是一个将死的人了，也顺便劝你两句话，你也成不了气候！你自以为势力不小了，认为可以跟大唐抗衡了。其实，当年王世充的势力小吗？你的主子窦建德的势力小吗？结果怎样？还不是一个一个地兵败身死，你的下场能好吗？如果你是一个识时务的人，现在就应该悬崖勒马，尽快放下兵器，向大唐投降、请罪去！"

刘黑闼只好说道："看来你我是不可能走到一起了，那我也只能——"

未等他说完，李玄通伸手拔出佩刀，将刀尖对准自己的肚子，说道："不劳你动手了，我自己会的。"

说完便将那佩刀刺进肚子，自尽了。

刘黑闼占领定州之后，在城内休整了几天，又向冀州进军。此时，杞州刺史王文矩已被其部将周文举杀死，主动向前来攻城的范愿投降。

这一年，因为天气干旱，幽州发生大饥荒，原来已经归降唐朝的农民起义军首领高开道，原先答应赈济饥民。罗艺先让老人、小孩去试探，高开道发了许多粮食给他们，表现得很热心的样子。

后来，罗艺让三千饥民赶着几百辆大车外加一千多匹驴马又去高开道处领粮时，不料高开道说道："嗬！把我这里当作粮仓了！"

他立即扣留了去领粮的人、车和驴马，与罗艺断绝了往来，重新自称燕王，公开反唐。

接着，高开道又派人与北方的突厥人联络起来，南面与刘黑闼联合，在周围攻城掠地，把幽州以北的大片州县都占领了，使河北地区的义军烈火越烧越旺了。

与此同时，刘黑闼很快地攻陷冀州，劝唐朝的刺史麴棱投降，反遭一顿辱骂，便把麴棱杀了。刘黑闼又致函赵、魏两地的原窦建德的旧部人员要他们立即起兵，响应反唐的斗争。

不久，刘黑闼又率军数万，前去攻打冀州南面的宗城（今河北威县东）。唐朝黎州总管李世勣，见刘黑闼人马众多，宗城又是一座土城，无险可守，便主动放弃宗城，引兵向西南退却，欲据守沼州。

刘黑闼率军随后追击，在王凤岗赶上李世勣的队伍，双方展开血战，从中午一直杀到天黑，李世勣终因兵少将寡，被刘黑闼打得大败而逃。

打败李世勣队伍，斩杀唐兵五千余人，刘黑闼大摇大摆地进了沼州城，不禁感叹道："风水轮流转，今日到我家。未想到，我刘黑闼又回来了！"

进入这座昔日的夏国都城，刘黑闼不由想到与窦建德自小就是好朋友，那时候由于家里贫穷，经常受到窦建德的周济，一桩桩往事不由袭上心头……

于是，命令部下在洺州城东南搭个高台，要隆重祭告上天，祭奠窦建德的亡灵，以报昔日的恩情。

祭奠时，全军穿着白色的孝服，刘黑闼在前面领着，一路鼓乐引导，行伍簇拥，神情肃穆地来到窦建德墓前。

刘黑闼一边哭，一边祭，想起生前他们间的交谊，是多么深厚、真诚，建夏称王后，又是何等威风！未料到这等下场，如此结局！而面对孤零零荒坟一座，败草凄凄，阴风阵阵，禁不住号啕大哭起来。

他身边的部下见刘黑闼如此悲伤，也不由哀号啼泣起来，惹得全军将士一片哭声。

第二天，刘黑闼亲自率领大军攻陷相州，活捉刺史房晃，大将军张士贵领军突围，败逃而去。

接着，刘黑闼又攻占了黎州、卫州，仅半年时间，就收复了窦建德的全部旧地，声威大震。

唐朝的右武卫将军秦武通、洛州刺史陈君宾、永宁县令程名振等人，都从河北逃回了长安，向李渊报告了刘黑闼的情况。

对河北的战事，李渊深为不满，认为其他的将领都没有尽到责任，他称赞定州总管李玄通说："定州虽然失守了，李玄通父子忠于职守，为大唐献出他们的性命，将名传后世，人们永远会记住他们的。"

于是，李渊只好派自己的两个儿子秦王李世民、齐王李元吉率军前往河北，镇压刘黑闼的起义军。

唐朝武德五年（622）正月，刘黑闼自称"汉东王"，改年号为"天造"，都城仍然设在洺州。

他任命范愿为左仆射，董康买为兵部尚书，高雅贤为右领军，又征召王琮为中书令，刘斌为中书侍郎，窦建德时期的文武官员，凡是在洺州的全部都恢复了原来的职位。

这位"汉东王"的法令、行政等规章，全都仿效窦建德时的样子，真是如出一辙！

不过，刘黑闼作战的勇猛、用兵的诡诈、对付对手的手段等，都超过窦建德许多倍。

在刘黑闼称王不久，李世民、李元吉兄弟俩率领大军十万人，已经逼近了获嘉城（今河南获嘉），声势浩大，这不仅因为唐军兵马众多，战斗力强，而且也是由于李世民的威名远播、震慑力极大的原因。

刘黑闼的兵部尚书董康买建议道："李世民来势汹汹，唐军人马又多，不如暂时避其锋锐，伺机与之交战，以挫其士气。"

范愿也说道："唐军人马众多，我军不宜分散，为了避免被李世民各个击破，还是集中兵力，所谓用一个拳头打人最好。"

刘黑闼觉得二人意见甚好，便主动放弃了相州，把军队集中于洺州，以避开唐军的正面主力。

李世民不战而取得相州，一时军心振奋，又向北继续进军肥乡，在洺水（今河北滏阳河的一条支流，流经永年地区）的河边安营扎寨，进逼刘黑闼。

这时，齐王李元吉建议说："唐军一来，刘黑闼领军后退，这是敌人害怕的表现，我们应该乘胜攻打洺州，一举歼灭刘黑闼！"

李世民说："刘黑闼从相州撤走队伍，他是集聚兵力，表面上是后退，在战略上却是以退为进的策略；刘黑闼用兵谨慎，不是害怕，而是积极备战，不可轻视。"

李元吉说："我军兵马众多，将近两倍于刘黑闼，有什么怕他的？足见是他畏惧我军的表现。"

李世民劝他说："洺州这片地区，原是窦建德的旧部所在辖地，很有群众基础。我军刚到，应该熟悉军情后才能行动，在敌情、民情都不了解的情况下用兵，是轻敌的行为。"

李元吉不再坚持出兵了，但心中并不服气，甚至认为李世民卖弄玄虚，害怕刘黑闼。

为了打败刘黑闼，李世民一面派出人员四处探听敌人的情况，一面请求幽州总管罗艺迅速出兵南下，配合唐军进攻洺州，使刘黑闼陷于南、北两面夹攻之境。

一天，探子来报："刘黑闼留下范愿驻守洺州，自己带领大队人马进驻洺州城西北数十里处的沙河，以阻击北来的幽州兵马。"

李世民听后，向部下说道："刘黑闼十分狡猾，他已察觉我军的动向，把军队拉出去了。"

李世勣忙说："这是刘黑闼担心遭到两面夹攻，企图变被动为主动，先打败幽州的兵马，再来与我军决战。"

李世民笑道："你说对了，这才是刘黑闼的如意算盘！现在，我们偏不让他离开洺州地区，还让他把军队带回来。"

于是，李世民喊来永宁县令程名振，对他吩咐说："你只要带领百十人，如此如此……"

这天夜里，程名振带领一百余人，携着数十面大鼓，集中在洺州城西面三四里的河堤上，狂鼓猛擂，那种惊天动地般的鼓声，很快传到了洺州城内，刚躺下的范愿立刻被吓得惊坐起来，问道："这是什么声音？"

他身边那些弄不清真实情况的侍从们，忙说道："这，这大概是唐朝兵马调动出发了！"

范愿一听，真以为是李世民前来围攻洺州城了，便慌忙派人飞马报告刘黑闼说："唐军前来攻打国都了，请汉东王赶快带军回城！"

刘黑闼得到告急，就真的认为李世民来攻打洺州城了，就留下了自己的弟弟刘十善和行台张君立阻击南下部队，而自己，却带领着队伍匆匆向国都洺州城回师了。

恰在这时，洺州城东面的洺水县的校尉李去感被俘，很快就归附了唐朝。

第三十一章

寒冬天痛失猛将　水漫金山大势去

房玄龄建议说："这洺水县城地处冀南平原东西往来的要冲，是重要的集散中心，城中还有一个非常重要的粮库，规模还不小。"李世勣也说道："洺水县离洺州城不过数十里路，秦王派一大将协助李去感驻守，一定可以万无一失的。"

李世民接受二人意见，派遣彭山公王君廓带领一千名骑兵进据洺水城，与李去感一起共同守卫。

刘黑闼在回师途中，得知李世民没有攻打洺州，而靠近洺州的洺水城却丢失了，不由着急起来，向部下说道："要不惜一切代价，把洺水城夺回来，因为我们的军粮在那里呢！"

遂回师攻打洺水城。由于洺水城周围全是水，虽然水宽不过五十余步，但是水深近丈，而且又是正月天气，将士们不能涉过寒冷的冰水攻城。

经过苦思冥想，刘黑闼命令军队在城东北角修筑两条通道，慢慢伸向城下。

李世民发现之后，立即派出少量军队前去干扰，阻止刘黑闼的士卒修筑通道，但是，连续多次都被击败，而且两条通道渐渐逼近城下。

李世勣说："如果通道修到城下，洺水城将难以防守了。"

有人建议派一员勇将去驻守，方可以阻止刘黑闼攻城。齐王李元吉建议说："依我说，干脆把城里的粮仓放一把火烧了，将人马调出来，留一座空城给刘黑闼，岂不更好？"

李世民说："不能那么做，城里还有老百姓，如果烧了粮食，老百姓还能支持我们吗？"

他立即召集部下商议救援之策，行军总管罗士信自告奋勇要求守城，他说道："王君廓年纪太大了，在这冰天雪地里，行动不方便，让我代替这位老将军吧！"

罗士信年轻勇猛，在唐军以勇猛著称，一向有无坚不摧、无险不守的美誉，李世民见他请求前去守城，高兴地说："你能去，我就放心了。"

等罗士信准备齐整之后，李世民登上洛水城南面的一个高坟岗，用旗语告诉城内的王君廓，命令他突围。

王君廓趁敌军不注意，突然率部冲出城来，突出包围，罗士信也趁机带领两万劲卒冲进城去，代替王君廓守卫沼水城。

次日，刘黑闼得知城内换将驻守，十分恼怒，便加紧攻城，日夜不息，连续八天，轮番攻打。

就在这时，天降大雪，一日一夜时间，雪深过膝，刘黑闼心生一计，从军中挑出精锐五百人，命令各人外加一件白色套衣，趁着夜色掩护，悄悄地从通道走过去，攀城而上，终于攻占了洛水城。

罗士信被俘之后，刘黑闼早就听说他的勇猛，劝他说："你这么年轻，为何不想一想后路呢？"

罗士信说："我为大唐而死，虽死犹生，而你们背唐叛逆，生不如死！"

刘黑闼听后，十分愤怒，想给他一个下马威。他一挥手，拥进来二十多个身材高大的壮汉，一个个手里拿着明晃晃的尖刀，围住罗士信，又是谩骂，又是威胁，摆出要杀他的架势。

罗士信毫不畏惧，面不改色，朝他们冷笑道："别看我才二十多岁，我在战场上却已拼杀了近十年，杀人无数，耍这一套能吓唬住我吗？"

刘黑闼见软硬都没有用，就干脆把罗士信杀了。

李世民听说之后，十分难过，说道："由于天降大雪，未能及时增援，使我军失去一员大将。"

四天后唐军突然包围了洛水城，李世民向将士们说道："攻进城去，活捉刘黑闼，为罗士信报仇。"

因为唐军人多势众，又用高大的云梯助战，仅一天工夫就攻克了洛水城，可惜，刘黑闼于前天已溜出城去了。

不久，幽州总管罗艺率领大军，在徐河（今河北保定东北）与刘十善等交战，大获全胜，打得刘十善大败而逃，伤亡八千余人。

与此同时，李世民派李世勣领一支人马重新攻占了邢州。罗艺打败了刘十善之后，又收复了定州、赵州等地，与李世民的大军会师于洛州城下。

刘黑闼见李世民与罗艺在洛水南岸扎营，另有一支人马驻扎在洛水北岸，两军成犄角之势，形成对自己的夹攻之势，不由赞叹说："李世民果然善于用兵，名不虚传啊！"

高雅贤听了，不服气地说："汉东王为何长他人的威风，依我说，不如派人去邀约徐圆朗派军前来，与我们一起攻打李世民，定能一举击溃他！"

刘黑闼听后大喜，笑道："你不提醒我，真把这一位盟友给忘了呢。"

说完之后，立即派人去向徐圆朗求援，让他尽快发三至五万人马前来，联合攻打唐军。

不料，徐圆朗自己已经是泥菩萨过河——自身难保了。

李世民早用兵进洛水时，便派人去向担任汴州（今河南开封）总管的王要汉说："望迅速攻占杞州，阻止徐圆朗军前来河北……"

于是，王要汉立即率军围攻杞州，一连攻打了两天，终于攻占杞州，生擒徐圆朗的大将周文举，吓得徐圆朗不敢领军向刘黑闼靠拢。

在这种情况下，齐王李元吉又劝秦王进攻刘黑闼，他说道："现在我军可以绝对优势的兵力，打败刘黑闼，又有罗艺的幽州军助战，为何还要拖延不打呢？"

李世民反问道："请你想一想，一支敌军士气高昂，另一支敌军士气低落，你愿意打前一支，还是打后一支？"

李元吉马上答道："我自然是要打后一支士气低落的敌军了！"

"那就好！请你等些天吧，"李世民看着他的这位兄弟，又劝他说："不能性急。战场上风云变幻，一定要打有把握的仗！"

事后，李世民立即派大将程知节领一支一千人的精锐骑兵，前去截断刘黑闼的运粮道路，出发前嘱咐道："这是一支'截粮奇兵'，行动要快，完成任务一定要彻底，不能让刘黑闼再收到一粒粮食了！"

于是，在刘黑闼的运粮道上，经常会有一支行动敏捷的唐军骑兵，神出鬼没地突然将其运粮队伍击溃，使刘黑闼非常恼怒。

三月中旬，刘黑闼召集部下说道："军中已经缺粮，这次务必要从多处筹集粮食，尽快运来。"

他派左仆射范愿亲自领军护卫，先后从冀州、贝州、沧州、瀛洲和清河等地筹集大批军粮，水陆并进，浩浩荡荡往洺州城而来。

李世民得知探报以后，命令行军总管殷开山、左卫将军程名振率领二千骑兵，前去截击，他们凿沉了运粮船，烧毁了运粮车，消灭了范愿带领的护粮队伍，断绝了刘黑闼的军粮来源。

俘获了范愿之后，李世民向他问道："你为何要唆使许多人起兵叛唐？"

范愿答得十分爽快："为了能够生存下去，我们这些窦建德的旧部人员，只有起兵才有出路。"

"胡说！窦建德的旧部中还有许多人不是依然过着平静的日子，连他的妻子曹氏也活得很自由，朝廷并没有刁难他们，"李世民越说越气，指着范愿又质问道："你们以替窦建德复仇为口号，无端地起兵反唐，违背民众的意愿，目的是想个人升官发财，这种罪恶用心，不仅天理不容，而且也得不到天下百姓的支持。"

范愿听了，无话可说，过了一会儿才说道："自古以来，天下纷争，成则为王，败则为寇，我既被捉住，唯死而已！"

李世民冷笑道："又是胡说！当今天下并未纷争，早已被大唐统一了。你们几个人却不安分，硬想再把天下弄乱，但是，人心思定，能乱得起来吗？你们这种不识时务的叛逆，自然要遭到失败的。"

范愿把头一低，两眼一闭，不再说话，只等着被斩杀了，可是，李世民并不想杀他，反而对他说道：

"我不杀你，放你回去，把我的话转告刘黑闼，让他好好想一想，别把一条小道走到头，使自己无路可走了，到那时，岂不悔之晚矣！"

范愿听后，却说道："你还是杀了我吧！刘黑闼不会投降的，我也说服不了他。"

但是，李世民坚持放了刘黑闼的这位左仆射大臣，让他回去了。房玄龄叹息道："古人说：'生人之名胜于杀，与人之名胜于取。'秦王放了范愿，比杀死刘黑闼的两万兵马还要厉害！"

刘黑闼听说范愿被李世民释放回来了，急忙对身边的人员说道："快去命令守城将士，不准范愿回城。"

然后召集部下说道："范愿是这次起兵反唐的首要发起人，居然向李世民投降了，太出我的意料之外！"

高雅贤立即说道："软骨头，范愿是一副软骨头！既然投降了李世民，还回来做什么？让他死去吧！"

刘黑闼又说道："李世民确实有手腕，他居然能把我的首辅大臣劝投降，可以想见此人绝不是等闲之辈！"

高雅贤忙说："关键是范愿的骨头太软了，经不住人家的一诈二唬，以至于'乃不知有汉，无论魏晋'了。"

"不过，有件事我却想不通，"刘黑闼叹了一口气，然后接着说，"像李玄通、罗士信这样的唐将，我用了那么大的气力，也未能让他们投降，反被他们侮辱一番，他们好像是中了李世民的毒一样，对大唐赤胆忠心，视死如归，既令我心惊，也使我叹服，深感自己的能力，特别是个人的智商不及李世民！"

他的话刚说完，守城的士卒前来报告道："范愿大人在城外乱叫乱嚷，影响很坏，是否放他进城？"

未等刘黑闼答话，高雅贤气得站起来说道： "我去把这个软蛋杀了吧！"

刘黑闼摇了摇头，制止道："李世民在将我们的军哩！对这个无用的范愿，他不杀，却让我们来杀，这个计策好毒啊！"

"那该怎么办？总不能由着这个废物坐在城门口胡言乱语，叫嚷不休，乱我们的军心啊？"高雅贤的这一番话说得又急又气，看那样子他恨不能抽出刀来一刀捅死城外的范愿。

刘黑闼仍在不停地叹息，他的兵部尚书董康买忽然向他建议道："是得除掉他！不能让这一颗老鼠屎把我们的一锅汤全给弄脏了！这样吧，送一把刀给他，让他自裁去！"

听了这办法之后，刘黑闼也只得点点头，说道："去，去对他说，这把刀是我赐给他的。"

范愿死了，影响特坏，军中的一个左仆射大臣主动降唐，在城门口又替李世民做了一番降唐大道理的宣传，让刘黑闼深觉恼火，一气之下，向部下命令道："全军出发，我要去与李世民拼个鱼死网破！"

刘黑闼领着人马，在唐军营前挑战，叫骂不休，李世民就是不出战，只是坚守壁垒，高挂免战牌，不予理睬。

见李世民不交战，刘黑闼只得领军回营，忽然想起范愿已死，左仆射一职尚缺，应该及时补上才是。

想来想去，只有高雅贤最合适，便任命高雅贤为左仆射，并吩咐全军举行一次盛大酒宴，庆贺这件大喜事。

董康买忙劝说道："唐军就在眼皮子底下，军中举行如此盛大宴会，是否妥当？"

刘黑闼却毫不在乎地说："没事的，我多次挑战，李世民都不敢迎战，这次他也未必敢对我们下手。去，多宰杀一些猪牛羊，让将士们大吃大喝一顿，打起仗来才能如狼似虎啊！"

董康买不敢再说了，心中却暗自想道："一旦酒喝多了，那确实会让全军将士变成了黄鼠狼和纸老虎了！"

这消息很快被李世民侦知，立即派李世勣、秦琼、尉迟恭等领军前去攻袭。当唐军逼近时，高雅贤趁着酒劲，单枪匹马出来迎战，被李世勣的部将潘二毛一枪刺下马来。

刘黑闼狡猾异常，他饮酒甚少，指挥部下与唐军大战。高雅贤被他的随从救回，未进营门就死了。

经过这次厮杀，刘黑闼深感唐军强大，加上军中粮食不多，慌忙把队伍撤到洺水岸边，想伺机退军，以图扩展自己的军队。

他的兵部尚书董康买又建议说："我军营地正是洺水下游的低洼地带，一旦上游涨水，全军将处于水泽之中，不如回师洺州城内，倒安全得多。"

刘黑闼说："你是只知其一，不知其二。我军退回国都，李世民一旦围城，你我将插翅难逃了。"

董康买说："纵然不撤回城中，现在的营地也不恰当，仍处在唐军威胁之下。"

刘黑闼打断他的话，很不耐烦地说："我已说过，至多不过三两日工夫，我军就会撤走，你就不必再啰嗦了！当前，你我应该尽快想出打败李世民的办法来！"

李世民亲自察看了刘黑闼的营地，向李元吉说："现在终于等来了歼灭刘黑闼的机会！"

他立即命令大将程知节带领军队在洺水上游修筑堤坝，截断河水，准备与刘黑闼的军队决战时，毁坝放水，淹死刘黑闼军。

三月二十六日，刘黑闼眼看军中无粮，经过认真考虑之后，决心以战求生，便亲自率领两万步、骑兵，向南渡过洺水，逼近唐军营地主阵。

李世民一见，大喜道："刘黑闼上门送死，正是歼灭他最好的时候！"

立即命令李世勣、殷开山等为左路军，秦琼、史大奈等为右路军，自己与尉迟恭为中路大军，留下李元吉看守唐军大营中的辎重、粮草等。

分派已定，李世民一声令下，三路大军一齐出击，直扑刘黑闼的军队，双方顿时厮杀起来。

刘黑闼的军队多是江淮子弟，身体素质好，因为求战心切，作战更加英勇骁健，拼杀得十分顽强。

唐军人多势众，加上猛将如云，以一当百，杀得刘黑闼军无人敢挡，明显占据了优势。

两军从中午杀到黄昏临近，几度交锋、厮杀，刘黑闼渐感力量不支。正在这时，他的侍从悄悄对他说："李世民派人去洺水上游放水去了，想把我军将士全部淹死。"

刘黑闼一听，吓得顿时出了一身冷汗，正要发出命令让全军停止拼杀撤出战场，可是，见到自己的部下与唐军杀得难分难解，如果鸣金收军，李世民就会立刻指挥大军包围过来，不仅救不了全军将士，连自己也脱身

不得。

他想来想去，找不出一条万全之策，只好再一次看一眼在浴血奋战的部众，带着几个亲兵，不声不响地趁着混战之机，在夜色掩护下，偷偷地脱逃了。

李世民命令程知节在洺水上游决堤放水，正在厮杀的唐军将士早有准备，很快与刘黑闼的军队脱离了接触，迅速撤离了战场。

洺水咆哮着从上游滚滚而来，一下子冲到了战场上，眨眼之间水深达一丈多。刘黑闼的军队猝不及防，一下子乱了阵脚，兵部尚书董康买急忙寻找刘黑闼时，却得知他早就带着几个亲兵逃走了！

大家听说刘黑闼临阵逃脱，义愤填膺，纷纷咒骂这个置将士于不顾的无情之人。

汹涌的大水奔腾汹涌，八千多人很快就当了冤魂，在唐军交战时又有两三千人战死，其余的，则全部被俘做了俘虏。

而刘黑闼带着几个残兵败将，如漏网之鱼仓皇出逃，逃到北方的突厥，希望能够运用突厥的力量与大唐朝廷较量。

徐圆朗听说刘黑闼兵败逃亡，急忙召集部下说道："刘黑闼的数万军队都被李世民歼灭了，我们该怎么办呢？"

他的谋士刘复礼献计说："汴州的浚仪有个刘世彻，多才多能，善于用兵布阵，而且体貌不凡，很有帝王的气度。现如今手中掌握着一万多人马了。若能把他请来，还怕打不败李世民吗？"

徐圆朗早吓得方寸已乱，一点主张没有了，听刘复礼这么夸赞刘世彻，便顺口说道："那就请你辛苦一趟，去把这位能人请来。"

刘复礼却说道："我可以去把刘世彻请来，可是他来了之后，你得把王位让给他，不然他也不会为你所用的。"

徐圆朗连声答应着，等刘复礼走后，徐圆朗又开始后悔起来，随后与刘世彻上演了一出争夺王位的闹剧，将刘世彻杀死。

李世民听完徐圆朗的一番闹剧之后，在房玄龄的建议下正准备将徐圆朗的残余部队消灭干净，却收到了让其回朝的诏书。因为怕李元吉留在军中招惹事端，就命李元吉与自己一同返回长安，让李神通任瑰、李世勣等人率军继续攻打徐圆朗。

第三十二章

据出兵孤军无援　恨今朝追忆往昔

武德五年（622）六月份，刘黑闼带领突厥的两万人马，进攻定州。他的旧部曹湛、董康买等集中旧部，投奔刘黑闼。

见面之后，刘黑闼装出大度的样子，说："李世民回长安去了，接下来就是我们的天下了！"董康买却旧事重提道："洛水之战中损失严重，汉东王临阵脱逃，部下已经有很大的意见了！"曹湛也接着说："刘复礼与许凤山等公开扬言不再反唐，汉东王太不够意思了……"

刘黑闼听了，满心不高兴，只好叹着气说："过往的事情就不要再提了，这也是迫不得已的事情呀！"

董康买这才对他说："李世民回长安时，把军队交给了李神通指挥，这可是咱们替夏王报仇的好机会！"

刘黑闼说："这个李神通容易对付，洛水之战我们损失不小，可是河北的老百姓还是向着我们的。我这次回来，不过半个月时间，队伍就扩展到一万余人，何愁打不败李神通？"

曹湛说："这定州乃古之燕赵旧地，商贾大户也多，若能攻占，将城中财富尽得之，大军不愁费用了！"

刘黑闼忙说道："我已派去四十多人进城，今夜三更时分里应外合，天亮之前准能攻占这座古城。"

唐朝的定州刺史刘加奇，是并州总管刘世让的侄子，为人精敏强干，但是城中的统兵将领王友人却刚愎自用，很难与人合作。

刘黑闼领着突厥大军攻打唐县时，刘加奇就提醒王友人说："刘黑闼的下一个攻击目标便是我们的定州，得及早把阜平的军粮运回城里，以备坚守。"

王友人却固执地说："探子来报告了，刘黑闼将穿越太行山，向并州进军，我们可以高枕无忧了。"

刘加奇立即说道："那是刘黑闼放出的烟幕！河北地区是窦建德原先的领地，有众多的老百姓支持，况且穿越太行山困难太大，他不会舍易就

难的，我们还是及早备战，才能防患于未然呀！"

可是王友人根本不听，反而用一句话堵住他的口道：

"我的刺史大人！军队的事你还是让我来管吧！"

刘加奇气愤地对部下说："定州城完了，我们都将成为刘黑闼的俘虏了！"

三日后，刘黑闼的大军突然包围了定州城，王友人这才觉得后悔，管粮食的官员对他说："军粮只够吃五天，而阜平粮食已被刘黑闼的军队运往突厥去了。"

此时，城中混乱，刘黑闼派进城内的潜伏人员四处活动，放出谣言说："汉东王沿用夏王的政策，对老百姓宽厚仁爱，唐朝对我们太苛刻了！"

刘加奇听说这些言论之后，立即对王友人说："城内有刘黑闼的奸细，必须加强警戒，城上要加强夜间的巡逻，防止敌军里应外合。"

说完之后，他主动提出到城头夜巡，但是王友人不让他去，并且赌气似的说道："我早就说过，军中之事不要你多管。"

刘加奇说："我连到城上去参加守卫的权力都被你剥夺了，我这个刺史还怎么当啊？"

他的部下对王友人的霸道行为很不满意，以致将士离心，士气低落，给刘黑闼以可乘之机。

当天夜里，城上的守军居然在兵临城下之时，无人巡逻，一个个沉沉大睡，城门被刘黑闼的潜伏人员打开多时，守军还无人发觉，刘黑闼的大军轻而易举地攻占了定州城。

刘加奇听说城被敌兵攻占了，便面对着长安方向哭拜道："皇上！我这个刺史当得实在窝囊，只能以死来向朝廷谢罪了！"说罢自尽而死。

王友人领着队伍与刘黑闼军展开巷战，尽管打得很顽强，终因兵力太少，将士们纷纷逃走，结果全军覆没。

刘黑闼进城之后，将富商大户人家的金银财物洗劫一空，尽数赏给了有功的将士，城内的老百姓见了，纷纷说道："不是说汉东王的政策宽厚吗？唐朝的军队可没有劫掠的风气呀！"

定州失守后，李渊任命淮阳王李道玄为河北道行军总管，负责讨伐刘黑闼，可是副将史万宝心中不服，认为李道玄是个毛孩子，怎能担当主将？

他在将士中间公开扬言道："常言道'嘴上无毛，办事不牢'。老夫身经百战，却要受制于一个毛孩子，这个仗还怎么打？"

九月中旬，刘黑闼攻打瀛洲（今河北河间），瀛洲刺史马匡武派人向李道玄求援，由于两人意见不合，李道玄要派兵支援，史万宝却不答应，于是瀛洲被刘黑闼攻下，将马匡武杀了。

　　刘黑闼的势力越来越大，李渊担心他向山西进军，便任命齐王李元吉为领军大将军，并州大总管，到山西指挥各郡县讨伐刘黑闼。

　　朝臣们都认为李元吉不堪重任，却不敢明说，李渊已经觉察到大臣们的意见，只得说道："齐王年轻，性喜顽劣，更应该到战场上去经受锻炼，让他知道创业的艰难啊！"

　　十月上旬，刘黑闼之弟刘十善领军攻打鄃县（今山东夏津），唐朝贝州刺史许善护领兵援助，两军展开大战，未分胜负。

　　刘黑闼派董康买率领一万人马，与刘十善夹攻许善护，激战一日，许善护孤立无援，全军覆没。

　　接着，刘黑闼与刘十善兄弟二人围攻晏城（今山东齐河西北），唐朝守将为右武侯将军桑显和。

　　桑显和原是屈突通的部下，作战勇敢，善用谋略，见刘黑闼与其弟刘十善两军相距不过十里，便心生一计。

　　当晚，桑显和挑选精壮士卒二百人，让他们都戴上各种各样奇形怪状的面罩，于深夜时分，命令二将各率一百人，分别前去攻袭二刘兄弟的营寨。

　　刘黑闼、刘十善发觉之后，急忙领军迎战，一见他们的怪异形象，士卒们都吓得纷纷后退，口中不停地大声叫嚷着："哪里来的妖兵，快跑啊——"

　　连刘黑闼、刘十善等人见了，也吓得心惊胆战，只好收兵回营，不敢交锋了。

　　次日夜里，桑显和又令他的二百面罩军前去劫营，攻到刘黑闼、刘十善两军营前，他们一边大声胡乱地嚷叫，一边手舞足蹈，口中喷出烈火，吓得刘氏兄弟不敢出战，躲在营里连大气也不敢出了。

　　桑显和的面罩军连续两夜出现，老百姓纷纷说道："老天爷显灵了，派遣天兵天将下凡了！"

　　刘黑闼与刘十善一合计，不敢再攻打晏城了，担心触怒天威，遭受惩罚，便匆匆带领军队撤走了。

　　桑显和站在城上，远望撤退的刘氏兄弟队伍，不禁哈哈大笑道："这刘黑闼兄弟俩做贼心虚，起兵反唐，祸害老百姓，害怕老天爷惩罚他啊！"

　　十月下旬，刘黑闼带领大军继续南进，攻打唐朝的郡县城池，在下博

（今河北深县东南）与淮阳王李道玄的军队相遇。

面对刘黑闼的强大攻势，李道玄坚持出兵迎战，他说道："刘黑闼的队伍素无训练，是一群乌合之众，我们可以趁他们立脚未稳，打他们一个措手不及！"

可是，史万宝不愿出兵，他认为："敌军刚来，士气高涨，不可迎战；过些时间，等敌军疲惫了，再与之交锋，准能打败他们。"

淮阳王李道玄虽然年轻，又是皇上的侄儿，却没有亲王的架子，听了史万宝的意见，他和气地劝道：

"朝廷希望我们早日消灭刘黑闼的叛军，早一天总比迟一天好吧？这样吧，我先领军出战，冲入敌阵之后，请史老将军率主力跟上，咱们就可以一鼓作气，大败刘黑闼了。"

史万宝听后，不好再坚持反对出兵，只得答应道："那就照淮阳王说的办吧！"

唐军共三万人，李道玄带领一万人马，一声令下，领着队伍冲上去了。

只见这位年轻的亲王一马当先，手举大刀，杀在队伍的最前面。

刘黑闼的军队一见唐军杀来，慌忙迎战，可是哪里挡得住李道玄队伍的勇猛冲杀，纷纷后退，李道玄趁势杀入阵中。

但是，史万宝见李道玄领军已冲入敌阵，却按兵不动了，并无领军跟着杀进敌阵的打算。

有的将士建议道："我们应该出兵接应，既可以援助淮阳王，又可以加强对敌攻势。"

可是，史万宝却打起了小算盘，他对部下说道："我奉皇上手敕说，淮阳王只是个毛孩子，军队行动都委托老夫我。如今他冒冒失失地出击，如果和他一同去攻，必定一起覆灭。不如用淮阳王作诱饵，如果他失败了，刘黑闼肯定争相前进，我们坚守以待，必定能打败他们！"

听了他这番话后，他的部下中有一个叫冉仕熊的将领说道："你这么做，不等于让淮阳王去送死吗？在战场上，如此见死不救，一旦皇上知道，你不怕杀头吗？"

史万宝听后，十分恼怒，但他忍住了，对那位将领说："我有办法可以不让皇上知道这件事。"

冉仕熊忙问道："不知大将军有何办法能不让皇上知道？难道大将军忘了防民之口甚于防川的道理吗？"

史万宝不动声色地告诉冉仕熊说："我自然有办法的，不过，我不会对你说的。"

冉仕熊也针锋相对地说道:"大将军的办法我早就知道了,何须你向我说呢?"

"既然你能知道我的办法,不妨说出来吧!"

"这办法十分毒辣,但又非常愚蠢,我不想立刻戳穿你,让你当众难堪!"

史万宝压着内心的愤怒,说道:"我知道你不敢说出来,因为你没有把握能说准。"

冉仕熊立即说:"你以为把我杀了,就不会有人把这件事说出去,朝廷也就不会知道了?其实你错了,要想人不知,除非己莫为,难道你忘了?"

史万宝终于不听冉仕熊等的规劝,拒绝出兵接应淮阳王,致使他孤军陷入敌阵,苦无后援,力尽战败,被刘黑闼的乱兵杀死。

过后,史万宝才准备带兵出战,但是唐军广大将士对他眼看着淮阳王战死不去营救,非常不满,全都没了斗志,于是不战自败,纷纷溃散,史万宝也只好逃命去了。

年轻的淮阳王李道玄,死时才十几岁,他曾多次跟随李世民南征北战,二人结下了很深的情谊,得知他的死讯之后,李世民深为惋惜,痛哭流涕地说:"死得太早,也太委屈了!"

李世民把淮阳王李道玄战死的情况一一奏报给他的父皇,李渊大怒道:"史万宝有意刁难,见死不救,有失为将之道,其罪当斩!"

这位史万宝,年轻时曾被人们称为"长安大侠",随淮安王李神通打天下,后又一起投奔李渊。归唐后,官运亨通,后在熊耳山计杀李密,极受朝廷信任。

此次,自恃年老功高,不把年轻的淮阳王李道玄放在眼里,做了蠢事,遭到部下反对,终于兵败事泄。

后来,李渊念其战功显赫,没有斩杀他,只是派人送去一瓶御酒给他,并传谕道:"念你年老功高,赐御酒一瓶,以为赏赐。"

史万宝心知肚明,却故意推诿道:"皇上待我恩重如山,这御酒我暂且放下,留待改日再慢慢享用。"

那位送御酒之人却不答应,当即说道:"那怎么可以?圣上赐物,何等珍贵,怎么能让它过夜?若是留下来,束之高阁,岂不是对皇上的大不敬?"

说罢,他伸手打开御酒瓶盖,斟了满满一杯,递给史万宝说:"这御酒乃世上珍品，人间罕见，非有大功者不可以得到，请老将军满饮此杯!"

史万宝看着那杯溢着芬芳之气的剧毒御酒，知道一旦喝下去，便会一命呜呼! 不由得百感交集，一时后悔不迭!

没想到大半生的戎马生涯，竟因为这一次的失误而命丧黄泉，落得个千古之恨!

第三十三章

东宫撼位储君征　孤注掷战前杀将

史万宝死后，他的队伍由洺州总管庐江王李瑗接管，见到周围的郡县投降刘黑闼，就急忙组织兵力守城。由于洺州原为刘黑闼的地盘，在城内百姓的暗中联络下，刘黑闼很快就趁着深夜进入了城内，李瑗吓得弃城而逃。

刘黑闼占领洺州之后，又攻打沧州，沧州刺史程大买弃城逃跑。

此时，崤山以东地区多受震动，刘黑闼重新在河北地区崛起，时间不过两个月，可谓神速。

究其原因，不能不令人深思，其中固然有唐军指挥上的混乱，也有主将间配合上的不协调等。这些原因引起了长安城内的一片埋怨情绪。

很多大臣对李渊无故召回李世民的做法不满，李纲在上朝时大胆地奏道："自古以来，临阵换将为军中大忌，秦王在洛水之战中一举击溃刘黑闼，使他只身逃往突厥，本可以乘胜歼灭其余部，由于秦王调回京师，给了刘黑闼一个喘息机会，使他死灰复燃。恳请圣上再次派遣秦王领兵出征，已是迫在眉睫了！"

屈突通也接着奏道："秦王善于用兵，威震敌胆，又能安抚百姓，体恤下情，打败刘黑闼，非秦王莫属。"

听了大臣们的建议，眼见着河北形势的吃紧，李渊很想再派李世民带兵出征，可是，他内心里一时犹豫不决起来。

李渊心中十分明白，朝廷内部，尤其是三个儿子间争权夺利的斗争已越来越尖锐了——李世民在攻打刘黑闼的战场上两次被召回长安，就是一个明显的征兆。

建唐以后，李世民屡次率大军出征，又屡次歼灭敌对势力，战功卓著，手下猛将、谋士不少，而且在朝廷中的威望早已超过了太子李建成。

齐王李元吉虽然德才俱无，却生就的一副好勇好斗的性格，眼看着李世民声名显赫，地位日增，在心存嫉妒之余，也奢望着抬高自己的身份。

太子李建成虽因年长被确立为皇位继承人，但由于长期困守东宫，没有机会带兵出征，无法为朝廷建功立业，以致在朝中、军中和地方上的威望，都不及秦王李世民，这不能不使他感到一种强大威胁和挑战，正从李世民那里向自己逼近。

因此，当李纲、屈突通奏完之后，李建成很反感地也上前奏道："大唐人才济济，猛将如云，能带兵打败刘黑闼者，何止秦王一人？李纲、屈突通之言也太耸人听闻了吧？"

李渊一听，赶忙说道："此事容朕三思，以后再议吧！"说完之后，立即手一摆退朝了。

李建成回到东宫，急忙召集他的谋士说道："二弟世民战功日多，威望日重，许多大臣也跟着起哄，长此以往，我这太子的地位必然受到影响，请诸位想想办法吧！"

太子中允王珪说道："现在秦王功盖天下，全国都知道秦王能干。而殿下不过是因为年长才被立为太子，并没有什么大功可以镇服天下，这种局面是很不利的。"

太子洗马魏征接着说："当前要想改变这种不利的局面，只有带兵去攻打刘黑闼，取得胜利，逐渐把兵权夺回来，以证明殿下的才能并不比秦王差。"

李建成忙问："刘黑闼兵力强大，不易取胜吧？"

魏征说道："太子不必担心！刘黑闼虽然在河北猖狂，其实，他的队伍不过是一支散亡之众，军中的精锐不超过万人，而且粮食缺少。如果太子能带领大军前去征讨，必然如摧枯拉朽，一举击溃他。这是创业立功，巩固太子地位的好机会，不可错过。"

中允王琏说道："刘黑闼的军队，前次在洺水之战中被秦王打垮之后，他现在的兵力不过一万余人，大部是溃散之后又聚集在一起的，战斗力不强，已是惊弓之鸟了，不值得惧怕的。太子应该竭力争取带兵去攻打刘黑闼，在立功的同时，还可以趁机结交山东的英雄豪杰，以扩大影响和实力，也许就可以稳定自己的地位了。"

李建成又担心地说："只怕父皇不答应派我去，若是如此，我们岂不是白议论了？"

魏征忙说："殿下呀，你这担心毫无根据，皇上迟迟不派秦王出征，这说明了什么？"

李建成又问："我不明白父皇的意思，我估计父皇在考虑派哪一位大将带兵去合适些……"

"不，不是这样的，"魏征急忙用激将法，鼓励李建成道，"臣以为，皇上所以迟迟不派秦王去，也没有派其他大将去，而是在等待太子主动提出请求，若是毛遂自荐，皇上便可以顺水推舟地答应了。"

李建成认为两人分析得很对，在次日的朝会上，他主动向父皇提出带兵出征，说道："秦王多次领兵，也太辛苦、劳累了，儿臣久处东官，身子养娇了，也该去战场上经受锻炼和考验啊！"

李渊听了之后，立即答应了太子的请求，齐王李元吉也忙着奏道："启禀父皇！让儿臣跟随太子一起去吧！"

李渊告诫齐王道："你去是可以的，不要给太子添麻烦，前次在黎阳差一点惹出乱子来……"

齐王急忙抢着为自己辩解道："父皇！那是有人为了树立个人威信，有意贬低儿臣的形象。"

李渊一听，知道他是在指秦王，不由生气道："胡说！你自己不争气，不学好，还要埋怨他人，这样下去还能与谁一起共事？"

李建成急忙又奏道："父皇！就让四弟与儿臣一起出征吧！"

这样，李渊便于同年十一月初七日下诏，命令李建成率军征讨刘黑闼，山东道大行台及山东道行军元帅与河南、河北各州县，均受李建成辖制指挥，并委他有权随机行事。

李渊此举，是他故意向朝臣们公开暗示，以期平衡秦王府与太子东宫之间的势力，也提醒大臣们不要介入两人之间的争权斗争。

李建成终于达到带兵出征的目的，心情十分愉快地领兵出发了，齐王对太子说道："父皇为这次出征，有意调集了大量的精锐部队，充分证明了大哥的太子地位仍然安如磐石！"

太子笑道："太子地位得到了稳固，这是你我的幸运，大哥永远不会亏待你的！"

齐王一听，手拍胸脯，信誓旦旦地说道："大哥尽管放心就是了。从今往后！小弟就是你的马前卒，赴汤蹈火，在所不辞！"

李建成听后，走过去把齐王紧紧地搂在怀中，激动地说道："只要我们兄弟俩心心相印，又有父皇为我们撑腰，量他世民也翻不了天的！"

自此以后，太子与齐王暗中结盟，共同对付秦王。

刘黑闼重新占领洺州之后，又大力扩充兵马，将相州以北的州县全都占领，声势比前更加壮大，他向部下吹嘘说："我们有突厥人在后面给予强有力的支持，又有河北老百姓的无私奉献，量他李渊也奈何不了咱们！"

于是，刘黑闼带领军队南下，其时已是十二月中旬。临近春节，当地的百姓正忙着准备春节的食品，家庭富裕的人家，又是杀鸡鸭，又是宰猪

羊，忙得热火朝天。

一个多月以来，刘黑闼几番攻击，仍没有攻下魏州和元城，虽然占领了恒州，刘黑闼的军队没有得到补给，军粮已不多了，便沿途劫掠起来，引起当地百姓的不断反抗。

在昌乐附近的王村，刘黑闼的军队停了下来，那里距离李建成的唐军只有十里左右，摆开阵势，准备决战。

可是，李建成听取了魏征的建议，坚闭营门，不予交锋，故意让刘黑闼自堕锐气。

魏征向太子分析说，前次秦王虽然击溃了刘黑闼的军队，但没有消灭他的骨干分子，因此刘黑闼才能借助突厥人的力量，迅速东山再起。而且秦王的胜利，只是限于军事上的，根本没有赢得河北民众的支持。河北是窦建德的旧地，他在河北地区长期实行安民抚民的政策，在民众中享有崇高的威望。这次刘黑闼起兵又打着反抗唐朝统治、为夏王窦建德报仇的旗号，赢得了河北民众的广泛支持。加上窦建德死后，朝廷在河北地区严厉地逼索起义军藏匿的财物，搜捕窦建德旧部人员，这一些做法都引起当地百姓的反抗。

听了魏征的分析之后，李建成问道："依你之见，对刘黑闼我们该怎么办？"

魏征说："依臣之见，我们应该吸取教训，改变镇压的策略与方式，变残酷虐杀为怀柔安抚，以笼络人心，分化河北起义军的力量。"

李元吉插话道："刘黑闼的部下中，多是铁了心的反叛分子，他们会接受你的安抚与笼络吗？"

魏征解释道："少数的反叛人员，我们自然要斩杀他们，但是，对一般的将士，还有当地的老百姓，我们一定要安抚他们，把民心收回来，不然没有广大民众的拥护，想稳定江山是困难的。"

李建成说："据我所知，以前打败刘黑闼，朝廷总是按照预先定好的名单处死那些被捉住的将领，又抓获他们的妻儿老小，一并处死。不过，后来父皇已下诏要赦免一些人的死罪了。"

魏征听了，忙接着说："是呀，虽然皇上下诏免了一些人的死罪，但他们根本不相信，依臣说，现在应该全部放掉那些被囚禁的俘虏，并加以抚慰，这样必定可以收到瓦解敌军的效果，让刘黑闼在河北老百姓中间失去支持。"

李建成听后，立即答应道："这建议甚好，曾听父皇多次说过，安抚人心的政策，往往能收到在战场上得不到的效果！"

于是，太子李建成利用父皇给他的"有权随机行事"的有利条件，向河北地区的各郡县发出命令，要他们立即释放那些被关押的刘黑闼军队的俘虏，并发给路费，让他们各自回乡。

齐王李元吉却忧心忡忡地说："把那些人都放了，刘黑闼再把他们召回去，不等于壮大了敌军，削弱了我们自身吗？"

李建成看着魏征问道："该不至于那样吧？"

魏征只好说道："会不会出现那种'反叛回潮'的情况，臣也难以保证，不过，老百姓的眼睛可不瞎。"

果不出魏征所料，三天后，刘黑闼任命的沧州刺史刘元福被城内的百姓捉住，送到太子军中。

接着，恒州的刺史吴大义，尽管是刘黑闼的侄儿，也被城内的百姓捉住，送来太子军中请求处置。

与此同时，刘黑闼的运粮官姚名有因为劫掠不到军粮，害怕被处死，也带着他的运粮队五六百余人，请求投降，并且报告了刘黑闼军中的缺粮情况。

李建成问道："你们的军粮，不是全由老百姓送去的吗？"

姚名有忙说："以前是的，如今连年战争，老百姓不愿意给粮食了，刘黑闼就命令我们到老百姓家中抢掠，遭到老百姓强烈的怨恨。他们就把粮食藏起来。"

魏征向太子说道："长年的战乱，谁不想过上安定的日子？河北地区的老百姓也终于醒悟过来了。"

李建成兴奋地打断他的话，高兴地说道："看来，刘黑闼的命运，是兔子的尾巴——长不了啦！"

魏征接着说："河北地区的老百姓，也像中原地区的百姓一样，他们从隋朝末年开始，就饱尝战争之苦，早已厌倦了那种刀口上舔血的生活，朝廷的政策一旦宽容一些，他们绝不会支持刘黑闼这一类亡命之徒的。"

这样一来，刘黑闼军中的粮食快吃光了，又得不到老百姓人力和物力上的支持，部下人心惶惶，便决定孤注一掷，他召集部下道："今晚让全军将士饱餐一顿，三更时分，前去偷袭唐军大营。"

董康买说："唐军的营寨，有半数是用木栅围起来的，我们用火攻，只要把木栅燃着，准能大获全胜！"

刘黑闼接着说："这一仗如果打胜了，唐军的粮食、辎重全归我们，就不愁没有军粮了。"

有的将领问道："要是我们打败了，怎么办？"

曹湛听了，立即大声斥责道："战前说这种不吉利的丧气话，真是败兴！"

董康买也气愤地命令手下说："他既无信心，拉出去斩了吧！"

刘黑闼急忙制止道："战前先杀军中大将，也不吉利呀！让他戴罪立功吧！"

一个叫赵同山的将领立即大声谢道："感谢汉东王不杀之恩！请派我担任前锋吧！"

"好！你领一千精锐士卒，快去准备好火把。今夜突袭成功，你赵同山就算立了头功！"刘黑闼看着赵同山，眼中流露出信任的目光。

会后，刘黑闼低声对董康买、曹湛二人说："今夜一旦失利，我们可以退到馆陶（今河北馆陶）聚集，然后再向突厥撤退，有道是：留得青山在，不怕没柴烧啊！"

约在一更时分，有人来向刘黑闼报告："赵同山去准备火把，至今未归。"

董康买急忙问道："他走时，带队伍了吗？"

那人答道："一千人全领走了，说是去准备干草扎火把。"

曹湛一拍大腿，骂道："这个狗杂种，准是小鬼晒太阳——连个影儿也没了！"

董康买无力地一屁股跌坐在椅子里，说道："这可怎么办？他不仅带走了一千劲卒，一旦他投奔了唐军，我们的夜袭计划，就、就全……"

刘黑闼将大手一举，吩咐道："事不宜迟，夜袭提前！你们快去传达我的命令：全军马上出发，去奔袭唐军大营，不得延误！有违抗军令者，立刻斩首！"

赵同山借口去扎火把，将那一千劲卒带出刘黑闼的军营，沿着大道，直奔唐军大营而去。

大约走到半途，赵同山停下来，向士卒们说："刘黑闼已走到了穷途末路，我们再也不能替他卖命了！咱明人不说暗话，愿意跟我去唐军的，就留下来；不想去的自便！"

听了他的话之后，军中有人说道："我已讨厌战争了，我要回乡种地去了！"

还有人说得更直截了当："我要回家与父母、妻子一起过平安日子了！"

赵同山带出来的一千人，走了一大半，只剩下三百余人，他不由叹道："你们不想打仗，其实我也早想回乡与家人团聚了。不过，有刘黑闼活着，怎么能不打仗呢？等这一仗打完，最好能把刘黑闼捉住，送往长安，咱们都可以马放南山，各自回乡安心种田去了！"

于是，赵同山把这三百多个士卒带到唐军大营，向太子李建成主动投降，并且报告了刘黑闼准备引军夜袭的情况。

李建成听后，哈哈大笑道："刘黑闼狗急跳墙，自来送死了！"

魏征忙上前献计道："我们可以先用空城计，打败他之后，刘黑闼必然领军向北逃脱，然后再埋伏几支人马沿途袭击，定能活捉这个叛贼！"

李建成立即派出各路人马，去分头埋伏，又留下一座用木栅围筑而成的空营，引诱刘黑闼前来。

未到二更时候，刘黑闼的前锋将领曹湛已领着队伍，接近唐军大营，并燃起火把来焚烧那座木栅营寨了。

一见火起，埋伏在空营两侧的秦琼、尉迟恭立即领军杀出，将曹湛的队伍围在中间，指挥强弓硬弩一齐射击。

狡猾的刘黑闼自带主力兵马殿后，一听前面杀声四起，知道曹湛被围，急忙领着军队掉头就向北逃去。

刚走了一里多路，迎面一支唐军挡住去路，只见一员唐将坐在马上，用手中的大斧指着他喊道："叛贼刘黑闼还不下马投降吗！"

刘黑闼早就听闻这手使双斧的程知节武力非凡，就急急忙忙带着军队后撤了，想着从后侧小道逃脱。但是不料，秦琼与尉迟恭早就已经从后面追上来了，刘黑闼背腹受敌，心慌意乱，不敢恋战，带着军队就开始夺路突围。秦琼、尉迟恭与程知节指挥唐兵奋勇杀敌，而刘黑闼的队伍四处溃逃。

第三十四章

黑闼败走被活抓　怒斩二将献李唐

　　刘黑闼带着队伍冲出重围，刚走出二三里路，就听见震天的杀声。眼见唐兵又追上来了。于是，刘黑闼忙对部下说道："我们赶快撤走吧，以免又陷入了唐军的包围当中。"当时，正是半夜刚过，加之夜黑如墨，一不小心，就会跌落马下，摔在凉地上，不是筋骨受伤，便是破了面相，许多士卒趁这机会偷偷偷溜走了。

　　又走了一段路，忽见前面黑压压一队人马拦住去路，在晨光细微之中，见到一面大旗上有一个盆口大的"帅"字，有两员身穿戎装的年轻大将坐在马上，刘黑闼不禁头皮一麻，心知这二人就是太子李建成、齐王李元吉。

　　刘黑闼正想从旁边闪过去，忽听前面有人大叫道：

　　"刘贼！大唐太子在此，还不下马受死吗？"

　　喊话的是行军总管刘弘基，随即指挥兵马掩杀过来，董康买急忙对他说道："前面离馆陶不远，你领兵先冲过去，我带队伍殿后，到那里会齐！"

　　刘黑闼点头，手举大刀，杀退前面的唐军，顺着北去的大道，继续向北逃窜。

　　董康买还未来得及跟过去，唐朝的兵部侍郎殷开山又带一支兵马赶过来，与刘弘基合兵一处，将他的一千余人围在中间，唐兵在周围高声叫道："投降不杀！投降不杀！……"

　　许多士卒已扔下兵器，准备投降，可是董康买连杀数人，不愿投降，仍然逼着他身边的士卒突围。就在这时，殷开山取箭在手，对准董康买心窝射去，只听他"哎哟"一声，仰面倒在地上，一命呜呼。

　　他身边的士卒一见董康买死了，随即扔下兵器，一起伏在地上，请求归降，殷开山上前说道："想回乡与亲人团聚的，现在就可以离开；愿意加入唐军的，就随我们一起去追击刘黑闼！"

　　那些士卒一听，当即就有半数人请求回乡，口中千恩万谢，离开了战场。

刘黑闼逃到馆陶附近，见董康买迟迟未到，心中明白这位部下大概是再也回不来了，便故意向部下道："他在后面为了狙击唐军，一时掉队，我们快过永济桥，到河那边再说！"

他们到达永济桥头，见桥梁崩塌在水中，不能过河。此时，腊月刚尽，仍然寒冷异常，虽未结冰，谁也不愿涉水过去。

后面喊杀声远远传来，唐朝太子李建成和齐王李元吉率领大军即将追到。

怎么办？前有宽阔的永济渠，后有人山人海般的唐军，刘黑闼东张西望，焦急万分之时，他的亲信王小胡突然说道："汉东王！眼前我军只有背水一战了！"

这一句话提醒了刘黑闼，心中暗想道："我已经没有项羽那种破釜沉舟的勇气了，看来，只有劳驾你这位马前卒代劳！"

于是，刘黑闼一边派王小胡背水列阵，狙击唐军，一边逼着士卒在永济渠上架桥。

河水冰冷异常，士卒们谁也不愿下水。刘黑闼凶相毕露，一连挥刀杀了几个人，最后他们不得不下水架桥，费了九牛二虎之力，将桥搭好，刘黑闼扭头看着王小胡正领着残余的兵马与唐军拼命厮杀，他心里说："养兵千日，用兵一时，我平日对他另眼看待，在这危急时刻，也该是他效力的时候！"

遂转身大步走上刚架好的永济桥，到达西岸时，猛听到一声撕心裂肺般的大叫："汉东王！我王小胡以死报答！"刘黑闼立即拍马逃去，头也不回。

扑上来的唐军已将王小胡砍成了肉泥，他的兵马立即溃散，许多人主动丢下兵器，请求投降。

唐军大队人马陆续赶到，李建成命令刘弘基带领一千轻骑，继续追击刘黑闼，一面指挥军队过桥，魏征上前说道："刘黑闼的身边没有多少人马，已基本丧失了战斗力，请太子下令给威县、清河以北各州县，要他们务必拦截北逃的刘黑闼，论功行赏。"

李建成大喜道："此计甚妙，量刘贼万难逃脱这张天罗地网了。"

他立即命令魏征草拟命令，以太子手令，派快马分头送往威县、清河以北的十数个州县里去。

齐王李元吉却说道："这些州县的地方官，多是刘黑闼亲自任命的，你的太子手令他们会听吗？"

未等李建成回话，魏征说道："齐王！刘黑闼兵败逃亡的消息早已传遍了那些州县，那些官员们正在考虑着何去何从，大唐太子的手令到了，恰好为他们指明了一条出路，谁还愿意死心塌地再去替刘黑闼做殉葬品？而且拦截刘黑闼，捉住刘黑闼，不正可以将功赎罪，献贼领赏吗？"

李建成也装作十分明白的样子说道："如今的刘黑闼不吃香了，他已成过街老鼠——人人喊打了。"

确如魏征所料，刘黑闼领着几百名骑兵逃走，被刘弘基在后面追得日夜奔逃，无法休息，又饥又渴，十分疲劳，仍不敢停下来，担心遭到身后唐军的围歼。

他不止一次地给身边的亲军鼓劲儿说："只要摆脱了身后唐军的追击，我们可以走到哪里，吃喝到哪里，若是逃到了突厥人那里，就等于回到了天堂！"

那些亲军被他哄得迷迷糊糊，像是上了贼船的同伙，只得跟着他没命地奔逃。

到达冀州时，刘黑闼本想进城休息，饱餐一顿，准备一些干粮再向北跑，可是，后面的唐军追得很近，担心一旦进了城，如同鸟儿进了笼子，他再三劝告部下道："忍一忍吧，把追赶的唐军甩了，再休息不迟。"

于是，刘黑闼便从城东二十里处，越过了冀州城，继续北进。其实，刘黑闼也担心这些地方官得知他兵败的消息，会背叛自己，投降唐朝，自己送上门去，不是自投罗网吗？

这时已是唐朝武德六年（623）正月中旬，刘黑闼的逃亡队伍快到饶阳了。

虽然他饿得难受，仍坚持拼命地拍马前行，他身后的亲军们实在不愿意再向前走半步了。

恰好饶州的刺史诸葛德威又热情地出城迎接，诚恳地上前说道："请汉东王放心，唐军距此三十余里，请进城用过饭后，带一些干粮，然后出城。"

刘黑闼现在对谁也不敢轻易相信，担心会随时被人出卖，于是对诸葛德威说："你的盛情难却，由于时间紧迫，不便于进城了，请你派人把食品送到城外来！"

诸葛德威听后，立即双膝跪下，十分激动地说："汉东王！我这个地方官是你亲自任命的，早想报答你的大恩，苦无机会，如今你身临危难之中，我正该感恩图报，难道我会不诚心诚意吗？"

诸葛德威一面请求刘黑闼入城休息，一面满脸流着泪水，反复说着一些知恩报恩的话语，刘黑闼还想坚持让他把食品送到城外，他身边的部下却纷纷不满了，有人说："汉东王既然不愿进城，我们去！"

刘黑闼这才答应，随诸葛德威进饶阳城。可是，他又不愿意到官衙去，只是领着他的一百多个亲军随从在城边的市场中休息。

诸葛德威派人送来了食物，面对那么多的美味佳肴，刘黑闼及其部下们立即扑了过去，大嚼大咽起来……

这支疲惫之师正在狼吞虎咽之时，忽听周围一阵脚步声响起，四面一下子涌上来无数兵士，将他们紧紧地围在中间，刘黑闼及其部下一时全惊呆了！

只见诸葛德威站在高处，大声地宣读了唐朝太子李建成的"手令"，然后对刘黑闼等人说道："现在，你们唯一的出路是放下兵器，主动投降，以免动起手来，伤了和气……"

"废话！还有什么和气？"刘黑闼怒视着站在远处的诸葛德威骂道，"你这个忘恩负义的东西！刚才还口口声声要报答我的恩情，难道你就是这样报答的？"

诸葛德威冷笑道："其实你对我寡恩少义，我无须报答！因为我有才有德，手中有兵，你才让我当饶州刺史，你起兵反唐，祸国殃民，身为叛逆，自寻死路，怨不得我！"

刘黑闼还想诓骗他说："今日你能放我一马，等我从突厥回来，让你当我的副手。"

诸葛德威说道："刘黑闼！你别痴心妄想了，我不会再上你的当！告诉你，明年的今天就是你的周年祭日。"

说罢，他立即指挥部下动手，没经过几个回合，刘黑闼便被抓了起来，连同他的亲军，一起当了俘虏。

诸葛德威把刘黑闼及其弟刘十善送到唐军大营。太子李建成接到父皇的诏命，在洺州公开斩杀了他们兄弟俩，并将二人的首级示众三日。

洺州是窦建德的国都，刘黑闼叛唐起兵后，也在这里自称汉东王。现在刘黑闼、刘十善被唐朝公开斩杀，对洺州的百姓，特别是对河北的民众是一个严重的警告。自此，李渊重新平定了河北。

秦王李世民奉诏回长安时，曾留下淮安王李神通，行军总管任瑰、李世勣继续攻打徐圆朗。

徐圆朗仍然以兖州为基地，占据了济宁、郓城、邹县等地区，拥有兵力两万余人，势力仍然很强大。

李神通等率领唐军三万余人，向郓城进军，任瑰说："郓城守将左兴

民，虽然是徐圆朗任命，但此人品格端正，极重义气，不如派人前去劝他归唐。"

结果，左兴民因为对唐军不信任，闭门不开，在李世勋等人的强攻之下，最终归顺唐军。

随后，左兴民立刻派人分赴济宁、邹县等地，劝那里的官员、将领归顺唐朝，不过几日时间，徐圆朗的辖地都先后投降了唐朝，只剩下他自己所据守的唯一的一座兖州城了。

李神通的臂伤已经痊愈，遂与李世勋、任瑰一起，领着唐军向兖州进军，决心消灭徐圆朗的残余势力。

这时，徐圆朗的部下见刘黑闼已经兵败被杀，郓城、济宁等城也投降了唐朝，反抗唐朝的士气早已低落下去，各自都在为自己的去向着想。

徐圆朗见大势已去，也曾想过主动投降唐朝，但是，他担心李渊恨他反复无常，会杀了他，便打消降唐的打算，正在左思右想，没有出路之时，他的亲信宋同春对他说道："当前，与其守在兖州城里坐等唐军围困，不如主动撤离；与其死在李渊的鬼头刀下，不如去做海盗自由自在呢！"

徐圆朗听后，双手一拍，大喜道："是啊，去做海盗，何必要在这里等死？"

二人坐下来认真计议了半天，宋同春又说道："去做海盗，人少了也不行，自隋末天下大乱以来，当海盗的人也多了，而且分为许多帮派。那个李子通就是不堪忍受海盗的欺侮，弃船上岸、起兵反唐的。"

于是徐圆朗立刻召集部下开会说："唐军快来围攻兖州了，我们兵力薄弱，斗不过唐军，只好弃城东去，万一没有出路，我们还可以退到海上去！"

宋同春接着说："其实退往海上，若能寻到一个合适的岛屿，比在陆上强过十倍！"

听到这里，人们纷纷议论起来，因为各人的父母、妻子等亲人都在陆上，一旦去了海岛，当了海盗，还能回来吗？

多年以来，沿海的百姓屡遭海盗的侵扰，一提起海盗二字，无不恨入骨髓；现在，徐圆朗要带领他们离开家乡，远离亲人，去当海盗，他们怎能答应？

有人当即反对说："谁愿意去当海盗，谁就去；我们不愿意去，谁也不要强迫我们！"

"对！我们不愿意去做海盗……"

徐圆朗勃然大怒道："军队撤退到海上去，才能免遭唐军的斩杀，你们愿意死在唐军手里吗？"

他的部下听了，许多人大声答道："我们宁愿死在唐军刀下，也不愿去当海盗！"

徐圆朗更加生气地吼道："胡说！向海上撤退，这是我的命令！谁敢不服从命令，就立刻斩首！"

可是，他的部下已知道他计穷力竭，在此决定命运的时刻，谁也不想再为他卖命了，便纷纷站起来，不声不响地离开了会场，相互邀约着，各自带领自己的队伍，去投奔唐军去了。

徐圆朗像泄了气的皮球，一屁股跌坐在泥巴地上，再也爬不起来了。

最后，宋同春扶着徐圆朗，身后还有不到十个亲信跟随着，连夜逃出兖州城，向东边的大海方向逃去。

当这支逃亡队伍经过一个乡村时，当地的百姓听说他们是准备去当海盗的，便一齐动手将他们杀死，并说道："这些年，海盗杀了我们成千上万的大人小孩，抢走了我们的财物、牛羊等，怎能再放过你们？"

临死前，徐圆朗告诉百姓们说："我是鲁王徐圆朗，你们把我送到唐军大营，可以领到重赏发大财！"

百姓们听了，迟疑起来，举起的大刀渐渐落下来了，但是，有人说道："别相信他的鬼话，送他去唐军大营，若是途中逃了，我们不但不能领赏发财，反而遭罪呢！还是杀了吧！"

宋同春又对他们说："我在兖州城外一处地方还埋有一瓮银子，只有我和鲁王知道那地方，让我俩领着你们去取银子吧！"

百姓们听了，又犹豫起来，但是有人立即说道：

"千万别相信他们的假话！何况外财不救穷人命啊！我们快把这两个贼首杀了，带着他们的人头去见大唐太子去！"

众百姓听这话说得有理，便放了那些亲军随从，提着徐圆朗、宋同春的两颗人头去唐军大营领赏银去了……

第三十五章

衡利弊后宫纷乱　宁玉碎不为瓦全

武德八年（625）十一月，李渊任命李世民为中书令，为了得一个安稳晚年，尽量权衡两个儿子中间的利弊，但是眼看着太子集团和秦王集团之间的斗争不可避免，心中升腾起一股无力之感。

不过，李渊已经下定决心，两个都是自己的儿子，他总是认为自己足以调节他们之间的矛盾，总有一天，他们一定会幡然醒悟，和好如初的。

李渊还有一个想法，认为自己毕竟是他们的父皇，只要自己还活着，还在龙椅上坐着，儿子们就不敢乱来。

但是，李渊这种听任太子李建成、秦王李世民这两大政治集团存在的态度，使得朝廷和后宫也随着迅速分化。后来，太子与李元吉在后宫与皇上的两个妃子张婕妤与尹德妃饮酒作乐之时，被路过的李世民撞见。李世民留下自己的玉带予以警戒，却被两个妃子拿来诬陷李世民，向李渊告其欲酒后乱事。

经过几日的查探，李渊也渐渐意识到了，这"玉带"之事，也与太子和秦王两大势力的争斗绞在一起了，没有必要再深查下去，只好让它不了了之，仍然维持那个常用的"平衡"之策吧。

过了几日，张婕妤、尹德妃见皇上没有惩治秦王，两人本来做贼心虚，不敢再去向皇上询问原因，只得暗中派人向太子、齐王通报消息说："玉带之事已被皇上压下……还望早定大计，除掉秦王。"

太子李建成与齐王李元吉得知情况之后，立刻加紧行动，忙召集部下商议，魏征献计说："秦王譬如一棵大树，枝繁叶茂，绿荫如盖，不为风雨所动。可是，若斩其粗枝，削去其叶，仅留光杆树干一根，还能成为大树吗？"

李建成立刻会意，忙说道："洗马大人说得对，秦王势大，全靠府中收养许多骁勇的将领，今若削弱他的力量，第一个步骤就是除去这些劲敌，剪其羽翼，让他飞不起来，还能再有力量吗？"

李元吉摇头说："谈何容易！秦王府里的那些猛将，是世民的铁杆卫士，早已与他誓同生死，既不易除也不便收买，难啊。"

见齐王在打退堂鼓，李建成连忙鼓劲说："我就不信他们是铁板一块，重赏之下必有勇夫！明日，我就从他最重用的尉迟敬德开始，一定要让这个勇将离开秦王，为我所用！"

李建成说干就干，当天晚上令府中的记室参军庾抱，写一封文辞恳切的书信，以太子的名义去招纳尉迟敬德，督促这位勇将尽快离开秦王府，投向太子怀抱。

在这封给尉迟敬德的信中，李建成用充满诱惑的语句写道："如今，我身为太子，即国之储君；而你的主子秦王，不过是一个亲王！要不多久，我成为大唐天子那一天，秦王就未必还能成为亲王了！到那时，你的主子已是泥菩萨过河——自身难保，而尉迟大将军你将怎么办？……古人云：良禽择木而栖，良将择主而事。我以未来皇帝的身份，希望你认真抉择，尽快地屈驾眷顾，来投东宫。机不可失，时不我待。当你离开秦王府之日，将是你大富大贵之时，我会令你位在人臣之首……"

在送达书信的同时，李建成又赠送给尉迟敬德满满一大车金银器物，希望他早日投向自己的怀抱。

不料，尉迟敬德读信之后，拒绝接受太子赠的财物，并写了一封书信推辞道："我尉迟敬德不过是一个蓬户瓮牖的穷人，遇到隋朝末年战乱不息、百姓流离的时局，长期沦落在抗拒朝廷的叛逆境地里，本来是罪大恶极，死有余辜的。后来，是秦王给了我再生的机会。现在，我又在秦王府里为官，只应当以死报答秦王。往日，我没有为太子殿下立过尺寸之功，不该凭空接受殿下如此丰厚的赏赐。倘若我私自与殿下交往，就是对秦王怀有二心，就是见利忘义的小人，殿下要这种人又有什么用处呢？"

李建成未读完尉迟敬德的回信就勃然大怒，将它撕得粉碎。又一脚蹬翻被退回来的那满满一大车金银财宝，大骂道："可恶的尉迟敬德！你不过是一个供朝廷驱使的带兵将领，有什么资本敢如此傲慢？"

正在这时，齐王李元吉来了，见太子大发雷霆，忙劝说道："大哥！何必跟这种人生气？他尉迟敬德既然不吃敬酒，让小弟派人去对付他，送他一杯罚酒就是了。"

李建成提醒道："四弟，尉迟敬德有一身好功夫，非一般人所能敌，你可得细心安排啊！"

李元吉笑道："放心吧，大哥！难道你忘了'明枪易躲，暗箭难防'这句古训？三日之内，我定当把那鬼（指尉迟敬德）的人头提来见你！"

"好，届时我一定重重地谢你！"李建成兴奋地说。

尉迟敬德将太子用重金收买自己的事情一一告诉了秦王李世民，并把那封信也交给他看。

李世民非常放心地说："你的心就像山岳一样坚定牢靠，即使太子赠送给你的金子堆积得顶住了北斗星，我也会深信你的心绝对不会动摇的。不过，太子赠送给你的东西，无论是什么，你都应该接受下来，其实，你收下他的礼物，又有什么可以值得怀疑的呢？况且，这样做能够了解他的阴谋，难道不是一个上好的计策吗？不然，他能善罢甘休，放过你吗？我估计，要不多久，祸事就要降临到你的头上了。"

在旁边的杜如晦也说道："太子的礼物，你该收下，不收白不收嘛！何况收下他的礼物，还可以将计就计，看他下一步如何打算。"

尉迟敬德却说道："我尉迟敬德出身贫贱，但是，我要顶天立地的为人，绝不做那蝇营狗苟之事！我早已立下誓言，宁肯代替秦王去死，也不愿向太子、齐王低头！"

"好！这叫做宁为玉碎，不为瓦全。正是大丈夫气概真英雄所为，佩服！"杜如晦等竭力称赞说。

李世民仍然不放心地说道："无论怎样，你得提心着他们的暗算伎俩，这几日你可以……"

尉迟敬德冷笑道："秦王放心，我会做好一切准备，恭候他们派来的刺客！"

正谈着话时，门房的侍从呈给杜如晦一个纸团，他展开一看，冷笑道："果不出秦王所料，齐王府的川东大侠要亲自造访尉迟大将军了！"

"是王钰送来的消息？"李世民忙问。

杜如晦点头，转脸对尉迟敬德问道："请秦王增派一些兵力，做些必要的防备，还是……"

"不必费心了！我会小心对付的，"尉迟敬德胸有成竹地继续说道："我倒要会一会这位川东大侠，看他到底有何能耐！"

秦琼说道："俗语云：有事不可胆小，无事不可胆大。尉迟将军遇事沉毅果决，更有那杆出神入化的钢鞭在手，量他川东大侠也必然在鞭下丧命。但某所虑者，太子、齐王对尉迟将军收买不成，又派刺客来暗杀，如此明目张胆的做法，其目的还是针对秦王的吧？这倒应该引起诸位的重视才对。"

房玄龄接着说："秦将军说得没错，我也得到了这个消息，太子和齐王听从了魏征等人的建议，决定用强弱两种手段削弱秦王的力量，想要孤立秦王、整垮秦王。"

听了此话，在座的各位将领们按耐不住了，李世民安慰说："我很欣赏秦大将军的'有事不可胆小，无事不可胆大'那句话，就应该像尉迟敬德那样遇事镇定沉稳，从容应对来自各方面的威胁。"于是，秦王府的文臣武将们团结一致，准备迎接太子、齐王集团的各种攻势。

第三十五章　衡利弊后宫纷乱　宁玉碎不为瓦全

第三十六章

尉迟巧唱空城计　学士被逐焉安然

不久，在太子李建成指使下，李元吉果真派遣川东大侠焦山领着他的六个门徒前去刺杀大将尉迟敬德。

但是当一行人潜伏到尉迟敬德居住的府门前时，一下子懵了，不知道该怎么办才好！

他们发现，尉迟敬德的大门敞开，连一个守夜的门人也没有，而尉迟敬德则安安稳稳地卧在客厅中央的一张躺椅上，鼻息声震天，一动也不动。

焦山在门外窥视了一个多时辰，迟迟不敢动手未敢动手，他对门徒们悄悄地说道："尉迟敬德看来早就已经有所防备了。否则不会这么做的。"

有个门徒说道："纵然有准备，但是我们发起突袭，想调兵也是来不及的呀……"

焦山指着院子里的一排排大树和那黑黢黢的围墙说道："不需要调兵，光是这些地方就足以埋伏上千人了啊！"

焦山领着他的六个门徒，在尉迟家的大门外徘徊观望了半夜，担心中了埋伏，始终没有敢走进府门半步，直到凌晨前方才撤了回去。

李元吉听了焦山的汇报，拍案大怒道："你们是一群胆小如鼠的家伙！俗话说：养兵千日，用兵一时。老子花在你们身上的银子，堆起来足有山一样高了，到底是为了什么？难道老子是白养活了你们？"

焦山急忙说道："齐王息怒！我焦山不是胆小之人，是想寻找一个得手的机会，把任务完成得圆满一些，来报答齐王对我的恩情。"

李元吉却继续骂道："屁话！杀人还要寻找什么机会？今夜杀了这个，明晚还要杀另一个呢。"

焦山只好说道："齐王既然这么说，明天夜里焦某一定动手就是了。不过，我担心尉迟敬德在府中设下了埋伏，他准是早已获得了信息，这表明齐王府里有人泄露了我们前去刺杀的秘密，不然他怎么会有防备呢？"

李元吉却对焦山说："秘密是否泄露之事，由我来查，你只管去完成杀死尉迟敬德的任务，不然，你这位川东大侠就别来见我了！"

次日深夜，焦山又领着他的六位弟子来到尉迟敬德的门外，仍然看见层层府门大开，便按照预先商定的计策，先派出两位徒弟窜进门去，企图趁尉迟敬德熟睡之机，突然向他行刺。哪知两人刚跳进院子，躺在椅子上的尉迟敬德已不慌不忙地站到门前台阶上，一阵哈哈大笑之后，厉声呵斥道："站住！你们不是我的对手，快回去叫那个川东大侠焦山来！"

可是，那二人既不回去，也不答话，只是从左右两面抡起大刀，用力砍向尉迟敬德的左右两臂。

尽管二人的大刀来得又快又猛，尉迟敬德只将身子一纵，便跳到他们的侧后，随着一声"扑通"，那二人便倒在院子里，大刀也"当啷"一声落在了地上。

"尉迟将军果然武艺高强！"

话音刚落，焦山领着剩下的四位门徒，也窜进了院子。这位川东大侠对他的门徒一挥手，让他们退下，自己上前，对尉迟敬德说道："尉迟将军乃当代英雄，为何不识时务，要与当朝的太子殿下为敌？"

尉迟敬德冷笑道："你在终南山里设场授徒，怎么能够知道我与太子为敌，这话也太唐突了吧？"

焦山立刻说道："咱们长话短说，来一个打开天窗说亮话！今晚，我奉当朝太子与齐王之命，前来取你人头。但是，我有两句话想奉告尉迟大将军！"

"有话请讲。"

"据说，尉迟大将军也是穷苦人出身，混到今日这个地位，确实不易，如今太子大位已定，将军何必要把自己捆缚在秦王那棵树上，自去送死呢！"

"我尉迟敬德出身穷苦，但我看重人品，重仁义，不像有的人首鼠两端，有奶就认做娘……"

焦山听到这些话有些刺耳，便直截了当地说道："我好心好意地劝告，你别不识抬举，望你迷途知返，早些醒悟，随我去见太子，方为上策。"

尉迟敬德冷笑道："我也曾想去太子、齐王那里享受花天酒地的生活，可是，我这根钢鞭很有骨气，它总是不答应哩！"

焦山怒道："大胆的尉迟恭听着！别以为你的钢鞭无人能敌，我手中的这把宝刀也不是吃素的！"

尉迟敬德依然冷峻地说道："我知道川东大侠武艺高强，不然怎么能被太子和齐王请来当刺客呢？"

"少废话！既知焦某之名，你早该就范了！"

"再有威名的川东大侠，一旦当了刺客，成为别人的杀人工具，也不过是下贱的鹰犬罢了！"

焦山已十分不耐烦了，急切地说道："别再跟我斗嘴皮子，你快些出招吧！"

尉迟敬德却态度随和地说："你是刺客，是前来替太子、齐王卖命的，你应先出招。"

焦山又气又急，舞起大刀，向尉迟敬德砍来，二人一刀一鞭，打在一起，不断发出"当嘟、当嘟"的响声，并放出耀眼的火花。

那焦山尽管武功非凡，但因平日酒色过度，体力渐觉不支，而尉迟敬德越打越勇，有几次差一点把川东大侠击中。

焦山的那四个门徒见师父已落在下风，而尉迟恭的钢鞭如龙腾宇宙，凤舞太空，上下翻飞，左右逢源，刚劲有力，打得焦山只有招架之功，而无还手之力了。

于是，四个门徒一声呐喊，一齐杀上去，将尉迟敬德紧紧地围在中间。

尉迟敬德毫无惧色，心中暗想："何必再与这伙暴徒厮杀下去！"

只见他将身子向上一纵，把手中的钢鞭一挥，吓得焦山的一个门徒把身子一闪，尉迟敬德趁势飞快地跳出圈外，站立在台阶上。

焦山正要带领徒弟追杀，尉迟敬德伸出双臂高声命令道："替我拿下这伙刺客！"

忽然间，院子周围的树上、墙上连续传来厉声呵斥："放下兵器，不然就放箭了！"

在月光的照射下，那些箭矢闪耀着刺眼的寒光，令焦山和他的门徒不由得心惊胆寒起来。

川东大侠毕竟不是一般俗辈，他发出一阵阴冷的笑声之后，咬牙切齿地说："好一个刁徒尉迟恭！果然埋伏下众多的将士，妄想打我一个冷不防哩！岂知我川东大侠并不是鸡鸣狗盗之徒，我能天马行空，想来就来，想走就走！"

说完之后，焦山把大刀一挥，招呼门徒说："小子们，跟我一起冲出去！"

喊罢，只见他将身子向上一纵，平地刮起一阵旋风向上窜去。那四个门徒也一齐像焦山那样，想腾空窜出院子，逃出埋伏圈。

尉迟敬德一见，哈哈大笑，那笑声未落，焦山等人一个接着一个地从空中坠落下来，沉重地跌坐在院子里，吓得手足乱动，一时不知怎么办了。

尉迟敬德手指院子的上空，高声说道："上有天网恢恢，下有万箭齐发，你们这伙亡命之徒，还妄想逃脱出去么？"

接着，埋伏在树枝、墙头上的弓弩手们又齐声大喝；焦山虽然心慌意乱，但是，他还妄想孤注一掷，又故意大声叫道："尉迟黑鬼！我川东大侠能来得，就能走得！"

喊罢，又领着他的四个门徒挥舞着钢刀，企图冲开一条血路，从墙上窜越过去。哪知周围万箭齐放，如雨一般地向他们齐射，只听接二连三地喊出"哎呀！"

战事结束，焦山及其门徒六人全都毙命，尉迟敬德让人将尸体抬上车，自己走在队前，去刑部自首。

太子与齐王刺杀不成，便趁势向父皇诬陷尉迟恭，说他在府中私蓄武士，滥杀无辜，妄图谋反。

李渊命令刑部特设一间监狱，关押尉迟敬德，派大理卿崔善为严加审讯，由于李建成和齐王李元吉的多方活动与串联，许多大臣不明真相，纷纷请求将尉迟敬德处死。

秦王李世民被逼无奈，只好将太子写给尉迟敬德的书信上呈朝廷，李渊一见那封信的内容，气得把李建成叫到面前大骂一顿，又警告齐王李元吉道："你私养刺客，公然暗杀朝廷大臣，弄得廷臣哗然，人心混乱，究竟你要干什么？再不悬崖勒马，朕把你送交刑部议罪！"

李渊只好把尉迟敬德放了回去，秦王府上下一心，共同庆贺这次胜利，在宴会上，李世民为其部下祝酒时说："自古以来，人们都把金银财物视作宝贝，将其珍藏供奉起来，而我视金银如粪土，只把人才看作宝贝！在这偌大的秦王府里，我为拥有诸公而感到富甲天下，并以此为荣！"

秦王府里的将佐、文学馆里的贤士们听后，无不激动万分，纷纷表态，发誓要与秦王共患难。

由此可见，李世民远比李建成、李元吉更会争取人心，使他在这场争夺权力的斗争中，始终处于十分主动的地位，这与他的众多部下的全力支持是分不开的，自然，这一切都归功于李世民的深谋远虑与爱惜人才。

太子李建成和齐王李元吉对尉迟敬德运用拉拢收买和刺杀的办法，都遭到失败之后，仍然没有死心，又听从部下的建议，利用罗艺和秦琼的姻亲关系，派人去劝说秦琼："你姑父罗艺与太子已结成生死之交，何不离开秦王府，投往东宫？"

秦琼答道："我与罗家虽为亲戚，但是人各有志，正如泾渭之水，清浊不同。"

那人又劝道："你在秦王府内，不过是一个小小的马军总管，若能投向太子麾下，官位一下子可提升十级以上，为何要如此轻就，而不重实名呢？"

秦琼又说："我秦琼在秦王眼里，虽然位卑职小，却被看成宝贝一般，而秦琼若是到了太子麾下，官位再高，也只是太子眼里的一颗棋子。我尚有自知之明，秦王对我重情重义，我不能当一个忘恩负义之人。"

拉拢秦琼不成，李建成又想起了段志玄。早在太原起兵时，段志玄的父亲段偃师原在太原留守府里担任司法书佐，后随李渊起兵，段志玄与李建成、李世民的关系甚好，在攻取霍邑的战争中，他见李建成私自藏匿珠宝财物，肆意侮辱民女，带头违犯军令，主动向李渊报告，遭到李建成的一顿痛打，幸亏李世民赶到，及时救他一命。从此，两人结下生死交情，

后来，李世民领兵征讨薛举父子，攻打刘武周，以及在攻占洛阳，与王世充、窦建德作战中，段志玄一直在帐下听用，经常是作战先锋，立下了奇功，做了秦王府的右护军，成为李世民的心腹爱将。

为了达到收买的目的，李建成派遣东宫的率更令欧阳询前去游说段志玄。因为欧阳询与段家两代联姻，是段志玄的表叔。他带着一车珠宝财物前往游说，可是，段志玄也和尉迟敬德一样，拒而不受，并对欧阳询说道：

"你是我的尊辈，又是才高八斗学富五车的文人，为何介入这权钱交易之中，充当太子的说客？"

在这同时，齐王李元吉也派人去拉拢秦王府的军事将领李安远、公孙武达、独孤彦云等人，均遭拒绝。

这天中午，秦琼、李安远、段志玄、公孙武达、独孤彦云等齐集程知节府中饮酒，忽然门房随从前来报告："齐王府管事崔叙州要见公孙武达和独孤彦云两位将军，传达齐王的命令。"

程知节忙对随从吩咐道："去向那崔管事说，公孙与独孤两将军正在我府中议事，改日再来。"

秦琼一听，急忙放下酒杯，赶出门去，但那随从已把程知节的话向崔管事传达过了，气得崔管事当即火冒三丈地叫道："好一个程知节，你眼里还有齐王吗？"

回到屋里，秦琼向程知节说："俗话说：遇事理为先，既然是齐王派来的人，我们不能不谨慎，以免给秦王带来麻烦。"

程知节却说道:"我们是秦王府的人,他齐王来下什么命令?别理他,喝我们的酒!"

秦琼不由说道:"据我看来,知节兄弟,三天之内,你一定会遭遇麻烦事的!"

程知节忙问:"为什么?"

秦琼接着对他说:"齐王一向心胸狭隘,眼里能容下沙子吗?今日之事,你对齐王既失礼,又缺了理,他能放过你吗?"

公孙武达和独孤彦云齐声说道:"齐王对我们更不满呢,他不放过又能怎样?总不能也诬陷我们要谋反吧?"

众人听了,一齐笑起来,秦琼却说道:"这很难说,尉迟将军就差一点儿被诬陷致死!欲加之罪,何患无辞?不能不谨慎啊!"

果然,两天后李元吉真的向朝廷报告,诬陷秦王府的马军总管程知节,经常聚众酗酒,抨击朝政,诋毁大臣,扰乱人心,有谋反的迹象。

李渊听后,倒说了几句公道话:"程知节归附大唐后,多次随秦王出征,立下汗马功劳,有功于大唐,此人不会谋反的。"

李建成忙说:"程知节自恃有功,在秦王府里任意攻击朝政,连父皇也不放在眼里,日子久了,必将成为朝廷的大害。"

李渊心中暗想:程知节是世民的心腹,难免替世民出谋划策,纵容他出来与太子争权夺利,与其留在秦王府内蛊惑人心,不如将他调出京师。

李渊想定之后,立刻下旨,将程知节外放为康州(今甘肃成县)刺史,并要他立即离开秦王府,前往康州上任。

这件事让秦王府的将佐们十分气愤和不安。房玄龄首先说道:"用金银财宝收买不成,就派刺客暗杀,或是公然编造谣言,诬陷谋反,又借助皇上之力,以削弱秦王府的力量,看来攻势越来越加紧了。"

程知节愤怒地说:"他们的目的很清楚,主要是想削弱秦王手下的力量。一旦秦王的辅佐之臣都走光了,秦王成为一个光杆子主帅,秦王自身又怎么能够长久呢?面对这严峻的形势,我决定誓死不离开京城,让那个'康州刺史'见鬼去吧!"

秦琼忙提醒他说:"知节兄弟,对皇上的旨意用硬顶的办法是不行的,依我说,你就借口生病,不能前往,拖些日子再说。"

杜如晦也说道:"用生病、软拖的办法比较好,不过,秦王也得及早定下计策,才能立于不败之地。"

李世民连连点头说:"是的,是应该早定大计,过去我总以为邪不压正,并把'萧墙之争'看作是人间的最大耻事。"

杜如晦、房玄龄等秦王府的一些谋士，从李世民的言行中早已看出，这位深谋远虑的秦王不是不想发动政变，而是不愿由他发起，以免承担历史罪愆，以致处处显示出犹豫不决的姿态。

武德九年，也就是公元六二六年，是李渊的三个儿子之间争夺政权的斗争最后总爆发的一年。在这前后，李建成和李元吉因为受到李渊的祖护，从地方上私募骁勇士卒数千人，远远超过了秦王府中的所谓"八百勇士"，这使太子集团的力量大增，明显超过秦王集团的势力。

由于剪除秦王府武将方面的计策连遭失败，李建成、李元吉与部下谋士们经过认真地分析研究，又准备对付秦王府的文官了。

李建成说道："在统一天下的战争中，秦王所以能战必胜，是因为在他身边有一个智囊集团，在为他运筹帷幄、出谋划策。如今，这些人仍然在为秦王献计献策，极尽挑拨之能事。我们必须想办法打掉这个智囊班子，彻底孤立秦王。"

李元吉点头说："此话有理，秦王府里的这群狗头军师，正是秦王力量的源泉谋略的宝库，除掉这个智囊团，像剜了秦王的心脏一样哩！"

李建成说："我认为，秦王府智囊团的核心人物，主要是房玄龄和杜如晦，若能将这两个人清除出秦王府，那个智囊团也就不足惧了。"

李元吉赞同地说："我多次随秦王出征，知道房玄龄、杜如晦确实是谋略过人，秦王许多决策来自于这两个人。不过，父皇特别信任他们，尤其是房玄龄，父皇多次说他能干，有本领，是个人才。"

李建成笑道："四弟，你怎么糊涂了，现在天下安定，没有仗打，房玄龄再有能耐，也没有用武之地了，再说，父皇还是维护我们的，只要是能够压制秦王发展势力，稳定我这太子地位的办法，父皇都会全力支持。"

李元吉又说："那也得有个理由，才能将他们清除出去。"

李建成走到李元吉身边，在他耳边轻轻说了几句话，李元吉欣喜万分地说："大哥变得越来越高明了！"

兄弟二人立即进宫，向李渊奏道："秦王府的房玄龄、杜如晦二人，利用文学馆讲坛，公开抨击朝政，煽动人们仿效历史上的谋反人物，居心叵测啊！"

李渊自称帝之后，最怕部下有人谋反，一听此话，急忙问道："他们怎么说的？"

李建成造谣说："他们公开赞扬秦朝末年的陈涉，说他有大志，即使在躬耕陇亩时，也胸怀鸿鹄之志，这不是明目张胆地鼓吹造反吗？"

李渊一听，生气地问道："他们敢这么大胆地吹捧造反的陈涉，世民能答应吗?"

李元吉忙说:"启禀父皇! 秦王不但不制止, 甚至也公开颂扬过陈涉, 又说项羽是一个大英雄! 其实, 秦王自己早就想谋反了, 他在洛阳时——"

李渊听到这里, 急忙打断他的话, 说道:"这话你已说过多遍, 说他谋反, 又无证据, 你们是同胞兄弟, 怎么能不顾手足之情, 相互猜疑, 成什么体统!"

李建成忙又告状道:"父皇! 秦王收养那么多的人才, 不就是另有想法吗? 让房玄龄、杜如晦这样居心不良的人在秦王身边时间久了, 整日散布谋反的言论, 不是助长秦王非分之想吗?"

李渊说道:"你们说得也对, 俗话说: 近朱者赤, 近墨者黑。秦王府里的有些人, 是该将他们清除出去。不过, 房玄龄为人正直而能干, 是一个人才, 难道他如今也变坏了?"

李建成和李元吉听到这里, 知道父皇已经赞成了他们的意见, 便接二连三地编造事例, 诬陷房玄龄和杜如晦挑拨太子和秦王的关系, 故意地制造他们兄弟不和。李元吉更是有鼻子有眼地证实说:"早在攻打洛阳时, 房玄龄和杜如晦就多次吹捧秦王, 有意贬低太子, 甚至说太子的唯一长处, 就是年长。"

李渊一直在设法维护太子的地位, 制止李世民的夺嫡行动, 听到这些言论, 更加助长了袒护李建成的思想。

李渊很快接受了他们的建议, 下旨将房玄龄、杜如晦一起逐出秦王府, 责令他们各自回家, 并规定以后不准再私自去见秦王。这一事件如一颗炮弹在秦王府炸开了!

房玄龄、杜如晦向李世民告辞说:"臣等无能, 既得罪了太子、齐王, 也终不为朝廷所容, 实在是辜负了秦王的教诲……"

说到这里, 两人禁不住泪水滚滚而出, 哽咽得连话也说不出来了。

李世民流着泪水说:"是我不好, 才使你们二位遭遇池鱼之殃, 蒙受不白之冤, 唉!"

房玄龄、杜如晦起身要走, 被李世民上前拉住说:"你们急什么, 快坐下来, 我们一起商量一下对策。"

杜如晦立即说道:"太子与齐王一直在向秦王府展开强大攻势, 他们借皇上的权威, 想一举压倒秦王, 秦王也总不能一直采取守势, 不能不抵抗呀!"

他的话音刚落, 程知节、秦琼、尉迟敬德等人来了, 李世民忙招呼他

们坐下，程知节大声说道："老天爷也来凑热闹，天气这么早就热流滚滚，真是形势逼人！"

尉迟敬德也大声说道："程总管外放，房、杜二学士又被逐，如此下去，秦王的手臂都被剪除，秦王还能安然吗？"

李世民只好应声说："刚才我和房、杜学士正在这里议论此事，诸位将军可以直言不讳。"

秦王府的参军薛元敬说道："日前听说太子派人到楚中，招纳了三十个亡命之徒，领进府中去了。"

蔡允恭也说道："据臣所知，河州刺史卢士良奉太子之命，送壮汉四十人到东宫，这是本月初的事情。昨天夜里，又有四十余人，说是关外人，扬言是去东宫报到。请秦王想一想，太子不掌禁兵，又不习武征远、护卫宫廷，招纳这些亡命的武士何用？"

秦王听后，正要回话，步军总管郑仁泰说道："今早臣家的门仆姜元在炒面店里，看见七八个大汉在店里吃面，一边吃，一边大声说话。内中有个人说：'太子待人真是热情大方，一出手就一百两，那白花花的银子也喜人！'其余的人也都夸赞太子如何厚道、实在。他们正说得高兴时，又有两人进店，见面就说：'我们到处找你们，未想到你们来这里吃面了！太子已经回宫了，等着向你们训话呢！'于是，他们便一窝蜂地走了。臣家的姜元认得后来的那两个人，他们是太子府的杂役，一个叫王庆玉，另一个叫余尚全。"

主簿薛收道："看样子，东宫和齐王府忙着招纳武士，扩大力量，同时又借着皇上的权威，不断地削弱我们秦王府的力量，这一增一减，真是司马昭之心——路人皆知了。"

门房的随从又时来报告："秦王！皇上派人来问：房、杜二学士离开秦王府没有？若再不走，就派禁卒来拘捕了！"

听了这话，在座的所有人都纳闷了："这是怎么回事，房、杜二学士犯了什么罪了？"

程知节性格刚烈，说道："依我说，你们就是不要走！难道真的要应验当时的什么'飞鸟尽，良弓藏；敌国灭，谋臣亡；狡兔死，走狗烹'吗？"

房玄龄、杜如晦走到秦王面前，泪流满面地告辞，李世民也同样流着泪说道："你们，你们暂时回家去避一避风头，有朝一日，我定会恭请二位回来！"

第三十七章

萧墙之争胜券握　紧锣密鼓谋兵变

在互道珍重之后，房玄龄、杜如晦与众人挥泪而别，悲怆的气氛蔓延了当时的场景，大将秦琼高声说道："面对这样的场景，你还能泰然处之、隐忍不发吗？"

李世民这才说道："诸位将领的关心和拥戴我万分感激，这场萧墙之争，确实让我失去了战场上的英勇气概，可是，为了追求正义，为了讨回公道，我也断然不能束手待毙！""说得好！我们坚决支持！我们愿誓死捍卫秦王！"

群情激愤之中，李世民看着手下的这些爱将，久久不能平静，泪水止不住地流着，说他早就制定好的计划："第一，我们要沉着镇定，处变不惊；第二，我们要抓住机会，后发制人；第三，做好准备，万无一失。"

李世民说完之后，当即命令张公谨、侯君集两人去灵州征得都督李靖、行军总管李世勣的支持。出发前，李世民一再叮嘱他们，快去快回，紧接着，将薛收拉到内室里去，请他去做禁军中的主将们的工作，要他们鼎力相助。

一切安排就绪之后，李世民才对他的部下说道："凡事都要循序渐进，不可急躁。自今日始，请诸位谨言慎行，静观其变，待机而动，切勿胡来！"

直到这时候，秦王府的那些猛将、学士们才分明地看到：曾率领千军万马驰骋沙场、叱咤风云的那个秦王李世民又重新复活了！

尉迟敬德挑起大拇指，对众人说："深谋远虑，我们的主子毕竟是深谋远虑的人啊！"

程知节说道："这场斗争刚刚掀开了序幕，高潮还在后头哩！现在下结论还早，出水才看两腿泥呢！不过我们都得拼尽全力，赢得这场斗争的胜利！"

秦王府上下一心，静观东宫和齐王府的动静。

张公谨、侯君集二人星夜赶至灵州大都督府，李靖一见二人便服而来，已是心中有数，急忙让二人到内室中去。

在三人喝酒谈心时，张公谨把朝中事情，特别是太子与齐王联合起来，向秦王府施压的情况，详详细细地说于李靖听了。

李靖装作不理解的样子，对二人说道："军国大事，我们外放之臣，不宜多议，何况圣上英明，何须我等措辞？至于家庭之事，秦王功盖天下，将来富贵，未可限量。虽然今值萧墙之争，自能权衡处置，从容应付，何必要问外臣？烦二位兄台为愚弟婉言复之。"

侯君集说："将军才识过人，深为秦王信任，我们既来求教，竟无一言半语相赠吗？"

李靖苦笑着，过了一会儿才说道："俗语云：清官难断家务事。况且药师一向只重军旅之事，对人情世故等寻常琐事一窍不通。请二兄包涵。"

张公谨与侯君集再三恳求，李靖只是微笑谢罪而已，始终不表示态度，二人只好告辞。

张公谨、侯君集又去行军总管李世勣处，这位当年瓦岗军中足智多谋的徐茂公，也像李靖一样，对两大集团的斗争不执一词，不作任何评论。

回到京师，张公谨、侯君集把李靖、徐世勣两人的态度向秦王汇报之后，李世民立刻发出一阵爽朗的笑声，然后对二人说："他们表面上没有表示态度，实际上已经表明了各人的态度。你们两位的收获不小啊！"

侯君集忙问："我听不懂秦王的话，更不了解李靖和李世勣他们表明了什么态度？"

李世民说："他们的态度是保持中立！说一句不大恰当的话，他们俩是抱着坐山观虎斗的态度，不想偏向哪一方！"

张公谨恍然大悟，忙说："他们保持中立，对我们也有利，因为他们没有支持对方呀！"

李世民笑道："这就对了。因此我说你们这一趟的收获不小呀！"

其实，机智过人的李世民早就考虑成熟了！李靖、徐世勣这两位有勇有谋的大将，他们手握重兵，声威俱在，若能支持自己，成为本集团的一分子，固然是好事；他们保持中立，也不为太子、齐王所用，对自己也有利。

不过，在功利感情驱使下，李世民对李靖、李世勣的中立态度还是不满的，只是没有说出口罢了。

第二天，李世民和张公谨单独在一起时，问道："你知道李、徐二人为何要保持中立吗？"

张公谨答道："据臣所知，秦王本来有恩于李、徐二位将军，但是他们却要保持中立，可能是他们担心秦王斗不过太子，一旦事败，他们将会受到牵连吧！"

李世民点头笑道："论关系，李靖在大军攻破长安时，几乎被杀，是我为他向父皇求情，才救了他的性命；而李世勣也曾多次随我出征，彼此也有相当情谊。但是，他们竟然不支持我，这说明他们有难处，我能理解，我也不怪他们。"

张公谨说道："也许他们认为，太子的势力强大，又有皇上依靠，占有明显的优势，与其冒险，不如保持中立稳妥了。"

李世民点点头，不再说话，心里却暗自叹息道："乱世识忠奸，危难见真情。真是一点不假啊！"

当天晚上，秦王妃长孙氏带着惋惜的口吻说道："李药师、徐茂公没有支持我们，是一个不小的损失！"

李世民摇头道："没什么影响，我不过是投石问路。借此了解他们的态度，掌握他们的情况，心中就有数了。"

长孙氏恍然道："我明白了，他们不支持我们，也不会帮助东宫的。"

李世民说："你明白了就好。李、徐二人都是聪明人，怕担风险，故不愿被牵扯进来，不能强求啊！"

长孙氏有些担心地问道："王爷想过没有，我们能有几成的胜算？"

李世民笑道："我是百战百胜的唐军统帅，难道你忘了吗？"

"那是在战场上，是在大唐统一天下的战争中，而现在王爷是在和自己的兄弟……"

"这也是战场，而且要打赢这场战争必须付出更多的精力，更大的代价，至于胜数嘛，"李世民深情地看着心爱的妻子长孙氏，不由反问她说："你说呢，能有几成？"

长孙氏却不无忧虑地说："据说，东宫和齐王府已经招进数千武士，而秦王府甲士不足千人，一旦冲突起来，众寡悬殊，又怎能……"

李世民听到这里，微微一笑道："你别担心，实话告诉你吧，为了打赢这场战争，我早就有了准备……"

说完这句话，李世民竟然一仰脖子，酣然睡去了。

而心细如发的长孙氏，却无论如何也睡不着，她对这场越来越逼近的权力之争，想了许多许多，担心和忧虑也随之增多起来。

直到次日凌晨，李世民才从酣睡中醒来，长孙氏又是埋怨又是心疼地说："早些日子，东宫和齐王一次又一次地向你施放暗箭，向秦王府中的人施压，你终日心神不宁；如今，双方剑拔弩张，斗争一触即发，你竟能

安然入睡，一点顾虑没有了。我想了整整一夜，总是闹不明白，你是麻木了，还是吓傻了？"

听了长孙氏的这一席话，李世民勉强睁开眼睛，笑着说："心里害怕，有顾虑，还能如此安睡？先前，东宫和齐王他们屡次来骚扰，我举棋不定，心里不踏实，难以成眠；如今，我已想通了，又做好了一切准备，再没有可犹豫的。所谓不做亏心事，不怕鬼敲门呀！"

长孙氏说："王爷说得对，平心而论，我们没有对不住他们的地方。老天爷若是有知，也会支持我们的。"

"是啊，他们倒行逆施，丧心病狂，老天爷也不会喜欢他们，而是会来、会来……庇护我们的。"

李世民说到这里，又呼呼入睡了。

不难看出，镇定、沉着，大智大勇、深谋远虑，是秦王李世民身临险境时的一种宝贵的修养，是他作为政治家、军事家所具备的优良品德和风度。

长孙氏和李世民所说的"老天爷不佑东宫和齐王，而来庇护秦王"，自然是希望得到"老天爷"的支持，这是迷信，也是历史的局限。

如果抛弃"天命"的外壳，那么李世民的镇定、沉着的内核却含着他对形势的观察、敌我的分析、军力较量之胜负的判断等。

这一切，都使这位身经百战的秦王李世民深信：即将爆发的这场萧墙之争，自己将能稳操胜券！他所以能安然入睡，是因为这场斗争的结局——对自己将可能是一场喜剧，而对东宫和齐王，必然是悲剧！

武德九年，也就是公元六二六年的六月，太子和秦王两大集团的矛盾已经发展到了一触即发之际，但是他们的父皇李渊并没有意识到问题这么严重，反而自以为高明，在一批近臣面前大吹大擂，说自己巧妙地处理了皇位继承问题，并总结出几点经验来。

这一天，在座的大臣有裴寂、李纲、陈叔达、裴矩、封德彝等人，李渊首先说道："自秦汉以来，皇权的继承问题，一直是历代帝王感觉最头痛、最难处理的麻烦事情。远的不说了，就拿前朝的文帝来看，为解决皇权的继承付出何等的代价，朕一忆起这件往事，就不寒而栗，教训真是太大了！"

在场的大臣们听着皇上的议论，一个个想着各自的心思，等李渊的话一停下来，裴寂立即说道："陛下圣明，既能总结前朝的经验与教训，又能妥善地处理好立储之事，这是大唐之幸，万民之幸，全都归功于皇上的英明啊！"

李纲听了裴寂的一片颂谀之词，心中很是不悦，认为他明知太子和秦王两大集团斗得难分难解，却要闭着眼睛说瞎话，这不是欺君的行为吗？但是，李钢又看一看陈叔达等人，见他们都是处之泰然，没有流露出任何不满的情绪，心想我又何必去捅马蜂窝呢？不如也学着裴寂的样子，扛一杆顺风旗不好吗？

　　但是，李纲本是一个正直之人，最后还是憋不住那满心的忧国忧民情绪，用另一种方式说道："历代以来，立储事关重大。前朝文帝一世英明，创下大隋江山，未想到晚年他深居皇宫，不察内情，为奸臣的谗言所惑，以致败家亡国，实在是千古憾事！"

　　很会察言观色的封德彝趁机说道："吾皇圣明，处置恰当，家事、国事、天下大事，都能明智决断，不愧为大唐的开国圣君！"

　　李渊听后，高兴得哈哈大笑一阵，然后又眉飞色舞地自我标榜说："作为圣君，朕不敢承当，不过，朕还是要当一个明君的！在立储问题上，朕有三点经验：一是要坚持遵循'立嫡以长'的古来传统，不能搞什么废长立次，或者是什么废长立幼等；二是近贤臣，远小人，不能听信奸臣的谗言颂语，而迷失了方向；三是教子有方，对皇子间的任职、名分等，要处置恰当，既坚持原则，又灵活巧妙，不偏袒、不歧视，维护兄弟和睦，提倡手足情义……"

　　正当李渊在大谈特谈自己的立储经验之时，忽见内侍慌里慌张地匆匆跑来，在他耳边低声报告："突厥郁射设率领数万骑兵，已攻入边塞，继续向南进军……"

　　李渊只好对近臣们说："突厥人又来骚扰了！明日讨论出兵之事，诸位请回罢。"

　　裴寂、李纲等大臣走后，李渊不由想道："这可恶的突厥人是大唐的心腹大患，每隔一段时间，总要领着骑兵来掳掠一番，这次派谁带兵去抵御呢？"

　　李渊继续想下去：按理说，派世民带兵去最放心了。他有勇有谋，处事有理有节，又很有分寸，每次任务都完成的很圆满，无可挑剔。

　　可是，在这种时候，让世民带兵前去，不仅会引起建成和元吉的猜忌，连自己也有些惴惴不安起来。一旦他拥兵夺嫡，可怎么办？

　　唉！这孩子天性要强，心高气傲，又立下那么大的功劳，早就对建成看不起了！如果他借此机会……

　　况且前一段时间，为了制止他夺嫡，已经设法削弱他手中的实力，朕已下旨外放他的大将程知节，还有秦王府的智囊人物房玄龄和杜如晦，这都是为了扼制他的势力发展，以维护、支持建成的太子地位。

但是，派太子去，更不恰当，他要留下监国，哪有派太子领兵去出征的？

建成和世民都不能去，只有派齐王元吉领兵去了。可是，一提到这个儿子，李渊的眼前便闪现出他那尖嘴猴腮、貌丑品劣的形象，总觉得这个儿子难成大器，难当大任，又怎么能率领千军万马，去御敌讨贼、捍卫国土、保卫朝廷、维护大唐江山社稷呢？

想到这里，不由又联想到刚才与几个大臣的谈话，有的大臣赞扬自己是开国的一代圣君，而自己还扬言要当明君，唉！

做"明君"已不容易，做"圣君"就更难了。

当李渊在太极宫里，为抵御突厥骑兵的进犯，在选派谁带兵前去这件事上迟疑不决的时候，住在东宫里的太子李建成，也正在与齐王李元吉计议着同一件事呢！

李建成说道："我去向父皇面奏，推荐由你代替世民率领各路大军，北征突厥，你以为怎么样？"

李元吉忙说："我倒是愿意呀，只怕父皇信不过我，弄不好又让我随世民一起去，不把我当作一回事。若是那样，还是世民一人说了算，他手握军权，别说我了，连你这个太子他也不放在眼里！"

李建成说："一旦父皇不让你单独带兵前去，我情愿让其他异姓将领去担任统帅，也不答应再让世民有带兵的机会了。"

李元吉听后，把两只小眼睛一眨巴，说道："那可不行，一旦派遣秦王府里的那些将领充当主帅，岂不是更糟糕？还不跟世民领兵一个样吗？"

"是啊！你说的也对，"李建成拍着自己的脑门说，"千说万说，还是那句话，只有派你去最合适，派谁我也不答应，我现在就去见父皇！"

李元吉忙叫道："大哥！我同你一起进宫，由你先向父皇提出来，当着我的面也许父皇会答应的。"

李建成笑道："这更好。俗话说：三人对面，六只眼相会。让父皇不得不答应我们的请求。"

兄弟二人骑上快马，一刻工夫来到宫门前，进入太极宫里，见他们的父皇正躺在龙椅上想心事哩！

李建成开门见山地向父皇推荐李元吉领兵前去，他说道："父皇！四弟元吉越来越成熟稳重了，也该让他独自带兵御敌，给他施展才能与抱负的机会，他也能从中得到锻炼以提高自己。"

李渊听后，看着面前的李元吉问道："你能担当这个重任吗？"

李元吉应道:"自古将门出虎子!父皇果真派儿臣带兵前去,保证击退郁射设的骑兵,胜利班师。"

李渊想了想,派四子元吉去带兵御敌,既能阻挡突厥兵马的南下,又能防止世民拥兵夺嫡的危险事变的发生,还可以锻炼这个不成材的儿子,岂不是一举数得吗?

于是,李渊听从了李建成的建议,命令齐王李元吉率领右武卫大将军罗艺、天纪将军张瑾等人,前去抵御突厥的进攻。

李元吉接受了命令之后,立即得陇望蜀地提出:"为了保证这次狙击突厥骑兵的胜利,儿臣请求父皇答应,让秦王府的那些骁将尉迟敬德、秦琼、程知节、段志玄、侯君集等人,随我一同前往,以取得这次战争的胜利。"

李渊又满口答应道:"好,这意见甚好。千军易得,一将难求。秦王府的那些猛将都是世民的心腹爱将,你可得细心呵护啊!"

李建成忙说道:"父皇放心,四弟一向爱将惜才,一定会与那些将领处好关系的。"

李渊又教训齐王说:"再好的军队,只有将帅一心,同仇敌忾,才能打胜仗,消灭顽敌。"

李元吉又提出一项要求:"请求父皇,让儿臣检阅并挑选秦王府中的精悍骁勇之士,以补充自己的军队,从而提高军队的战斗力。"

李渊听后,满口答应道:"这些要求都是正当合理的,是为了取得战争的胜利,朕自然答应,并全力支持,满足你的这些请求。"

兄弟二人高高兴兴地回到东宫,李建成拍着齐王的肩膀,夸奖他说:"四弟!我今日才发现你有超出一般人的天才,你这两条建议真是绝妙无比,此举不但抽掉了秦王府的精华力量,使世民成了一个光杆元帅,而且充实了自己的队伍,壮大了自己,真是一个高招哇!"

李元吉也抑制不住兴奋,沾沾自喜地说:"我这两条请求,都是掏世民的心肝宝贝啊!"

李建成急不可耐地说道:"有了秦王府的那一班猛将跟随,又有秦王军中的精悍武士充实到军队里去,你的队伍可以大大提高作战能力,这次出征准能凯旋而归,我要庆贺你的胜利!"

说罢,李建成立即大声喊道:"王钰!快替我准备一桌丰盛的酒宴,我要为齐王的胜利大大地庆贺一番,兄弟俩来一个一醉方休!"

李元吉却故意说道:"大哥!小弟还未领军出征,哪来的胜利可庆可贺?"

　　李建成放开嗓门连声大笑，得意地说道："四弟！今日可庆可贺的喜事太多了，你听着，父皇派你独自带兵出征，这是一喜；答应让秦王府的那些勇将随你出征，这是二喜；父皇又答应你去检阅并挑选秦王军中的精悍骁勇之士，补充到你的军队里去，这是三喜；这样一来，秦王府空了，秦王变成势单力薄的光杆元帅，然后再对付他，还不是小孩子摸鸡鸡——手到擒来吗？这自然又是一喜。有了这四红四喜，我这个当太子的大哥，还不应该好好地为你备酒宴庆贺吗？"

　　李元吉得意洋洋地听着，咧着尖嘴，露出满嘴的黄牙，一边笑，一边不断地点头说："多谢大哥的盛情厚义！臣弟能有大哥如此真诚的照拂，深感幸运，并将终生不忘，永记心头！"

　　不过，李元吉在说这些道谢话的同时，内心深处却又响起另一个声音："有朝一日，当我置秦王于死地之时，也就是你这位太子的丧命之日。那一天才是我的大喜之日，也才值得大庆特庆，大贺特贺哩！"

　　过不多久，王钰领人把酒菜摆满了桌子，李建成拉着李元吉，两兄弟亲亲热热地入座，以庆贺他们得来不易的"四红四喜"。

　　李渊派遣齐王李元吉带兵北征突厥的消息传到秦王府之后，李世民立刻意识到形势危急，自己到了不搏即死的地步，立即召集心腹们商议对策。

　　等到长孙氏把她的舅舅高士廉、哥哥长孙无忌找来后，尉迟敬德、程知节、段志玄等陆续赶到，高士廉首先说道："这简直就是向秦王摊牌：要么交出兵权，让太子顺利地继承皇位；要么抗拒圣命，成为叛逆，被朝廷镇压。这就是当前的严峻形势。"

　　程知节大叫道："欺人太甚！我老程情愿顶上叛逆的罪名，也不能忍受这般屈辱！"

　　长孙无忌说："秦王！若不先发制人，一举消灭太子和齐王的势力，你、我，及诸位将领均将被其所害，大唐的江山社稷也将危在旦夕！"

　　他的话音刚落，在太子府中担任卧底的王钰送来了秘密报告，上面说道："……太子对齐王说，现在你已经得到秦王骁勇的将领和精悍的士卒，拥有数万人马了。在你出征之前，我与秦王在昆明池为你饯行。届时，让你的部下就在帐幕里把秦王刺死。然后我上奏朝廷，就说秦王是暴病身亡，神不知、鬼不觉，父皇也不得不相信；同时，我还要让人进宫，说服父皇，让他将朝中大事交给我，尽早退位，让我承继大统。至于尉迟敬德等人，你把他们控制之后，伺机把他们全部活埋，到时候有谁敢不服！……"

众人听了这个秘密报告，一个个气得摩拳擦掌，瞠眉怒目，又是叫嚷，又是咒骂，高士廉年纪颇大，让大家冷静下来，他看着秦王催促道："古人云，先发制人，后发为人所制。在这生死抉择关头，秦王还有什么可犹豫的？"

李世民并不着急，他还想试一试众人之心，又故意地说道："我这两个兄弟不顾骨肉亲情，祸害国家，这是各位都知道的事情。而骨肉相互残杀，古往今来却被视为大丑事。虽然我多次受其陷害，而且就要遭祸，但是，要我先向自己的同胞兄弟下手，还是有些不忍心。是不是等他俩动手之后，我们再仗义讨伐他们，不也是可以的吗？"

尉迟敬德听后，非常着急地说道："按常情说，有谁舍得去死！现在，部下誓死拥戴大王，这是上天所授；上天授予的，大王若不接受，必然反遭其咎。即使大王胸怀仁爱之心，却忘记了社稷的安危。灾祸降临，竟不知担忧；面临灭顶之祸，却神态安然。我看大王已经失去了临难不避的人臣之节，不能像古代的先贤那样大义灭亲，这使我非常失望啊！"

尉迟敬德说到这里，激动得站了起来，摘下头上的冕冠，脱下身上的官服，继续对李世民说道："依臣愚见，秦王应该先下手为强，尽快杀死太子和齐王。假如不听敬德之言，我就逃奔他乡，亡命荒野，总不能留在秦王府里，拱手让他们来宰割吧！"

长孙无忌也接着鼓动说："如果秦王再不肯听从敬德的主张，事情就很难有指望了。如果敬德他们不肯再追随秦王，我长孙无忌也要跟着他们离开，不能再留在秦王府了！"

侯君集也说道："自古以来，历险不惧，临难不屈，乃大将风范。况且因败成功，明贤之高见；转祸为福，智士之先机。如果敬德、无忌等逃亡而去，君集也不能追随秦王了！"

李世民在众人劝说之下，仍露犹豫之态，但还是坚持自己的意见说："各位的心情我全然明白，可是我的意见也不能完全舍弃，请你们再商量一下。"

程知节大叫道："还商量什么？还有时间在这里商量吗？一向果决的秦王，为何变得如此胆小？"

尉迟敬德火气更大，他大声批评秦王说："如今秦王处理事情犹疑不决，这是不明智的，面对危难不能决断，算不上英雄好汉。纵然秦王不听敬德的劝告，不为自己想，也该为府中的妻子儿女想一想，他们的命运怎么办？国家的前途怎么办？何况秦王平日培养的八百多名勇士，凡是在外面的，现在已经进入宫中，他们都已穿甲执兵，起事的形势已经形成，秦

第三十七章　萧墙之争胜券握　紧锣密鼓谋兵变

王还怎么可以制止他们，让他们束手待毙呢？"

李世民这才下定决心，对大家说："好吧，我听你们的！不过，我还想听一听房玄龄与杜如晦他们二人的意见。"

长孙无忌忙说道："不瞒秦王说，房杜二学士早主张'遵周公之事'剪除太子和齐王的势力。他们认为这样做才是'为国者不顾小节'。一旦'家国沦亡'，秦王自己也必然是'身名俱灭'！"

李世民听到这里，再也无话可说，便顺口对长孙无忌道："就请你去让房玄龄、杜如晦速回府来！"

其实，李世民并不是什么犹豫不决，他早有一个成熟的打算，想让这次权力之争能有一个两全其美的解决办法。那就是：既可除掉李建成、李元吉，又可以使自己不背上弑兄杀弟、夺取帝位的骂名。

但是，聪明的李世民也早已意识到这种"又想马儿好，又想马儿不吃草"的结局不可能出现。

他之所以表现得好像难以定夺，无疑是想表明自己迫不得已才先发制人，杀掉大哥和四弟的。而且经过这一番争论和拖延，显然把秦王府将佐们的义愤和士气给鼓动起来了。

因此，李世民先前的犹豫不决，完全是做作，是故意装出来的。他是想在这场政变中，把自己打扮成一个正义的角色，让他杀死兄弟的行为，披上一件正义的外衣，变得合理、合情、合法化，借以逃避历史的罪责。

这时候，长孙无忌奉李世民之命，秘密前往房玄龄、杜如晦的住处，召他们二人暗中前来共谋大事。

房、杜二人还不知道李世民已经下定决心，准备进行宫廷政变，还以为是想要他们前去见面谈心而已，便推辞说："皇上下达的敕书旨意很清楚，不允许我们再去侍奉秦王了。如果我们私下里再去见秦王，一旦被皇上侦知，肯定要因此获罪而死，请向秦王说明，我们不敢前去！"

听了长孙无忌的报告，李世民大为恼火，生气地对尉迟敬德叫嚷道："难道房玄龄、杜如晦两人要背叛我吗？真是不可思议！"

说罢，顺手摘下佩刀，交给了尉迟敬德，吩咐道："你前去察看一下，如果他们没有前来的意思，就砍下他们的头提来见我！"

尉迟敬德拉着长孙无忌，又火速前去，见到了房玄龄、杜如晦二人，立即对他们说道："秦王已经决定起事，望你们速去共议大事，为何要拖延呢？"

房、杜二人这才恍然大悟道："原来如此！早就盼着这一日到来，我们怎敢不去？走！"

长孙无忌忙提醒说："形势紧急，为防不测，我们四个人不能在大街上同行，以免暴露了目标，依我说，我们还是分道而行为好。"

房玄龄和杜如晦很快换上了早已准备好的道士服装，跟随在长孙无忌的后面，陆续进入秦王府，而尉迟敬德则绕另一条大街，也赶到秦王府。

所有的心腹干将会齐之后，李世民立刻向大家宣布了他早已考虑成熟的行动计划——这场在中国历史上著名的宫廷政变，在武德九年（626）六月三日，终于形成了最后的行动计划。

这个行动计划制订得十分细致周密。

身经百战的李世民，一向用兵以谋，以知己知彼见长。他向心腹们说道："鉴于我们自己手里的兵马远远少于太子、齐王，不能不采用先发制人的策略，以期有效地消灭对手。"

杜如晦问道："不知秦王把作战的地点选择在哪里？"

李世民向众人扫视一眼，不慌不忙地说："我发现了一个最理想的作战地点，就是禁军所在的玄武门！"

众人一听，立刻"嗡"地一声议论开了，大部分人觉得惊讶，一部分人不理解，还有少数人反对。

长孙无忌首先问道："在上万禁军把守的玄武门前，双方能够打得起来吗？一旦皇上发觉了，怎么办？禁军可是皇上指挥的啊！"

程知节忙说道："皇上一直袒护着太子，在玄武门前如果打起来了，人喊马叫的，一旦被皇上发觉，岂不是肉包子打狗——有去无回！"

杜如晦说："臣以为在玄武门决战，也无不可，但是，有两个人必须为秦王所用，方能取得决战的胜利。"

房玄龄问他："你所指的两人，是不是常何与李志？"

杜如晦忙点头回答："正是他们二人，常何是玄武门的防卫总管，他若支持我们，何惧太子齐王他们？而李志能把皇上照顾好，使太子失去了依靠，也就无所谓了——"

听了大家的议论，李世民对坐在身边的秦王府主簿薛收吩咐道："你把玄武门的情况向大家介绍一下。"

薛收说道："玄武门是长安城内太极宫的北门。当年，唐军进入长安后，把隋朝的皇宫称为太极官。宫殿的东门，叫青龙门，西门叫白虎门、南门叫朱雀门、北门叫玄武门。东面有太子东宫，西面有后妃居住，南面临中枢机构所在的皇城，而保卫皇宫安全的禁军大本营就在玄武门外。"

薛收说到这里，李世民示意他停下来，说："诸位知道，玄武门是禁卫军的驻守之地，不管是谁，想要政变，玄武门都是一个必争之地，只有

占据了这个宫门，才能说取得了军事上的优势，还愁什么大事难成呢，至于指挥禁军的常何等人，我早就安排好了，诸位就不用担心了。"听到这里，在场所有人血气上涌，如梦初醒般说道："看来，我们的秦王早就为了这一天，进行了周密的计划，这一天，终于要来了……"

第三十八章

功败垂成玄武门　献陵显灵佑千秋

　　李世民早就将常何这个心腹安插到了玄武门这个地方。常何是勇夺三军的唐军猛将。武德七年（624），李世民动用自己掌握的权利，将他调到了自己的身边，并赐给他金刀一柄，黄金三十锭，派他在玄武门担任要职，不久，就成功成为了保卫玄武门的总管。

　　常何的两位副手敬君弘、吕世衡，原本也是李世民帐下的猛将，跟随着他打夺天下，早就是秦王的心腹了。为了确保行动万无一失，李世民特意将薛收找来，说："你这次再去常何他们那里一趟，将整个行动的计划告诉他们，求得全力支持。"杜如晦在旁边说："秦王！不要太具体了。"

　　李世民说："放心吧，疑人不用，用人不疑嘛！"

　　秦王妃走过来，问道："李志那里，还是由我亲自去吧？"

　　李世民笑道："这个秦王也真是太无能了，连自己的妻子都要派出去了。"

　　众将领听后，立刻哄笑起来，紧张的气氛陡然间散去了，长孙氏的兄长长孙无忌说道："秦王你不知道，其实会议一开始，她就来了，只是一直默默听着罢了。"

　　李世民这才对长孙氏说："那你就走一趟吧！希望他届时将父皇领到远离玄武门的地方去。"

　　一切安排妥当后，李世民向部下们说："诸位抓紧时间休息，我这就进宫去见父皇，回来后就能知道决战的时间了！"

　　六月三日的傍晚，李世民亲自进宫去见李渊。在请求父皇屏退了身边的侍从人员之后，李世民向他的父皇哭奏道："前次玉带之事，儿臣未敢明言，那本是太子和齐王淫乱后宫的罪证。他们反而串通起来，反咬儿臣一口。幸蒙父皇圣察明鉴，才令儿免遭罹难。"

　　李渊忙摆手说："那件事已经过去了，朕不怪罪你。望你们兄弟间能相处和睦，各守本分，共理朝政，切勿以小事萦怀。"

　　李世民听到这里，哭得更伤心了，说道："平心而论，我平日丝毫没

有对不起哥哥和弟弟的地方，现在他们却打算杀死我，还扬言要为王世充、窦建德报仇。如今，儿臣就要含冤而死，永远地离开父皇，魂归地下。如果见到了王世充、窦建德，实在觉得羞愧万分！"

李渊听了他的哭诉，望着眼前这个表现得很无辜的儿子，惊讶得半天说不出话来，好一会儿他才开口问道："你不用伤心，到底发生了什么事？他们为什么要这样，你说清楚，朕一定会为你做主的。"

李世民这才擦干了泪水，把王钰密报的那些话，详细奏报一遍，眼巴巴地看着他的父皇，等待回音。

李渊听完之后，沉吟了好长时间，认为李世民奏报的事情可能存在。他虽然对太子与齐王去淫乱后宫的事情有些怀疑，却以为李建成与李元吉要动手杀死李世民倒是可能的。

自两大集团的斗争加剧以来，李渊一直是维护李建成的太子地位，坚持不让李世民有夺嫡的可能。但是，李渊也不准李建成杀死自己的兄弟李世民。他总是希望三个儿子一个也不能少，因此，他一直采用平衡政策，让他们和睦相处。

于是，李渊对李世民说："你别放在心上，明天朕就审问此事，你最好及早前来朝参。"

当天晚上，李世民从李志那里打探到了第二天李建成、李元吉上朝的时间，立刻展开了行动。

为了解这次行动的吉凶祸福，李世民又让人前来占卜。恰好张公谨从外面进来，见占卜人正要点火烧灼龟甲，他急忙伸过手去，夺过龟甲扔在了地上，说："秦王！凡占卜者，是为了决疑难、定犹豫之事的，现在我们的行动并无疑难，还占卜什么？"

李世民一愣，说道："我是想了解一下吉凶祸福。"

张公谨说："当前形势紧急，无论吉凶，都须行动，即使卜之不吉，也不能罢休，愿秦王思之。"

李世民点头说道："是这样，是这样，势在必行矣！"

六月四日，将到上朝时候，李世民便开始周密部署，秦王府内一片忙碌。

按照预定的计划，李世民亲自率领尉迟敬德、长孙无忌、侯君集、张公谨、刘师立、公孙武达、独孤彦云、郑仁泰、李孟尝等人预先入朝，将兵力埋伏于太极宫玄武门内，准备在太子李建成、齐王李元吉早朝的时候，趁机杀死他们。

让秦王府的那些参与政变的将士们深感意外的是：他们这一支携带着

兵器的人马，长驱直入宫门禁地，竟然没有任何人拦阻，而保卫玄武门的禁军总管常何等人，连个人影儿也不见。

六月三日的晚上，太子李建成和齐王李元吉才接到他们的父皇通知两人进宫的命令。

当时，他俩正为李渊下令秦王府将领随李元吉出兵而高兴，以为在送别宴会上杀死李世民的计划就要实现了。兄弟二人沉醉在胜利的喜悦里。他们一面饮酒，一面畅谈，甚至谈到秦王府的宫妃玉春，并且由秦王妃长孙氏的端庄贤淑，谈到了张婕好、尹德妃的风流韵事，越谈越有劲儿，越谈味愈浓。

太子笑嘻嘻地问："四弟，你说句心里话，你到底喜欢什么样的女人？"

李元吉不假思索地答道："当然是年轻的美女，还最好是个雏儿。"

太子李建成却说："我以为女人年纪大一些更好，好比那瓜果梨桃等，只有熟了，吃起来才有滋有味……"

就在这时，李渊的命令到了，李建成问道："四弟，你能猜出父皇令我们明早入宫，所为何事？"

李元吉说："该不会是改变了那两项决定吧？"

李建成笑道："怎么会呢？天子口中无戏言，父皇这次是有意想夺去秦王手中的兵权，来维护和支持我们，难道你体会不到这一点吗？"

李元吉又突然说道："我是担心世民会不会又耍什么新花招，以使父皇改变那两项决定，不可大意啊！"

李建成笑道："我看你是草木皆兵了吧？世民如今已被孤立，父皇一旦倾向我们，朝中大臣又会看风使舵，谁还去支持他，他又能耍出什么新花招？"

李元吉站起来，伸了一个懒腰，说："只要父皇不改变决定，就是我们的胜利。我、我有些累了，大哥，我得回府去，明早还得进宫朝参哩！"

李建成顺口说道："怎么了，四弟，又想你那位齐美人了？"

李元吉随口答道："是有一点儿，不怕大哥笑话，我一夜不搂着她都睡不安枕！"

说罢，齐王李元吉告辞走了。李建成冷冷地看他的背影，说："两个兄弟，却拥有着截然不同的秉性，世民是个权迷，想方设法要争夺天下，篡夺我的位置。这个四弟又是个色迷，整天想的就是将天下美人都装到自己的府里。只要除掉了李世民，这个色迷，根本就不足为惧。"

李建成正在胡思乱想，就看见心腹送来的一封书信，认出是张、尹二妃送来的密函。

读完之后，李建成立刻清醒地意识到，先前的那道命令的确事有蹊跷，不由得大声喊道："来人！快去请齐王爷来！"原来，张婕好、尹德妃通过秘密渠道，得知了李世民上奏的大意，不敢怠慢，立即写成密函，派专人送到太子李建成手中，要他与齐王做好准备。

这时候，齐王李元吉回到府中，刚把他心爱的齐美人抱到怀里，正在温存着的时候，太子的召见令他大煞风景，又不好不去。

李元吉赶到东宫，读完张、尹二妃的密函，立刻向太子说道："果不出我所料，秦王果然耍出了新花样，连父皇的那个命令也难保出问题，这可怎么办？"

李建成说："怕什么？明天早朝我们一起去父皇面前对质，想他空口无凭，也没有人证，我们还要奏告他凭空诬陷，请求父皇治他的罪呢！"

李元吉却说："大哥！可不能这么粗心啊，你知道的，秦王一向狡诈，身边又有一个智囊团为他出谋划策，弄不好在父皇面前让他占了上风，到时候想后悔都来不及了。"

李建成不以为意，淡淡地说："你不要长别人志气灭自己威风了，秦王再有能耐，也别想夺走我太子的地位，父皇也决然不会改变那两项决定的！"

可是，李元吉坚持自己的意见，道："我觉得我们还是先将东宫和齐王府的军队统帅好，托称有病，拒不上朝，暗中观察形势的变化。"

李建成摆手说："那怎么行，父皇明确下旨，明晨进宫朝参，你想抗旨不遵吗？一旦父皇生气，对我们能有利？"

李元吉"刷"地一声站起身子，一挥手说道："什么抗旨不抗旨，依我说，直接将军队拉出去，见着秦王，就先将他劈了去，干净利落，省时省力！"

李建成摇头反问道："那样做，你不想领兵去北征了？况且秦王府里的那些文臣武将们能与我们善罢甘休？那不把事情弄得更复杂、更棘手吗？"

李元吉听后，半天不说话，过后又说道："我是担心明早去父皇那里我们斗不过他，一旦父皇改变了主意，或是把那项决定改变了或是改让秦王去带兵，我们不是前功尽弃了吗？"

李建成忽然计上心来，说道："就依你，明早我们去上朝时，将军队人马带至宫门外，等我们下朝后伺机刺杀秦王于途中，先造成事实再说。"

李元吉却说："如果父皇的决定没有改变，我们仍按原计划进行，怎么样？"

李建成笑道："我也听你的！无论出现什么变化，我们一定要在这一次结果秦王的性命，为朝廷除去这个祸害。"

二人议定之后，夜已深了，李建成要齐王留在府中过夜，李元吉却嬉皮笑脸地说："大哥！没有女人在身边，小弟是睡不着觉的！"

李建成看着他，认真地说："明早还要进宫朝参，后面还有更大的事要办，四弟！你就忍一下嘛！"

李元吉竟然厚着脸说道："大哥，小弟听说日前幽州的罗艺刚送来一个美女，可是真的？"

李建成忙说："四弟呀，你的消息真灵，特别是有关女人的事情。虽然有其事，不过，不过——"

"不过什么，你倒说出来呀！是不是你有些舍不得了，大哥？"

"不是大哥舍不得，那是罗艺要与我结成姻亲，他把自己的小女儿送来，让她与钜鹿王承义完婚的，这、这、这怎么能……"

这位钜鹿王李承义是李建成的小儿子。而李元吉听说这位罗小姐是个美人儿，明知是自己未来的侄儿媳妇，他却偏向太子提出"掠美"的要求，使李建成既感到为难，又觉得十分不快活。

可是，李元吉仍然盯住不放，他竟无耻地说道："俗话说：长嫂如母，长兄如父。大哥，你就让罗小姐陪小弟过上一夜吧！"

李建成思考着：怎么办呢？现在正是关键时刻，自己就指望他协助剪除心腹大患秦王呢！为了一个儿媳妇，不值得得罪他，否则会失去一个帮手呀！

想到这里，李建成把牙一咬说道："四弟既然要她，我就派人去准备一下……"

李元吉一听，喜出望外地说："不必惊动他人了，大哥带我去她居住的地方就行了。"

李建成问道："连个招呼也不打，你要去强暴她不成？"

李元吉这才点头答应，说："好，你去通知她，我在这里等着。"

李建成只得忍气吞声，把罗艺的女儿、自己的儿媳拱手送给了李元吉，心中暗想道："罗艺若是知道这件事，还不气死？"

这天夜里，李建成迷迷糊糊地睡去，仿佛见到母后独孤氏来了，气呼呼地训斥他说："你连自己的同胞兄弟都不能放过，怎么能当大唐天子？"

他正想上前向母后解释，只见独孤氏将手中的拂尘一挥，身子向上一纵，便轻飘飘地升腾而起，口中还在不停地大声喊道："你怎么能当大唐天子，你怎么能当大唐天子？"

那喊声直到母后的身影消失在空中很久之后才听不见了，李建成从惊悸中醒来，回想着梦中的情景，好像是母后才走不久似的。

起床后，把李元吉喊来，他把梦中见到母后的事情告诉了他，不由问道："这个梦是吉兆吗？"

李元吉说："梦中的事情往往是指东打西，相反相成。母后说你'怎么能当大唐天子'，恰好应了大哥'一定能当大唐天子'的吉兆，这是一个大吉大利的梦！"

"我见母后的脸色现出不悦之色，是在对我进行训斥呢！能是个吉兆吗？"李建成疑疑惑惑地说。

"那就更能说明这是一个主吉的好梦，因为母后是面带生气的样，"李元吉继续说，"既然是相反相成，母后若是笑眯眯地祝贺你，那就不好了，那就成了凶兆！"

李建成听得迷迷糊糊，只好说道："听天由命吧！现在是骑在虎背上，只好拼着干吧！"

二人草草地洗漱之后，胡乱吃了一些早点就准备进宫，李建成又叮咛道："一切按计划行动！"

李元吉点头说："主要看父皇的决定了。"

于是兄弟俩带着大队人马出发，来到玄武门前，把队伍留在宫外，然后带着平日随身的几个亲信进入了玄武门。

正走着，李元吉忽然说道："今日宫内这么静，难道会出什么事吗？"

李建成却大大咧咧地说："你总好疑神疑鬼，宫中哪一天不安静？难道能像长安大街那么热闹吗？"

二人说着话，不觉已经走到了临湖殿附近，李元吉突然觉得周围的气氛不对，急忙勒住马头让马停下，扭头对李建成说："大哥你看！在那树丛、假山，楼阁旁似乎有埋伏的士卒！"

李建成一听，举目凝神看去，果见那些树丛、假山、楼阁附近人影晃动，确实像有伏兵。

李元吉抱怨道："我说不来，你偏要坚持进宫，现在赶快退回去，也许还来得及！"

说着，李元吉用力拨转马头，在马屁股上狠狠打了一鞭子，想尽快地返回东宫去。

不料，已经迟了。这时候，李世民及其众多的部下已经出现，正虎视眈眈地注视着李建成、李元吉，拦住了他们的去路。

李世民见到太子、齐王企图逃走，哪里肯舍，急忙催马赶过去，在后面大声呼唤道："大哥、四弟！你们怎么回去了？……"

　　李建成正要回答，李元吉连忙对他说："别理他，我现在就将他射死！"

　　说完，李元吉拨转马头，对准从后面追上来的李世民连射三箭，都没有射中，在心慌意乱中催马向前逃走了。

　　李世民连续躲过李元吉的三箭之后，也取弓在手，把箭矢搭在弦上，见李元吉已逃远了，便向李建成大声喊道："大哥！看箭！"

　　李建成听到李世民的叫声，又听弓弦一响，他忙把身子向下一伏，以为躲过了这一箭，便扭过头来哈哈大笑道："你射不中我的！"

　　他的话音刚落，李世民的箭已射到，正中他的咽喉，当即一头栽下马来，死了。

　　原来李世民先把弓弦扯一扯，让它发出响声，在那里虚发，故意让跑在前面的李建成回头，好趁机射他；本想射他后心，又怕一箭不能射死，便决定射他的要害处——咽喉，终于一箭毙命！

　　李元吉一见太子被射下马来，又转过马头，掣弓在手，准备再向李世民放箭；而两人带来的随从，也一齐拔出腰刀，向距离不甚远的李世民围攻过来。

　　也许是李世民的坐骑受到惊吓的缘故，只见它马头一昂，"咳咳"连叫两声纵身冲入树林里。

　　李世民的衣服被树枝挂住，使他跌落下马。李元吉一见机会来了，便纵马上前，拉开弓，准备射死倒在地上的李世民。

　　在这千钧一发的危急时刻，尉迟敬德率领数十骑及时赶到，拉开弓，一箭把李元吉射落下马，救下李世民。

　　但是，李元吉受伤不重，他见尉迟敬德距自己尚远，而死敌李世民正躺在不远处，便忍住伤痛，纵身蹿过去，压在李世民的身上，伸手去夺他手中的弓箭，还想卡住他的喉咙，将他扼死。

　　被树枝挂住了腰带、跌下马时又摔伤腰的李世民，被李元吉压在身上，两人正在争夺弓箭之时，传来了尉迟敬德雷鸣般的呵斥声："叛臣逆贼！休伤我主——"

　　李元吉见势不妙，也知道自己不是尉迟敬德的对手，就连忙放开李世民，向武德殿方向逃去。

　　他天真地以为此时李渊还在殿内，就一边跑一边大叫："秦王造反了！秦王造反了！父皇快来救我！父皇快来救我！但是，现实让他失望了，正当李元吉向武德殿方向高喊救命的时候，尉迟敬德一箭将他射倒在路上，但仍然未死。

尉迟敬德飞马赶到，看到这个多次想将自己置于死地的仇人，怒火攻心，慢慢地举起了手中的钢鞭……

李元吉明知性命难保，忍住伤痛，叫嚷着说：

"你、你、你今日纵然杀了我，明天，也会有父皇为我报仇的！"

尉迟敬德仰天大笑，用钢鞭指着李元吉呵斥道："你别痴心妄想了，我还是早些送你去追随你的同党大哥李建成去吧！"说到这里，举起他那杆钢鞭，用力打下去，李元吉连哼一声也未来得及，便一命呜呼了。尉迟敬德这才收起钢鞭，拔出腰刀，走上前去，迅速割下李元吉的人头，提在手里，正要走时，忽见长孙无忌也提着太子李建成的人头走过来，两人相遇，心照不宣。

尉迟敬德指着远处的一片树林，对长孙无忌说："秦王跌伤了腰！在那里躺着呢，我们去看他。"

长孙无忌点了点头，两人向树林那边走去。

此时跟随李建成、李元吉一起进宫的那十几名亲信，在他们的两位主子被杀之后，一个个也被侯君集、张公谨等人包围起来砍死了。

由于宫内的械斗，喊杀声不断地传出宫去，终于引起玄武门外太子府和齐王府卫士们的怀疑，他们蜂拥到玄武门前，要求进宫去保护太子李建成和齐王李元吉。

在玄武门负责守卫的禁军将领敬君弘、吕世衡等人，早已接受了李世民的贿赂，便不放他们进去。

双方在玄武门外争吵不休，东宫和太子府的卫士们急了，仗着人多势众，想凭着武力硬闯。

禁军将领敬君弘手握大刀，对着东宫和齐王两府的武士们吼道："闯宫就是造反！谁再敢上前，我这大刀决不饶他！"

尽管敬君弘等人带着数十名禁卒，手持钢刀，不准两府的卫士们上前，但是，两府的卫士们根本不听，他们也手持着大刀，排成方阵，呐喊着上前，把敬君弘等人的禁军一直逼退到玄武门前。

在这形势十分危急的情况下，李世民派遣张公谨带领一队人马赶来，让他们和禁军一道防守宫门。

张公谨一露面，东宫和齐王府的不少人都认识他，一起上前指责敬君弘道："不让我们进宫，为何让秦王府的人马进宫？……你这个秦王府的走狗才是真正的叛逆。"

有的人趁势喊道："冲进宫去，搭救太子和齐王！冲啊——"

敬君弘还想阻拦，哪里能阻拦得住，双方便展开了厮杀，太子府和齐王府的人数众多，禁军渐渐抵挡不住，眼看着两府的人员便要打进宫了。

在这危急关头，膂力过人的张公瑾灵机一动，慌忙伸出两臂，用尽平生之力，竟然独自关闭了玄武门那两扇沉重的大门，使两府的人马无法进宫。

但是，在玄武门外，双方拼杀得异常激烈。相互厮杀中间，两府的卫士们已经从禁军口中隐隐听说太子和齐王都已被杀。

太子府的翊卫车骑将军冯立得知李建成、李元吉双双被杀之后，叹息道："太子和齐王活着的时候，我们都曾受到他们的恩惠，难道他们一死，就想去逃避人家的灾祸吗？"

于是，他与护军屈晊、直府左车骑谢叔方等率领东宫和齐王府的两千多精兵，疾驰玄武门，向敬君弘等带领的禁军进行围攻。

不久，禁军首领、云麾将军敬君弘、中郎将吕世衡相继战死。齐王府的猛将薛万彻指挥着人马，擂响战鼓，叫喊着说："冲进宫去，为太子、齐王报仇！……"

眼看着玄武门就要被攻破，在这紧急关头，忽听一声呐喊，冲来一队人马，为首大将乃是秦王府右一马军总管程知节，他带领一千骑兵叫喊着杀向前来，与两府的兵马对峙。

接着，秦王府的马步军总管于志宁、史大奈等，也领着七八百名士卒奔过来，准备参加厮杀。

正当两军剑拔弩张地相持之时，尉迟敬德奉秦王李世民之命，提着太子李建成和齐王李元吉的人头，来到玄武门前向东宫和齐王府的将士展示。

尉迟敬德虽然没有说一句话，而李建成和李元吉的那些部下见到主子已死，知道再卖命也没有多少意义了，便无心再战，立即溃散了。

这时候，薛万彻与冯立等商量着下一步的打算。薛万彻说道："太子、齐王全死了，我们又来参加了这场战斗，京师里已无立身之地，各自逃命去吧！"

薛万彻说罢之后，带领数十名骑兵，逃进了终南山。而冯立也叹息着说："我杀了敬君弘，也足以报答太子了。"说完，扔下兵器，对部下说："我要去太行山里开荒种地，愿意去的，现在就跟我走！"

东宫和齐王府的将士们也都扔下兵器，跟在冯立后面，去太行山里种地去了。

玄武门的战事基本结束。李世民见政变战斗已经获得全胜，这位足智多谋的秦王固然欣喜万分，但是他没有被胜利冲昏头脑，而是把喜悦深埋心底，决心把这次宫廷政变的斗争，继续进行到底！

为了避免被父皇怪罪，以致再生枝节，李世民果断地决定："既然剪除了太子的势力，何不趁势夺取朝廷的政权？"

于是，李世民唤来心腹干将尉迟敬德，向他耳语了一番，要他去入据皇宫。

只见尉迟敬德身披铠甲，手执钢鞭，径直来到皇帝李渊议事的地方，名为宿卫、护驾，实际是来替李世民逼宫。

六月四日这天，李渊本想到太极殿去为李建成和李世民两人排解纠纷，李志劝说道："天气炎热，不如泛舟海池，一面纳凉消暑，一面处理政务，岂不更好？"

这是李志按照李世民的指使，设法把皇上支开，让他去远离玄武门的海池泛舟，就不会干扰宫门内外的双方厮杀了。

李渊哪里知道李志的用意，欣然接受了去海池泛舟的建议，并且召来裴寂、萧瑀、陈叔达等一起去。临出发时又向宫中内侍特别关照说：

"太子李建成、秦王李世民和齐王李元吉来朝参时，令他们兄弟三人一同去海池见朕。"

正当李渊等人泛舟海池时，先听到一片杀声，又见尉迟敬德这样带着兵器的武将闯进宫来，极为震惊，不由问道："今天有什么人作乱吗？你到这里来做什么？"

"太子和齐王作乱，秦王起兵诛灭了他们，"尉迟敬德答道，"秦王担心惊动陛下，派我护驾，前来担任警卫。"

李渊一听，惊吓中又问道："太子和齐王在哪里？"

尉迟敬德忙答："他们都被秦王杀了！"

李渊顿时号啕大哭起来，一边哭，一边自责地对着身边的裴寂等人说："未想到朕最不愿看到的事情，今日终于发生了！"

说罢又是啼哭不止，裴寂等人再三劝说，要皇上节哀，珍惜龙体，但是李渊哪里能安定下来，口中不停地自言自语道："建成、元吉……他们俩也是朕的儿子！而且在大唐创业中间，也都出了力、立了功，而现在……竟都死于争夺皇位继承权的内部斗争中，这……这样的悲惨结局，怎么能、怎么能不令朕伤心！无论怎样，他们……他们都是朕的儿子啊……"

哭了一会儿，又自诉了一番，作为皇帝，李渊才意识到此时还不是表现自己个人情感的时候，而是应该如何来应付这突如其来的政治危机。

于是，李渊停止了啼哭，看着身边的几位大臣问道："未想到会发生这样的事情，朕该如何是好？"

裴寂一直是李渊的宠臣，又一向支持太子和齐王集团，今见李世民政变成功，知道尉迟敬德进宫护驾的意图，这位几经政治风浪的老手考虑再三，既不敢替太子李建成、齐王李元吉鸣冤叫屈，也不想违心地赞扬李世民的胜利，便装作没有想好而不作声，抱着等等看的态度。

平素就积极支持秦王集团的萧瑀、陈叔达乘机诋毁太子和齐王，对李世民歌功颂德，劝李渊说："太子和齐王根本不该再谋叛了！他们无功于天下，还嫉妒秦王功高权重，多次设计陷害，未能得逞，现在秦王镇压了他们，陛下不必悲伤。而秦王功盖天下，万民拥戴，若委之以朝廷之事，就更放心了！"

李渊觉得事已至此，再怪罪李世民，不但没有用，反会伤害父子感情，弄不好还会影响到自己的处境。不如顺水推舟，度过眼前难关为好，于是说道：

"好呀，这原是朕的本心。"

此时，禁卫军、秦王府的兵马与东宫和齐王府的部众还没有停止交战，叫嚷声、喊杀声还不断地传来。

尉迟敬德进一步向李渊要求道："为制止骚乱，停止厮杀，请陛下颁布亲笔敕令，命令各军一律受秦王的统辖。"

李渊听了，也只好答应，写好诏书后让天策府司马宇文士及由东上阁门出去宣布敕令，双方才安定下来。

李渊又派黄门侍郎裴矩前往东宫，开导、劝说那里的各位将士，李建成的余部才最后放弃战斗，就地解散。

长孙无忌等向李世民问道："太子、齐王虽死，他们的儿子留下来，终是祸根，不如就此机会……"

秦王沉思了一会儿，长叹一声，猛一挥手说道：

"你们……去办吧！"

于是，李建成的五个儿子：安陆王李承道、河东王李承德、武安王李承训、汝南王李承明、钜鹿王李承义，以及李元吉的五个儿子：梁郡王李承业、渔阳王李承鸾、普安王李承奖、江夏王李承裕、义阳王李承度等人，全部被李世民派去的军队杀死，还在宗室的名册上除去了他们的名字。

直到这时，李渊才召见李世民，父子二人一见面，便抱头痛哭起

来……

李渊哭着说道："想不到啊，想不到你们兄弟之间竟会发展到相互拼杀，终于酿成这番结局！"

李世民泪流满面地跪伏在李渊膝前，哽咽着说："儿臣万般无奈，才不得不这么做，请求父皇圣察明鉴！"

李渊听了，忙摇手叹息说："这件事已经过去了，要说过错，首先是朕的过错，'养不教，父之过'嘛！"

李世民不由诉出了自己的冤屈："多少次了，太子和齐王合谋对儿臣暗算，若非父皇仁慈，儿臣早已不在人世，因屡次害儿臣不死，这次又欲提兵来杀，毫无手足之情义，逼得儿臣走投无路，才被迫——"

李渊连忙摇头示意道："别……别说了，往事不堪回首，朕心里明白，你也有许多苦处，朕不会怪罪你的，都是朕的过错啊——"

说到这里，重又泪流不止，李世民见父皇伤心，也随着呜呜地哭起来……

至此，这场中国历史上十分有名的宫廷政变——玄武门之变，基本结束了。

这场政变是李渊统治下的大唐王朝的一场权力斗争，而且斗争的双方都有各自的理由。

太子李建成有"立嫡以长"的传统支持，而李世民为唐朝统一全国立下了汗马功劳。因此，双方在斗争中都认为自己获得正义的支持。

很显然，在这次事变斗争中，李世民再一次表现出他那非凡的决策能力和领导艺术；而李建成在这方面，比起李世民要逊一大筹，尤其是他不如李世民果断，终于使他留下了千古遗恨。

回顾这次政变的前后经历，可以分明地看出他们的父皇——李渊，在这场权力纷争中扮演的角色是软弱无力的。

他总想保持三个儿子之间的平衡关系，希望他们都能尊重既定的事实，特别是他想尽力维护李建成的太子地位，甚至于不准李世民有问鼎太子之位的想法。但是，他失败了，终于演变成一场生死决战的暴力斗争。

因此，玄武门事变不仅是太子李建成和齐王李元吉集团的失败，也是李渊一生中最大的失败。

武德九年（626）六月，李渊政权交给了儿子李世民，同时立李世民为皇太子，确立了李世民继承皇帝之位的合法权力。

贞观九年五月，也就是公元635年6月，已经做了九年多太上皇的李渊，在一场大病之后离开了人世。他在去年秋天的时候就已经中风卧床了，已经有七十岁高龄的李渊，觉得自己的生命也到了尽头，于是就开始安排自己的身后事，他下了一道诏令："既殡之后，皇帝宜于别所视军国大事。其服轻重，悉从汉制，以日易月。园陵制度，务从俭约。"就在发布这个诏令的那天，李渊在长安大安宫垂拱前殿与世长辞，谥号为"大武皇帝"，庙号为"高祖"。

太上皇的遗诏颁发之后，李世民下令让太子承乾代为办理朝廷政事，决定由自己亲自处理父亲的丧葬之事。

一个多月后，恢复听政的李世民立即把群臣召集过来一起商量太上皇的陵墓规格，首先他提出："应该按照汉高祖长陵的规模，也就是九丈高，一百二十步宽，务必要崇厚，不能有所减损。"

秘书监虞世南则认为如果那样办的话，陵墓的工程量就会过大，因此应该缩小规模。但是身为人子，总想着要给父亲一个风光大葬，于是李世民本就不想接受这个意见，就装作一副没有听清的样子，顾左右而言他。

但是，唐朝的谏臣可是有名的坚持和不怕死，于是虞世南又改变策略继续上书说："汉天子即位即营山陵，远者五十余年，今以数月之间为数十年之工，恐于人力有所不逮。"

李世民觉得虞世南这次的建议还是很有道理的，就和大臣们再次商量这件事，经过君臣的商量之后，大家认为房玄龄的意见比较实际，这个方案就是："汉长陵高九丈，原陵高六丈，今九丈则太崇，三仞则太卑，请依原陵之制。"

所谓的原陵，就是东汉光武帝刘秀的陵墓，为什么拿刘秀的陵墓做比较呢？因为在李世民看来，刘秀算是一名英明的君主，所以依照他的陵墓规格来建墓，也算是给父亲一个开国皇帝的规格了，因此就同意了房玄龄的意见，按照光武帝原陵的规格来修建献陵。

陵墓的规格决定之后，陵墓里面放些什么就开始就成为了君臣讨论的焦点问题，秘书监虞世南对于厚葬极力反对，他引用魏文帝曹丕话来劝谏李世民不可厚葬。谏议大夫朱子奢请求说三昭三穆而虚太祖之位，修建太庙来供奉李氏的祖先。

房玄龄等人认为李家起源于关陇，与鲜卑进行了联姻，准备把西凉王李暠作为李家的始祖；左庶子于志宁却说道："李暠此人应该是陇西成纪人。但是李暠的十六世祖，却是西汉时赫赫有名的大将军李广，因此应该把李广作为李唐的始祖。"

李世民听完大臣的建议之后，说道："朕之体系，起自柱下。"这里面的柱下指的是老子，因为老子曾经做过周朝的柱下史，也就是说李世民认为应该把老子作为自己的祖先。这扯得就有些远了。后来经过群臣的商议，李世民决定一切就简，于是发话说："始祖不宜牵扯太远，以免祭祀起来过于烦琐，这样还是只有六室为好。"

陵墓的修建从这一年的冬天开始，完工之后，唐太宗李世民率领百官把李渊的灵柩在此安葬，称李渊的陵墓为献陵。因为李渊的原配妻子窦氏早亡，李渊称帝之后曾经追谥她为"穆皇后"，将其安葬在寿安陵。穆皇后之后则被移葬在献陵，加号太穆皇后，为了能够让李渊仍然享受生前奢侈的生活，有美女为伴，李世民提议："凡是后宫中曾经被太上皇生前封过名号的妃嫔，一律在献陵殉葬。"

这道圣旨颁下之后，与李世民一直作对的张婕妤、尹德妃只能接旨自尽，同时殉葬的还有曾经帮助过李世民的万贵妃、宇文昭仪等人。

献陵是堆土成陵的代表。因为当时李世民是按照汉代的陵墓规格修建的，因此墓冢呈覆斗形，长宽都约一百米，高为十三米，在陵墓的前面有大型的石虎、石犀、华表、石屋，守陵。

当时的唐朝在功臣、贵族方面很讲究，也就是说那些曾经与李渊一起打天下的贵族和功臣们在死后，也被安葬在献陵区，让君臣能够相见。

李渊的献陵到现在为止，依然没有挖掘，守护陵墓的大型华表、石犀、石虎等均十分具有特色。李渊的献陵，用来守护陵墓门的，并不是通常所用的石狮，而是石虎。这时，就有人禁不住要发问了："在关中十八座唐朝皇帝陵中，基本上都是用石狮来守护墓门的，为什么李渊的献陵要采用石虎来守护陵墓呢？"

据说，当献陵完工的时候，突然有一天清晨，狂风大作，乌云密布，转眼间暴雨如注，等到风雨过去之后，突然看到一位白发老人骑着一头硕大的犀牛出现在彩云之上，这位老人宣称自己是太上老君，称李渊是他的后代，说其陵墓应该用石虎来守陵。

说完之后，就看到太上老君用指尖在空中一挥，那八只石虎忽然活了过来，摇着尾巴，昂起头来，对着彩云上的太上老君长啸不止。瞬间，虎啸声把山林都震动了，百鸟齐集，百兽奔至，所有的动物都聚集到了献陵的周围。

片刻之后，有朗朗笑声从空中传来，笑声停止之后，所有鸟兽都回到了原来的地方，石虎也恢复了原貌。

从此之后，人们发现，每到节日来临之时，或者有重大事件发生的日子，李渊的献陵总是会"显灵"。每当显灵的时候，都会出现鸟兽的声音，传遍附近的地区。每当显灵的时候百姓们都会扶老携幼出门观看，对着献陵三拜九叩，祈求家庭幸福，福寿安康。

　　这个消息很快就传到了李世民的耳中，他认为这一定是老祖宗李耳的保佑。于是在一个阳光灿烂的日子，他率领百官赶往终南山楼观台祭祀老子李耳。

　　李世民把道士们召集过来："朕之远祖经常出来赐福于大唐的子民，朕作为大唐的天子，怎么能没有建树呢！"

　　之后，下令楼观台改名为"宗圣宫"，并赐予奖赏了兴建之资。

　　献陵不断显灵的名声传出去之后，那些叛臣逆子再没一个敢到陵前去了；鸡鸣狗盗掘墓扒陵之徒，更不敢迈近献陵半步。因此，一千三百多年过去了，李渊的献陵仍旧巍然屹立在关中大地上……

第三十八章　功败垂成玄武门　献陵显灵佑千秋